Eliphas Lévi

Transzendentale Magie

Bibliotheca Hermetica

ELIPHAS LÉVI

Transzendentale Magie

Dogma und Ritual

Ansata-Verlag

Titel der Originalausgabe: «Dogme et rituel de la haute magie»
Einzig berechtigte Übersetzung aus dem
Französischen von Fritz Werle

Ansata-Verlag
Ansata ist ein Verlag des Verlagshauses
Ullstein Heyne List GmbH & Co. KG

ISBN 3-7787-7171-X

2. Auflage der Neuausgabe 2002

Printed in Germany.
Druck und Bindung: Ebner & Spiegel, Ulm

INHALT

VORWORT

ÜBER DIE RELIGIÖSEN, PHILOSOPHISCHEN UND MORALISCHEN ABSICHTEN UNSERER BÜCHER ÜBER DIE MAGIE

QVOD SVPERIVS
MACROPROSOPVS
STOLA
DEI
MICROPROSOPVS
QVOD INFERIVS

Seit dem Erscheinen der ersten Ausgabe dieses Buches haben sich große Dinge in der Welt ereignet und andere, vielleicht noch größere scheinen sich zu erfüllen.

Wie immer kündigten sie sich durch Wunder an: Tische redeten, aus Mauern sprachen Stimmen und wie beim Gastmahl des Beltsazar schrieben leiblose Hände geheimnisvolle Worte.

Schon in Zuckungen des Todeskampfes gab der Fanatismus das Signal zu dieser von allen Propheten geweissagten letzten Christenverfolgung.

Die Märtyrer von Damaskus forderten von den Toten Perusas den Namen des segnenden Erlösers; da verhüllte sich der Himmel, und die Erde blieb stumm.

Mehr denn je scheinen Wissenschaft und Religion, Autorität und Freiheit sich erbittert zu bekämpfen und sich mit unversöhnlichem Haß zu verfolgen. Aber ihr Haß wird keine blutigen Ereignisse zeitigen: schon naht der Tag ihrer ewigen Vermählung. Die Erkenntnis der großen Geheimnisse der Religion und der ursprünglichen Weisheit der Magier, die der Welt zugleich die Einheit des universellen Dogmas offenbarte, vernichtete den Fanatismus; denn sie war ja Erkenntnis des Wunders. Das die Wunderwelt des Menschen schaffende menschliche Wort einte sich ganz dem Wort Gottes ein und beendigte so die allgemeine Antinomie, da es uns die Harmonie als die Analogie der Gegensätze erschauen läßt.

Das größte Genie des neueren Katholizismus, Graf Joseph de Maistre, hatte dieses große Ereignis vorausgesehen. „Newton,“ sagte er, „wird uns zu Pythagoras zurückführen.

Die Glauben und Wissen verbindende Analogie muß diese früher oder später einander nähern. Die Ungeheuerlichkeit einer Welt ohne Religion kann nicht von langer Dauer sein. Wir leben noch im 18. Jahrhundert, aber wir ahnen bereits sein Ende."

Da wir Glauben und Hoffnung dieses großen Mannes teilen, wagten wir uns an Ausgrabungen in den Trümmern der alten Heiligtümer des Okkultismus; wir forschten in den Geheimwissenschaften der Chaldäer, Ägypter und Hebräer nach dem Rätsel der Verwandlung der Dogmen und fanden die ewige Wahrheit: die wie das Sein einige und allgemeine Wahrheit, die Wissen und Glauben im gleichen Maße angehört, die Mutter von Vernunft und Gerechtigkeit; die Wahrheit, die in den Naturkräften lebt, die mystischen Elohim, die Himmel und Erde wiedererschaffen, wenn das Chaos die Schöpfung und ihre Wunder verschlungen hat und der Geist Gottes einsam über den Wassern schwebt.

Die Wahrheit steht über allen Meinungen und Parteien.

Die Wahrheit ist wie die Sonne; nur der Blinde sieht sie nicht. Dies ist zweifellos der Sinn eines geflügelten Wortes Bonapartes, das der die französische Revolution in sich verkörpernde Besieger Italiens aussprach, als er zu begreifen anfing, daß die Republik eine Wahrheit sein könnte.

Die Wahrheit ist das Leben und das Leben manifestiert sich durch Bewegung. Durch gewollte und tatsächliche Bewegung, durch Tat, mit einem Wort, entwickelt sich Leben und hüllt sich in neue Formen. Die Entwicklung des Lebens aus sich selbst und die Geburt seiner neuen Formen nennen wir Schöpfung. Die geistige Kraft, die in der allgemeinen Bewegung wirkt, nennen wir *das Wort*, transzendental und absolut gefaßt. Es ist die Schöpferkraft Gottes, die niemals tatenlos bleiben, niemals vor Erreichung ihres

Zieles in ihrer Wirkung inne halten kann. Für Gott ist das Wort die Tat; und so sollte es immer auch bei den Menschen sein. Wahrhaftes Wort ist Wurzel der Tat. Eine Ausstrahlung von Intelligenz und Willen kann nicht unfruchtbar sein, wenn sie nicht mißbraucht und in ihrer Würde geschändet wird. Deshalb muß der Erlöser von uns strenge Rechenschaft fordern über alle vom erlaubten Ziel abirrenden Gedanken, noch mehr über alle unnützen Worte.

Das Evangelium sagt: Jesus war mächtig in Taten und in Worten; die Taten vor den Worten; in solcher Weise begründet und erweist sich das Recht zu lehren. Jesus hub an zu lehren in Werken und in Worten, sagt an anderer Stelle ein Evangelist, und oft wird in der primitiven Sprache der Heiligen Schrift eine Tat *ein Wort* genannt. In allen Sprachen wird überdies durch *Wort* zugleich Existenz und Tat ausgedrückt und es gibt kein Wort (Verb), welches man nicht durch den Ausdruck *tun* ergänzen könnte, wenn man seine grammatikalische Stellung ändert. „*Im Anfang war das Wort*," sagt der Evangelist St. Johannes. In welchem Anfang? Im Uranfang, im absoluten Beginn, der vor allen Dingen liegt. In diesem Anfang war das Wort, die Tat. Dies ist philosophisch unbestreitbar, denn der erste Anfang ist notwendigerweise die erste Ursache. Das Wort ist keine Abstraktion: es ist das wirklichste Prinzip, das es in der Welt gibt, denn es beweist sich unaufhörlich durch Taten. Die Philosophie des Wortes ist wesentlich die Philosophie der Tat und der vollendeten Tatsachen; in diesem Sinne muß man das *Wort* von der Rede unterscheiden. Die Rede kann unfruchtbar sein, wie es bei der Ernte taube Ähren gibt, aber das Wort kann nie unfruchtbar sein. Das Wort ist eine vollkommene, fruchtbare Lehre; die Menschen mögen sie nicht gern hören und ihr nicht zustimmen, aber sie folgen ihr immer, häufig ohne sie zu verstehen, fast nie ohne ihr zu widerstreben. Nicht die willig weitergegebenen Lehren setzen sich durch. Das Christentum war noch ein Mysterium, und doch fühlten sich schon die Cäsaren durch das christliche Wort entthront. Eine Lehre, die die Welt bewundert und der die Menge Beifall zollt, kann nur eine trügerische Zusammenstellung unfruchtbarer Reden sein; eine Lehre, der sich die Menschheit widerwillig unterwirft, *ist ein Wort.*

Können erweist sich durch Erfolge; und ein geistvoller Politiker der neuen Zeit soll gesagt haben: „*Verantwortlichkeit bedeutet etwas, wenn man keinen Erfolg hat.*" Dieser, von intelligenten Menschen unmoralisch genannte Ausspruch ist dennoch berechtigt, wenn man alle die Reden vom Wort, Willen von Tat, unvollendete von vollendeter Handlung unterscheidenden besonderen Bedeutungen erwägt. Nach der katholischen Theologie ist der Mensch verdammt, der seine eigene Rettung nicht vollbringt. Sündigen ist: das Glück nicht fassen können. Der Mensch ohne Erfolg ist immer im Unrecht: in Literatur, Moral wie in Politik. Jederart Schlechtes ist ein mißlungen Schönes und Gutes. Und hebt man den Blick höher, bis zum ewigen Bereich des Dogmas, sieht man zwei Geister, deren jeder die Göttlichkeit für sich allein wollte; der eine siegte und ist Gott; der andere verspielte und ward Dämon!

Erfolg haben heißt Können: Immer verspielen ist stets aufs Neue wagen; diese zwei Worte fassen die beiden entgegengesetzten Geschicke der guten und der bösen Macht zusammen. Gestaltet ein Wille die Welt, so äußert sich ein Wort, und alle kleinen Geister müssen vor ihm verstummen. So sagt das Buch der Makkabäer von Alexander: „Aber Alexander starb mit seinem Wort, das Macht war, denn in ihm war keine Zukunft, will man die römische Macht nicht als die Erfüllung seines Traumes betrachten!" In unseren Tagen ereignet sich etwas ganz besonderes. Inmitten des Atlantischen Ozeans starb ein Mann im Exil, dessen Wort Europa zum zweiten Male verstummen heißt, und dessen bloßer Name heute noch die ganze Welt in Bann schlägt!

Die Mission Napoleons war groß und heilig; in ihm wirkte *das Wort* der Wahrheit. Napoleon allein konnte nach der französischen Revolution die Altäre des Katholizismus wieder aufrichten, und sein moralischer Erbe allein hatte das Recht, Pius IX. wieder nach Rom zu führen. Wir werden erklären warum.

In der katholischen Lehre der Fleischwerdung gibt es ein Dogma, das in den theologischen Schulen bekannt ist unter dem Namen *Communication des Idiom*. Dieses Dogma besagt, daß in der Vereinigung des Göttlichen und des Menschlichen in Jesus Christus die Verschmelzung so innig war, daß hieraus Identität und die Einheit der Person wurde; hieraus folgt, daß Maria, des Menschen Mutter, auch *Muttergottes* genannt werden kann und muß. (Über dieses Prärogativ hat sich zur Zeit des ephesischen Konzils die ganze Welt erregt.) Hieraus folgt auch, daß man Gott menschliche Leiden und dem Menschen göttliche Herrlichkeit beimessen kann. Mit einem Wort: Die *Communication des Idioms* ist die Gemeinschaftlichkeit der göttlichen und menschlichen Naturen in Jesus Christus; eine Gemeinschaftlichkeit, welche ausdrückt, daß Gott Mensch und Mensch Gott sei.

Indem die Magie der Welt die aus der Analogie der Gegensätze entstandenen universalen Gesetze des Gleichgewichts und der Harmonie offenbart, erfaßt sie alle Wissenschaften von der Wurzel aus und leitet durch die Reform der Mathematik eine allgemeine Revolution aller Zweige des menschlichen Wissens ein. An das schöpferische Prinzip der Zahlen heftet sie das schöpferische Prinzip der Ideen und konsequenter Weise das der Welten und bringt so das ungewisse Ergebnis der allzu materialistischen Intuitionen des Pythagoras ans Licht der Wissenschaft; sie setzt der Esoterik und Theurgie der alexandrinischen Schule eine scharfe, klare, absolute Formel entgegen, die von allen wiedererweckten Wissenschaften bewiesen und begründetwird. Der erste Grund und das letzte Ende der allgemeinen Bewegung, Gedanke oder Form, lassen sich für sie endgültig in einigen Algebra-Zeichen in Form einer Gleichung zusammenfassen.

Derart verstandene Mathematik führt uns zur Religion, denn sie wird unter allen Formen zur Darlegung der schöpferischen Unendlichkeit, der Ausdehnung und zum Beweis des Absoluten kommen, aus dem alle Berechnungen aller Wissenschaften hervorgehen. Diese höchste Sanktion des Schaffens des menschlichen Geistes, diese Erwerbung des Göttlichen durch Intelligenz und Forschen muß die Erlösung der menschlichen Seele vollenden und dem *Wort* der Menschheit zur endgültigen Befreiung verhelfen. Was wir heute noch *Naturgesetz* nennen, erhält dann die rechtmäßige Macht und die Unfehlbarkeit der *Offenbarung*; so wird auch verständlich, daß das positive und göttliche Gesetz gleichzeitig ein Naturgesetz ist, denn Gott ist Schöpfer der Natur und kann sich in seinen Schöpfungen und seinen Gesetzen nicht widersprechen.

Aus dieser versöhnenden Kraft des menschlichen Wortes wird die wahre Moral hervorgehen, die noch nicht vollkommen und unabänderlich ist. Dann wird sich auch der katholischen Kirche eine neue Laufbahn eröffnen. Tatsächlich hat bisher die Unfehlbarkeit der Kirche einzig das Dogma eingesetzt, und hierfür hat sich die Gottheit zweifellos nicht der Mitarbeit der Menschen bedienen wollen, die erst später verstehen konnten, woran sie zunächst glauben sollten. Mit den Gesetzen der Moral hingegen verhält es sich anders, denn die Moral ist ebensowohl menschlich als göttlich, und einem Vertrag muß derjenige notwendigerweise zustimmen, der ihm am tiefsten verpflichtet ist. Wissen wir, was der Welt in unserer Zeit am meisten mangelt? Die Moral. Alle Welt fühlt es, alle Welt sagt es; und trotzdem weist die Schule der Moral die meisten Lücken auf. Woran fehlt es diesen Schulen? An einer Belehrung die Vertrauen einflößt. Um es kurz zu sagen, an einer vernünftigen Autorität an Stelle einer autoritätslosen Vernunft einerseits und einer unvernünftigen Autorität anderseits.

Bemerkenswert ist, daß die Frage der Moral den Vorwand für die Abtrünnigkeit von der augenblicklich leeren und verwaisten Kirche bildete. Im Namen der *Humanität*, dem materialistischen Ausdruck für *barmherzige Liebe*, hat man die Triebe der Masse gegen die fälschlich als *unmenschlich* beschuldigten Dogmen aufgestachelt.

Die Moral des Katholizismus ist nicht *unmenschlich*, manchmal aber *übermenschlich*; auch wendete sie sich nicht an die Menschen der Antike, sondern folgte einem Dogma, das die Aufhebung des alten und die Schaffung des neuen Menschen als möglich hinstellte. Die Magie nimmt dieses Dogma mit Begeisterung auf und verspricht der Menschheit diese geistige Wiedergeburt für den Zeitpunkt der Wiedereinsetzung des menschlichen *Wortes*. Dann, sagt sie, wird der gleich Gott zum Schöpfer gewordene Mensch Herr seiner moralischen Entwicklung und Urheber seiner glorreichen Unsterblichkeit sein. *Sich selbst erschaffen*, ist die erhabene Berufung des durch die geistige Taufe in all seine Rechte wieder eingesetzten Menschen, und so wird sich der Zusammenhang von Unsterblichkeit und Moral offenbaren, daß die eine Ergänzung und Folge der anderen sein wird.

Das Licht der Wahrheit ist zugleich das Licht des Lebens. Aber, um die Frucht der Unsterblichkeit zu bringen, will die Wahrheit empfangsbereite Seelen, die zugleich frei und demütig, freiwillig gehorsam sind. Im Glanz dieses Lichtes wurde Ordnung in Formen und Ideen, während das trügerische Dämmern der Einbildungskraft nur Ungeheuer gebiert und gebären kann. So ist die Hölle voll Quälgeistern und Gespenstern, die Pagode der Zauberer voll scheußlicher, mißgestalteter Götzen; so geben die finsteren Beschwörungen der Theurgie den Chimären des Sabbaths ein phantastisches Leben. Die bekannten symbolischen Bilder von der Versuchung des heiligen Antonius stellen den reinen, kindlichen Glauben dar, der im Morgenrot der Christenheit gegen alle Geister der Antike kämpft; aber das menschliche Wort, siegreich offenbart, wird durch den strahlenden heiligen Michael prophetisch verkörpert; ihn läßt Raphael einzig durch eine drohende Gebärde über ein niedriges Geschöpf siegen, das zwar Menschengestalt, aber mit den Merkmalen der Bestie, trägt.

Die religösen Mystiker verlangen, daß man das Gute lediglich aus Gehorsam gegen Gott tue. Wahre Moral sollte zweifellos das Gute immer um Gottes willen tun, jedoch auch um des Guten an sich willen. Das Gute ist bei Gott das Wesen der Gerechtigkeit, es begrenzt seine Freiheit nicht, sondern offenbart sie. Gott *kann nicht* aus despotischer Laune die Mehrzahl der Menschen verdammen. Es muß ein klares Verhältnis zwischen den Handlungen des Menschen und der bestimmenden Schöpfung seines Willens bestehen, die aus ihnen endgültig eine Macht des Guten oder eine Hilfe zum Bösen schafft, und das beweist die exakte Wissenschaft der hohen Magie.

Ich schrieb in einem 1845 erschienenen Buche: „Die Zeit des blinden Glaubens ist vorbei, und wir nahen uns der Zeit des verständigen Glaubens und vernünftigen Gehorsams, der Zeit, in der wir nicht mehr bloß an Gott glauben, sondern hin erkennen werden in seinen Werken, der äußeren Form seines Wesens.

„Hier ist das große Problem unserer Zeit:

„Den Kreis der menschlichen Erkenntnisse schlagen, vollenden und schließen, durch das Zusammenlaufen der Strahlen den Mittelpunkt finden, Gott!

„Die Verhältnis-Stufungen zwischen Wirkung, Wollen und Ursache finden, um hinaufzusteigen bis zur ersten Ursache und zum ersten Willen.

„Die Wissenschaft der Analogien zwischen den Ideen und ihrer ersten Quelle aufdecken.

„Die ganze religiöse Wahrheit so bestimmt und klar erwiesen wiedergeben wie die Lösung eines Problems der Geometrie."

So redet ein Mann, glücklich genug, vor uns den Beweis des Absoluten nach den Lehren der alten Weisen zu finden, aber unglücklich genug, in dieser Entdeckung nur ein Werkzeug des irdischen Glücks und einen Vorwand der Begierden zu sehen.

„Es genügt uns, hier durch Vorausnahme der Doktrin des Messianismus zu sagen, daß einerseits die Anwendung der reinen Vernunft auf unser psychologisches Vermögen des Erkennens in uns das höchste Vermögen der Schöpfung der Prinzipien und die Deduktion der Folgen hervorruft, welches der große Gegenstand der Philosophie ist; und anderseits, daß die Anwendung der reinen Vernunft auf unser psychologisches Vermögen des Gefühls in uns das höhere Vermögen des moralischen und religiösen Gefühls hervorruft, der große Gegenstand der Religion. Es wird hieraus ersichtlich, wie der Messianismus die endgültige Vereinigung von Philosophie und Religion bewirken wird, indem er die eine und die andere von ihren sinnlichen und irdischen Fesseln befreit und sie jenseits dieser zeitlichen Bedingungen zu ihrer gemeinsamen Quelle der reinen Vernunft führt. Man kann weiterhin schon erkennen, wie durch den Einfluß dieser zeitlichen Bedingungen oder sinnlichen Fesseln einerseits der *Irrtum* im Bereich der Philosophie und anderseits die *Sünde* im Bereich der Religion möglich wäre; zumal wenn diese physischen Bedingungen denen der erblichen moralischen Verderbnis der menschlichen Rasse eigen sind, zu deren irdischer Natur sie gehören. Man versteht dann, wie die reine Vernunft, die über diese physischen Bedingungen, diesen irdischen Schmutz, erhaben ist und die im Messianismus bis an die Quelle des Irrtums und der Sünde zerstörend wirken muß — unter dem allegorischen Bild der Jungfrau, DIE DEN KOPF DER SCHLANGE ZERTRITT, die Erfüllung dieser heiligen Weissagung bringt. — Und es ist diese selige Jungfrau, die heute vom Messianismus in das Heiligtum der Menschheit eingeführt wird."

Glaubet und ihr werdet begreifen, sagte der Heiland der Welt; — forschet und ihr werdet glauben, können heute die Apostel der Magie sagen.

Glauben ist auf Verheißung fußendes Wissen. Dieses göttliche Wort, welches der christlichen Lehre voranging und sie eine zeitlang ersetzte, sollte nach dem Versprechen des Meisters später verstanden werden. Hier ist die Vereinigung von Wissenschaft und Glauben durch den Glauben selbst bewiesen.

Aber um durch die Wissenschaft die Notwendigkeit dieser Vereinigung zu begründen, muß man ein großes Prinzip erkennen und aufstellen, denn das Absolute findet sich bei keinem der Gegensätze der Antinomie und diejenigen Menschen, die gern die Gegensätze bis zum äußersten treiben, ängstigen sich zu gleicher Zeit vor diesem Äußersten;

sie betrachten ihre Mitmenschen, die dieses Bestreben offen zugeben, als gefährliche Narren und fürchten in ihrem eigenen System instinktiv das Gespenst des Absoluten so sehr wie das Nichts oder den Tod. So kommt es, daß der fromme Erzbischof von Paris ausdrücklich die inquisitorischen Prahlereien des „*Univers*“ verurteilt und daß sich die ganze revolutionäre Partei über die Brutalitäten Proudhons empörte.

Die Stärke dieses negativen Beweises besteht in der einfachen Überlegung, daß ein Mittelpunkt zwei anscheinend gegeneinanderstehende Tendenzen vereinigen muß, deren jeder es unmöglich ist einen Schritt zu tun, ohne die andere nach rückwärts zu drängen, was eine ganz gleiche Reaktion bedingt. Seit zwei Jahrhunderten ohne ihr Wissen Rücken an Rücken aneinandergeschmiedet sehen wir diese beiden Mächte zu einer Sisyphus-Arbeit verdammt und sich gegenseitig hindern. Auge in Auge jedoch, dem Mittelpunkt, dem Absoluten zugewandt, sich gegenseitig stützend erzielen sie eine Wirkung, die der verdoppelten Gewalt ihrer gegensätzlichen Anstrengungen entspricht.

Um so die menschlichen Kräfte umzukehren, was zuerst den Anschein einer Herkulesarbeit hat, genügt es die Intelligenzen von ihrem Irrtum zu befreien und ihnen das Ziel zu zeigen, welches sie für das Hindernis hielten.

DIE RELIGION IST VERNÜNFTIG. So muß man zur Philosophie sprechen, und bei der Gleichzeitigkeit und Übereinstimmung der schöpferischen Gesetze der Wissenschaft kann man dies durchaus beweisen. DIE VERNUNFT IST HEILIG. So muß man zur Kirche sagen und bringt den Beweis, indem man ihrer Lehre von der Liebe alle Eroberungen der Emanzipation und allen Ruhm des Fortschritts hinzufügt.

Da nun Jesus Christus das Urbild der wiedergeborenen Menschheit ist, mußte es das Ziel der menschlich gewordenen Gottheit sein, die Menschheit göttlich zu machen; das fleischgewordene Wort erlaubte dem Fleisch Wort zu werden, und dies konnten die Kirchengelehrten zuerst nicht verstehen; ihr Mystizismus wollte die Menschheit in der Gottheit aufgehen lassen. Sie haben für das göttliche Recht das menschliche Recht verleugnet; sie glaubten, der Glaube müsse die Vernunft vernichten, ohne sich an das tiefe Wort des größten christlichen Hierophanten zu erinnern: „Jeder Geist, der die Einheit Christi teilt ist ein Geist des Antichrist."

Die Empörung des menschlichen Geistes gegen die Kirche, eine durch einen erschreckend negativen Erfolg sanktionierte Empörung, wäre denn von diesem Standpunkt aus ein Protest zugunsten des unangetasteten Dogmas gewesen, und die Revolution, die seit dreieinhalb Jahrhunderten währt, hätte zur Ursache nur ein Mißverständnis gehabt!

Tatsächlich hat die Kirche niemals die menschliche Gottheit, das fleischgewordene Wort, das menschliche Wort, leugnen können noch wollen! Niemals hat sie den absorbierenden, entnervenden Lehren zugestimmt, die die menschliche Freiheit in unsinnigem Quietismus vernichten. Bossuet hatte den Mut, Frau Guyon zu verfolgen, deren gewissenhaften Wahnsinn er doch bewunderte und dem nach ihm wir auch bewundern müssen; aber Bossuet hat leider erst nach dem Konzil von Trient gelebt. Die göttliche Erfahrung mußte ihren Lauf haben.

Jawohl, wir nennen die französische Revolution eine göttliche Erfahrung, weil Gott in dieser Zeit dem menschlichen Genie erlaubte sich mit ihm zu messen; ein sonderbarer Kampf mit einer innigen Umarmung als Abschluß, eine Ausschweifung des verlorenen Sohnes mit dem einzigen Geschick einer endgültigen Umkehr und eines feierlichen Festes im Hause des Vaters.

Das göttliche und das menschliche Wort, jedes für sich, aber unter einem gemeinsamen Begriff, welcher sie unzertrennlich machte, hatte von Anbeginn an Papst- und Kaisertum geschaffen. Die Kämpfe des Papsttums um die Alleinherrschaft waren die absolute Bestätigung des göttlichen Wortes; dieser Bestätigung mußte, um das Gleichgewicht der Glaubenslehre der Inkarnation wieder herzustellen, im Reich eine absolute Bestätigung des menschlichen Worts entsprechen. Dies war der Ursprung der Reform, welche DIE MENSCHENRECHTE zum Ziele hatte!

DIE MENSCHENRECHTE! Napoleon bewies sie durch den Ruhm seiner Degenwendung. Die durch ihn verkörperte und in ihm zusammengefaßte Revolution hörte auf Unordnung zu sein und zeigte in ihrem unerhörten Erfolg die unwiderstehliche Kraft ihres Wortes. Damals erlebte man das in der Geschichte der Religionen unglaubliche Ereignis: der Mensch bot Gott gleichsam zur Erhebung aus seinem Sturz die Hand. Ein Papst, dessen Frömmigkeit und Strenggläubigkeit niemals in Zweifel gezogen wurde, anerkannte mit der Autorität der ganzen christlichen *Vergangenheit die heilige Gewaltanmaßung* des neuen Cäsars, und die fleischgewordene Revolution *wurde gesegnet, d. h. empfing die christliche* Ölung von der Hand des verehrungswürdigsten Nachfolgers der Väter der Autorität!

Auf solche Tatsachen, auf solch allgemeine, unzweifelhafte und sonnenklare Tatsachen hat sich der Messianismus in der Geschichte gegründet.

Die Bejahung des göttlichen Wortes durch das menschliche, die von diesem bis zur Selbstvernichtung getrieben wurde in seiner Aufopferungsfähigkeit und seinem Enthusiasmus, ist die Geschichte der Kirche von Konstantin bis zur Reformation.

Die Unsterblichkeit des menschlichen Wortes, erwiesen in schrecklichen Krämpfen, wahnsinniger Empörung, in gigantischem Ringen und prometheischen Leiden bis zur Ankunft eines Mannes, der stark genug war, die Menschheit zu Gott zurückzuführen: das ist die Geschichte der ganzen Revolution!

Glaube und Vernunft! Zwei Begriffe, die wir für Gegensätze halten, und die doch identisch sind.

Autorität und Freiheit, Gegensätze, die im Grunde das gleiche bedeuten, weil keiner allein bestehen kann.

Religion und Wissenschaft, Widersprüche, die sich so ingrimmig vernichten möchten, wie es nur Widersprüche können, und die sich doch bejahen, wenn man sie als friedlich verschwistert versteht.

So ist das Problem von der Geschichte gestellt und schon gelöst: das Rätsel der Sphinx, das der moderne Oedipus, das Genie Napoleon gelöst hat.

Sicher ist diese ungeheure Bewegung, dieser plötzliche Fortschritt, dieses geschlossene Bestreben, dieser gewollte Sturz und Wiederaufstieg der auf die Menschheit ausgegossenen göttlichen Weisheit, und anderseits der von der Gottheit geleiteten menschlichen Weisheit ein Schauspiel des menschlichen Mitgefühls, ja der Bewunderung des Nüchternsten wert. Zwei Flüsse aus einer Quelle, die sich nur zur innigeren Weltumfassung trennen und die bei ihrer Wiedervereinigung alles mit sich reißen werden. Diese Vermählung, dieser Triumph, dieses hinreißende, und endliche Heil der Welt wurde von allen edlen Geistern der Vergangenheit ahnend vorausgefühlt; doch wer hätte vor diesem großen, die Macht der Magie und die Richtergewalt Gottes im Streit der Vernunft vor aller Welt bekundenden Ereignis gewagt an seine Verwirklichung zu glauben!

Wir haben die Bejahung des göttlichen Wortes als Gegenstand der Offenbarung und die des menschlichen Wortes als die transzendente, von der Vorsehung bestimmte Tatsache der im XVI. Jahrhundert beginnenden europäischen Revolution gesehen.

Wie der göttliche Gründer des Christentums als Verkörperung des göttlichen Wortes der Messias der Offenbarung war, betrachten wir den Kaiser als Messias der Revolution, da sich in ihm das menschliche Wort in seiner ganzen Macht manifestierte.

Der göttliche Messias wurde zum Heil der Menschheit gesandt, die durch die Tyrannei der Sinne und die Orgien des Fleisches erschöpft unterging.

Der menschliche Messias kam gleichsam Gott, den der obszöne Kult der Vernunft beleidigte, und der durch die Empörung des menschlichen Geistes und die Saturnalien der falschen Philosophie bedrohten Kirche zu Hilfe.

Seit der Erschütterung der Grundfesten aller europäischen Mächte durch die Reformation und die ihr folgende Revolution, seit der Verwandlung fast aller weltlichen Herrscher in Usurpatoren durch die Leugnung des göttlichen Rechts und der Überlieferung der politischen Welt an den Atheismus oder Fetischismus der Parteien gab es ein einziges Volk, das die Lehren der Einigkeit und Autorität treu bewahrt hatte und das Volk Gottes in der Politik wurde. Dies Volk bereicherte seine Kraft in furchtbarer Weise, begeistert durch einen Gedanken, welcher sich in das WORT, d. h. ein Wort der Tat verwandeln konnte. Dieses Volk war die kraftvolle Rasse der Slaven, und der Gedanke war der Peters des Großen.

Durch Vereinigung aller Völker in einem einzigen Körper dem universalen und geistigen Reich des Messias eine menschliche Verwirklichung und dem Christentum eine zeitliche Vollendung zu geben, mußte künftighin der Traum des politischen durch den christlichen Gedanken in ein soziales verwandeltes Genies sein. Wo aber wäre das Haupt dieses kolossalen Reiches! Rom hatte in dieser Frage seinen eigenen Gedanken gehabt. Peter der Große ebenso; nur einem Napoleon war es möglich einen anderen zu fassen.

Tatsächlich trafen die Nachkommen Peters zu dieser Zeit in den Ruinen des Heiligtums der Päpste auf einen unübersteiglichen Wall, in denen der unsterbliche Katholizismus wie Christus im Grabe zu schlafen schien. Wäre Rußland nach der Reformation katholisch gewesen, so wäre die französische Revolution im Keim erstickt worden. Die weltliche Herrschaft mußte demjenigen zufallen, der die geistige Autorität in ihrer einfachsten, absoluten Form wiederaufrichten würde, denn die Tatsachen folgen immer den Ideen. Die göttliche Autorität des Apostels Petrus mangelte den Unternehmungen des Zaren Peter. Rußland überließ Frankreich eine große Gelegenheit. Napoleon begriff sie; er errichtete die Altäre wieder, er ließ sich vom Nachfolger Hildebrandts und Innocenz III. salben und glaubte von da an seinem Stern, denn die göttliche Autorität stand nun seiner Macht zur Seite.

Die Menschen hatten den göttlichen Messias gekreuzigt. Der menschliche Messias wurde von der Vorsehung im Unglück verlassen. Denn wie aus dem Opfertode Christi, der von den Priestern verklagt worden war, ein neues Priestertum erstehen mußte, so sollte das Martyrium des von den Königen verratenen Kaisers die Wiege eines neuen Königtums werden.

Was ist tatsächlich das Reich Napoleons: Eine revolutionäre Synthese, die das Recht aller im Recht eines einzigen zusammengefaßt, die durch Macht und Ruhm gerechtfertigte Freiheit, die durch die Tat begründete Autorität, der Despotismus aus Ehrsucht an Stelle des Despotismus aus Furcht.

Häufig fiel Napoleon in der Trauer seiner Einsamkeit auf St. Helena Verzweiflung an, denn im Bewußtsein seines Genies verstand er, daß die ganze Zukunft der Welt auf dem Spiele stand, und sah keine andere Alternative für Europa als die, vor Ablauf von 50 Jahren entweder republikanisch oder kosakisch zu sein.

„Ich bin," schrieb er kurze Zeit vor seinem Tode, „wie ein neuer Prometheus an einen Felsen geschmiedet und ein Geier zerfleischt mich.

Ja, ich habe das Feuer des Himmels geraubt, um es Frankreich zu schenken; das Feuer kehrte zu seinem Herd zurück und hier liege ich!

Der Ruhm war mir die Brücke, die Luzifer zur Erstürmung des Himmels über das Chaos spannte; sie verband Vergangenheit und Zukunft, die ein Abgrund trennt .... Nichts bleibt meinem Sohn als mein Name!"

Niemals entsprang menschlichem Denken etwas so Erhabenes wie diese wenigen Zeilen und alle durch das seltsame Geschick des Kaisers hervorgerufenen Ergüsse verblassen neben diesem: *Nichts bleibt meinem Sohne als mein Name*! War es nur das Erbe des Ruhms, das er zu hinterlassen glaubte, oder erkannte er vielmehr mit dem hellsehenden Blick des Sterbenden, daß sein Name, unlösbar seinem Geist verbunden, nur ihm allein das Glück und die Geschicke der Welt unterwarf?

Ein Verfehlen des Aufstiegs der Menschheit, ein Abirren in ihrer Entwicklung behaupten, heißt die Vorsehung lästern. Trotzdem erscheint ihre Entwicklung oft widerspruchsvoll; aber die einander gegenüber gestellten Paradoxa heben sich auf und sind, den in ihrem Engerwerden stets dem Schwerpunkt zustrebenden Pendelschwingungen vergleichbar, nur scheinbar entgegengesetzte Bewegungen, und das tatsächliche Streben der Menschheit ist immer auf der geraden Linie des Fortschritts begriffen. Hat daher Machtmißbrauch die Empörung gezeitigt, so erwartet die niemals Sklaverei noch Anarchie duldende Welt die Begründung einer neuen Macht, die ihre Gerechtsame anerkennt und für sie regiert.

Diese neue Macht läßt uns Paracelsus in seinen wunderbaren Weissagungen erkennen, die man als verspätet ansehen könnte, bezöge sich nicht noch ein großer Teil auf die Zukunft.

Man weicht ebensowenig der Zukunft aus, wie man die Vergangenheit wieder belebt; man hält sich immer an das Dauerhafte. Aber nur das auf die Natur der Dinge Begründete ist dauerhaft. Der Instinkt der Völker gleicht sich hierin der Logik der Ideen an und zweimal hat die Volksstimme in der Wahl zwischen dem Treiben von Dunkelmännern und der Anarchie für die Vereinigung von Ordnung und Fortschritt entschieden und hat Napoleon berufen.

Der Kaiser selbst konnte die Freiheit nicht mit Ordnung vereinen, sagte man, zur Begründung seiner Macht mußte er den Franzosen den Genuß ihrer Rechte versagen. Er habe uns die Freiheit um den Ruhm vergessen lassen, behauptete man und bemerkte nicht den damit offen ausgesprochenen Widerspruch. Wie könnte sein Ruhm der unsere sein, wären wir nur seine Sklaven! Hat das Wort Ruhm nicht überhaupt nur Bedeutung für freie Menschen? Wir haben seiner Disziplin beigestimmt und er führte uns zum Siege; der Aufstieg seines Genies war der Nerv seiner Macht, und wenn er niemanden einen Widerspruch gestattete, war es sein gutes Recht, denn er hatte Recht. „*Der Staat bin ich*!“ sagte Ludwig XIV. und umfaßte so mit einem Wort den ganzen Geist der monarchischen Institutionen. „*Das souveräne Volk bin ich*!“ konnte der Kaiser sagen und umfaßte so seinerseits die ganze republikanische Kraft; und es ist klar, je mehr Autorität sein Führer hatte, um so freier war das französische Volk.

Was die Todesstunde Napoleons so schrecklich machte war nicht Reue über die Vergangenheit, man kann unsterblichen Ruhm nicht bereuen — es war das Entsetzen, die Zukunft der Welt mit ins Grab zu nehmen. „*Ach, nicht der Tod*,“ flüsterte er, „*das Leben tötet mich*!“ Dann deutete er auf seine Brust: „*Sie haben ein Schlächtermesser hineingestoßen und es in der Wunde abgebrochen*!“

Wenig später, in jenem weihevollen Augenblick, da das Leben entflieht und der schon vom Lichte einer anderen Welt erfüllte Mensch sich gedrängt fühlt, den Lebenden ein letztes Wort, gleichsam eine Lehre, ein Erbe zu hinterlassen, wiederholte Napoleon zweimal die rätselhaften Worte: „*Das Haupt der Armee*!“ War dies eine letzte Herausforderung an den Geist Peters des Großen, ein letzter Verzweiflungsschrei, oder ein Voraussehen der Geschicke Frankreichs? Erschien da vor dem geistigen Auge des Kaisers die ganze Menschheit in Harmonie und Disziplin zum Siege des Fortschritts schreitend, und wollte er in einem Wort das Problem der modernen Zeiten zusammenfassen das nächstens zwischen Rußland und Frankreich entscheiden muß: DAS HAUPT DER ARMEE!

Was heute Frankreich einen Vorteil verleiht, ist sein Katholizismus und sein Bündnis mit dem Papsttum, dieser Macht, die die Anarchisten verfallen glauben und die Napoleon weit höher schätzte als eine Armee von dreihunderttausend Mann. Hätte sich Frankreich im Jahre 1849 mit der römischen Undankbarkeit verbunden, wie es die törichten Anarchisten wünschten, ja hätte es nur die Wiederaufrichtung des pontifikalen Thrones durch Österreich und Rußland zugelassen, so wäre sein Schicksal besiegelt gewesen und das empörte Genie des Kaisers hätte sich nach Norden gewandt, um dort zum Vorteil der Slaven den schönen Traum Peters des Großen zu verwirklichen. Für die Menschen, die sich das Absolute in den

Extremen vorstellen, sind Vernunft und Glaube, Recht und Pflicht, Arbeit und Kapital unvereinbar. Aber das Absolute ist ebensowenig in einem einzelnen dieser Gegensätze vorstellbar wie ihr gemeinsamer Sinn.

Vernünftiger oder verständiger Glaube, erlaubte Freiheit, durch erfüllte Pflicht verdientes Recht, Kapital als Sohn und Vater der Arbeit; dies sind, wie wir schon anderweitig sagten, die Formeln des Absoluten. Und nach dem Zentrum der Antinomie und dem festen Punkt des Gleichgewichts gefragt, haben wir schon geantwortet: es ist das Wesen eines zugleich unumschränkt freien und unendlich unentbehrlichen Gottes.

Daß Anziehungs- und Schwungkraft zwei entgegengesetzte Kräfte sind, läßt sich nicht bezweifeln, daß aber diese beiden Kräfte vereint das Gleichgewicht der Erde ausmachen, zu leugnen wäre ebensowenig absurd wie unnütz.

Der Einklang von Vernunft und Glauben, Wissenschaft und Religion, Freiheit und Autorität, kurz, vom menschlichen und göttlichen Wort, ist nicht weniger ersichtlich, und wir haben genug Beweise hierfür angeführt. Aber die Menschen betrachten niemals die Wahrheiten für erwiesen, die sie nicht anhören wollen, weil sie ihren blinden Leidenschaften entgegenstehen. Den stärksten Beweisen begegnen sie stets mit eben den Bedenken, die wir gerade zerstreut haben. Führen wir dann unsere Beweise nochmals an, werden sie ungeduldig und behaupten, wir wiederholten uns.

Der Heiland sagte, man solle neuen Wein nicht in alte Schläuche füllen und auf einen altenMantel keinen neuen Flecken setzen. Die Menschen sind nur Repräsentanten der Ideen und man muß sich nicht wundern, wenn die Wahrheit von den eingefleischten Irrtümern mit Verachtung oder selbst Zorn zurückgestoßen wird. Jedoch das Wort ist wesentlich Schöpfer, und durch jede neue Ausstrahlung seiner Wärme und seines Lichtes läßt es eine neue Menschheit in der Welt aufblühen. Die Zeit finsterer Dogmen und geistiger Blindheit ist vorbei, trotzdem soll man blinden Augen nicht vom neuen Tag reden; berufen wir uns auf das Zeugnis der sich öffnenden Augen und warten wir auf die Hellsichtigen, um ihnen die Wunder des Tages zu weisen.

Gott hat die Menschheit erschaffen; aber jedes Geschöpf der Menschheit ist berufen sich selbst als moralisches Wesen, also unsterblich zu schaffen. Wiederzuleben in der Menschheit ist die ungewisse Hoffnung des Pantheismus und revolutionären Mystizismus für ihre Adepten; in der geistigen und moralischen Individualität niemals zu sterben, ist das von der Offenbarung jedem ihrer Kinder gesicherte Vorrecht! Was ist nun der trostreichere und mehrversprechende Gedanke, welcher gibt der menschlichen Moral sicherste Basis und höchstes Ziel?

Jede sich nicht selbst rechtfertigende und das Recht ohne Bürgschaften bedrückende Macht ist nur blinde und vergängliche Gewalt; wahre und dauernde Autorität stützt sich auf Freiheit, wenn sie ihr auch Gesetz und Zügel auflegt. Dies ist das Absolute in der Politik.

Jeder die Vernunft nicht erhaltende und bereichernde Glaube, jedes das Leben der Intelligenz und die Spontanität des freien Willens leugnende Dogma schafft den Aberglauben; wahre Religion beweist sich durch Geist und rechtfertigt sich durch Vernunft, wenn sie sie auch einem notwendigen Gehorsam unterwirft. Dies ist das Merkmal des Absoluten in Religion und Philosophie.

Dem Gedanken von der Erschaffung des Menschen durch Gott sind stets die Begriffe der Macht, sei es geistliche oder zeitliche, vorausgegangen, und das die Göttlichkeit darstellende Wort war zu allen Zeiten die Formel des Absoluten, sei es in Offenbarung oder in natürlicher Intuition, und der diesem Wort beigelegte Sinn war stets der führende Gedanke aller Religion, Philosophie, Politik und Moral.

In Gott Freiheit ohne Notwendigkeit begreifen wollen, heißt eine Allmacht ohne Vernunft und Hemmung träumen, heißt das Ideal der Tyrannei im Himmel auf den Thron erheben. Dies war der gefährlichste Irrtum vieler enthusiastischer und mystischer Köpfe des Mittelalters.

In Gott Notwendigkeit ohne Freiheit begreifen wollen, heißt aus ihm eine unendliche Maschine machen, deren intelligentes Räderwerk wir zu unserem Unglück sind. Gehorchen oder zerschmettert werden, dies wäre unser ewiges Schicksal und wir würden wissentlich irgend einem Ding gehorchen, das sinnlos befiehlt. Traurige Reisende wären wir, in Wagen eingesperrt, von einer furchtbaren Lokomotive in Volldampf dem Abgrund zugezogen. Diese pantheistische, materialistische und fatale Doktrin ist die Ungereimtheit und das Elend unseres Jahrhunderts.

Diese höchste Norm von Freiheit und Gesetz, die sich gegenseitig beherrschen und bedingen, findet sich überall und gilt immer, wenn eine Tugend, eine gerechte Macht oder irgendeine Autorität in Erscheinung tritt. In der von der Vorsehung geführten Hand Karls des Großen aus der Finsternis der Dekadenz entrissenen und über das Chaos der Barbarei erhobenen Welt waren Papst- und Kaisertum zwei sich gegenseitig stützende und begrenzende Mächte. Das Papsttum als Verweser des heiligen, weltbeglückenden Dogmas verkörperte die Freiheit mit den Schlüsseln der Zukunft in Händen, und der Kaiser mit dem Schwert des Gerichts hob die eiserne Faust des Gesetzes über die Herden, welche der Hirtenstab der Päpste trieb und schützte und lenkte den Gang der Menschheit auf dem Wege des Fortschritts.

Um jeden Irrtum auszuschließen: Die religiöse Bewegung unserer Zeit, durch Chateaubriand begonnen und von Lamennais und Lacordaire fortgeführt, ist nicht rückschrittlich und verurteilt die Emanzipation des menschlichen Gewissens nicht. Die Menschheit hatte sich gegen die Ausschreitungen des Mystizismus empört, der die absolute Freiheit Gottes zugab, ohne jedoch seine Notwendigkeit gelten zu lassen, und so die ewige Gerechtigkeit leugnete und die Persönlichkeit des Menschen im passiven Gehorsam aufgehen ließ.

Das menschliche Wort konnte sich tatsächlich auf diese Weise nicht vertilgen lassen; aber die blinden Leidenschaften suchten durch Verkündung der Alleinherrschaft des menschlichen Individuums den Protest in sein äußerstes Gegenteil zu kehren. Man erinnert sich, wie der Kult der Vernunft in Notre-Dame eingeweiht wurde und wie die Septembermänner die St. Bartholomäusnacht verwünschten. Diese Ausschreitungen erzeugten recht bald Gleichgültigkeit und Abscheu; aber die Menschheit verzichtete deshalb nicht auf das, was ihren Protest nötig gemacht hatte.

Chateaubriand kam und klärte die durch die Verkündung der Kirche irregeführten Geister auf. Er weckte die Liebe zur Religion, die er als menschlich und vernünftig pries. Die Welt wünschte wohl eine Versöhnung mit ihrem Heiland, entschloß sich aber erst nach Erkenntnis seines Menschentums ihn von neuem als den wahrhaftigen Gott anzubeten.

Vom Priester erwartet man heute vor allem Liebe, die erhabene Äußerung der *göttlichen Menschlichkeit.* Die Religion begnügt sich nicht mehr, der Seele die Tröstungen des anderen Lebens zu bieten, sie fühlt sich berufen, schon in diesem Leben die Nöte des Armen zu lindern, ihn zu unterrichten, zu schützen und ihn zur Arbeit anzuleiten. Die ökonomische Wissenschaft kommt ihr in diesem Werk des Aufbaues entgegen. Dies alles erfüllt sich vielleicht langsam, aber die Bewegung vollzieht sich doch und die Kirche, unterstützt von der zeitlichen Macht, wird bald ihren ganzen früheren Einfkuß wiedergewonnen haben, um der Welt das in der messianischen Synthese vollendete Christentum zu predigen. Wenn die Kirche wirklich das menschliche Wort abgelehnt und sich damit zum natürlichen Feind der Freiheit und des Fortschrittes erklärt hätte, würden wir sie für tot ansehen und sie gleicherweise einschätzen wie die jüdische Synagoge; aber das ist nicht der Fall und kann es nicht sein. Die Kirche, die in ihrer Konstitution das Bildnis Gottes widerstrahlt, trägt in sich das doppelte Gesetz der Freiheit undAutorität die sich gegenseitig bedingen, begrenzen und bestimmen. Denn in der Tat hat die Kirche dem Dogma von Konzil zu Konzil eine herrliche Entwicklung angedeihen lassen, wenn sie auch seine Unantastbarkeit und Unerschütterlichkeit immer aufrecht erhalten hat. Auch unter den Häretikern und Dissidenten beschuldigten die einen die Orthodoxie der Starrheit, während die anderen ihr unanblässig ihre Neuerungen vorwarfen. Alle Sektierer schützten, um sich von der kirchlichen Gemeinde trennen zu können, das Verlangen vor, zum Glauben und den Gebräuchen der urtümlichen Kirche zurückzukehren. Wenn man einem Katholiken des XV. oder einem Philosophen des XVIII. Jahrhunderts davon gesprochen hätte, daß zwischen Gewissensfreiheit und religiöser Autorität, zwischen Vernunft und Glaube eine Verständigung erfolgen müsse, so hätte man den einen beleidigt, und der andere hätte gelacht. Während der Schlacht von Frieden und Verständigung zu sprechen ist gewiß übel angebracht und in den Wind geredet.

Die Lehren, zu deren Interpreten wir uns machen, weil wir sie für den fortschrittlichsten Ausdruck der menschlichen Intelligenz unserer

Zeit halten, die schon seit einigen Jahren von einer kleinen Zahl erlesener Geister vorausgeahnt wurden, dürfen wir heute der Welt mit der Hoffnung auf Gehör verkünden; aber noch vor wenigen Monaten würden sie nirgends eine freundliche Aufnahme, geschweige denn Verteidiger, ja nicht einmal ein Echo gefunden haben.

Denn damals waren die extremen Parteien noch nicht gezwungen, ihren Ansprüchen vor der Gewalt der Ereignisse zu entsagen, und es war schwer inmitten ihres wütenden Kampfes neutral zu bleiben; jedes Zugeständnis des einen an den andern wurde als Verrat angesehen, und diejenigen, die von der Gerechtigkeit nicht ließen, waren genötigt, sie bei jeder der Parteien zu suchen und wurden dadurch wie Renegaten oder Überläufer aller Welt verdächtig. Und die Überzeugungstreuen, die ihre innere Freiheit dem Beifall der Koterien vorzogen, setzten sich einer gefährlichen beängstigenden Vereinsamung aus. Zwischen zwei sich bekämpfenden Gruppen allein, fährt man schlecht; von einer zur anderen überzutreten, hieße aus beiden verbannt werden, und eine auf gut Glück wählen, hieße die andere verraten.

Durch solche grausame Alternative sind Männer wie Lamennais von den Ultramontanen zu den Jakobinern getrieben worden und fanden doch auf keiner Seite weder Sicherheit noch Ruhè. Mußte der berühmte Dichter der „*Paroles d'un croyant*" nicht voller Entsetzen sehen, wie sich vor ihm Anarchismus und Zerstörung in der Maske des Sozialismus frech emporreckten, ohne daß er in seiner Verwirrung hierüber die Berechtigung dieses Widerspiels zu begreifen vermochte? Ging er nicht bis zu Zoroaster zurück, und wurde er nicht in den trostlosen Glaubenssätzen der Manichäer nach irgendeiner Erklärung für den ewigen Krieg der Amchaspands und Darvands? Jedoch die vier vergangenen Jahre waren erfüllt von Lehren und ungeheuren Offenbarungen. Die Revolution hat sich durch Schaffung einer absoluten Autorität ein zweites Mal erklärt und gerechtfertigt, und wir verstehen heute, daß der verfassungsmäßige Dualismus nichts anderes war als das Manichäertum in der Politik. In ihrer Vereinigung müssen Freiheit und Macht sich gegenseitig stützen, aber nicht einander gegenüberstehen.

Die auf die allgemeine Meinung gegründete absolute Souveränität ist von nun an der einzige Begriff der wahren Autorität in Religion und Politik. Und so wird die Verwaltung des *menschlichen Rechtes* eingesetzt werden, der zweiten Form des *göttlichen Rechtes*, das durch keine Länge der Zeit ungültig werden kann.

Durch Kenntnis des Wahren und vernünftige Übung des Guten befreien sich nicht nur die Einzelnen, sondern auch die Völker. Materielle Tyrannei ist machtlos gegen Menschen mit reiner Seele; gegen jene aber, die innerlich Vorurteilen oder Lastern unterliegen, ist auch die äußere Freiheit nur eine Vermehrung und Komplikation der Tyrannei. Wenn die Mehrheit der unintelligenten Menschen Meister ist, muß die Minderheit der Weisen Sklave sein.

Auch muß sorgfältig unterschieden werden zwischen dem Recht der Tat und dem Prinzip seiner Anwendung in der Politik der Kirche.

Ihre Arbeit bestand stets in der Unterwerfung der fleischlichen Schwäche unter die Vorsehung des Geistes; im Namen der Freiheit selbst in der blinden Spontanität der physischen Bestrebungen ein Wall entgegen, und zeigte sie sich in unseren Tagen der revolutionären Bewegung nicht geneigt, so nur aus dem unfehlbaren Gefühl, daß hier nicht die wahre Freiheit sei.

Der mögliche Mißbrauch der Freiheit macht die Autorität notwendig, und sie hat keine andere

Mission in Staat und Kirche als die gesetzliche Freiheit aller gegen die mißbrauchte Freiheit Einzelner zu schützen.

Je stärker die Autorität ist, je mächtiger wird ihr Schutz. Deshalb eben war die Unfehlbarkeit für die Kirche notwendig; und deshalb muß auch in einem gut regierten Staat die Kraft immer mit dem Gesetz sein. Der Gedanke von der Freiheit und der von der Autorität sind daher untrennbar vereint und stützen einander.

Die Tyrannei der alten Welt war nur die vollkommene Freiheit Einiger zum Nachteil der Freiheit aller. Das Evangelium stellte Königen und Völkern Aufgaben und verlieh so den einen die Autorität, die ihnen fehlte, und gewährleistete den anderen eine auf neue Rechte gegründete Freiheit mit der Gewißheit eines wahren Fortschritts und einer allen möglichen Vervollkommnung.

Wenn die menschliche Intelligenz nicht verbesserungsfähig wäre, wozu würde dann die fortgesetzte Belehrung der Vorsehung nützen, und wozu hätte sich die Offenbarung in aufeinanderfolgenden Formen und in stets wachsender Vervollkommnung manifestiert? Die Natur zeigt uns den Fortschritt in der Beschaffenheit aller Wesen und vollendet nur langsam ihre Meisterwerke. Die Bewegung ist überall das Zeichen des Lebens und selbst in einem scheinbaren Kreislauf schreitet sie stets vorwärts und setzt niemals die Hand, die ihr den Anstoß gab, durch einen wirklichen Rückschritt ins Unrecht.

Würde das Gesetz der Bewegung nicht durch die himmlische Vorsehung und die irdische Gerechtigkeit beherrscht, wäre es als Gesetz der Unordnung ein solches der Vernichtung und des Todes; wenn aber andererseits der Widerstand, der die Bewegung regelt, sie lähmt und aufhalten will, muß eines von zwei Dingen eintreten: entweder wird die Bewegung den Widerstand brechen und die Autorität zerstören, oder die Autorität wird die Bewegung vernichten und durch Erschöpfung ihrer eigenen Kraft sich selbst töten.

So hat sich das Judentum selbst zerstört, weil es sich dem Aufblühen des Christentums widersetzen wollte, das die natürliche Folge und notwendige Entwicklung aus den Glaubenssätzen Moses und den Versprechungen der Propheten war.

Der Katholizismus wird das Judentum nicht nachahmen und wird sich der großen messianischen Synthese nicht entgegenstellen, denn die katholische Kirche trägt schon in ihrem Namen das Versprechen der Universalität, welches von vornherein der Kirche der Zukunft ihren wahren Namen anweist. Rom und Konstantinopel werden sich nicht zum zweitenmal um die Weltherrschaft streiten; wo sich das Wort manifestiert wird auch sein Hoherpriester sein. Der Thron, dem sich die Welt gehorsam unterwerfen wird, ist der des Nachfolgers Jesu Christi, und jedes Oberhaupt einer kleinen Dissidentenschar wird trotz aller angemaßten Titel und Vorwände in den Augen der Allgemeinheit nicht mehr sein als ein Gegenpapst und Sektierer.

Daher ist die Vereinigung der griechischen und der römischen Kirche die große religiöse und bürgerliche Revolution, die früher oder später das Angesicht der Erde verändern muß; und diese Revolution muß sich als das Ergebnis der Entwicklung und der Ausbreitung der kabbalistischen Lehren in Kirche und Gesellschaft erweisen.

Man wird uns vergebens einreden, die Kirche glaube an ihre Vollkommenheit, selbst mit dem Vorgeben daran zu zweifeln, daß sie das Gesetz des Fortschritts anerkennen werde. Wir sind diesem Zweifel bereits durch eine entscheidende Stelle von Vincent de Lérins entgegengetreten; aber die Frage ist wichtig genug, um hier noch einige mächtige Zeugnisse anzuführen.

Ein gelehrter, kürzlich zum Katholizismus übergetretener englischer Pastor, Doktor John Newman, hat in der letzten Zeit mit großer Zustimmung bei den kirchlichen Autoritäten ein Werk herausgegeben, in dem er beweist, daß die Entwicklung des Dogmas und folglich der menschlichen Intelligenz das ausdrückliche Werk des Katholizismus gewesen sei, als einführendes und erhaltendes Prinzip betrachtet und in der Deutung und Anwendung der göttlichen Theorie als den Buchstaben der Glaubenslehre. Vor dem Beweis seiner These stellt er sieghaft die Existenz des natürlichen Fortschritts in allen Dingen, hauptsächlich der Offenbarung fest. Er drückt sich folgendermaßen aus:

„Aus der Geschichte aller Sekten und religiösen Parteien, aus der Analogie und dem Beispiel der heiligen Schrift können wir vernünftigerweise schließen, daß die christliche Lehre die formalen, legitimen, wirklichen, durch ihren göttlichen Urheber vorgesehenen Entwickelungen vorausgesetzt.

Die allgemeine Analogie der physischen und moralischen Welt bestätigt diesen Schluß: ‚Die ganze natürliche Welt und ihre Verwaltung,' sagt Butler, ‚ist ein Plan oder ein System, kein starres, sondern ein fortschrittliches System, in dem der Versuch verschiedener Möglichkeiten stattfindet, lange bevor der vorbestimmte Endzweck erreicht werden konnte. Dies wird durch den Wechsel der Jahreszeiten, der Kultur der Erdfrüchte, selbst durch die Geschichte einer Blume bewiesen; und so ist es auch mit dem menschlichen Leben. Obwohl sie notwendigerweise auf einmal gebildet wurden, wachsen so Pflanzen und Tiere trotzdem nach und nach, um zur Reife zu gelangen. Die vernünftigen Kräfte, welche die Körper beleben, drängen naturgemäß zu der Wesenseigentümlichkeit hin, die ihnen durch allmähliche Erwerbung von Kenntnissen und Erfahrungen und eine lange Folge von Handlungen bestimmt ist.'

Unsere Existenz ist nicht nur eine Aufeinanderfolge von Zuständen, was sie ja notwendigerweise sein muß, sondern ein Zustand unseres Seins ist vom Schöpfer bestimmt, als Vorbereitung auf einen neuen und als Durchgang zu einem weiteren, diesem nachfolgenden Zustand zu dienen. So folgt auf die Kindheit das Jünglingsalter, auf das Jünglingsalter das Mannesalter und auf dieses das Greisenalter. Die Menschen möchten in ihrer Ungeduld alles übereilen. Aber der Schöpfer scheint nur nach reiflicher Überlegung zu handeln und erreicht seine Absichten durch allmähliche und langsame Fortschritte .... Gott handelt in gleicher Weise im Laufe seiner natürlichen Vorsehung wie in der religiösen Offenbarung, indem er eine Sache auf die andere folgen läßt und dann wieder eine auf diese und so immer weiter durch eine fortschreitende Reihe von Geschehnissen, welche sich diesseits und jenseits unseres beschränkten Blickfeldes ausdehnt. Das neue Gesetz des Christentums ist uns verkörpert im Gesetz der Natur."

Doktor Newman bemerkt dann weiter: „In einem seiner Gleichnisse vergleicht unser Heiland das Himmelreich mit einem Senfkorn, welches ein Mensch auf sein Feld aussäht. Dieses Korn ist in Wahrheit das Kleinste unter den Samen; aber wenn es wächst, wird es das Größte unter den Sträuchern und wird ein Baum und, wie der heilige Markus sagt: ,Dieser Baum breitet seine Zweige aus und die Vögel des Himmels kommen, auf ihnen zu wohnen,' und weiter im gleichen Kapitel des heiligen Markus: ,Das Reich Gottes gleicht einem Menschen, der Samen auf die Erde streut. Er schlafe oder wache, Tag und Nacht keimt der Same und wächst, ohne daß er weiß wie, denn Erde bringt ihre Frucht von selbst.' Hier ist die Rede von einem Urelement des Lebens — sei es Prinzip, sei es Lehre — nicht von einer äußerlichen Manifestation, und wir müssen beachten, daß nach dem Geist des Textes dem Wachstum die Eigenschaft des *aus sich selbst* heraus Entstehens sowohl wie des *allmählichen* Fortschreitens zukommt. Diese Beschreibung des Fortschrittes entspricht dem, was wir schon über die Entwicklung bemerkt haben; das heißt, daß er nicht das Ergebnis des Wollens oder Entschlusses oder eines erzwungenen Aufschwunges ist und ebensowenig einer Tätigkeit der Vernunft oder selbst der äußersten Verfeinerung der Intelligenz, sondern daß er aus eingeborener Kraft sich durchsetzt, deren Tatendrang und Wirkung in einem vorher bestimmten Augenblick in Erscheinung tritt. Zweifellos ist er bis zu einem gewissen Grade durch die Reflexion gebunden und sie zwingt ihn, sich dem Eigenwesen der einzelnen Menschen anzugleichen, aber dies geschieht immer gemäß der ursprünglichen moralischen Entwicklung des Geistes selbst."

Es ist unmöglich, die beiden sich gegenseitig ergänzenden, wenn auch scheinbar sich widersprechenden Gesetze der von der Vorsehung bestimmten Notwendigkeit und der menschlichen Freiheit klarer aufzuzeigen. Für den Menschen ist die Natur selbst diese Notwendigkeit, welche die Kraft seines schöpferischen Wortes ernährt und befruchtet, des Wortes, das ihn Gott ähnlich macht und das wir die Freiheit nennen!

Die Taktik der Ketzer und Materialisten bestand zu allen Zeiten im Mißbrauch von Worten und der Verdrehung der Tatsachen. Und sie bezichtigen die Autorität der Glaubensverleugnung wenn sie die von ihnen entstellten und zur Täuschung mißbrauchten Wahrheiten verfolgte und sie verdammte.

Ihr nennt Freiheit, was in Wirklichkeit die verdammenswürdigste Zuchtlosigkeit ist, Fortschritt nennt ihr eine aufrührerische, den Umsturz bezweckende Bewegung. Die Kirche duldet es nicht, und ihr werft ihr mit Bitterkeit vor, sie sei eine Feindin des Fortschritts und der Freiheit. Sie aber ist feind nur der Lüge, was ihr wohl wißt. Deshalb müßt ihr immer weiter lügen, wenn ihr den Kampf gegen sie fortsetzen wollt; denn andernfalls müßtet ihr der Kirche recht geben und euch wohl oder übel ihrer Macht unterwerfen.

So könnte man im Namen der Kirche ihren unehrlichen Gegnern antworten. Aber wir müssen hier schwerwiegenderen Einwänden begegnen. Gläubige, doch wenig aufgeklärte Katholiken, die sich mehr an den Buchstaben als an denGeist der päpstlichen Entscheidungen halten, werden vielleicht einwenden, daß Rom in seinen Enzykliken über die Lehren des Abbé de Lamennais ausdrücklich die Ideen von Freiheit und Fortschritt verdammt hat.

Wir werden durch die Worte der ersten Ezyklika selbst antworten: Der Papst verdammte diejenigen, die die Kirche, um sie zu *erneuern, ganz vermenschlichen* wollen, *göttlich wie sie ist* in ihrer Autorität und ihrem Prinzip.

Was also der Richter verurteilt, ist nicht die *Bestätigung des menschlichen Wortes*, sondern die *Verneinung des göttlichen Wortes.* Die Kirche ist hier also in ihrem Recht und erfüllt ihre Pflicht. Rom sah das Prinzip seiner geistigen Autorität durch die Werke des berühmten Schriftstellers angegriffen und der Beweis, daß es sich nicht täuschte, und daß Lamennais schon nicht mehr an diese moralische Allmacht glaubte, deren eifrigster und mächtigster Verteidiger er ehemals gewesen war, ist, daß er sich den Entschließungen der Kirche nicht unterwarf und sich mit einem einzigen rückwärts gerichteten Schritt über sie, das Christentum und die ganze Zivilisation hinwegsetzte.

Die von der Kirche verworfene Freiheit ist dieselbe, durch die Pius IX. entthront werden sollte, durch die Europa an den Rand des Abgrundes geriet. Was kann aber die Freiheit der Kinder Gottes mit der der Kinder Kains gemein haben?

Noch einmal: Wir glauben also nicht, daß die römische der orientalischen Kirche erlauben wird, die Initiative zur Erneuerung zu ergreifen. Daß das Schiff von Petrus inmitten des Auf und Nieder der revolutionären Wogen still lag, ist nur ein göttlicher Protest zugunsten des wirklichen Fortschrittes.

Alles was sich außer der Autorität vollendet, vollendet sich außer der Natur, dem positiven Gesetz der ewigen Autorität. Das menschliche Ideal kann also zwei entgegengesetzte Wege verfolgen: entweder der Wissenschaft durch Intuition, welche sie später rechtfertigen muß, vorangehen oder sich von der Wissenschaft durch Halluzination, welche sie verwirft, entfernen. Die dem brutalen Egoismus ergebenen Freunde der Unordnung, die das Joch der Wissenschaft und die Disziplin der Vernunft fürchten, wählen stets die Halluzination als Führer. Das Heidentum hatte seine falsche Mystik, und darum hat sich das philosophische Dogma der alten Hellenen in Abgötterei verwandelt; das Christentum litt an derselben Wunde, und ein unmenschliches Asketentum und als Reaktion der unmoralischste Quietismus wurden die Ursachen der Verleumdung wahrer Frömmigkeit und der Abwendung vieler Seelen von den Religionsübungen.

Einer der bemerkenswertesten Phantasten unserer Zeit, der paradoxe P. J. Proudhon war eines Tages gezwungen, dem damals mächtigen Lamartine zu widersprechen und tat dies, indem er gegen die Poeten eine seiner zynischen, vielsagenden Diatriben schleuderte, die ihm so gut lagen. Wir haben dieses Blatt nicht vor Augen; wie so viel anderes hat es der Wirbelsturm der Revolution auch verweht; aber wir erinnern uns, mit welchem Feuer der allzu berühmte Träumer gegen die Poesie und gegen die Träume deklamierte. Er war furchtbar in der Wahrheit, mit der er den irregeführten, taumelnden Staat malte und schilderte, wie dieser, im Blut ausgleitend, irgendeinem Bänkelsänger nachstolpert, der in Exstase über die eigene Musik das Flehen, Schluchzen und Todesseufzen um ihn her nicht hört. Seht, rief er aus: dies kommt von der Regierung der Poeten! Und sich in seine Idee hineinsteigernd, wie es seine Art war, kam er so weit, Nero als die vollkommenste Verkörperung der weltentthronenden Poesie zu preisen. Rom verbrennen zu den Klängen der Leier und so die gewaltige Dichtung Virgils lebendig machen, war dies nicht eine unerhörte, kaiserliche, dithyrambische Phantasie? An Stelle der Zäsarenstadt, die er wie eine Dekoration zur Aufführung seiner Verse verbrannte, wollte Nero ein neues Rom bauen, ganz vergoldet und aus einem einzigen Palaste bestehend! — — — Ah! Wenn Verwegenheit und Kühnheit das Erhabene in der Poesie sind, dann war Nero in Wahrheit ein großer Dichter: Aber weder Proudhon noch irgendeines der Oberhäupter des modernen Sozialismus haben das Recht, ihn darob zu tadeln.

Nero erscheint nur als die vollkommenste Verkörperung von Idealismus ohne Autorität und der Zügellosigkeit in der Macht. Er ist nach Proudhon die *Anarchie*, in einem einzigen Menschen verkörpert und auf den Thron des Weltalls gesetzt; das *Absolute* der Materialisten in Wollust, Vermessenheit, in Energie und Macht. Niemals hat eine zügellose Natur die Welt durch ihre Ausschweifungen tiefer erschreckt. Das verstanden die Revolutionäre der Schule Proudhons unter *der Poesie*; wir aber denken nicht wie sie. Dichter sein heißt erschaffen, aber weder träumen noch lügen. Gott war Dichter, in der Weltschöpfung, und sein unsterbliches Heldenlied ist mit Sternen geschrieben. Die Wissenschaften haben von ihm die Geheimnisse der Poesie empfangen, denn die Schlüssel der Harmonie wurden in ihre Hände gelegt. Die Zahlen sind Dichter, denn sie singen in richtigen Tönen; und hieran begeisterte sich das Genie Pythagoras. Dichtkunst, welche die Welt nicht sieht, wie Gott sie geschaffen, und eine andere zu erfinden sucht, ist nur das Delirium der Geister der Finsternis; sie liebt das Geheimnis und leugnet die Fortschritte der menschlichen Intelligenz. Auf sie komme die Verblendung der Unwissenheit und die falschen Wunder der Zauberei! Auf sie komme der Despotismus der Materie und die Launen der Leidenschaften! Der umstürzlerischen Dichtkunst gehören die stets vergeblichen Versuche, die immer enttäuschten Hoffnungen, der Geier und die ohnmächtige Wut des Prometheus, während jene Dichtkunst, die der Ordnung ergeben ist und von dieser die Gewähr einer unverletzlichen Freiheit erhält, die Früchte der Wissenschaft pflücken, die Harmonie der Zahlen übersetzen und das allgemeine Gebet vorbeten wird. Bald wird sie vor der Wissenschaft, bald auf deren Spuren gehen, immer aber ihr nahe sein im lebendigen Licht des Wortes und auf dem sicheren Pfad des Fortschritts!

Diese nahe Zukunft des Christentums, das aus der Quelle aller Offenbarung, aus den großen Wahrheiten der Magie und der Kabbala stammt, wurde von einem bedeutenden polnischen Dichter, Adam Mickiewisch, vorausgeahnt, der für diese Doktrin einen neuen Namen schuf und sie den *Messianismus* nannte.

Dieser Name gefällt uns und wir nehmen ihn mit Vergnügen an, falls er nicht etwa die Idee einer neuen Sekte vorstellt. Die Welt ist der Zerstückelungen und Teilungen müde und strebt aus allen Kräften zur Einheit. Auch gehören wir nicht zu jenen, die sich katholisch aber nicht römisch nennen, was der lächerlichste Widersinn ist. Katholisch heißt allgemein: ist dann die Allgemeinheit nicht notwendigerweise römisch, da doch Rom im Weltall liegt?

Das XVIII. Jahrhundert hat den Mißbrauch der Religion gesehen, hat aber die Kraft dieser selben Religion verkannt, weil es ihr Geheimnis nicht erriet. Der Ungläubigkeit und Unwissenheit entgeht die hohe Magie, denn sie stützt sich gleicherweise auf die Wissenschaft und auf den Glauben.

Der Mensch ist der Wundertäter der Erde und durch sein Wort, d. h. seine geistige Rede verfügt er über Schicksalskräfte. Er strahlt aus und zieht an wie die Gestirne; er vermag zu heilen durch Berührung, Zeichen oder eine Tat seines Willens. Das hat vor uns Mesmer der Welt offenbart, und das ist das schreckliche, so sorgfältig im Dunkel der alten Heiligtümer gehütete Geheimnis. Was anders können jetzt die sogenannten Wunder des Menschen beweisen als die Energie seines Willens und die Macht seines Magnetismus? Heute erst kann man wirklich sagen, daß Gott allein Gott sei, denn die Wundermänner werden sich nicht mehr anbeten lassen. Übrigens führt uns die Synthese aller Dogmen zu einem einzigen Symbolismus, dem der Kabbala und Magie. Die drei Mysterien und die vier Tugenden verwirklichen das Dreieck und das magische Viereck. Die sieben Sakramente manifestieren die Mächte der sieben Genien oder der sieben Engel, die sich nach dem Text der *Apokalypse* stets vor dem Thron Gottes aufhalten. Wir verstehen nun die heilige Mathematik, welche zweiundsiebzigmal das göttliche Tetragramm multipliziert, um die Siegel der sechsunddreißig Talismane Salomos zu bilden. Durch tiefes Forschen auf die antike Theologie Israels zurückgeführt neigen wir uns vor den hohen Wahrheiten der Kabbala und hoffen, die weisen Israeliten werden ihrerseits anerkennen, daß nur durch falsch verstandene Worte unsere Wege auseinander gingen. Israel hat aus Ägypten die Geheimnisse der Sphinx mitgenommen, hat aber das Kreuz verkannt, das in den primitiven Symbolen des magischen Ägyptens der Schlüssel zum Himmel war. Es wird nicht lange dauern, bis es dies versteht, denn schon hat es sein Herz der Liebe geöffnet. Der Angstschrei der Christen in Syrien hat die Kinder Moses gerührt; und während Abd-el-Kader unsere unglücklichen Brüder im Orient beschützte und mit Gefahr seines eigenen Lebens verteidigte, wurde in Paris durch die Bemühungen des israelitischen Advokaten Cremieux eine Subskription eröffnet.

Das große Rätsel vergangener Jahrhunderte, die Sphinx, wurde durch die ganze Welt gehetzt, ehe sie am Fuße des Kreuzes, dieses anderen großen Rätsels, Ruhe fand; und seit achtzehn und einem halben Jahrhundert betrachtet sie es und sinnt darüber.

Was ist der Mensch? fragt die Sphinx das Kreuz, und das Kreuz antwortet mit der Frage: Was ist Gott?

Achtzehnmal schon hat der alte Ahasver die Welt umkreist; und am Ende aller Jahrhunderte und zu Beginn aller Generationen kommt er an dem stummen Kreuz und der schweigenden, unbeweglichen Sphinx vorüber.

Dort wird er einst auch ausruhen, müde seines ewigen Wanderns; und dann wird bald die Sphinx und bald das Kreuz tröstend zu ihm sprechen.

Ich bin der Inhalt der antiken Weisheit, wird die Sphinx sagen, die Synthese des Menschen. Ich habe eine Denkerstirn und einen liebeschwellenden Busen; ich habe die kämpfenden Klauen des Löwen, die Lenden des Stieres zur Arbeit und die lichtschauenden Schwingen des Adlers. In alten Zeiten hat mich nur der eigensinnige Blinde von Theben verstanden, das große Symbol geheimnisvoller Buße, welche die Menschheit ewiger Gerechtigkeit weihen sollte. Jetzt ist der Mensch nicht mehr das fluchbeladene Kind, das wegen eines merkwürdigen Verbrechens auf dem Kytheron zum Tode ausgesetzt wird; der Vater kam und büßte selbst sein Verbrechen am Sohne. Der Schatten des Laios ächzte unter den Martern des Oedipos; der Himmel hat die Lösung meines Rätsels für die Welt auf dieses Kreuz geschrieben. Deshalb schweige ich und warte, bis es sich selbst der Welt erklärt. Ruhe aus, Ahasver, denn hier ist das Ziel deiner schmerzensreichen Reise!

Ich bin der Schlüssel der kommenden Weisheit, wird das Kreuz sagen, bin das siegreiche Zeichen des Stauros, welches Gott an den vier Kardinalpunkten des Himmels als doppelte Achse des Weltalls befestigt hat.

Auf Erden habe ich das Rätsel der Sphinx erklärt, indem ich die Menschen den Schmerz verstehen lehrte; ich habe durch Verwirklichung des Opfers den religiösen Symbolismus erfüllt. Ich bin die blutbefleckte Leiter, über die die Menschheit zu Gott hinansteigt, und über die Gott zu den Menschen herabkommt. Ich bin der Baum des Blutes und meine Wurzeln trinken es in der ganzen Erde, auf daß es nicht verloren gehe, sondern auf meinen Zweigen die Früchte der Ergebenheit und der Liebe gedeihen. Ich bin das Zeichen des Sieges, denn ich habe die Ehre offenbart und die Fürsten der Erde heften mich auf die Brust der Tapferen. Einer unter ihnen hat mir einen fünften Balken gegeben, um mich zum Stern zu machen, aber noch heiße ich das Kreuz. Vielleicht hat er, der Märtyrer des Ruhmes war, sein Opfer vorausgesehen und wollte durch das Anfügen eines Balkens an das Kreuz seinem Haupt ein Kissen neben Christi Haupt bereiten. Ich breite meine Arme gleich nach rechts und links und habe gleichen Gottessegen über Magdalena wie Maria gegossen; den Sündern biete ich das Heil und den Gerechten neue Gnade. Ich warte auf Kain und Abel, sie zu versöhnen und zu vereinen. Der Ort bin ich, da die Völker sich versammeln, und werde das letzte Gericht über die Könige halten. Ich bin der Begriff des Gesetzes, denn auf meinen Armen steht geschrieben: Glaube, Hoffnung, Liebe. Ich bin der Inbegriff der Wissenschaft, denn ich erkläre das menschliche Leben und das Denken Gottes. Zittere nicht, Ahasver, und fürchte nicht meinen Schatten! Das Verbrechen deines Volkes ist das Verbrechen der ganzen Welt, denn auch die Christen haben ihren Heiland gekreuzigt; sie haben ihn gekreuzigt, indem sie seine Lehre des Abendmahls mit Füßen traten, haben ihn gekreuzigt, indem sie dir fluchten und dich in Verbannung trieben. Aber das gemeinsame Verbrechen der Menschen hüllt die Gnade in ihren Mantel, und du, menschliebender Kain, du ältester derer, die das Kreuz erlösen soll, komm, ruhe dich aus unter seinem noch vom Blut des Erlösers gefärbten Arm. Nach dir wird der Sohn der zweiten Synagoge kommen, der Hohepriester des neuen Gesetzes, der Nachfolger Petri. Wenn die Völker ihn wie dich geächtet haben werden, wenn er keine andere als die Märtyrerkrone mehr haben wird und wenn er durch Verfolgung demütig und sanft geworden wie der gerechte Abel, dann wird Maria kommen, die wiedergeborene Frau, die Mutter Gottes und der Menschen und wird den ewigen Juden mit dem letzten der Päpste versöhnen, wird von neuem die Welt erobern, um sie ihren beiden Kindern zurückzugeben. Die Liebe wird die Wissenschaften wieder erwecken, die Vernunft den Glauben rechtfertigen. Dann werde ich wieder der Baum des irdischen Paradieses, der

Baum vom Wissen um Gut und Böse, der Baum der menschlichen Freiheit sein. Meine mächtigen Äste werden die ganze Welt beschatten, und die müden Völker sollen in meinem Schatten ruhen; meine Früchte werden die Nahrung der Starken und die Milch der Kleinen sein. Und die Vögel des Himmels, die singend vorüberziehen, getragen von den Flügeln der heiligen Offenbarung, werden sich niederlassen auf meinen immergrünen, fruchtbeladenen Zweigen. Ruhe denn, Ahasver, ruhe aus und hoffe auf die selige Zukunft, denn hier ist das Ziel deiner schmerzenreichen Reise!

Und der ewige Jude wird den Staub von seinen wunden Füßen schütteln und zur Sphinx sagen: Seit alters her kenne ich dich! Ezechiel sah dich vor den Wunderwagen gespannt, das Weltall, dessen Sternenräder sich ineinander drehen. Zum zweitenmal habe ich das Schicksal der Waise vom Kytheron vollendet; wie Oedipus habe ich meinen Vater getötet, ohne ihn zu kennen. Als ich nach dem Gottesmord die Rache seines Blutes auf mein Haupt herabgerufen hatte, verdammte ich mich selbst zu Blindheit und Verbannung. Dich floh ich und suchte dich doch immer, du Anfang meines Leides. Aber mühsam wie ich wanderst du, und auf verschiedenen Wegen wandelnd sollten wir doch zur gleichen Stunde ankommen. Gesegnet du Genius des Altertums! der du mich zum Fuße des Kreuzes zurückgeführt!

Und zum Kreuz wird sich Ahasver wenden und seine letzte Träne trocknend sagen: Ich kenne dich seit achtzehn Jahrhunderten; Christus sah ich dich tragen und unter deiner Last zusammenbrechen. Ich schüttelte mein Haupt und verhöhnte dich, denn ich verstand den Fluch noch nicht; mein Glaube mußte erst von der Welt verdammt werden, damit er die Göttlichkeit des Fluches erfuhr. Mutig habe ich achtzehn Jahrhunderte die Buße getragen, lebte und litt unter den Geschlechtern, die um mich her starben. Ich sah den Todeskampf der Königreiche, schweifte durch alle Trümmerfelder und blickte voller Angst nach dir, ob du nicht gestürzt seiest. Aber trotz aller Zuckungen der Welt standest du immer aufrecht! Doch ich konnte nicht zu dir gelangen, weil die Inquisition meine Brüder vor deinem Bilde dem Henker überlieferte. Ich konnte nicht zu dir gelangen, denn du schwiegest, während die falschen Priester in deinem Namen Verdammnis und Rache schrien, und ich konnte nur Worte der Barmherzigkeit und Versöhnung fassen! Seit deine Stimme an mein Ohr drang, fühlte ich mein Herz sich verwandeln und mein Gewissen sich beruhigen! Gesegnet sei die Stunde der Gnade, die mich zum Fuße des Kreuzes geführt!

Dann wird eine Pforte des Himmels sich auftun über der Schwelle des Berges Golgatha. Und vor dieser Pforte wird die Menschheit staunend das strahlende Kreuz gewahren und als seinen Wächter den ewigen Juden, dessen Wanderstab an seinem Stamm lehnt, und die Sphinx, die ihre Flügel ausbreitet und deren Augen vor Erwartung leuchten, als wollte sie sich zu neuem Fluge erheben und verwandeln.

Und die Sphinx wird dem Kreuz antwortend sagen: Gott siegt über das Böse durch die Standhaftigkeit seiner Kinder; er lässet den Schmerz in der Welt, denn er trägt in sich das ewige Heil beschlossen; vor Gott hat das Böse keine Statt.

Und das Kreuz wird dem Rätsel der Sphinx antworten: Der Mensch ist Gottes Sohn, der in seinem Tod unsterblich wird und durch verstehende und überwindende Liebe sich aus den Banden der Zeit und des Todes löst. Der Mensch muß lieben um zu leben und muß frei sein um zu lieben; der Mensch ist Sohn Gottes und der Freiheit!

Fassen wir unseren Gedanken zusammen: Der Mensch, der aus den Händen Gottes hervorging, ist der Sklave seiner Bedürfnisse und seiner Unwissenheit; er muß sich befreien durch Forschen und Arbeit. Nur die bedingte Allmacht des Willens, gestärkt durch das Wort, macht die Menschen wahrhaft frei, und sie müssen die Wissenschaft der alten Magier nach den Geheimnissen der Losgebung und der lebendigen Kräfte des Willens befragen.

Wir legen zu den Füßen des Kindes von Bethlehem das Gold, den Weihrauch und die Myrrhen der alten Magier nieder, während die Könige der Erde es in seine Krippe zurückschicken möchten. Die Priester sollen arm sein, aber sie sollen in der einen Hand das Szepter der Wissenschaft halten, das königliche Zepter Salomos und in der andern den Hirtenstab der Liebe, den Stab des guten Hirten. Dann nur werden sie zu wahrhafter Herrscherwürde sich erheben in dieser und jener Welt!

ERSTER TEIL

DOGMA

EINLEITUNG

Durch den Schleier aller priesterlichen und mystischen Allegorien der alten Dogmen, durch die dunkeln und seltsamen Gebräuche bei allen Einweihungsmysterien, unter dem Siegel aller heiligen Schriften, in den Ruinen von Theben und Ninive, auf den zerfallenden Steinen der alten Tempel und dem dunkel gewordenen Antlitz der assyrischen oder ägyptischen Sphinx, in den ungeheuerlichen oder wunderbaren Malereien, die den Gläubigen Indiens die heiligen Blätter der Veden übersetzen, in den merkwürdigen Sinnbildern unserer alten alchimistischen Bücher, den Empfangszeremonien aller geheimen Verbindungen treten die Spuren einer überall gleichen und überall sorgfältig verborgenen Doktrin zu Tage. Die okkulte Philosophie scheint in den Zeitaltern, in denen sie ausschließlich der Erziehung der Priester und der Könige dienen, die Amme oder Patin aller Religionen, der geheime Hebel aller geistigen Kräfte, der Schlüssel zu allem göttlichen Dunkel und die unumstrittene Königin der Gesellschaft gewesen zu sein.

Sie hat in Persien durch die Magier geherrscht, die eines Tages wie die Herren der Welt durch den Mißbrauch ihrer Macht untergingen. Sie hat Indien mit den wunderbarsten Traditionen und einem unfaßbaren Luxus an Poesie, Reiz und Schrecknis in seinen Sinnbildern ausgestattet, hat Griechenland zu den Klängen von Orpheus Leier die Sitte geschenkt, hüllte die Grundgesetze aller Wissenschaften und allen Fortschritts menschlichen Geistes in die kühnen Berechnungen des Pythagoras. Die Fabel war ihrer Wunder voll und die Geschichte verschmolz mit der Fabel, als sie an die Beurteilung dieser unbekannten Macht ging. Sie erschütterte oder befestigte die Reiche durch ihre Orakel, machte die Tyrannen auf ihrem Thron erbleichen und beherrschte alle Geister durch Neugier oder Furcht. Dieser Wissenschaft ist nichts unmöglich, sagte die Menge; sie befiehlt den Elementen, kennt die Sprache und lenkt den Lauf der Sterne. Der Mond fällt bei ihrem Ruf blutend zur Erde, die Toten richten sich auf in ihren Gräbern und schreien verhängnisvolle Worte in den ihre Schädel durchsausenden Nachtwind. Die Wissenschaft ist die Herrin der Liebe oder des Hasses und bereitet nach ihrem Gefallen den menschlichen Herzen Paradies oder Hölle. Sie verfügt über alle Formen und verteilt nach Gutdünken Schönheit und Häßlichkeit, verwandelt mit dem Zauberstab der Circe bald Menschen in Tiere, bald Tiere in Menschen, befiehlt selbst über Leben und Tod und kann ihren Adepten durch Transmutation der Metalle Reichtum, durch ihre Quintessenz und ihr aus Gold und Licht zusammengesetztes Elixier Unsterblichkeit verleihen! So war die Magie von Zoroaster bis Manes, von Orpheus bis Apollonios von Thyana, als das positive Christentum endlich über die schönen Träume und gewaltigen Bestrebungen der Schule von Alexandrien gesiegt hatte und es wagte, öffentlich seinen Bannfluch auf diese Philosophie zu schleudern und sie so noch geheimnisvoller zu machen.

Übrigens liefen über die Eingeweihten oder Adepten seltsame und beunruhigende Gerüchte um. Von diesen Leuten gingen allerorts verhängnisvolle Einflüsse aus: sie töteten oder machten diejenigen verrückt, die sich durch ihre süßliche Beredsamkeit oder ihr gelehrtes Ansehen mitreißen ließen. Die geliebten Frauen wurden zu Vampyren, ihre Kinder verschwanden in ihren nächtlichen Konventikeln, und schaudernd flüsterte man von blutigen Orgien und abscheulichen Gelagen. Man hatte in den unterirdischen Gewölben der alten Tempel menschliche Gebeine gefunden, hatte nachts Geheul und Gewinsel gehört; Ernten verschwanden und Herden wurden matt und kraftlos, war der Magier vorbeigegangen. Krankheiten, die der Kunst der Ärzte spotteten, tauchten auf und dies stets, sagte man, unter den vergiftenden Blicken der Adepten. Schließlich erhob sich ein allgemeiner Entrüstungsschrei gegen die Magie, deren Name allein schon zum Verbrechen wurde, und der Haß der Menge gipfelte in dem Urteil: „Auf den Scheiterhaufen mit den Magiern!" Wie es einige Jahrhunderte vorher geheißen hatte: „Die Christen vor die Löwen!"

Das Volk verschwört sich niemals gegen die wirklichen Mächte; ihm fehlt die Erkenntnis des Wahren, aber es hat den Instinkt für Stärke.

Das XVIII. Jahrhundert lachte über Christen wie Magier, während man die Homilien Jean Jaques' und die Gaukeleien Cagliostro's nicht genug bewundern konnte.

Indessen ist die Magie auf Wissenschaft wie das Christentum auf Liebe begründet, und in den Evangelien sehen wir das fleischgewordene Wort in seiner Kindheit von drei Magiern angebetet, die von einem Stern (der Ternar und das Zeichen des Mikrokosmos) geführt wurden und Gold, Weihrauch und Myrrhen darbrachten: ein anderer geheimnisvoller Ternar, unter dessen Sinnbild die höchsten Geheimnisse der Kabbala allegorisiert sind.

Das Christentum verdankte seinen Haß nicht der Magie, aber menschliche Unwissenheit hat immer Furcht vor dem Unbekannten. Die Wissenschaft mußte sich vor den leidenschaftlichen Angriffen einer blinden Liebe verbergen. Sie flüchtete in neue Hieroglyphen, verhüllte ihre Kräfte und verhehlte ihre Hoffnungen. Damals entstand der Jargon der Alchimie, eine fortgesetzte Täuschung für das goldgierige, gemeine Volk, und nur für die wirklichen Jünger Hermes, eine lebendige Sprache.

Merkwürdigerweise gibt es unter den heiligen Büchern der Christen zwei Werke, um deren Verständnis und Erklärung die unfehlbare Kirche sich nie bemüht hat: Ezechiels Weissagungen und die *Apokalypse*, zwei kabbalistische Schlüssel, die zweifellos im Himmel den Kommentaren der drei Magier vorbehalten sind, Bücher, die für die frommen Gläubigen mit sieben Siegeln verschlossen, für den in die okkulten Wissenschaften eingeweihten Ungläubigen vollkommen klar sind.

Es gibt noch ein anderes Buch, aber das — obgleich gewissermaßen volkstümlich und überall zu finden — ist das okkulteste und unbekannteste von allen, denn es enthält den Schlüssel zu allen anderen. Es ist unerkannt in der Öffentlichkeit. An seinem Platz wird es nicht gefunden, und wo man es vermutet, wird man vergeblich suchen. Dieses Buch, das vielleicht älter ist als das des Henoch, wurde nie übersetzt und ist noch in ganz primitiven Zeichen und wie die Tafeln der Alten auf lose Blätter geschrieben. Ein bedeutender Gelehrter hat unbemerkt zwar nicht sein Geheimnis ergründet, aber doch wenigstens sein Vorhandensein und Alter festgestellt. Ein anderer, mehr phantastisch als klug veranlagter Gelehrter hat dreißig Jahre zum Studium dieses Buches verwandt ohne mehr als seine Bedeutung zu vermuten. Es ist in der Tat ein eigentümliches und monumentales Werk, einfach und stark wie die Architektur der Pyramiden und wie diese dauerhaft; ein Buch, das alle Wissenschaften zusammenfaßt und dessen unendliche Kombinationen alle Probleme lösen können, ein Buch, das Befruchter und zugleich Ordner aller möglichen Vorstellungen, vielleicht das größte Meisterwerk menschlichen Geistes, sicher aber eines der schönsten Dinge ist, die uns die Antike hinterlassen. Ein allumfassender Schlüssel, dessen Name nur durch den erleuchteten Gelehrten Guillaume Postel verstanden und erklärt worden war; ein einzigartiger Inhalt, dessen erste Zeichen allein schon den religiösen Geist des hl. Martin in Verzückung setzten und deren Kenntnis dem herrlichen und unglücklichen Swedenborg seinen Verstand wiedergegeben hätte. Dieses Buch — wir werden später davon sprechen — und seine genaue mathematische Auslegung wird die Ergänzung und Krone unserer gewissenhaften Arbeit sein.

Die ursprüngliche Verbindung von Christentum und Magie wird, einmal klar nachgewiesen, eine nicht weniger bedeutende Tatsache sein, und wir zweifeln nicht, daß das Ergebnis tiefen Versenkens in Magie und Kabbala bei ernsthaften Geistern die bisher für unmöglich gehaltene Versöhnung von Wissenschaft und Dogma, Vernunft und Glauben herbeiführen wird.

Wir sagten schon, daß die Kirche als Bewahrerin der Schlüssel nicht vorgibt, auch die der *Apokalypse* und der Visionen Ezechiels zu besitzen. Nach Ansicht der Christen sind die wissenschaftlichen und magischen Schlüssel Salomos verloren gegangen. Sicher ist aber, daß im Bereich der durch das *Wort* verwalteten Intelligenz nichts verloren geht, was geschrieben steht. Dinge, deren Bewußtsein in ihm verlöscht, existieren nur nicht mehr als Worte für den Menschen, sie treten in den Bereich der Rätsel und Mysterien zurück.

Der Widerwille der Kirche und ihr Kampf gegen alles zur Magie (die selbst eine Art persönlichen und freien Priestertums ist) Gehörende ist übrigens notwendig, ja unauflösbar in den sozialen und kirchlichen Satzungen des christlichen Priestertums begründet. Die Kirche muß die Magie ablehnen oder untergehen, wie wir noch beweisen werden. Trotzdem anerkennt sie, daß ihr geheimnisvoller Gründer in seiner Krippe von den drei Magiern begrüßt wurde, das heißt von den priesterlichen Abgesandten der drei damals bekannten Weltteile und der drei analogen Welten der okkulten Philosophie.

In der Schule von Alexandrien reichen sich unter den Auspizien von Ammonius Saccas und Plato Magie und Christentum beinahe die Hand. Das Dogma des Hermes findet sich nahezu vollständig in den dem Areopagiten Dionyios zugeschriebenen Schriften. Synesios entwirft eine Abhandlung über die Träume, welche später Cardan kommentierte, und dichtet Hymnen, die Swedenborgs Kirche als Liturgie dienen konnten, wenn eine Kirche der Aufgeklärten eine Liturgie brauchte. In jene Zeit glühender Abstraktionen und leidenschaftlicher Wortstreite muß man auch die philosophische Regierung Julians, des Apostaten verlegen, der sich in seiner Jugend widerwillig zum Christentum bekannt hatte. Julian hatte, wie alle Welt weiß, das Unglück, zur Unzeit ein plutarchischer Held zu sein und war, wenn man so sagen darf, der Don Quichote der römischen Ritterschaft; aber nicht alle Welt weiß, daß Julian ein Aufgeklärter und Eingeweihter erster Ordnung war, daß er an die Einigkeit Gottes und an das universale Dogma der Drei-Einigkeit glaubte, kurz, daß er nur den Verlust der herrlichen Symbole und der lieblichen Bilder der alten Welt bedauerte. Julian war kein Heide, er war Gnostiker, der, von den Allegorien des griechischen Polytheismus angesteckt, zu seinem Unglück den Namen Jesu-Christi weniger wohlklingend fand als den des Orpheus. Der Kaiser in ihm mußte für seine Liebhaberei für die Schule der Philosophen und Redner bezahlen; und nachdem er sich selbst das Schauspiel und das Vergnügen bereitet hatte, seinen Geist wie Epaminondas mit den Phrasen des Cato auszuhauchen, erntete er von seinem schon ganz christlichen Volk Verwünschungen als Grabreden und schimpfliche Grabschriften als letzte Ehrung.

Übergehen wir die kleinen Dinge und kleinen Menschen der Frühzeit und kommen wir zum Mittelalter! ... Nehmen wir unser Buch, lesen wir auf der siebten Seite; setzen wir uns auf den Mantel, den ich ausbreite, und halten wir einen Zipfel vor die Augen. ... Es schwindelt uns, nicht wahr? Und die Erde scheint unter unseren Füßen zu fliehen? Halten wir uns fest und sehen wir nicht hinab. ... Der Schwindel vergeht; wir sind da. Erheben wir uns und öffnen die Augen, aber hüten wir uns wohl, irgend ein christliches Zeichen zu machen oder ein christliches Wort auszusprechen. Wir sind in einer Landschaft von Salvator Rosa. Es ist eine sturmdurchbrauste Wüste, die erschöpft auszuruhen scheint. Der Mond steht nicht mehr am Himmel, doch blinken da nicht kleine Sterne durch den Nebel? Rauschen nicht gigantische Vögel über uns hin, die im Vorbeistreichen seltsame Worte zu murmeln scheinen? Nähern wir uns behutsam jenem Kreuzweg in den Felsen. Ein rauher und klagender Trompetenton stößt auf; schwarze Fackeln glühen von allen Seiten. Eine erregte Menge drängt sich um einen leeren Sitz in fiebernder Erwartung. Plötzlich wirft sich alles zu Boden und murmelt: Er kommt! Er kommt! Er ist es! Ein Prinz mit einem Bockskopf naht in Sprüngen; er besteigt den Thronsessel; dann dreht er sich um, bückt sich und zeigt der Versammlung ein Gesicht, und alle kommen mit schwarzen Kerzen in den Händen herbei zum Begrüßungskuß. Nun richtet er sich mit gellendem Lachen wieder auf und verteilt Gold, geheime Unterweisungen, okkulte Heilmittel und Gifte unter seine Anhänger. Inzwischen flackern Feuer, denen Erlenscheite und Farnkräuter gemengt mit Menschenknochen und dem Fett Hingerichteter zur

Nahrung dienen. Mit Eppich und Eisenkraut bekränzte Druiden opfern mit goldenen Sicheln ungetaufte Kinder und bereiten scheußliche Liebesmahle. Die Tische sind gedeckt; verlarvte Männer lassen sich neben halbnackten Frauen nieder und das Bacchanal fängt an; nichts fehlt außer dem Salz, dem Symbol der Weisheit und Unsterblichkeit. Der Wein fließt in Strömen und macht Flecken wie Blut; obszöne Reden und ausgelassene Zärtlichkeiten beginnen; bald ist die ganze Versammlung trunken von Wein, Sünde, Unzucht und Gesang; man erhebt sich im Durcheinander zum höllischen Reigen. . . . Da nahen die Ungeheuer der Legende, alle Alpe gräßlichster Träume; riesenhafte Kröten setzen die Flöte am verkehrten Ende an und blasen, indem sie mit den Pfoten ihre Flanken pressen; hinkende Skarabäen drängen sich in den Tanz, Krebse schlagen die Kastagnetten, Krokodile rasseln mit ihren Schuppen. Elefanten und Mammuts, als Kupidos verkleidet, heben tanzend das Bein. Endlich bricht der rasende Reigen ab und zerstreut sich. . . . Jeder der Tänzer reißt aufkreischend eine zerzauste Tänzerin mit sich. . . . Die Lampen und Lichter aus menschlichem Talg verlöschen und qualmen im Dunkel. . . . Da und dort ertönen Schreie, Gelächter, Fluchen und Stöhnen. . . . Erwachen wir und hüten wir uns das Kreuz zu schlagen; wir sind heimgekehrt und liegen in unseren Betten. Wir fühlen uns etwas müde, ja zerschlagen von unserer Reise und von dieser Nacht, aber wir haben etwas gesehen, wovon alle Welt spricht, ohne es zu kennen, sind eingeweiht in schreckliche Geheimnisse wie die der Höhle des Trophonius; wir haben einem Sabbat beigewohnt! Jetzt bleibt uns nur übrig, nicht wahnsinnig zu werden und in heilsamer Furcht vor der Gerechtigkeit und in ehrfurchtsvoller Entfernung von der Kirche und ihren Scheiterhaufen zu verharren!

Wollen wir nun etwas Anderes, weniger Phantastisches, Wirkliches, ja vom Schrecklichsten sehen? Wir werden der Hinrichtung Jacques de Molay's und seiner Mitschuldigen, seiner Brüder im Martyrium, beiwohnen .... Irren wir uns aber nicht und verwechseln wir nicht den Schuldigen mit dem Unschuldigen. Haben die Templer Baphomnet wirklich angebetet? Haben sie den erniedrigenden Kuß auf das hintere Gesicht des Bocks von Mendes gedrückt? Was für eine geheime und mächtige Gesellschaft war es, die Kirche und Staat gefährdete, die man ungehört tötet? Richten wir nicht leichtsinnig; sie sind eines großen Verbrechens schuldig, haben Profanen das Heiligtum der antiken Einweihung enthüllt, haben noch einmal die Früchte der Erkenntnis des Guten und Bösen gepflückt und unter sich zur Beherrschung der Welt verteilt. Ihr Verdammnisurteil stammt von einem höheren Gerichtshof als dem des Papstes oder König Philipps des Schönen. „Am Tage, da du von dieser Frucht essen wirst, sollst du sterben," hat Gott selbst gesagt, wie es im Buche der Genesis steht.

Was geht in der Welt vor, warum zittern Priester und Könige? Welche geheime Macht bedroht Tiaren und Kronen? Da eilen einige Narren durch das Land und behaupten den Stein der Weisen unter den Lumpen ihres Elends zu verbergen. Sie verwandeln Erde in Gold, und doch fehlt es ihnen an Obdach und Brot! Ihr Haupt verklärt der Heiligenschein des Ruhms, aber in ihren Zügen spiegelt sich Schande! Der eine hat das allumfassende Wissen gefunden und kann doch nicht sterben, um den Qualen seines Triumphes zu entgehen: der Majorkaner Raymundus Lullus. Der andere heilt durch phantastische Heilmittel eingebildete Kranke und straft das Sprichwort Lügen, daß einem Holzbein das Brenneisen keine Pein schaffe; der bewundernswerte Parazelsus, der immer schwärmerisch und doch klar ist wie die Helden des Rabelais. Und hier ist Guillaume Postel, der naiv an die Väter des Konzils von Trient schreibt, er habe die absolute Doktrin gefunden, die seit dem Anfang der Welt verborgen gewesen, und beeile sich, sie ihnen mitzuteilen. Das Konzil würdigt diesen Narren nicht der geringsten Beachtung, geruht nicht einmal ihn zu verurteilen und geht über ihn zur Prüfung der gewichtigen Fragen über die bessernde und die hinreichende Gnade hinweg. Und jener Cornelius Agrippa, der arm und verlassen stirbt, der am wenigsten von allen Magier war, den aber die gewöhnlichen Leute hartnäckig für den Zauberkundigsten hielten, weil er sie manchmal satyrisch zum besten hielt. Welche Geheimnisse nahmen diese Männer wohl mit ins Grab? Warum bewundert man sie, ohne sie zu kennen? Warum verdammt man sie ungehört? Warum wohl? Und warum sind sie Eingeweihte dieser furchtbaren okkulten Wissenschaften, vor denen sich Kirche und Gesellschaft fürchten? Warum wissen sie, was anderen fremd bleibt? Warum verbergen sie, was jeder andere zu wissen brennt? Warum sind sie mit einer furchtbaren und unbekannten Macht begabt? Okkulte Wissenschaft! Magie! Worte, die alles sagen und noch mehr zu denken geben! De omni re scibili et quibusdam aliis.

Was war denn Magie? Was war die Macht dieser so oft verfolgten, stolzen Männer? Wenn sie so stark waren, warum siegten sie nicht über ihre Feinde? Und waren sie unsinnig und schwach, warum tat man ihnen die Ehre an, sie so zu fürchten? Gibt es eine Magie, eine Wissenschaft, die wirklich mächtig ist und Wunder wirkt, die sich den Mirakeln der autorisierten Religion vergleichen lassen?

Auf diese beiden Fragen antworten wir durch ein Wort und ein Buch. Das Buch sei die Rechtfertigung des Wortes und das Wort heißt: *gewiß* gab es und gibt es noch eine mächtige, wirkliche Magie; *gewiß* sind alle Legenden darüber wahr. Und hier allein geschah das Gegenteil von dem, was gewöhnlich der Fall ist: die allgemeinen Übertreibungen hielten nicht nur Schritt mit der Wahrheit, sondern blieben weit hinter ihr.

Es gibt ein unerhörtes Geheimnis, dessen Offenbarung bereits eine Welt umgestoßen hat, wie die religiösen Überlieferungen Ägyptens bezeugen, die Moses im Anfang der Genesis symbolisch zusammenfaßt. Dieses Geheimnis ist die verhängnisvolle Erkenntnis von Gut und Böse und bedeutet Tod, wenn es offenbar wird. Moses stellt es in Gestalt eines Baumes dar, der im Mittelpunkt des irdischen Paradieses dem Baum des Lebens benachbart, ja sogar mit ihm verwachsen ist. Die vier geheimnisvollen Ströme entspringen am Fuße dieses Baumes, der von dem flammenden Schwert und den vier Gestalten der biblischen Sphinx, dem Cherub Ezechiels bewacht wird ... Hier muß ich innehalten und fürchte, schon zu viel gesagt zu haben.

Es gibt ein einiges, allgemeines, unvergängliches Dogma, stark wie die höchste Vernunft, einfach wie alles Große, verständlich wie alles Allgemeine und durchaus Wahre. Dieses Dogma war der Vater aller anderen.

Es gibt eine Wissenschaft, die den Menschen scheinbar übermenschliche Vorrechte verleiht. So fand ich sie in einem hebräischen Manuskript aus dem XVI. Jahrhundert aufgezählt:

„Dies nun sind die Privilegien und Mächte desjenigen, der in seiner Rechten den Schlüssel des Schlomoh und in seiner Linken den blühenden Mandelzweig trägt:

ו *Aleph.* — Er sieht Gott von Angesicht zu Angesicht ohne zu sterben und spricht vertraulich mit den sieben Genien, die die ganze himmlische Heerschar befehligen.

ב *Beth.* — Er steht über aller Bekümmernis und Furcht.

ג *Ghimmel.* — Er herrscht mit dem ganzen Himmel, und die ganze Hölle dient ihm.

ד *Daleth.* — Er verfügt über Gesundheit und Leben bei sich und anderen.

ה *He.* — Durch kein Mißgeschick wird er überrascht, durch kein Unglück niedergedrückt, durch keinen Feind besiegt.

ו *Vau.* — Er kennt den Sinn von Vergangenheit, Gegenwart und Zukunft.

ז *Dzain.* — Er kennt das Geheimnis der Auferstehung von den Toten und besitzt den Schlüssel zur Unsterblichkeit.

Dies waren die sieben großen Privilegien. Nun kommen diese:

ח *Cheth.* — Den Stein der Weisen finden.

ט *Teth.* — Die Universalmedizin besitzen.

י *Jod.* — Die Gesetze des perpetuum mobile kennen und die Quadratur des Kreises beweisen können.

כ *Caph.* — Nicht nur alle Metalle, sondern die Erde selbst, ja den Unrat der Erde in Gold verwandeln können.

ל *Lamed.* — Die Zauberformeln zur Zähmung der wildesten Tiere und Schlangen kennen.

מ *Mem.* — Die berühmte Kunst kennen, die den Besitz der allumfassenden Wissenschaft bringt.

נ *Nun.* — Über alle Dinge ohne Vorbereitung und Studium weise reden können.

Nun die sieben geringeren Mächte des Magiers:

ס *Samech.* — Mit dem ersten Blick auf den Grund des Menschenherzens und in die Geheimnisse des Frauenherzens dringen.

ע *Gnain.* — Nach Belieben die Natur zur Preisgabe zwingen.

פ *Phe* — All jene zukünftigen Ereignisse vorhersehen, welche nicht von einem höheren, freien Willen oder einer unangreifbaren Ursache abhängen.

צ *Tsade.* — Jedem unverzüglich den wirksamsten Trost und die heilsamsten Ratschläge erteilen.

ק *Coph.* — Über alle Widerwärtigkeiten siegen.

ר *Resch.* — Liebe und Haß bezwingen.

ש *Schin.* — Das Geheimnis der Reichtümer besitzen, aber stets ihr Herr, niemals Sklave sein. Selbst die Armut noch zu genießen wissen und niemals in Erniedrigung und Elend fallen.

Thau. — Fügen wir diesen drei Sieben hinzu, daß der Weise die Elemente beherrscht, daß er den Sturm beschwichtigt, die Kranken durch Berührung heilt und die Toten wiedererweckt!

Es gibt jedoch Dinge, die Salomo dreifach versiegelt hat. Aber die Eingeweihten wissen sie, und das genügt. Mögen die anderen lachen, glauben, zweifeln, drohen oder Furcht haben; was tut es der Wissenschaft, und was kümmert es uns!"

Dies sind tatsächlich die Ergebnisse der okkulten Philosophie und wir sind überzeugt, daß wir eine Beschuldigung der Narrheit oder einen Verdacht des Charlatanismus nicht zu fürchten brauchen, wenn wir behaupten, daß alle diese Vorrechte wirklich bestehen.

Dies zu beweisen ist das Ziel unserer Arbeit über die okkulte Philosophie.

Der Stein der Weisen, das Universalmittel, die Verwandlung der Metalle, die Quadratur des Kreises und das perpetuum mobile sind also weder Mystifikationen der Wissenschaft, noch Wahnsinnsträume; es sind Ausdrücke, die, in ihrem richtigen Sinn verstanden, alle verschiedenen Auslegungen des gleichen Geheimnisses, die verschiedenen Arten derselben Wirkung, des großen Werkes bedeuten.

Es gibt in der Natur auch eine weit mächtigere Kraft als den Dampf, mittels deren ein einzelner Mensch das Angesicht der Welt gänzlich zu verändern vermöchte, wenn er sich ihrer bemächtigen und sie lenken könnte. Die Alten kannten diese Kraft; ihr Wesen ist ein universelles Agens, dessen höchstes Gesetz das Gleichgewicht ist und dessen Beherrschung zum großen Arcanum der transzendenten Magie gehört. Durch die Gewalt über dieses Agens vermag man sogar die Reihenfolge der Jahreszeiten zu verändern, nachts Erscheinungen des Tages hervorzurufen, in einem Augenblick mit den entferntesten Punkten der Erde in Verbindung zu treten, und wie Appollonius zu sehen, was an andern Ende der Welt vor sich geht, aus der Ferne zu heilen oder zu töten, und seinen Worten Erfolg und allgemeinen Widerhall zu verleihen. Dieses Agens, das sich unter dem Herumtasten der Schüler Mesmers kaum offenbart hatte, war eben bei den Adepten des Mittelalters das Ur-Element des großen Werkes. Die Gnostiker machten daraus den feurigen Leib des heiligen Geistes und beteten ihn in der hieroglyphischen Gestalt des Baphomet oder des Bockes Androgyn von Mendes in den geheimen Riten des Sabbat oder des Tempels an. All dies wird erklärt werden.

Das sind die Geheimnisse der okkulten Philosophie, und so erscheint uns die Magie in der Geschichte; betrachten wir sie nun in Büchern und Werken, bei Einweihungszeremonien und Riten.

Der Schlüssel zu allen magischen Allegorien findet sich in den von uns erwähnten Blättern, die wir Hermes zuschreiben. Um dieses Buch — man kann es den Schlußstein im Gebäude der okkulten Wissenschaften nennen — ranken sich unzählige Legenden, die entweder seine teilweise Übersetzung oder seinen unter tausend verschiedenen Formen unaufhörlich erneuerten Kommentar darstellen. Häufig werden diese sinnreichen Fabeln harmonisch zusammengestellt und bilden dann ein großes Heldengedicht, das den Zeitgeist einer Epoche aufzeigt, ohne daß es die Menge begreift. So entstand die sagenhafte Geschichte vom goldenen Vlies, die verschleiert die hermetischen und magischen Dogmen des Orpheus wiedergibt. Wir gehen nur deshalb bis zu den geheimnisvollen Dichtungen Griechenlands zurück, weil Ägyptens und Indiens Heiligtümer und ihr großer Reichtum die Wahl erschwerten. Auch drängt es uns zur Thebaide, dieser furchtbaren Synthese aller gegenwärtigen, vergangenen und zukünftigen Dogmen, dieser unendlichen Fabel, die wie der Gott des Orpheus die beiden äußersten Punkte des menschlichen Lebenslaufes berührt. Seltsam! Die von sieben Feldherren, die auf das Blut der Schlachtopfer geschworen hatten, verteidigten und angegriffenen sieben Tore Thebens, haben denselben Sinn wie die sieben Siegel des heiligen Buches im allegorischen Evangelium des hl. Johannes, das sieben Genien erklärten und ein Ungeheuer mit sieben Köpfen angriff, nachdem ein lebendes und hingeopfertes Lamm die Siegel gelöst hatte! Die dunkle Herkunft des Oedipus, den man an einem Baum des Kytheron, wie eine blutige Frucht hängend findet, erinnert an die Symbole des Moses und an die Erzählungen der *Genesis*. Er kämpft gegen seinen Vater und tötet ihn, ohne ihn zu erkennen: entsetzliche Prophezeiung der blinden Emanzipation der Vernunft ohne Wissen. Dann tritt er vor die Sphinx hin! Die Sphinx, das Symbol der Symbole, das ewige Rätsel des gemeinen Volks, der granitene Sockel des Wissens der Weisen, das reißende und schweigsame Ungeheuer, das durch seine unveränderliche Gestalt das alleinige Dogma des großen universellen Mysteriums ausdrückt! Wieso verwandelt sich die Vier in eine Zwei und erklärt sich durch die Drei? Bildhafter und alltäglicher: Welches Tier läuft am Morgen auf vier, mittags auf zwei und abends auf drei Beinen? Philosophisch gesprochen: Wie erzeugt das Dogma der elementaren Kräfte den Dualismus Zoroasters und offenbart sich wieder in der Trias des Pythagoras und Platos? Was ist der letzte Sinn der Allegorien und Zahlen, das letzte Wort alles Symbolismus? Oedipus antwortet durch ein einfaches, furchtbares Wort, das die Sphinx tötet und den Errater zum König von Theben macht; des Rätsels Lösung heißt: der Mensch! . . . Der Unglückliche hat zuviel, und doch nicht klar genug gesehen, und bald muß er seine traurige und unvollkommene Hellseherei durch freiwillige Blendung büßen. Dann wird er im Sturm untergehen wie alle jene Zivilisationen, die eines Tages das Rätsel der Sphinx erraten haben werden, ohne dessen ganze Tragweite und ganzes Geheimnis zu verstehen. In diesem gigantischen Heldenlied menschlichen Geschickes ist alles symbolisch und transzendental. Die beiden feindlichen Brüder stellen den zweiten Teil des großen Mysteriums dar, welches durch die Opferung Antigones göttlich vollendet wird; dann der Kampf, der letzte Kampf, die feindlichen Brüder einer durch den andern erschlagen, Capanenas durch den Blitz getötet, den er herausforderte, Amphiaräos von der Erde verschlungen, dies sind Allegorien, die durch ihre Wahrheit und Größe denjenigen, der in ihren dreifachen hieratischen Sinn eindringt, in Erstaunen setzen. Aeschylos, von Ballanche kommentiert, gibt hiervon nur einen recht schwachen Eindruck; von welch primitiver Majestät die Dichtung des Aeschylos und von welcher Schönheit das Buch Ballanches auch sein mögen.

Das geheime Buch der antiken Einweihung war Homer nicht unbekannt, der dessen Plan und hauptsächlichste Zeichen getreu auf Achills Schild darstellt. Aber über den schönen Dichtungen Homers vergißt man leicht die einfachen, abstrakten Wahrheiten der primitiven Offenbarung. Der Mensch läßt sich von der Form fesseln und übersieht den Sinn; wenn die Zeichen sich vervielfältigen, verlieren sie ihre Macht. Auch verfällt die Magie zu dieser Zeit und sinkt mit den thessalischen Hexen zur profanen Zauberei herab. Das Verbrechen des Oedipus hat die Früchte des Todes getragen, und das Wissen um Gut und Böse erhebt das Böse zur ruchlosen Gottheit. Die Menschen sind des Lichtes müde und fliehen in den Schatten der körperlichen Substanz: der Traum der durch Gott erfüllten Leere scheint ihnen schließlich größer als Gott selbst, und die Hölle ist geschaffen.

Wenn wir uns im Laufe dieser Arbeit der geheiligten Worte: Gott, Himmel, Hölle bedienen, so sei ein für allemal gesagt, daß wir uns vom Sinn, den die Profanen mit diesen Worten verbinden, ebenso weit entfernen wie der Gedanke eines Eingeweihten von dem gemeinen Gedanken verschieden ist. Für uns ist Gott der Azot der Weisen, das wirkende und endliche Prinzip des großen Werkes. Was an diesen Ausdrücken dunkel scheint, werden wir später erklären.

Kommen wir zur Sage des Oedipus zurück. Die Schuld des Königs von Theben besteht nicht darin, daß er die Sphinx verstand, sondern daß er die Geißel Thebens stürzte ohne rein genug zu sein, um im Namen seines Volkes die Buße zu vollenden. Auch rächt die Pest bald den Tod der Sphinx. Der König von Theben ist gezwungen abzudanken und opfert sich den furchtbaren Manen des Ungeheuers, das jetzt, da es aus Form Idee ward, lebendiger und reißender ist als je. Oedipus hat gesehen was der Mensch ist und sticht sich die Augen aus, um Gott nicht erkennen zu müssen. Er hat die eine Hälfte des großen magischen Arkanums verschleudert und muß nun zur Rettung seines Volkes die zweite Hälfte des schrecklichen Geheimnisses mit ins Exil und ins Grab nehmen. Nach der mächtigen Sage des Oedipus sehen wir die anmutige Dichtung von Psyche, die sicherlich nicht von Apulejus erfunden wurde. Das große magische Arkanum erscheint hier im Bild der geheimnisvollen Vereinigung eines Gottes und einer zarten Sterblichen, die nackt und einsam auf einem Felsen verlassen lag. Psyche darf um das Geheimnis ihres idealen Königtums nicht wissen, und wenn sie ihres Gatten ansichtig wird, verliert sie ihn. Hier kommentiert und erklärt Apulejus die Allegorien Moses. Aber sind die Elohim Israels und die Götter des Apulejus nicht gleicherweise aus den Heiligtümern von Memphis und Theben hervorgegangen? Psyche ist Evas Schwester oder vielmehr die vergeistigte Eva. Beide wollen wissen, und verlieren die Unschuld um des Ruhmes der Gewißheit willen. Über beide wird verhängt, in die Unterwelt zu steigen: die eine, um dort die antike Büchse der Pandora zu holen, die andere, um die Schlange zu suchen — das Symbol der Zeit und des Übels — und ihr den Kopf zu zertreten. Beide begehen das Unrecht, das der Prometheus der Antike und der Luzifer der christlichen Legende büßen müssen; Prometheus, den Herkules befreit, und Luzifer, den der Heiland unterwirft.

Lampe und Dolch der Psyche, Evas Apfel, das durch Prometheus geraubte heilige Feuer, das flammende Szepter Luzifers, aber auch das Kreuz des Erlösers — ist hier das große magische Geheimnis. Wer es genügend versteht, um damit Mißbrauch zu treiben und es profaniert, verdient das Schlimmste. Wer es aber richtig erkennt und weise im Verborgenen zu benützen versteht ist Meister des Absoluten.

Alles liegt in einem Wort von vier Buchstaben eingeschlossen: das Tetragramm der Hebräer, der Azot der Alchimisten, der Thot der Zigeuner oder der Taro der Kabbalisten. Dieses so verschieden ausgedrückte Wort ist der profane Gott, der Philosoph nennt es Mensch, dem Adepten ist es das tiefste Wort menschlichen Wissens und der Schlüssel zur göttlichen Macht. Aber der allein versteht sich seiner zu bedienen, der die Notwendigkeit seiner Geheimhaltung begreift. Hätte Oedipus die Sphinx gezähmt anstatt sie zu töten und sie bei seinem Einzug in Theben vor seinen Wagen gespannt, wäre er ohne Inzest, Landplagen und Exil König gewesen. Hätte Psyche durch Ergebenheit und Zärtlichkeit Amor vermocht sich zu offenbaren, hätte sie ihn niemals verloren. Amor ist eines der mythologischen Bilder des großen Geheimnisses und des großen Agens, denn es zeigt zugleich Handlung und Leiden, Leere und Fülle, Pfeil und Wunde. Die Eingeweihten müssen mich verstehen; der Profanen wegen darf ich nicht zu viel sagen.

Nach dem wundervollen „goldenen Esel" des Apulejus finden wir kein magisches Heldengedicht mehr. Die in Alexandrien durch die fanatischen Mörder Hypathias besiegte Wissenschaft wird christlich oder verbirgt sich vielmehr unter den christlichen Fittichen mit Ammonios, Synesios und dem pseudonymen Dichter der Bücher Dionysios des Areopagiten. In jenen Zeiten durften die Wunder nur unter dem Mantel des Aberglaubens auftreten, und die Wissenschaft mußte sich unter der Maske einer unverständlichen Sprache verbergen. Man gebrauchte wieder Hieroglyphen und erfand Pantakel und Charaktere, die eine ganze Lehre in einem Zeichen und eine ganze Gruppe von Tendenzen und Offenbarungen in einem Wort zusammenfassen. Was war das Ziel derer, die nach Wissen strebten? Sie suchten das Geheimnis des großen Werkes, den Stein der Weisen, das perpetuum mobile, die Quadratur des Kreises oder die Universalmedizin: alles Formeln, die sie oft vor Verfolgung und Haß retteten, weil man sie für verrückt hielt, und die alle eine der Seiten des großen magischen Geheimnisses darstellen, wie wir später zeigen werden. Es gibt nun keine Heldenlieder mehr bis zu unserem Roman der *Rose*. Aber das Symbol der Rose, das auch den magischen und geheimnisvollen Sinn der Dichtung Dantes ausdrückt, ist der hohen Kabbala entnommen, und es wird Zeit, daß wir uns nun dieser unerschöpflichen, von der universellen Philosophie beschatteten Quelle nahen.

Die Bibel mit all ihren Allegorien gibt nur unvollkommen und verschleiert das religiöse Wissen der Hebräer wieder. Das eben erwähnte Buch, dessen hieratische Zeichen wir erklären werden, das Guillaume Postel die *Genesis* Henochs nennt, war sicher vor Moses und den Propheten vorhanden, deren Dogma im Grunde identisch mit dem der alten Ägypter war und auch seine Exoterien und Schleier hatte. Die heilige Schrift erzählt allegorisch, daß Moses einen Schleier vor seinem Antlitz trug, wenn er zum Volke sprach; sprach er aber zu Gott, so nahm er den Schleier weg. Von hier stammen die sogenannten Ungereimtheiten der Bibel, über die Voltaire mit solch satirischen Schwung herzog. Diese Bücher waren nur geschrieben, um die Überlieferung zu erhalten, und man schrieb sie in für die Profanen unverständlichen Symbolen. Der Pentateuch und die Dichtungen der Propheten waren überdies nur Elementarbücher der Glaubenslehre, Moral oder Liturgie. Die wahre, geheime und überlieferte Philosophie wurde erst später und noch verschleierter geschrieben. So kam es, daß eine zweite, unbekannte, oder von den Christen vielmehr unverstandene Bibel entstand, die diese eine Sammlung zahlreicher Absurditäten nennen (und hier zeigen Gläubige und Ungläubige dieselbe Unkenntnis). Wir aber nennen sie ein Denkmal, das alles zusammenfaßt, was philosophisches und religiöses Genie an Erhabenem je ersinnen und aussprechen konnte, einen dornenumrankten Schatz, einen im rohen, wertlosen Gestein verborgenen Diamanten: unsere Leser werden erraten, daß wir vom Talmud sprechen.

Wie seltsam ist das Geschick der Juden, dieser Sündenböcke, Märtyrer und Erretter der Welt! Ein langlebiges Geschlecht, eine mutige und harte Rasse, der alle Verfolgungen nicht schaden konnten, weil sie ihre Mission noch nicht erfüllt hat! Sagen unsere apostolischen Überlieferungen nicht, daß nach dem Abnehmen des Glaubens bei den Heiden das Heil vom Hause Jakob wiederkommen solle,und daß dann der von den Christen angebetete, gekreuzigte Jude die Herrschaft über die Welt in die Hände Gottes, seines Vaters zurücklegen werde?

Dringt man in das Heiligtum der Kabbala ein, wird man von Bewunderung ergriffen angesichts eines so logischen, einfachen und derart absoluten Dogmas. Die notwendige Vereinigung von Gedanken und Zeichen, die Weihung der fundamentalsten Tatsachen durch die primitiven Schriftzeichen, die Dreieinigkeit der Worte, Buchstaben und Zahlen, eine Philosophie, die einfach wie das Alphabet, tief und unendlich wie das Wort ist, Lehrsätze, die vollkommener und erleuchteter sind als jene des Pythagoras, eine Theologie, die man an seinen Fingern zusammenfaßt, ein Unendliches, das in der hohlen Hand eines Kindes Platz findet, zehn Ziffern und zweiundzwanzig Buchstaben, ein Dreieck, ein Viereck und ein Kreis: das sind alle Elemente der Kabbala. Das sind die elementaren Grundsätze des geschriebenen und der Wiederschein des gesprochenen Wortes, das die Welt erschaffen hat!

Alle wahrhaft dogmatischen Religionen sind aus der Kabbala entstanden und kehren zu ihr zurück; alles Wissenschaftliche und Grandiose in den religiösen Träumen aller erleuchteten wie Jakob

Boehme, Swedenborg, des hl. Martin usw. ist der Kabbala entliehen. Alle Freimaurer-Gesellschaften verdanken ihr ihre Geheimnisse und Symbole. Die Kabbala allein heiligt die Verbindung der allgemeinen Vernunft und des göttlichen Wortes. Sie bewirkt durch das Gegengewicht der beiden scheinbar entgegengesetzten Kräfte das ewige Gleichgewicht des Seins. Sie allein verknüpft Vernunft mit Glauben, Macht mit Freiheit, Wissen mit Mysterium: sie hat die Schlüssel zu Vergangenheit, Gegenwart und Zukunft!

Um in die Kabbala einzudringen genügt nicht ein Lesen und Durchdenken der Schriften von Reuchlin, Galatinus, Kircher oder Pico de la Mirandola, man muß auch die hebräischen Schriftsteller der Sammlung eines Pistorius, vor allem eines Sepher Jezirah kennen und verstehen, ferner die Philosophie der Liebe des Leon l'Hebreu. Man muß auch das große Buch des Sohar vornehmen und aus der Sammlung *Kabbala denudata* von 1684 die Abhandlungen über kabbalistische Geisterlehre und die Revolution der Seelen aufmerksam lesen, endlich kühn und mutig in die leuchtende Finsternis des ganzen dogmatischen und allegorischen Teiles des Talmud eindringen. Dann wird man Guillaume Postel verstehen können und sich heimlich eingestehen, daß dieser berühmte und weise Erleuchtete nicht so närrisch sein konnte — abgesehen von seinen viel zu frühzeitigen und zu großmütigen Träumen über die Emanzipation der Frau — wie jene es vorgeben, die ihn nicht gelesen haben.

Wir haben in kurzen Zügen die Geschichte der okkulten Philosophie entworfen, haben die Quellen genannt, und die wichtigsten Bücher knapp analysiert. Diese Arbeit bezieht sich nur auf die Wissenschaft; die Magie oder vielmehr die magische Macht setzt sich jedoch aus zweierlei zusammen:

aus Wissen und Kraft. Wissen ohne Kraft ist nichts, oder vielmehr eine Gefahr. Wissen nur der Kraft offenbaren, ist das oberste Gesetz der Einweihung. Auch hat der große Offenbarer gesagt: Das Reich Gottes erleidet Gewalt und die Starken erringen es. Das Tor der Wahrheit ist verschlossen wie das Heiligtum einer Jungfrau: man muß ein Mann sein um einzutreten. Dem Glauben sind alle Wunder versprochen; aber was ist der Glaube anderes als Kühnheit eines Willens, den die Finsternis nicht schreckt, und der durch alle Prüfungen und alle Hindernisse zum Licht strebt!

Wir brauchen hier nicht die Geschichte der antiken Einweihungsmysterien zu wiederholen; je gefährlicher und furchtbarer, um so wirkungsvoller waren sie. Auch hatte die Welt damals zur Verwaltung und Belehrung eben noch Männer. Die priesterliche und königlicheKunst bestand vor allem in Prüfungen des Mutes, der Verschwiegenheit und der Willensstärke. Es war ein Noviziat, ähnlich den der in unseren Tagen unter dem Namen der Jesuiten so unpopulären Priester, die noch die Welt beherrschen würden, hätten sie einen wirklich weisen und intelligenten Führer.

Nachdem wir unser Leben damit verbracht haben, nach dem Absoluten in Religion, Wissenschaft und Gerechtigkeit zu suchen, nachdem wir den faustischen Kreis durchmessen haben, sind wir zum ersten Dogma und ersten Buche der Menschheit gelangt. Hier verweilen wir, hier haben wir das Geheimnis der menschlichen Allmacht und des unaufhörlichen Fortschritts, den Schlüssel zu jedem Symbol, das erste und letzte aller Dogmen gefunden. Und wir haben die Bedeutung des im Evangelium so oft wiederholten Wortes „das Reich Gottes“ verstanden.

Der menschlichen Wirksamkeit einen festen Punkt als Stütze geben, heißt das Problem des

Archimedes durch Anwendung seines berühmten Hebels lösen. Nichts anderes taten die großen Initiatoren der Mysterien, die die Welt erschütterten, und sie vermochten dies nur durch das große, unveräußerliche Geheimnis. Und zum Beweis seiner neuerlangten Jugendkraft erschien der symbolische Phönix nur nach feierlicher Vernichtung von Gestalt und Taten seines früheren Daseins vor den Augen der Welt. So läßt auch Moses in der Wüste alle die sterben, die Ägypten und seine Mysterien gekannt haben konnten, so verbrennt der heilige Paulus in Ephesus alle Bücher über okkultes Wissen, so endlich plündert die französische Revolution — Tochter des Groß-Orients der Johanniter und der Asche der Templer — die Kirchen und lästert die Allegorien des Kultes. Aber alle Dogmen und aller geistige Fortschritt ächten die Magie und geben ihre Mysterien dem Feuer oder dem Vergessen anheim. Denn jeder neue Kult und jede neue Philosophie ist ein Benjamin, der nur nach dem Tod seiner Mutter leben kann. Die symbolische Schlange bildet immer einen Ring, indem sie sich in ihren Schwanz beißt. Es ist gesetzmäßig, daß bei jeder Fülle eine Leere, bei jeder Größe eine Ausdehnung, bei jeder Bejahung eine Verneinung sei; dies ist die ewige Verwirklichung der Allegorie des Phönix.

Zwei erhabene Weise sind mir auf dem Weg, den ich gehe, vorangegangen, aber sie sind gleichsam nachts und ohne Licht vorbeigewandelt. Ich spreche von Volney und Dupuis, von Dupuis vor allem, dessen außerordentliche Gelehrsamkeit nur ein negatives Werk hervorbringen konnte. Er hat im Ursprung aller Kulte nur die Astronomie gesehen und nahm so den symbolischen Kreis für das Dogma und den Kalender für die Legende. Eine einzige Kenntnis hat ihm gefehlt, die der wahrhaften Magie, welche die Geschehnisse der Kabbala einschließt. Dupuis ist durch die antiken

Heiligtümer gewandelt wie der Prophet Ezechiel durch das mit Gebeinen bedeckte Feld und hat nur den Tod verstanden, denn er wußte das Wort nicht, das die Kraft der vier Winde des Himmels vereinigt und aus diesem ungeheuren Beinfeld ein lebendiges Volk machen kann, indem es den alten Symbolen zuruft: Stehet auf! Nehmet neue Gestalt an und wandelt!

Die Zeit ist da und wir werden die Kühnheit zu dem noch von keinem vor uns gewagten oder unternommenen Versuch haben. Wie Julian wollen wir den Tempel wieder aufrichten und wir glauben nicht, hierin eine angebetete Wahrheit zu verleugnen. Julian wäre selbst würdig gewesen, sie zu verehren, hätten seine haßerfüllten und fanatischen Lehrer ihn nicht am Verstehen verhindert. Unser Tempel hat zwei Säulen, auf deren eine das Christentum seinen Namen geschrieben hat. Wir sind also weit entfernt davon, das Christentum anzugreifen; wir wollen es erklären und vollenden. Intelligenz und Wille haben abwechselnd die Macht in der Welt ausgeübt; Religion und Philosophie bekämpfen sich heute noch und werden sich endlich vereinigen müssen. Das Christentum hatte das vorläufige Ziel, durch Gehorsam und Glauben eine übernatürliche oder religiöse Gleichheit der Menschen herzustellen und die Intelligenz im Glauben zu halten, um die Tugend zu stützen, welche die Blüte der Wissenschaft stürzte, oder vielmehr an die Stelle der schon Gestürzten trat. Die Philosophie bemühte sich im Gegenteil, die Menschen durch Freiheit und Vernunft zur natürlichen Ungleichheit zurückzuführen und durch die Herrschaft der Industrie der Tugend die Fertigkeit unterzuschieben. Keine dieser beiden Taten war vollendet und genügend, keine hat die Menschen zu Vollkommenheit und Glück geführt. Was man jetzt träumt — mit fast hoffnungslosem Mut — ist eine Vereinigung dieser beiden Kräfte, die lange als entgegengesetzt betrachtet wurden. Man hat allen Grund, diese Vereinigung zu wünschen, denn die beiden großen Mächte der menschlichen Seele sind sich nichtmehr entgegengesetzt als die Geschlechter von Mann und Frau. Sie sind zweifellos verschieden, aber ihre anscheinend entgegengesetzten Anlagen kommen nur aus ihrer Fähigkeit sich zu begegnen und zu vereinigen.

Es handelt sich also um nichts Geringeres als um eine universelle Lösung sämtlicher Probleme?

Zweifellos, da es sich darum handelt, den Stein der Weisen, das perpetuum mobile, das Geheimnis des großen Werkes und die Universalmedizin zu erläutern. Man wird uns für verrückt halten wie den göttlichen Parazelsus oder als Charlatane verschreien wie den großen, glücklosen Agrippa. Wenn auch der Scheiterhaufen des Urban Grandier erloschen ist, bleibt doch die Ächtung durch Totschweigen oder Verleumdung. All dem bieten wir nicht Trotz, aber wir haben uns darein ergeben. Wir haben die Veröffentlichung dieses Werkes nicht selbst betrieben und meinen, daß, wenn die Zeit seiner Publikation gekommen, es sich von selbst einführen wird, sei es mit unserem eigenen Dazutun oder durch andere. Deshalb bleiben wir ruhig und warten.

Unsere Arbeit besteht aus zwei Teilen: im einen bringen wir das kabbalistische und magische Dogma als Ganzes, der andere ist dem Kult gewidmet, d. h. der zeremoniellen Magie. Der erste ist das, was die alten Gelehrten das Claviculum nannten: der zweite das Zauberbuch der Landleute. Anzahl und Inhalt der Kapitel, die einander in beiden Teilen gleich sind, haben nichts Willkürliches, sondern fanden sich gleicherweise im großen universellen Claviculum, von dem hier zum ersten Male eine vollkommene und befriedigende Erläuterung gegeben wird. Möge dieses Werk nun seinen Weg nehmen, wohin es will, und möge die Vorsehung nach Belieben damit walten. Es ist geschrieben, und wir hegen den Glauben, daß es dauern wird, denn es ist stark wie alles, was vernünftig und gewissenhaft ist.

ELIPHAS LEVI.

DOGMA DER HOHEN MAGIE

PER BENEDICTIONEN יהוה
MALEDICTVS

1 א A
DER AUFNAHMESUCHENDE.
DISCIPLINA – ENSOPH – KETER

Wenn ein Philosoph als Grundlage einer neuen Offenbarung menschlicher Weisheit den Satz aufstellte „ich denke, also bin ich," so hat er, indem er der christlichen Offenbarung folgt, irgendwie und unwissentlich den antiken Begriff des höchsten Wesens verändert. Moses läßt das Wesen aller Wesen sagen: „Ich bin der, der ich bin". Descartes läßt den Menschen sagen „ich bin derjenige, der denkt", und da denken innerlich sprechen heißt, kann der Mensch Descartes wie der Gott des Evangelisten Johannes sagen „ich bin der, in dem und durch den sich das Wort manifestiert": *In principio erat verbum.*

Was ist ein Prinzip? Es ist der Wesensgrund und die Daseinsform des Wortes. Das Wesen des Wortes ist im Prinzip enthalten; das Prinzip ist das, was ist; Intelligenz ist ein Prinzip, das spricht.

Was ist das intellektuelle Licht? Das Wort. Was ist die Offenbarung? Das Wort. Das Sein ist der Ursprung, das Wort ist das Mittel, die Erfüllung oder Entwicklung, und die Vervollkommnung des Wesens ist das Ende: sprechen heißt schaffen.

Aber zu sagen „ich denke, also bin ich", heißt von der Wirkung auf die Ursache schließen und der durch den bekannten Schriftsteller Lamennais neuerdings nachgewiesene Widerspruch hat die philosophische Unvollkommenheit dieser Methode zur Genüge bewiesen. „Ich bin, also ist etwas", dies scheint uns eine primitivere und einfachere Basis der experimentalen Philosophie zu sein.

Ich bin, also ist das Sein.

Ego sum qui sum: ist die erste Offenbarung Gottes im Menschen und des Menschen in der Welt und außerdem das erste Axiom der okkulten Philosophie.

Das Sein ist das Sein.

אהיה אשר אהיה

Das Prinzip dieser Philosophie ist also das Bestehende, und nichts Bedingtes noch Zufälliges.

Hermes Trismegistos beginnt sein bewundernswürdiges, unter dem Namen Tabula smaragdina bekanntes Glaubensbekenntnis mit der dreifachen Bekräftigung: Es ist wahr, ist ohne Irrtum gewiß, ist die volle Wahrheit! Das durch sinnliche Erfahrung bestätigte Wahre, die von allem philosophischen Irrtum befreite Gewißheit, die in der Religion oder dem Unendlichen durch Analogie bewiesene Wahrheit — dies sind also die ersten Notwendigkeiten des wirklichen Wissens, und dies kann allein die Magie ihren Adepten gewähren.

Vor allen Dingen jedoch . . . der du dies Buch in Händen hältst und dich unterfängst, es zu lesen, wer bist du?

Auf dem Giebel eines antiken, dem Gott des Lichtes geweihten Tempels stand die Inschrift: „Erkenne dich selbst."

Diesen gleichen Rat erteile ich jedem, der der Wissenschaft nahen will.

Die Magie, von den Alten sanctum regnum, das heilige Reich oder das Reich Gottes, regnum Dei genannt, ist nur für Könige und Priester. Bist du Priester, bist du König? Das Priestertum der Magie ist kein gewöhnliches Priestertum und ihr Königtum hat nichts mit den Fürsten dieser Welt zu tun. Die Könige des Wissens sind die Priester der Wahrheit und ihr Reich ist wie ihre Opferhandlungen und Gebete für die Menge verborgen. Die Könige des Wissens sind Männer, die die Wahrheit kennen und durch sie dem formellen Versprechen des größten der Mystiker gemäß frei geworden sind.

Der Sklave seiner Leidenschaften oder der Vorurteile der Welt kann nicht eingeweiht werden und wird ohne sich zu ändern nie dazu gelangen. Er wird also nie Adept sein, denn das Wort *Adept* bezeichnet den, der durch sein Wollen und seine Werke etwas erreicht hat.

Der Mensch, der seine Ideen liebt und Angst hat, sie zu verlieren, der neue Wahrheiten fürchtet und nicht eher an allem zweifelt als etwas dem Zufall anheim zu stellen, der schließe dieses Buch, denn es ist für ihn unnütz und gefährlich, er würde es falsch verstehen und dadurch verwirrt werden, das aber in sehr viel höherem Grade, wenn er es zufällig richtig verstände.

Wer irgend etwas in dieser Welt höher hält als Vernunft, Wahrheit und Gerechtigkeit, wessen Wille unbestimmt und schwankend ist, sei es im Guten oder Bösen, wen die Logik erschreckt und die nackte Wahrheit erröten macht, wer sich auf seine Fehler aufmerksam gemacht verletzt fühlt, der verwerfe dies Buch und betrachte es als nicht vorhanden, verschreie es aber nicht als gefährlich. Die Geheimnisse, die es birgt, werden von einer kleinen Anzahl verstanden werden, und die sie verstehen, werden sie niemals bekanntgeben. Nachtvögeln Licht zu zeigen, heißt es ihnen verbergen, denn es blendet sie und wird für sie dunkler als die Nacht. Ich will denn offen sprechen, alles sagen und hege die feste Hoffnung, daß nur Eingeweihte oder solche, die würdig sind, alles lesen und einiges verstehen werden.

Es gibt echtes und unechtes Wissen, eine göttliche und eine höllische, d. h. lügnerische, schwarze Magie. Wir wollen die eine offenbaren und die andere entschleiern, wobei wir zwischen dem

Magier und dem Zauberer, zwischen dem Adepten und dem Charlatan unterscheiden müssen.

Der Magier verfügt über eine ihm bekannte Kraft; der Zauberer treibt nur Mißbrauch mit etwas ihm Unbekanntem.

Der Teufel — wenn es erlaubt ist, in einem wissenschaftlichen Buch dieses gewöhnliche und verschriene Wort zu brauchen — unterliegt dem Magier, aber der Zauberer ergibt sich dem Teufel.

Der Magier ist der Oberpriester der Natur, die der Zauberer nur entweihen kann.

Der Zauberer ist im Vergleich zum Magier das, was ein Abergläubischer und Fanatiker gegen einen wahrhaft Religiösen ist.

Zunächst wollen wir die Magie genau erklären.

Die Magie ist überliefertes Wissen von den Geheimnissen der Natur und stammt von den Magiern.

Dieses Wissen verleiht dem Adepten gewissermaßen Allmacht und erlaubt ihm in übermenschlicher Weise zu wirken, d. h. mit einer die Sphäre gewöhnlicher Menschen übersteigenden Kraft.

So kommt es, daß eine Reihe berühmter Adepten wie Hermes Trismegistos, Osiris, Orpheus, Apollonios von Thiana und andere, deren Namen zu nennen gefährlich oder unangebracht sein könnte, nach ihrem Tode wie Götter angebetet und angerufen wurden. So kommt es, daß je nach dem Wechsel der öffentlichen Meinung, von deren Laune so oft der Erfolg abhängt, andere wie Julian, Apulejus, der Zauberer Merlin und der Erzhexenmeister — wie man ihn seinerzeit nannte — der große unglückliche Cornelius Agrippa zu Werkzeugen der Hölle oder höchst verdächtigen Abenteurern gestempelt wurden.

Vier Dinge sind unerläßlich, um das sanctum regnum, das heißt Wissen und Macht des Magiers zu erlangen: durch Übung erleuchtete Intelligenz, unerschütterlicher Mut, unbeugsamer Wille und unbedingteste Verschwiegenheit.

Wissen, *wagen*, *wollen*, *schweigen*, — dies sind die vier Verben des Magiers, die in den vier symbolischen Formen der Sphinx zum Ausdruck kommen. Diese vier Verben lassen sich auf vier Arten zusammenstellen und erklären sich viermal untereinander (Tarok).

Auf dem ersten Blatt des Buches von Hermes ist der Adept dargestellt: er trägt einen großen Hut, der herabgeschlagen werden kann und dann das ganze Haupt verbirgt. Die eine Hand erhebt er zum Himmel, dem er mit seinem Zauberstab zu befehlen scheint, die andere liegt auf seiner Brust. Vor ihm befinden sich die wichtigsten Symbole oder Werkzeuge der Wissenschaft, andere sind in einem Zaubersack verborgen. Körper und Arme bilden den Buchstaben Aleph, den ersten des Alphabets, das die Hebräer von den Ägyptern übernommen haben. Wir werden zur gegebenen Zeit auf dies Symbol zurückkommen.

Der Magier ist wirklich der Mikroprosop der hebräischen Kabbalisten, d. h. der Schöpfer der kleinen Welt. Da das erste magische Wissen die Selbsterkenntnis ist, muß das erste aller Werke dieses Wissens — das alle anderen einschließt und der Urgrund des großen Werkes ist — die *Schöpfung* seiner selbst sein. Dieser Ausdruck bedarf einer näheren Erklärung.

Da die höchste Vernunft das einzig unveränderliche und infolgedessen unvergängliche Prinzip ist — denn Veränderung ist das, was wir Tod nennen — so muß der Geist, der mit Macht zu diesem Prinzip hindrängt und sich mit ihm zu vereinigen strebt hierdurch eben unveränderlich und infolgedessen unsterblich werden. Man versteht daher, daß man sich zur unveränderlichen Verbindung mit der Vernunft von allen Kräften unabhängig machen muß, die durch verhängnisvolle und notwendige Bewegung die Wechselfälle von Leben und Tod hervorrufen. Zu leiden, sich zu enthalten und zu sterben verstehen, sind die ersten Geheimnisse, die uns über Schmerz, sinnliche Begierde und Furcht vor dem Nichts hinausheben. Der Mensch glaubt an Unsterblichkeit, der einen ruhmreichen Tod sucht und findet, und die ganze Menschheit glaubt daran mit ihm und für ihn, denn sie errichtet ihm Altäre oder Denkmäler als Zeichen unsterblichen Lebens.

Der Mensch wird nur König über die Tiere, wenn er sie bändigt oder zähmt, sonst wäre er ihr Opfer oder Sklave. Die Tiere sind die Sinnbilder unserer Leidenschaften, die instinktiven Kräfte der Natur.

Die Welt ist ein Schlachtfeld, welches die Freiheit der Kraft der Beharrung streitig macht, indem sie dieser die Kraft des Handelns entgegensetzt. Die physikalischen Kräfte sind die Mühlsteine, und du wirst das Korn sein, verstehst du nicht Müller zu werden.

Du bist zum König von Luft, Wasser, Erde und Feuer berufen; um jedoch über dies vier symbolischen Tiere zu herrschen, muß man sie besiegen und fesseln.

Derjenige, der danach strebt, ein Weiser zu sein und das große Rätsel der Natur zu lösen, muß Erbe und Berauber der Sphinx sein; er muß ihr menschliches Haupt haben um des Wortes mächtig zu sein, ihre Adlerfittiche um die Höhen zu erreichen, ihre Stierlenden um die Tiefen zu durchpflügen und ihre Löwenklauen um sich nach allen Seiten Platz zu schaffen.

Du, der du eingeweiht sein willst, bist du gelehrt wie Faust? Bist du harten Herzens wie Hiob? Nein, nicht wahr? Aber du kannst es sein, wenn du willst. Hast du über die Wirbel deiner schwankenden Gedanken gesiegt? Bist du ohne Unentschlossenheit und Launen? Ergibst du dich der Lust nur wenn du willst, und willst du es nur wenn du darfst? Nein, nicht wahr? — es ist nicht immer so? — aber es könnte sein, wenn du nur willst.

Die Sphinx hat nicht nur das Haupt des Mannes, sie hat auch die Brüste der Frau. Kannst du den Reizen des Weibes widerstehen? Nein, nicht wahr? Und hier lachst du und rühmst dich deiner moralischen Schwäche als ruhmvolles Zeugnis deiner körperlichen Lebenskraft. Nun, ich will dir diese dem Esel des Sterne oder Apulejus dargebrachte Huldigung nachsehen; möge dem Esel sein Verdienst werden, ich will es nicht in Abrede stellen, war er doch dem Priapus wie der Bock dem Gott von Mendes geweiht. Aber lassen wir es gut sein: es gilt nur zu wissen, ob er dein Meister ist, oder ob du der seine werden kannst. Nur der kann die Wollust der Liebe genießen, der die Liebe zur Wollust überwunden hat. Begehren und sich enthalten können, heißt zweifach können. Die Frau fesselt dich durch deine Wünsche; bleibe Herr deiner Begierden und du wirst die Frau fesseln.

Der größte Schimpf für einen Mann ist, ihn einen Feigling zu nennen. Was aber ist ein Feigling?

Ein Feigling ist der, der die Pflege seiner moralischen Würde vernachlässigt um blind den Instinkten der Natur zu folgen.

Angesichts der Gefahr ist es natürlich, Furcht zu empfinden und an Flucht zu denken; warum ist dies denn eine Schande? Weil die Ehre zum Gesetz erhebt, daß wir die Pflicht unseren Wünschen oder Befürchtungen vorziehen. Was ist von diesem Gesichtspunkt aus die Ehre? Es ist das universelle Vorgefühl der Unsterblichkeit und die Würdigung der dahin führenden Mittel. Der größte Sieg, den der Mensch über den Tod davontragen kann, ist die Überwindung der Lebensfreude, und zwar nicht durch Verzweiflung, sondern durch eine edlere, im Glauben enthaltene Hoffnung auf alles, was schön, gut und ehrenhaft ist.

Sich überwinden lernen, heißt leben lernen, und die Strenge des Stoizismus war kein leeres Zurschaustellen der Freiheit!

Den Kräften der Natur nachgeben, heißt dem Strom des allgemeinen Lebens folgen, heißt Sklave von Nebensächlichem sein.

Der Natur widerstehen und sie bändigen, heißt sich ein persönliches und unvergängliches Leben schaffen und sich von den Wechselfällen des Lebens und vom Tode befreien.

Jeder, der eher zu sterben bereit ist als der Wahrheit und Gerechtigkeit abzuschwören, ist wahrhaft lebendig, denn er ist unsterblich in seiner Seele.

Es war das Ziel aller antiken Einweihungen, derartige Männer zu finden oder heranzubilden.

Pythagoras übte seine Jünger in Schweigen und Enthaltsamkeit aller Art; in Ägypten prüfte man die Aufnahmesuchenden durch die vier Elemente, und die an Wunder grenzenden Kasteiungen der Fakire und Bramahnen in Indien, um das Reich des freien Willens und der göttlichen Unabhängigkeit zu erringen, sind bekannt.

All diese Bußübungen der Askese sind den Einweihungsgebräuchen der alten Mysterien entnommen. Sie verschwanden, weil die Suchenden keine Initiatoren mehr fanden und die, denen die Gewissensführung der Jungen oblag, mit der Zeit ebenso unwissend geworden waren wie das gemeine Volk, sodaß die Blinden müde wurden, Blinden nachzufolgen und niemand sich mehr nur noch zu Zweifel und Verzweiflung führenden Prüfungen unterwerfen wollte. Der Lichtweg war verloren.

Um etwas zu unternehmen, muß man wissen, was man will, oder zum mindesten Vertrauen in jemand setzen, der es weiß. Warum aber soll ich mein Leben aufs Geratewohl wagen und blind jemand folgen, der selbst nicht weiß, wohin er will?

Den Weg der hohen Wissenschaften soll man nicht tollkühn betreten, ist man aber einmal im Gange, muß man ankommen oder untergehen.

Zweifeln heißt verrückt werden, anhalten heißt fallen, zurückweichen heißt in den Abgrund stürzen.

Du, der du dies Buch zu lesen anfingst, wenn du es verstehst und zu Ende lesen willst, wird es dich zu einem Monarchen oder einen Irren machen. Du magst mit diesem Band tun, was du willst, du wirst ihn weder verachten noch vergessen können. Bist du rein, wird dieses Buch dir eine Leuchte sein; bist du stark, wird es dir Waffe sein; bist du weise, wird es dich noch weiter fördern.

Bist du aber schlecht, wird dir dies Buch eine höllische Fackel sein: wie ein Dolch wird es deine Brust durchwühlen und durchdringen, dein Gewissen wird es belasten wie Reue. Es wird deine Einbildungskraft mit Trugbildern füllen und dich durch Wahnsinn zur Verzweiflung führen. Du möchtest darüber lachen und wirst nur mit den Zähnen knirschen können, denn es wird für dich dasselbe sein wie die Feile in der Fabel, die eine Schlange zu benagen versuchte und dabei all ihre Zähne verdarb.

Beginnen wir nun mit der Reine der Einweihungen.

Ich sagte schon, daß das Wort die Offenbarung sei. Das Wort oder das Verb ist tatsächlich der Schleier des Seins und das charakteristische Zeichen des Lebens. Jede Form ist der Schleier eines Wortes, denn die Mutteridee des Wortes ist die einzige Ursache der Formen. Jede Figur ist ein Charakter, und jeder Charakter gehört einem Wort an und kehrt zu ihm zurück. Deshalb haben die alten Gelehrten und ihr Sprecher Trismegistos ihren einzigen Glaubenssatz so aufgestellt:

Was oben ist, ist gleich dem, was unten ist, und was unten ist, ist gleich dem, was oben ist.

Anders ausgedrückt, die Form steht im gleichen Verhältnis zur Idee, der Schatten ist das Maß des Körpers, gemessen mit seiner Beziehung zum

Lichtstrahl. Die Scheide ist so tief wie der Degen lang, die Verneinung steht im gleichen Verhältnis zur entgegengesetzten Bejahung, die Erzeugung ist im Lebenslauf gleich der Vernichtung, und es gibt im unendlichen Raum keinen Punkt, der nicht Mittelpunkt eines Kreises wäre, dessen Umfang unaufhörlich größer und kleiner wird.

Jede Individualität ist also unendlich vervollkommnungsfähig, da das Moralische der sinnlichen Welt analog ist und man sich keinen Punkt vorstellen könnte, der sich nicht zu erweitern, zu vergrößern und in einem unendlichen, philosophischen Kreis Strahlen zu werfen vermöchte.

Was man von der Seele als Ganzes sagen kann, gilt auch von jedem Vermögen der Seele.

Intelligenz und Wille des Menschen sind Werkzeuge von unberechenbarer Tragweite und Kraft.

Aber als Hilfskraft und Werkzeug haben Intelligenz und Wille eine Fähigkeit, die noch viel zu wenig bekannt ist, und deren Allmacht ausschließlich der Magie angehört: ich spreche von der Einbildungskraft, die die Kabbalisten das *Diaphane* oder *Durchscheinende* nennen.

Die Einbildungskraft ist wahrlich wie das Auge der Seele. In der Seele werden alle Formen aufgezeichnet und aufbewahrt, wir sehen durch sie den Wiederschein der unsichtbaren Welt, sie ist der Spiegel der Visionen und das Gerät des magischen Erlebens. Durch Sie heilen wir Kranke, beeinflussen die Jahreszeiten, halten den Tod von den Lebenden fern und erwecken Tote, denn die Seele erhebt den Willen und gibt ihm Gewalt über das universelle Agens.

Die Einbildungskraft schafft die Gestalt des Kindes im Mutterleib und bestimmt die Geschicke der Menschen; sie verleiht der Seuche Flügel und lenkt die Waffen im Kriege. Siehst du dich in der Schlacht in Gefahr, sagt Parazelsus, so stelle dir vor, du seist unverletzlich wie Achill und du wirst es sein. Furcht zieht die Kugeln an, Mut läßt sie zurückprallen. Man weiß, daß Verwundete oft über Schmerzen in Gliedern klagen, die sie nicht mehr besitzen. Parazelsus wirkte auf lebendes Blut ein, indem er abgezapftes behandelte, er heilte Kopfschmerzen durch Behandlung abgeschnittener Haare aus der Entfernung. Er war allen Theorien oder Erfahrungen unserer berühmtesten Magnetiseure weit voraus durch sein Wissen von der vorgestellten Einheit und vom Zusammenhang des Ganzen und seiner Teile. Seine Kuren waren überhaupt wunderbar und er verdiente, daß man seinem Namen Theophrastus Bombastus den weiteren Aureolus Parazelsus und das Beiwort „der göttliche" beifügte.

Die Einbildungskraft ist das Werkzeug der *Anpassungsfähigkeit des Wortes.*

Einbildungskraft, der Vernunft verschmolzen, ist Genie.

Die Vernunft ist eins, wie das Genie eins ist, in der Vielfältigkeit ihrer Werke.

Es gibt ein Prinzip, eine Wahrheit, eine Vernunft, eine absolute und universelle Philosophie.

Alles, was ist, ist in der als Anfang betrachteten Einheit und kehrt zu der als Ende betrachteten Einheit zurück.

Eins ist in eins, d. h. alles ist in allem enthalten.

Die Einheit ist der Anfang der Zahlen, der Bewegung und folglich der Anfang des Lebens.

Der ganze menschliche Körper läßt sich in der Einheit eines einzigen Organes dem Gehirn, zusammenfassen.

Alle Religionen treffen sich in der Einheit eines einzigen Dogmas, welches die Bestätigung des Seins und seiner Übereinstimmung mit sich selbst ist und seinen mathematischen Wert darstellt.

Es gibt in der Magie nur ein Dogma: Das Sichtbare ist die Verkörperung des Unsichtbaren, oder anders: das vollkommene Wort in den schätzbaren und sichtbaren Dingen steht in genauem Verhältnis zu den für unsere Sinne unschätzbaren und für unsere Augen unsichtbaren Dingen.

Der Magier erhebt eine Hand zum Himmel, senkt die andere zur Erde und spricht: „Siehe dort oben Unermeßlichkeit, dort unten wieder Unermeßlichkeit; die Unermeßlichkeit gleicht der Unermeßlichkeit." Dies ist wahr in sichtbaren wie in unsichtbaren Dingen.

Der erste Buchstabe des Alphabets der heiligen Sprache, Aleph א, stellt einen Mann dar, der eine Hand zum Himmel erhebt und die andere zur Erde senkt.

Dies ist der Ausdruck des handelnden Prinzips aller Dinge, die Schöpfung im Himmel, der Allmacht des Wortes hinieden entsprechend. Der Buchstabe ist für sich allein ein Pantakel, d. h. ein Charakter, der das universelle Wissen ausdrückt.

Der Buchstabe kann die heiligen Zeichen des Makrokosmos und Mikrokosmos ersetzen, er erklärt das doppelte Dreieck der Freimaurer und den glänzenden fünfzackigen Stern; denn das Wort ist eins und die Offenbarung ist eins. Indem Gott dem Menschen die Vernunft gab, schenkte er ihm die Sprache; und die Offenbarung, vielfältig in ihren Formen aber eins in ihrem Prinzip, ist ganz im universellen Wort, dem Vermittler der reinen Vernunft enthalten.

Dies ist es, was das so mißverstandene Wort *Katholizismus* ausdrücken möchte, das in der modernen Priestersprache *Unfehlbarkeit* bedeutet.

Das Universelle in der Vernunft ist das Absolute, und das Absolute ist Unfehlbarkeit.

Wenn die ganze Gesellschaft durch die absolute Vernunft dazu gebracht wird, unbeirrbar den Worten eines Kindes zu glauben, so wird dieses Kind im Namen Gottes und im Namen der ganzen Menschheit unfehlbar sein.

Der Glaube ist nichts anderes als das vernünftige Vertrauen auf diese Einheit der Vernunft und die Allgemeinheit des Wortes.

Glauben heißt sich mit dem zufrieden geben, was wir noch nicht wissen, aber wovon uns die Vernunft im Voraus die Gewißheit gibt, daß wir es einmal wissen oder mindestens erkennen werden.

Darum sind die sogenannten Philosophen töricht, die sagen: „Ich glaube nicht, was ich nicht weiß."

Ihr Armen! Wenn ihr es wüßtet, hättet ihr dann noch nötig, es zu glauben?

Aber kann ich blindlings und ohne Vernunft glauben? — Gewiß nicht! — Der blinde und verwegene Glaube ist Aberglaube und Tollheit. Man muß den Gründen glauben, welche auf die bekannten und von der Wissenschaft anerkannten Tatsachen hin die Vernunft uns vorauszusetzen zwingt.

Die Wissenschaft! Ein großes Wort und ein großes Problem!

Was ist Wissenschaft?

Auf diese Frage werden wir im zweiten Kapitel dieses Buches eingehen.

2 ב B

DIE SÄULEN DES TEMPELS.

CHOCMAH – DOMUS – GNOSIS.

Die Wissenschaft ist der absolute und vollständige Besitz der Wahrheit.

Die Gelehrten aller Jahrhunderte haben vor diesem absoluten und furchtbaren Wort gezittert; sie hatten Furcht sich das erste Vorrecht der Gottheit anzumaßen, wenn sie sich die Wissenschaft zuschrieben. Deshalb begnügten sie sich an Stelle des Wortes *Wissen* mit demjenigen, das Kenntnis ausdrückt und an Stelle des Wortes *Wissenschaft* haben sie *Ghosis* angenommen, was nur die Idee von Kenntnis durch Intuition ausdrückt.

Was weiß der Mensch tatsächlich? Nichts, und doch ist es ihm nicht erlaubt, nichts nicht zu wissen.

Er weiß nichts und ist berufen, alles zu kennen.

Nun setzt Kenntnis die Zweiheit voraus. Das Wesen, das erkennt, braucht ein erkanntes Objekt.

Die Zweiheit ist der Erzeuger der Gesellschaft und des Gesetzes; sie ist auch die Zahl der Gnosis. Der Binar ist die Einheit, die sich um sich selbst vervielfältigt um zu erschaffen; deshalb läßt die heilige Schrift Eva aus Adams eigener Brust hervorgehen.

Adam ist das menschliche Tetragramm, das sich im geheimnisvollen Jod, dem Bild des kabbalistischen Phallus wiederholt. Fügt man diesem Jod den dreiteiligen Namen Eva bei, so bildet man den Namen Jehova, das göttliche Tetragramm, das höchste kabbalistische und magische Wort: יהוה welches der Hohepriester im Tempel Jodcheva aussprach.

Auf diese Weise bildet die vollkommene Einheit in der Fruchtbarkeit des Ternar mit diesem den Quaternar, den Schlüssel zu allen Zahlen, aller Bewegung und allen Formen.

Das um sich selbst gedrehte Viereck ergibt den sich selbst gleichen Kreis, und die Quadratur des Kreises besteht eben in der kreisförmigen Bewegung von vier gleichen Winkeln, die sich um einen Mittelpunkt drehen.

Das Obere, sagt Hermes, ist gleich dem Unteren; dies ist die Zweiheit, die der Einheit als Maß dient; und das Verhältnis der Gleichheit zwischen oben und unten bildet mit diesen die Dreiheit.

Das schöpferische Prinzip ist der ideale Phallus; und das erschaffene Prinzip ist das formelle Kteis.

א ist der Mann; ב die Frau, eins das Prinzip; zwei das Wort, A das Handelnde, B das Leidende; die Einheit ist Bohas; und die Zweiheit Jakin.

In den Trigrammen des Fohi ist die Einheit der Yang; und die Zweiheit ist der Yin.

Yang Yin

Bohas und Jakin sind die Namen zweier symbolischer Säulen, die sich vor dem Haupttor von Salomos kabbalistischem Tempel befanden.

Diese beiden Säulen erklären in der Kabbala alle Geheimnisse des Antagonismus, sei er natürlich, politisch oder religiös, und den Zeugungskampf von Mann und Frau. Denn nach den Gesetzen der Natur muß die Frau dem Mann widerstehen, während er sie durch Zärtlichkeit gewinnen oder sich unterwerfen muß.

Das handelnde Prinzip sucht das leidende Prinzip, die Fülle liebt die Leere. Der Rachen der Schlange strebt nach ihrem Schwanz, und da sie um sich selbst kreist, flieht und verfolgt sie sich.

Die Frau ist die Schöpfung des Mannes, und die universelle Schöpfung ist die Frau des ersten Prinzips.

Als das Urwesen sich zum Schöpfer erhob, richtete es ein Jod oder einen Phallus auf, und um Raum in der Fülle des unerschaffenen Lichtes zu finden, mußte es ein Kteis oder eine Furche des Schattens aushöhlen, deren Ausmaß seiner schöpferischen Sehnsucht entsprach und von ihm dem idealen Jod des strahlenden Lichtes zugeschrieben wurde.

Dies ist die geheimnisvolle Sprache der Kabbalisten im Talmud; Unwissenheit und Schlechtigkeit der Masse verbieten uns sie näher zu erklären oder zu vereinfachen.

Was ist denn die Schöpfung? Sie ist das Haus des schöpferischen Wortes. Was ist die Kteis? Sie ist das Haus des Phallus.

Welche Eigenschaft hat das handelnde Prinzip? Es hat die Eigenschaft, auszustreuen. Und das passive Prinzip? Hat die Eigenschaft, aufzusammeln und fruchtbar zu machen.

Was ist der Mann? Er ist der Einweihende, der einbricht, bearbeitet und säet.

Was ist die Frau? Die Gestaltende, die vereinigt, begießt und erntet.

Der Mann entfesselt den Krieg, die Frau verhilft zum Frieden; der Mann zerstört um zu erschaffen, die Frau baut auf um zu erhalten; der Mann ist die Revolution, die Frau die Versöhnung; der Mann ist der Vater Kains, die Frau die Mutter Abels.

Was ist Weisheit? — Die Versöhnung und Vereinigung beider Prinzipe; die Sanftheit Abels, die Energie Kains leitend, der Mann, der den zarten Eingebungen der Frau folgt, die Ausschweifung, von der legitimen Heirat überwunden, die revolutionäre Energie, durch den Frieden und die Annehmlichkeiten der Ordnung gebändigt und besänftigt, der der Liebe unterlegene Stolz, die Wissenschaft, die die Eingebungen des Glaubens erkennt.

Das menschliche Wissen wird also weise, weil es sich bescheidet und — durch Liebe oder Nächstenliebe belehrt — sich der Unfehlbarkeit der universellen Vernunft unterwirft. Es kann dann den Namen Gnosis annehmen, denn es kennt zum mindesten das, was vollkommen zu wissen es sich noch nicht rühmen darf.

Die Einheit kann sich nur durch die Zweiheit manifestieren; die Einheit selbst und der Gedanke von der Einheit sind zwei.

Die Einheit des Makrokosmos offenbart sich durch die beiden entgegengesetzten Punkte der beiden Dreiecke.

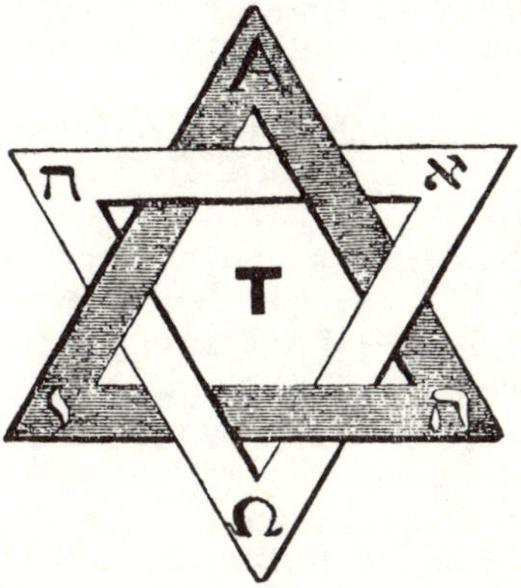

Die menschliche Einheit wird vollkommen durch das Rechte und das Linke. Der primitive Mensch ist ein Zwitter. Alle menschlichen Organe sind in zwei angeordnet, ausgenommen Nase, Zunge, Nabel und das kabbalistische Jod.

Die Gottheit, eins in ihrem Wesen, hat zwei wesentliche Bedingungen als Urgrund ihres Seins: die Notwendigkeit und die Freiheit.

Die Gesetze der höchsten Vernunft wurzeln in Gott und ordnen die Freiheit, die notwendigerweise vernünftig und weise ist.

Um das Licht sichtbar zu machen, mußte Gott nur den Schatten voraussetzen.

Um die Wahrheit zu offenbaren, hat er den Zweifel möglich gemacht.

Der Schatten ist der Rückschlag des Lichts, und die Möglichkeit des Irrtums ist für die zeitliche Offenbarung der Wahrheit notwendig.

Hielte Satans Schild nicht die Lanze des heiligen Michael auf, würde des Engels Kraft sich in der Leere verlieren oder müßte sich durch eine unaufhörliche, von oben nach unten gerichtete Zerstörung offenbaren.

Und hemmte des Erzengels Fuß Satan nicht in seinem Aufstieg, Satan würde Gott entthronen oder sich selbst in den unermeßlichen Höhen verlieren.

Satan ist also Michael wie der Sockel der Statue und Michael ist Satan wie die Bremse der Lokomotive not.

In der analogischen und universellen Dynamik stützt man sich nur auf den Widerstand.

Das Weltall wird durch zwei Kräfte im Gleichgewicht erhalten: Anziehung und Abstoßung. Diese beiden Kräfte bestehen in Physik, Philosophie und Religion. Sie erzeugen in der Physik das Gleichgewicht, in der Philosophie die Kritik, in der Religion die fortschreitende Offenbarung. Die Alten haben dieses Mysterium durch den Streit von Eros und Anteros, durch den Kampf von Jakob mit dem Engel, durch das Gleichgewicht des goldenen Berges, den auf der einen Seite Götter, auf der andern Dämonen mit der symbolischen Schlange der Inder gebunden halten, dargestellt.

Dieses Mysterium wird ferner im Schlangenstab des Hermanubis, den beiden Erzengeln, den beiden

Sphinxen vor dem Wagen des Osiris und den weißen und den schwarzen Seraphim gezeigt.

Seine wissenschaftliche Wahrheit wird durch die Phänomene der Polarität und durch das allgemeine Gesetz der Sympathie und Antipathie bewiesen.

Die unverständigen Jünger Zoroasters verehrten die Zweiheit göttlich, ohne sie auf die Einheit zurückzuführen, trennten dadurch die Säulen des Tempels und wollten die Vierteilung Gottes durchführen. Die Zweiheit in Gott besteht nur durch die Dreiheit. Wenn man das Absolute als zwei betrachtet, muß man es unmittelbar als drei betrachten um das eine Prinzip zu finden.

So kommt es, daß die den göttlichen analogen materiellen Elemente als vier erscheinen, als zwei erklärt werden können und endlich nur als drei bestehen.

Die Offenbarung ist die Zweiheit; jedes Wort ist doppelt und setzt zwei voraus.

Die aus der Offenbarung entspringende Moral ist auf den Antagonismus, die Folge der Zweiheit gegründet. Geist und Form ziehen sich an und stoßen sich ab wie Idee und Zeichen, Wahrheit und Dichtung. Die höchste Vernunft benötigt das Dogma, indem sie sich der endlichen Intelligenz mitteilt und das Dogma macht sich durch den Übergang von Idee zu Form dieser beiden Welten teilhaftig und hat notwendigerweise zwei Bedeutungen, die sich nacheinander oder zugleich entweder an den Geist oder das Fleisch wenden.

Auch gibt es im Bereich der Moral zwei Kräfte, eine angreifende und eine hemmende oder zurückstoßende. Diese beiden Kräfte sind in den Mythen der Genesis in den Typen Kain und Abel gezeichnet.

Abel unterdrückt Kain durch seine moralische Überlegenheit; um sich zu befreien tötet Kain seinen Bruder und macht ihn unsterblich; er selbst wird das Opfer seines eigenen Verbrechens. Kain konnte Abel nicht am Leben lassen, und das Blut Abels läßt Kain nicht mehr schlafen.

Im Evangelium ist der Typus von Kain durch den verlorenen Sohn ersetzt, dem sein Vater alles verzeiht, weil er nach langen Leiden heim findet.

Gott ist Barmherzigkeit und die Gerechtigkeit, er ist gerecht gegen die Gerechten und barmherzig gegen die Sünder.

In der Weltseele, dem universellen Agens, gibt es einen Strom von Liebe und einen von Zorn.

Dieses alles umgebende und durchdringende Fluidum, diesen Strahl, der vom Glanz der Sonne stammt und durch das Gewicht der Atmosphäre und die zentrale Anziehungskraft festgehalten wird, diesen Körper des heiligen Geistes, welchen wir das universelle Agens nennen, das die Alten in der Schlange, die sich in den Schwanz beißt, darstellten, diesen elektro-magnetische Äther, dieses lebendige Wärme- und Lichtwesen zeigt in den alten Denkmälern der Gürtel der Isis, welcher sich als Liebesknoten um die beiden Pole hin und wider dreht, und die Schlange, die sich in den Schwanz beißt, das Sinnbild der Klugheit und des Saturn.

Bewegung und Leben liegen in der höchsten Spannung beider Kräfte.

Gefiele es Gott, sagte der Meister, daß ihr ganz kalt oder ganz heiß wäret!

Tatsächlich ist ein sehr Schuldbeladener lebendiger als ein feiger und lauer Mensch, und seine Rückkehr zur Tugend wird im Verhältnis zur Größe seiner Verirrungen stehen.

Die Frau, die der Schlange den Kopf zertreten muß, ist die der blinden Kraft stets überlegene Intelligenz. Die Kabbalisten nennen sie die Meerjungfrau, deren benetzte Füße der höllische Drache mit seinen Feuerzungen beleckt, die vor Wollust einschlafen.

So sind die priesterlichen Mysterien der Zweiheit. Eines aber, das letzte von allen, soll nicht offenbart werden. Die Ursache hierzu liegt nach Hermes Trismegistos in der Unwissenheit der Massen, die den Notwendigkeiten der Wissenschaft die ganze unmoralische Tragweite eines blinden Verhängnisses unterschieben würden. Man muß das Volk in der Furcht vor dem Unbekannten halten, sagt er, und auch Christus gebot: Ihr sollt eure Perlen nicht vor die Säue werfen, denn sie werden sie unter die Füße treten und sich gegen euch kehren und euch zerreißen. Der Baum der Erkenntnis von Gut und Böse, dessen Früchte den Tod bergen, ist das Bild des priesterlichen Geheimnisses des Binar. Tatsächlich kann dieses Geheimnis, wenn es offenbar wird, nur falsch verstanden werden und man schließt daraus gewöhnlich auf die gottlose Leugnung des freien Willens, das moralische Gesetz des Lebens. Es liegt also im Wesen der Dinge, daß die Offenbarung dieses Geheimnisses den Tod bringt, und trotzdem ist hier noch nicht das große Arkanum der Magie. Aber das Geheimnis der Zweiheit führt zu dem der Vierheit oder kommt viel mehr von der Dreiheit und löst sich auch durch sie auf, welche die Lösung des Rätsels der Sphinx enthält, wie sie hätte sein müssen, um das Leben des Oedipus zu retten, sein unbeabsichtigtes Verbrechen zu büßen und ihm das Königreich zu sichern.

In dem Hieroglyphen-Werk von Hermes (vergl. Tarok), dem Buch Thot wird die Zweiheit durch eine Hohepriesterin mit den Hörnern der Isis dargestellt. Ihr Haupt ist verschleiert, und halb unter ihrem Mantel versteckt befindet sich ein offenes Buch. Oder es wird durch die Göttin Juno der Griechen dargestellt, die erhabene Frau, deren eine Hand zum Himmel weist, während die andere zur Erde gesenkt ist, als ob sie durch diese Geste das einzige und dualistische Dogma, die Basis der Magie verkörpern wollte, womit die wunderbaren Symbole der tabula smaragdina des Hermes beginnen.

In der *Apokalypse* des heiligen Johannes ist die Rede von zwei Zeugen oder Märtyrern, die in der prophetischen Überlieferung unter den Namen Elias und Henoch bekannt sind: Elias, der Mann des Glaubens, des Eifers und der Wunder; Henoch, den die Ägypter Hermes nannten, und den die Phönizier unter dem Namen Kadmos ehrten, der Erfinder des heiligen Alphabets und des universellen Schlüssels der Einweihung zum Worte, der Vater der Kabbala, der nach den Worten der heiligen Allegorien nicht starb wie andere Menschen, sondern zum Himmel aufstieg, um am Ende der Zeiten wiederzukehren. Dasselbe sagte man ungefähr vom hl. Johannes selbst, der in seiner *Apokalypse* Henochs Symbole des Wortes wiedergefunden und erklärt hat. Die Wiederauferstehung des heiligen Johannes und Henochs, die man am Ende der Zeiten der Unwissenheit erwartet, wird die Erneuerung ihrer Lehre durch das Verständnis der kabbalistischen Schlüssel sein, welche den Tempel der Einheit und der universellen Philosophie öffnen wird, die schon zu lange okkult und nur den Auserwählten, die dafür von der Welt hingerichtet wurden, vorbehalten war.

Wir haben gesagt, daß die Wiedergabe der Einheit durch die Zweiheit unweigerlich zum Begriff und zum Dogma der Dreiheit führe und wir nähern uns endlich dieser großen Zahl, welche die Fülle und das vollkommene Wort der Einheit ist.

3 ר C.

DAS DREIECK DES SALOMO.

PLENITUDO VOCIS — BINAH — PHYSIS

Der Ternar ist das vollkommene Wort, denn es setzt ein intelligentes, ein sprechendes und ein gesprochenes Prinzip voraus.

Das Absolute, das sich durch das Wort offenbart, gibt ihm einen Sinn, der ihm selbst gleich ist, und schafft selbst einen dritten im Verständnis dieses Wortes.

So manifestiert sich die Sonne durch ihr Licht und beweist diese Manifestation oder macht sie wirksam durch ihre Wärme.

Die Dreiheit ist im Raum durch den Kulminationspunkt des Himmels bezeichnet, das Unendliche in der Höhe, welches durch zwei gerade, auseinanderlaufende Linien mit dem Orient und Okzident verbunden ist.

Diesem sichtbaren Dreieck setzt jedoch die Vernunft ein anderes, unsichtbares Dreieck zur Seite, das dem ersten ganz gleich ist: seine Spitze zeigt nach der Tiefe und seine umgekehrte Basis läuft der horizontalen Linie vom Orient zum Okzident parallel.

Diese beiden Dreiecke, vereinigt in einem einzigen, sechsstrahligen Stern, bilden das heilige Zeichen von Salomos Siegel, den strahlenden Stern des Makrokosmos (Fig. 1).

Der Gedanke des Unendlichen und Absoluten wird durch dieses Zeichen ausgedrückt, welches das große Pantakel, d. h. der einfachste und vollkommenste Inbegriff des Wissens von allen Dingen ist.

Die Grammatik selbst verknüpft das Wort mit drei Personen.

Die erste ist die, welche spricht, die zweite, zu welcher gesprochen wird, und die dritte, über welche man spricht.

Der ewige Herrscher spricht erschaffend zu sich von sich selbst.

Dies ist die Erklärung der Dreiheit und der Ursprung des Dogmas von der Dreifaltigkeit.

Auch das magische Dogma ist eins in drei und drei in eins.

Das, was oben gesagt ist, gleicht dem, was unten ist oder ist ihm gleich.

So machen zwei Dinge, die sich gleichen und das Wort, das ihre Gleichheit ausdrückt, zusammen drei.

Die Dreiheit ist das universelle Dogma.

Ursprung, Verwirklichung, Anpassung in der Magie; Azoth, Verkörperung, Verwandlung in der Alchimie; Gott, Fleischwerdung, Erlösung in der Theologie; Denken, Liebe und Tat in der menschlichen Seele; Vater, Mutter und Kind in der Familie. Die Freiheit ist das Ziel und der erhabene Ausdruck der Liebe: zwei suchen sich nur um drei zu werden.

Es gibt drei verstandesmäßige Welten, die durch hierarchische Analogie mit einander übereinstimmen:

Die natürliche oder sinnliche, die geistige oder übersinnliche und die göttliche oder religiöse Welt.

Hieraus ergibt sich die in drei Stände eingeteilte und in diesen stets wieder durch die Dreiheit unterteilte Rangordnung der Geister.

Alle diese Offenbarungen sind logische Schlußfolgerungen der ersten mathematischen Begriffe des Wesens und der Zahl.

Die Einheit muß sich zur Handlung vervielfältigen. Ein unteilbarer, starrer und unfruchtbarer Ursprung würde eine tote und unverständliche Einheit sein.

Wäre Gott nur eins würde er weder Schöpfer noch Vater sein. Wäre er zwei, entstände Gegnerschaft oder Uneinigkeit im Unendlichen und dies bedeutete Teilung oder Tod aller möglichen Dinge. Daher ist er drei, um aus sich selbst und nach seinem Bild die zahllose Menge der Wesen und Zahlen zu erschaffen.

So ist er wahrhaft einzig in sich selbst und dreifach in unserer Vorstellung und damit sehen wir ihn auch dreifach in sich selbst und einfach in unserem Verstand und unserer Liebe.

Dies ist ein Mysterium für den Gläubigen und eine logische Notwendigkeit für den in die absoluten, wirklichen Wissenschaften Eingeweihten.

Das durch das Leben verkörperte Wort ist Verwirklichung oder Fleischwerdung.

Das seine zyklische Bewegung vollendendeLeben des Wortes ist Anpassung oder Erlösung. Dieses dreifache Dogma war in allen durch Überlieferung der Weisen erleuchteten Heiligtümern bekannt. Ihr wollt wissen, welches die wahre Religion ist? Sucht die, welche die göttliche Ordnung am meisten verwirklicht, die Gott vermenschlicht und den Menschen vergöttlicht, die das Dogma der Dreiheit unberührt erhält, welches das Wort verkörpert, indem es auch die Unwissendsten Gott sehen und fühlen läßt, die endlich, deren Lehre allen zusagt und sich allem anzupassen vermag; die hierarchische und zyklische Religion, die Allegorien und Bilder für Kinder, eine hohe Philosophie, die hehrsten Hoffnungen für den denkenden Mann und süßesten Trost für den Greis hat.

Die ersten nach der Grundursache forschenden Weisen, fanden Gut und Böse in der Welt, beobachteten Licht und Schatten, verglichen Winter und Frühling, Alter und Jugend, Leben und Tod und sagten: die erste Ursache ist wohltätig und streng, belebt und zerstört.

— Also gibt es zwei entgegengesetzte Grundsätze, einen guten und einen schlechten? riefen die Jünger des Manes.

— Nicht doch, die beiden Grundsätze des allgemeinen Gleichgewichtes sind nicht entgegengesetzt, wenn sie sich auch anscheinend entgegenstehen, denn eine einzige Weisheit stellt den einen dem andern gegenüber.

Das Gute steht zur Rechten, das Böse zur Linken aber die höchste Güte steht über beiden; sie macht das Böse dem Sieg des Guten und das Gute der Heilung des Bösen dienstbar.

Der Grundsatz der Harmonie ist in der Einheit, und das gibt der ungeraden Zahl solche Macht in der Magie.

Die vollkommenste der ungeraden Zahlen jedoch ist die Drei, denn sie ist die Trilogie der Einheit.

In den Trigrammen des Fohi setzt sich die höchste Dreiheit aus drei Yang oder männlichen Gestalten zusammen, denn nichts Passives ließe sich mit dem Gedanken an Gott, betrachtet als Ursprung der Fruchtbarkeit in den drei Welten, vereinen.

Darum auch läßt die christliche Dreifaltigkeit die Personifizierung der Mutter nicht zu, die ohnehin untrennbar mit der des Sohnes verbunden ist.

Und darum auch läuft es den Gesetzen der hieratischen und orthodoxen Symbole zuwider, den Heiligen Geist in weiblicher Gestalt darzustellen.

Die Frau entsteht aus dem Mann wie die Natur aus Gott; so fährt Christus gen Himmel und nimmt seine jungfräuliche Mutter zu sich. Man spricht von der Auffahrt Christi und der Himmelfahrt der Mutter Gottes.

Gott als Vater hat die Natur zur Tochter.

Als Sohn hat er die Jungfrau Maria zur Mutter und die Kirche zur Braut.

Als Heiliger Geist bewirkt er die Wiedergeburt und Befruchtung der Menschheit.

Daher kommt es, daß in den Trigrammen des Fohi den drei höheren Yang die drei niederen Yin entsprechen, denn die Trigramme des Fohi sind ein Pantakel gleich den beiden Dreiecken des Salomo, jedoch mit einer dreiteiligen Deutung der sechs Spitzen des strahlenden Sternes.

☰ ☰

Das Dogma ist nur göttlich, soweit es wahrhaft menschlich ist, d. h. soweit es die höchste Vernunft der Menschheit umfaßt. Daher hat der Meister, den wir den Gottmenschen nennen, sich selbst des Menschen Sohn genannt.

Die Offenbarung ist der, durch die allgemeine Vernunft angenommene und gebildete Ausdruck des Glaubens im menschlichen Wort.

Und darum sagt man, daß im Gottmenschen die Gottheit menschlich und die Menschlichkeit göttlich sei.

Dies alles meinen wir philosophisch und nicht theologisch, und die Lehren der Kirche, die die Magie verwirft und stets verwerfen muß, werden hierdurch in nichts berührt.

Parazelsus und Agrippa haben keineswegs Altar gegen Altar aufgerichtet, sie haben sich der führenden Religion ihrer Zeit unterworfen. Den Auserwählten der Wissenschaft die Dinge des Wissens, den Gläubigen die Dinge des Glaubens!

In seinem Hymnus an den Sonnengott spricht Kaiser Julian eine Theorie der Dreiheit aus, die fast identisch ist mit jener des berühmten Swedenborg.

Die Sonne der göttlichen Welt ist das Geistige und unerschaffene ewige Licht; dieses verwörtlicht sich — wenn man so sagen darf — in der philosophischen Welt und wird der Brennpunkt der Seelen und der Wahrheit, dann gestaltet es sich zum erkennbaren Licht in der Sonne des dritten

Reiches, dem Zentralgestirn unserer Sonnen, dessen Fixsterne die ewig lebendigen Funken sind.

Die Kabbalisten vergleichen den Geist einer Substanz, die in der göttlichen Umgebung und unter dem Einfluß des ewigen Lichtes flüssig bleibt, deren Oberfläche sich aber verhärtet wie Wachs, das in den kälteren Regionen der Beurteilungskraft oder der erkennbaren Formen der Luft ausgesetzt wird. Diese versteinerten — oder verfleischten, wenn man so sagen dürfte — Rinden oder Hüllen sind die Ursache des Irrens oder des Übels, entstanden eben durch Gewicht und Härte der Hüllen des Geistes. Im Sohar und im Buch der Empörung der Seelen werden die verderbten Geister oder bösen Dämonen nie anders genannt als die Rinden. *Kortices.*

Die Rinden der Geistwelt sind durchsichtig, die der materiellen Welt undurchsichtig; die Körper sind nur vorübergehende Rinden, von denen die Seelen befreit werden müssen. Diejenigen aber, die in diesem Leben dem Körper gehorchen, schaffen sich hierdurch einen inneren Körper oder eine flüssige Rinde, welche ihnen nach dem Tode zu Gefängnis und Marter wird bis zum Augenblick, wo es gelingt, sie in der Wärme des göttlichen Lichtes zu schmelzen, zu dem aufzusteigen ihre Schwere ihnen hinderlich ist. Das erreichen sie aber nur nach unsäglichen Anstrengungen und durch die Hilfe der Gerechten, die ihnen die Hand hinreichen und während dieser ganzen Zeit werden sie durch die innere Ruhelosigkeit des gefangenen Geistes wie in einem feurigen Ofen verzehrt. Die den Weg zum Scheiterhaufen der Buße finden, stürzen sich selbst in die Flammen, verbrennen wie Herkules auf dem Berge Oeta und befreien sich so von ihren Qualen; aber den meisten fehlt der Mut zu dieser letzten Prüfung, welche ihnen erscheint wie ein zweiter, weit schrecklicherer Tod, und so bleiben sie in der Hölle, die nach Fug und

Recht ewig ist, in welche jedoch die Seelen entgegen ihrem eigenen Willen niemals hinabgestürzt und zurückgehalten werden.

Die drei Welten sind durch die zweiunddreißig Lichtwege verbunden, die Sprossen der heiligen Leiter. Jeder wahre Gedanke entspricht im Himmel einer göttlichen Gnade und auf Erden einem guten Werk. Jede Gnade Gottes bewirkt eine Wahrheit und ruft eine oder mehrere Taten hervor und gleicherweise bewirkt jede Tat im Himmel eine Wahrheit oder Lüge, eine Gnade oder Strafe. Wenn ein Mensch das Tetragramm ausspricht, schreiben die Kabbalisten, werden die neun Himmel erschüttert und alle Geister rufen einander zu: Wer stört das Königtum des Himmels? Dann verkündet die Erde dem ersten Himmel die Sünden des Vermessenen, der den Namen des Ewigen mißbraucht und das anklagende Wort ertönt von Kreis zu Kreis, von Stern zu Stern, von Hierarchie zu Hierarchie.

Jedes Wort hat drei Auslegungen, jede Handlung dreifache Bedeutung, jede Form dreifache Idee, denn das Absolute hat von Welt zu Welt entsprechende Formen. Jede Entschließung des menschlichen Willens beeinflußt die Natur, bereichert die Philosophie und wird im Himmel geschrieben. Es gibt zwei Schicksale; das eine entsteht aus dem Willen des Unerschaffenen gemäß seiner Weisheit, das andere aus dem erschaffenen Willen gemäß der Notwendigkeit der Mittelursachen in ihrer Beziehung zur ersten Ursache.

Nichts ist unwichtig im Leben und unsere dem Anschein nach allereinfachsten Entschließungen entscheiden oftmals über eine unabsehbare Reihe von Gutem oder Bösem, vor allem in den Beziehungen unseres Diaphanen zum großen magischen Agens, wie wir später erläutern werden.

Da die Dreiheit das Grundprinzip der ganzen Kabbala oder der heiligen Überlieferungen unserer

Väter ist, mußte sie die Grundlehre des Christentums sein, dessen scheinbarenDualismus sie durch Vermittlung einer harmonischen und allmächtigen Einheit erklärt. Christus hat seine Lehre nicht aufgeschrieben; er hat sie nur im Geheimen seinem Lieblingsjünger offenbart dem einzigen und großen Kabbalisten unter den Aposteln. Die Apokalypse ist auch das Buch der Gnosis oder der Geheimlehre der ersten Christen, eine Lehre, deren Schlüssel in einem geheimen Vers im *Pater* besteht, den die Vulgata nicht übersetzt und der im griechischen Ritus — dem Bewahrer der Überlieferungen des heiligen Johannes — nur von den Priestern ausgesprochen werden darf. Dieser durchaus kabbalistische Vers steht im Text des Evangeliums Mathäi und in mehreren hebräischen Exemplaren. Er folgt in den beiden heiligen Sprachen:

עד אמן :פי לד הממלכת והנבורה וחהור לעולט

Ὅτι σή ἐστιν ἡ βασιλεία καὶ ἡ δύναμις καὶ ἡ δόξα, εἰς τοὺς αἰῶνας. Ἀμήν.

Das heilige Wort *Malkut* — für *Keter* gebraucht, das ihm in der Kabbala entspricht — und die Harmonie Geburahs und Cheseds, die sich in den Sphären oder Himmeln wiederholen, die die Gnostiker *Aeonen* nannten, bilden in diesem okkulten Vers den Schlußstein des ganzen christlichen Tempels. Die Protestanten haben diesen Vers übersetzt und in ihrem Neuen Testament beibehalten, ohne darin den tiefen, wunderbaren Sinn zu ahnen, der ihnen alle Mysterien der Apokalypse entschleiert hätte. Eine Überlieferung der katholischen Kirche sagt jedoch, daß die Offenbarung dieser Mysterien den letzten Zeiten vorbehalten sei.

Malkut, auf Geburah und Chesed gestützt, ist der Tempel Salomos und seine Säulen sind Jakin und Bohas. Es ist das adamitische Dogma, einerseits auf die Resignation Abels, andererseits auf die Tat und die Reue Kains gestützt, das allgemeine Gleichgewicht des Seins, auf der Notwendigkeit und Freiheit, der Starrheit und Bewegung ruhend, der von Archimedes vergebens gesuchte Beweis des universalen Hebels. Ein Gelehrter, der seine ganze Begabung dahin verbrauchte, dunkel zu bleiben, und starb ohne Verständnis gewünscht zu haben, hatte die Lösung jener höchsten Gleichung, die er in der Kabbala wieder auffand, gefunden; hegte aber die größte Besorgnis, daß man den Ursprung seiner Entdeckung erraten könne, wenn er sich zu deutlich ausdrückte. Es heißt, daß einer seiner Jünger und Bewunderer sich empörte — vielleicht im guten Glauben — daß man ihn einen Kabbalisten nannte; und doch müssen wir zum Ruhme dieses Gelehrten sagen, daß uns seine Forschungen unsere Arbeiten über die okkulten Wissenschaften sehr erleichterten und daß insbesondere der Schlüssel zur hohen Kabbala — auf den wir im angeführten, okkulten Vers hinwiesen — in gelehrter Weise auf eine absolute Reform aller Wissenschaften in den Büchern des Hoené Wronski angewendet wurde.

Die geheime Tugend der Evangelien ist also in drei Worten enthalten und diese drei Worte haben drei Dogmen und drei Hierarchien gezeitigt. Jede Wissenschaft beruht auf drei Grundsätzen wie der Syllogismus auf drei Begriffen. Es gibt auch drei deutlich unterschiedene Klassen oder drei ursprüngliche und natürliche Rangstufen unter den Menschen, die alle berufen sind, aus der tiefsten Tiefe zur höchsten Höhe aufzusteigen. Die Hebräer nennen diese Stufen oder Grade des Fortschritts der Geister, Asiah, Jezirah und Briah. Die Gnostiker, die christliche Kabbalisten waren, nannten sie Hyle, Psyche und Gnosis; der höchste Kreis hieß bei den Hebräern Aziluth und bei den Gnostikern Pleroma.

Im Tetragramm bedeutet die Dreiheit, am Anfang des Wortes genommen, die göttliche Vereinigung, und am Ende des Wortes genommen, Weiblichkeit und Mütterlichkeit. Der Name Eva hat drei Buchstaben, der ursprüngliche Name Adam jedoch wird durch den einzigen Jod ausgedrückt und deshalb sollte Jehova wie *Jeva* geschrieben werden. Dies führt uns zum großen und höchsten, durch die Vierheit ausgedrückten Mysterium der Magie.

4 ד D.

DAS TETRAGRAMM.

GEBURAH CHESED – PORTA LIBRORUM – ELEMENTA.

Es gibt in der Natur zwei Kräfte, die ein Gleichgewicht bewirken, und diese drei sind nur ein einziges Gesetz. Das ist die in die Einheit zusammengefaßte Dreiheit. Fügt man zur Dreiheit die Idee der Einheit, so findet man die Vierheit, die erste quadratische und vollkommene Zahl, die Quelle aller zahlenmäßigen Kombinationen und der Ursprung aller Formen.

Bejahung, Verneinung, Untersuchung, Auflösung sind die vier philosophischen Verfahren des menschlichen Geistes. Die Untersuchung vermittelt zwischen Verneinung und Bejahung, indem sie die eine der andern nötig macht. So kommt es, daß die philosophische Dreiheit, die aus der antagonistischen Zweiheit entstand, sich durch die Vierheit — den quadratischen Grundpfeiler aller Wahrheit — vollendet. Der heiligen Glaubenslehre zufolge sind in Gott drei Gestalten vereinigt und diese drei sind zusammen nur ein einiger Gott. Drei und eins erregen den Gedanken an vier, denn die Einheit ist nötig um die Drei zu erklären. Der Name Gott besteht beinahe in allen Sprachen aus vier Buchstaben; im Hebräischen machen diese vier Buchstaben nur drei aus, denn einer der vier wiederholt sich, der das Wort und die Erschaffung des Wortes ausdrückt.

Zwei Bejahungen machen zwei einander entsprechende Verneinungen möglich oder notwendig. Das Sein ist erwiesen, das Nichts existiert nicht. Die Bejahung als Wort erzeugt Bejahung als Verwirklichung oder Fleischwerdung des Wortes, und jede Bejahung entspricht der Verneinung ihres Gegenteils.

So setzt sich nach Aussage der Kabbalisten der Name des Dämons oder des Bösen aus den rückwärts gelesenen Buchstaben des Namens Gottes oder des Guten selbst zusammen.

Dieses Böse ist der verlorene Widerschein oder die unvollständige Spiegelung des Lichts im Schatten.

Aber alles, was ist — sei es gut oder böse, Licht oder Schatten — besteht und offenbart sich in der Vierheit.

Die Bejahung der Einheit setzt die Zahl vier voraus, wenn diese Bejahung nicht in der Einheit selbst wie in einem Zirkelschluß kreisen soll. Auch erklärt sich, wie wir bereits beobachtet haben, der Ternar durch den Binar und löst sich durch den Quaternar auf, welcher die vierteilige Einheit der geraden Zahlen und die viereckige Grundfläche des Würfels ist, der Einheit des Aufbaus, der Festigkeit und des Maßes.

Das kabbalistische Tetragramm Jodheva besagt, daß Gott in der Menschheit und die Menschheit in Gott ruht.

Die vier astronomischen Kardinalpunkte sind — im Verhältnis zu uns — das Ja und Nein des Lichts: Orient und Okzident, Ja und Nein der Wärme: Süd und Nord.

Das was in der erkennbaren Natur ist, macht offenbar, wie wir bereits durch das einzige Dogma der Kabbala wissen, was im Bereich der unsichtbaren Natur oder der Mittelursachen besteht, die den Manifestationen der ersten Ursache durchaus entsprechend und analog sind.

Auch hat sich diese erste Ursache stets durch das Kreuz verkündet, jene aus zwei zusammengesetzte Einheit, die sich eins durch das andere teilen um vier zu bilden; durch das Kreuz, jenen Schlüssel zu Indiens und Ägyptens Mysterien, das Tau der Patriarchen, das göttliche Zeichen des Osiris, der Staurus der Gnostiker, der Schlußstein des Tempels, das Sinnbild der okkulten Freimaurerei. Durch das Kreuz, jenen Mittelpunkt der Vereinigung der rechten Winkel zweier unendlicher Dreiecke; durch das Kreuz, welches in der französischen Sprache die Wurzel und Ursprungsform der Verben glauben und wachsen zu sein scheint und hierdurch die Ideen von Wissen, Religion und Fortschritt vereinigt.

Das große magische Agens offenbart sich durch vier Arten von Phänomenen und war dem Umhertasten der prophanen Wissenschaften unter vier Namen preisgegeben, nämlich Wärme, Licht, Elektrizität und Magnetismus.

Man hat ihm auch noch andere Namen gegeben, wie Tetragramm, Inri, Azoth, Äther, Od, magnetisches Fluidum, Erdseele, Schlange, Luzifer usw.

Das große magische Agens ist der vierte Ausfluß des Lebensprinzips, dessen dritte Form die Sonne ist (siehe die Eingeweihten der alexandrinischen Schule und das Dogma des Hermes Trismegistos).

So ist das Auge der Welt — wie es die Alten nannten — die Spiegelung von Gottes Abglanz und die Erdseele ein dauernder Widerschein der Sonne, der in die Erde dringt und sie ganz durchtränkt.

Der Mond trägt zu dieser Durchdringung bei, indem er des Nachts ein Abbild der Sonne auf die Erde wirft, so daß Hermes, vom großen Agens sprechend, mit Recht sagen konnte: Die Sonne ist sein Vater, der Mond seine Mutter. Er fügt hinzu: Der Wind hat es in seinem Leib getragen, denn die Atmosphäre ist der Rezipient und wie ein Schmelztiegel der Sonnenstrahlen, mittels derer sich das lebendige Abbild der Sonne formt, welches die ganze Erde durchdringt, belebt, befruchtet, und alles, was auf ihrer Oberfläche entsteht, durch seine beständigen Ausstrahlungen und Ströme bestimmt, die denen der Sonne selbst gleich sind.

Dies solare Agens lebt durch zwei entgegengesetzte Kräfte: die Anziehungs- und Abstoßungskraft; Hermes sagt darum, daß es fortgesetzt steige und sinke.

Die anziehende Kraft haftet stets am Mittelpunkt der Körper, die abstoßende jedoch an ihrem Umriß oder ihrer Oberfläche.

Durch diese doppelte Kraft ist alles erschaffen und besteht alles.

Ihre Bewegung ist ein aufeinanderfolgendes unaufhörliches oder vielmehr ein gleichzeitiges und immerwährendes Auf- und Abrollen in geläufigen, sich nie begegnenden Spiralen.

Die Bewegung ist dieselbe wie die der Sonne, welche alle Sterne ihres Systems gleichzeitig anzieht und abstößt.

Wer die Bewegung dieser irdischen Sonne so kennt, daß er aus ihren Ausstrahlungen Vorteil ziehen und sie lenken kann, hat das große Werk vollbracht und ist Herr der Welt.

Wer über diese Kraft verfügt, kann sich anbeten lassen und wird von der Menge als Gott angesehen.

Das unumschränkte Geheimnis dieser Macht war im Besitz einiger Männer und kann heute noch gefunden werden. Es ist das große magische Arkanum und bedarf eines unmittelbaren Axioms und eines Werkzeuges, welches der große und einzige Athanor der Hermetisten des höchsten Grades ist.

Das unmittelbare Axiom ist kabbalistisch in den vier Buchstaben des Tetragramms enthalten, die folgendermaßen angeordnet sind:

Wir finden diese vier Buchstaben, auf kabbalistische Weise geschrieben, in den Worten *Azoth* und *Inri* und im Monogramm Christi, wie es auf dem Labarum eingestickt war. Der Kabbalist

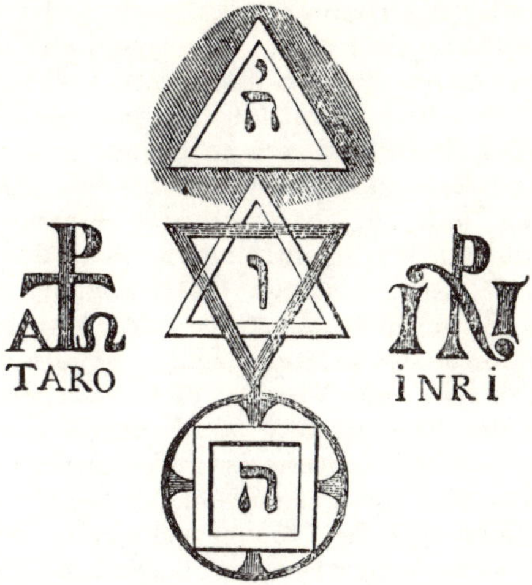

Postel übersetzt sie durch das Wort *Rota*, aus dem die Adepten durch Wiederholung des ersten Buchstabens ihr Taro oder Tarot (Tarok) gebildet haben, um auf den Kreis und die Umkehrung des Wortes hinzuweisen.

Die ganze magische Wissenschaft beruht auf der Kenntnis dieses Geheimnisses. Dieses Wissen und der Mut, sich seiner zu bedienen, bedeutet menschliche Allmacht; das Weitergeben an einen Profanen hingegen zieht den Verlust der Macht nach sich. Ja schon das Weitergeben an einen Jünger heißt zu dessen Gunsten entsagen; denn von diesem Augenblick an ist dem Jünger Macht über Leben und Tod seines Initiators—ich spreche hier vom magischen Standpunkt aus — gegeben und von dieser Macht wird er sicher aus Furcht vor dem eigenen Tod Gebrauch machen. (Das hat nichts zu tun mit dem Mord des kriminellen Gesetzes, denn die praktische Philosophie als Basis unserer Gesetze, erkennt okkulte Einflüsse und Zaubereien nicht an). Wir kommen nunmehr zu merkwürdigen Offenbarungen und sind von vornherein auf Zweifel und Achselzucken aller ungläubigen Fanatiker gefaßt, denn Voltaires Religion hat auch ihre Fanatiker. Mit gütiger Erlaubnis der großen Schatten sei es gesagt, die nun bemitleidenswert in den Grüften des Pantheons schmollen müssen, während der Katholizismus, unverändert mächtig durch Brauch und Ansehen, über ihren Köpfen seinen Gottesdienst abhält.

Das vollkommene Wort, welches sich mit dem ausgedrückten Gedanken deckt, enthält der Wirkung nach stets eine Vierheit oder setzt sie voraus: nämlich den Begriff und seine drei notwendigen Formen, die sich wechselweise aufeinander beziehen, ferner das Bild des ausgedrückten Dinges mit den drei Urteilsbegriffen, die es erklären. Wenn ich sage: das Sein besteht, so bestätige ich damit blindlings, daß das Nichts nicht besteht.

Eine Höhe und eine Breite, durch die Höhe geometrisch in zwei geteilt, ferner eine Tiefe, von der Höhe durch den Durchschnitt der Breite getrennt: damit haben wir die natürliche Vierheit, zusammengesetzt aus zwei sich kreuzenden Linien. Es gibt auch in der Natur vier Bewegungen, die durch zwei Kräfte, welche sich durch ihre entgegengesetzte Richtung stützen, hervorgerufen werden.

Nun ist das Gesetz, welches die Körper regiert, dem gleich und entsprechend, welches die Geister beherrscht, und dieses wieder ist die Darlegung von Gottes Geheimnis, dem Schöpfungsmysterium.

Stellen wir uns eine Uhr mit zwei parallelen Federn und einem Triebwerk vor, welches diese im gegenläufigen Sinne arbeiten läßt, so daß die eine sich aufrollt, während die andere sich entspannt; auf diese Weise zöge sich die Uhr von selbst immer wieder auf und das Perpetuum mobile wäre gefunden. Dieses Triebwerk müßte zwei Zwecken dienen und mit der größten Genauigkeit ausgeführt sein. Wäre es unausführbar? Wir glauben nicht. Der Mann jedoch, der es entdeckt hätte, würde durch Analogie alle Geheimnisse der Natur verstehen; es wäre *der Fortschritt in direkter Abhängigkeit vom Widerstand.*

Die absolute Bewegung des Lebens ist also das fortdauernde Resultat zweier verschiedener Bestrebungen, die sich nie entgegenarbeiten. Wenn die eine der anderen nachzugeben scheint, spannt sich die erste Feder wieder und eine Rückwirkung tritt ein, deren Zeitpunkt leicht zu berechnen und deren Art vorher zu bestimmen ist. So wurde zur Zeit des inbrünstigsten Blühens des Christentums das Reich des *Antichrist* vorausgesagt.

Aber der Antichrist wird das Wiedererscheinen und den endgültigen Sieg des Gottmenschen vorbereiten und veranlassen. Dies ist auch eine in den Voraussagungen des Evangeliums enthaltene, unwiderlegbare, kabbalistische Schlußfolgerung.

Die christliche Weissagung enthält somit eine vierfache Offenbarung: 1. den Sturz der alten Welt und den Sieg des Evangeliums mit dem Erscheinen Christi; 2. den großen Glaubensabfall und das Kommen des Antichrist; 3. den Sturz des Antichrist und die Rückkehr zu christlichen Gedanken; 4. den endgültigen Sieg des Evangeliums oder die unter dem Namen des Jüngsten Gerichtes geweissagte Wiederkunft. Diese vierfache Weissagung enthält, wie wir sehen, zwei Bejahungen und zwei Verneinungen, den Begriff von zwei Vernichtungen oder allgemeinen Toden und zwei Wiedergeburten; denn jedem Begriff, der am sozialen Horizont auftaucht, kann man, ohne einen Irrtum zu befürchten, einen Orient und einen Okzident, einen Zenith (Scheitelpunkt) und einen Nadir (Fußpunkt) zuteilen. So kommt es, daß das philosophische Kreuz der Schlüssel der Prophetie ist, und daß man alle Pforten des Wissens mit Ezechiels Pantakel öffnen kann, dessen Mitte ein aus zwei überkreuzten Kreuzen gebildeter Stern ist.

+ +

Bildet sich das menschliche Leben nicht auch aus diesen drei Phasen oder aufeinanderfolgenden Verwandlungen: Geburt, Leben, Tod, Unsterblichkeit? Und es ist bemerkenswert, daß die Unsterblichkeit der Seele — als Ergänzung zur Vierheit notwendig, kabbalistisch durch die Analogie bewiesen ist, welche das einzige Dogma der wahrhaft universellen Religion sowie der Schlüssel der Wissenschaft und das unverletzliche Gesetz der Natur ist.

Der Tod kann tatsächlich ebensowenig ein absolutes Ende sein als die Geburt ein wirklicher Anfang. Die Geburt beweist die Vorexistenz des menschlichen Seins, denn aus dem Nichts kann nichts entstehen und der Tod beweist die Unsterblichkeit, denn das Sein kann ebensowenig aufhören zu sein als das Nichts aufhören kann, nicht zu sein. Sein und Nichts sind zwei unvereinbare Gedanken, mit dem Unterschied, daß der Gedanke des Nichts — ein ganz negativer Gedanke — aus dem eigentlichen Gedanken des Seins entspringt, von welchem das Nichts nicht einmal als absolute Verneinung verstanden werden kann, während der Gedanke des Seins niemals auch nur dem des Nichts angenähert werden und noch weniger aus ihm entspringen kann. Die Behauptung, daß die Welt aus dem Nichts entstanden sei, ist eine Ungeheuerlichkeit. Alles Seiende entstammt Gewesenem, infolgedessen kann nichts Seiendes jemals nicht mehr sein. Die Aufeinanderfolge der Formen entspringt dem Wechsel der Bewegung: dies sind die Phänomene des Lebens, die einander ersetzen ohne sich zu zerstören. Alles verändert sich, aber nichts vergeht. Die Sonne ist nicht tot, wenn sie hinter dem Horizont verschwindet; selbst die veränderlichsten Formen sind unsterblich und verharren immer in ihrer wesenseigentümlichen Daseinsart, der Vereinigung des Lichtes mit den nach Gestaltung strebenden Kräften der Moleküle des Urstoffs. Sie erhalten sich im astralen Fluidum und können durch den Willen des Wissenden wachgerufen und wiedererzeugt werden, wie wir bei Besprechung des zweiten Gesichts und der Wiedererweckung der Erinnerungen in der Nekromantie und anderen magischen Verfahren zeigen wollen.

Auf das große magische Agens werden wir im vierten Kapitel des Rituals zurückkommen; wo wir die Angaben über die Zeichen des großen Arkanums und über die Mittel, diese gewaltige Kraft zu beherrschen, beenden werden.

Wir wollen nun einige Worte über die vier magischen Elemente und die Elementargeister sagen.

Die magischen Elemente sind: Salz, Merkur, Schwefel und Azoth in der Alchimie; *Makroprosop*, *Mikroprosop* und die beiden Mütter in der Kabbala; Mann, Adler, Löwe und Stier in den Hieroglyphen; Luft, Wasser, Erde und Feuer endlich die volkstümlichen Bezeichnungen und Begriffe der alten Physik.

Man weiß, daß in der magischen Wissenschaft Wasser nicht gewöhnliches Wasser, Feuer nicht gewöhnliches Feuer usw. bedeutet. Diese Namen bergen einen höheren Sinn. Die moderne Wissenschaft hat die vier Elemente der Alten zergliedert und darin viele, angeblich einfache Körper gefunden. Einfach ist nur der Urstoff oder der Stoff an sich, also gibt es nur ein einziges stoffliches Element und dieses offenbart sich in seinen Formen stets durch die Vierheit. Wir behalten deshalb die von den Alten eingeführte weise Unterscheidung in den elementaren Erscheinungen bei und nennen Luft, Feuer, Erde und Wasser die vier positiven und erkennbaren Elemente der Magie.

Das Feine und das Dichte, das schnellwirkende und das langsamwirkende Auflösungsmittel oder die Werkzeuge der Wärme und der Kälte bilden in der okkulten Physik die beiden positiven und die beiden negativen Prinzipe der Vierheit und werden folgendermaßen aufgezeichnet:

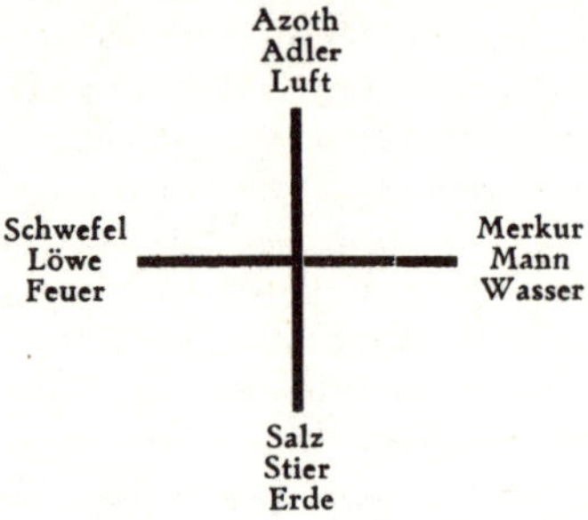

Luft und Erde stellen also das männliche Prinzip vor, Feuer und Wasser beziehen sich auf das weibliche Prinzip, denn — wie wir bereits erwähnt haben — das philosophische Kreuz ist eine primitive und elementare Hieroglyphe des Lingam der Gymnosophisten.

Diesen vier elementaren Formen entsprechen die vier folgenden philosophischen Begriffe:

Geist,
Materie,
Bewegung,
Ruhe.

Das ganze Wissen beruht tatsächlich auf dem Begreifen dieser vier Dinge, welche von der Alchimie auf drei vermindert werden:

Das Absolute,
Das Feuerbeständige,
Das Flüchtige;

die Kabbala verknüpft sie mit dem Gottesbegriff, denn Gott ist absolute Vernunft, Gesetzmäßigkeit und Freiheit oder der dreifache Begriff, wie es in den okkulten Büchern der Hebräer heißt.

Unter den Namen Kether, Chocmah und Binah für die göttliche Welt, Tiphereth, Chesed und Geburah für die sittliche Welt, endlich Jesob, Hod und Netsah für die physische Welt, die mit der sittlichen Welt in der Idee des Königreichs oder Malkouts enthalten ist: unter diesen Namen werden wir im zehnten Kapitel jene ebenso rationelle wie erhabene Theogonie erläutern.

Die erschaffenen Geister, denen nach ihrer Bewährung Selbständigkeit bestimmt ist, stehen vom Augenblick ihrer Geburt an zwischen jenen vier Kräften, den beiden positiven und den beiden negativen und es bleibt ihnen überlassen, das Gute zu bejahen oder zu verleugnen und Leben oder Tod zu wählen. Das erste Problem, das sie zu lösen haben, ist das Auffinden des festen Pols, d. h. des sittlichen Schwerpunkts des Kreuzes; ihre erste Eroberung muß der Erwerb ihrer eigenen Freiheit sein.

Im Anfang werden die einen nach Norden, die andern nach Süden, diese nach rechts, jene nach links getrieben, und solange sie ihre Freiheit nicht erworben haben, können sie keinen Gebrauch von ihrer Vernunft machen und nur Tiergestalt annehmen. Diese unselbständigen, den vier Elementen versklavten Geister werden von den Kabbalisten Elementargeister genannt und bevölkern jene Elemente, die ihrem Dienstgrad entsprechen. Es gibt also wirklich Sylphen (Luft-), Nixen (Wasser-), Gnome (Erd-) und Salamander (Feuergeister); die einen umherirrend und nach Verkörperung strebend, die andern im Fleisch auf der Erde lebend. Letzteres sind die lasterhaften, unvollkommenen Menschen.

Im fünfzehnten Kapitel, wo von Verzauberungen und Dämonen gesprochen wird, werden wir hierauf zurückkommen.

Auch die Annahme der Alten, von den vier Zeitaltern der Welt ist eine Überlieferung der okkulten Physik; nur verschwieg man dem Volk, daß diese vier Zeitalter wie die Jahreszeiten einander folgen und sich erneuern sollten. So ist das goldene Zeitalter vorüber und steht noch zu erwarten. Doch das bezieht sich auf den Geist der Weissagung, von dem wir im neunten Kapitel, welches von dem Eingeweihten und dem Seher handelt, sprechen werden.

Wir fügen nun die Einheit zur Vierheit und haben hierdurch zusammengefaßt und getrennt die Begriffe der göttlichen Synthese und Analyse, den Gott der Eingeweihten und der Profanen. Das Dogma wird nun volkstümlicher und weniger abstrakt; der große Hierophant tritt auf.

5 ה E.

DAS PENTAGRAMM.

GEBURAH – ECCE.

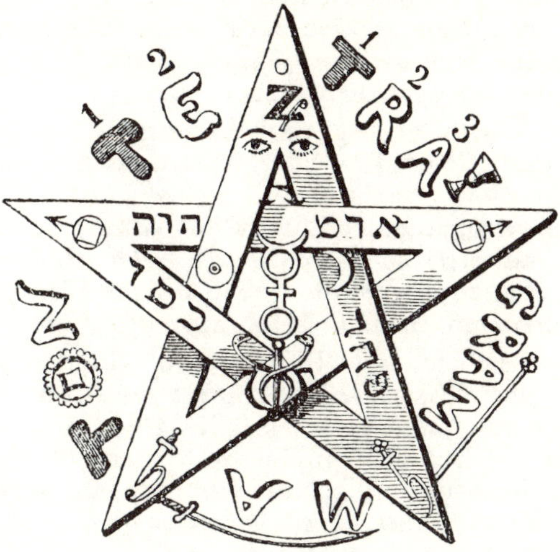

Haben wir bisher vom Dogma der Magie nur die abstrakte Seite dargelegt, so können wir nun mit den Beschwörungen beginnen, Wunder verkünden und die verborgensten Dinge offenbaren.

Das Pentagramm drückt die Beherrschung der Elemente durch den Geist aus, und mittels dieses Zeichens fesselt man Dämonen der Luft, Feuer- und Wassergeister, den Spuk der Erde.

Ausgerüstet mit diesem Zeichen und in günstiger Stimmung kann man mittels jener Fähigkeit, sozusagen dem Auge der Seele, die Unendlichkeit sehen; man kann über Legionen von Engeln und Scharen von Dämonen gebieten.

Zunächst stellen wir folgende Grundsätze auf:

Es gibt keine unsichtbare Welt, sondern nur mehrere Vollkommenheitsgrade der Organe.

Der Körper ist die grobe Darstellung der Seele, deren vergängliche Rinde.

Die Seele kann aus eigener Kraft und ohne Vermittlung der körperlichen Organe, nur mit Hilfe ihrer Empfindsamkeit und ihres *Diaphane* die Dinge im Weltall wahrnehmen, seien diese geistiger oder körperlicher Natur.

Die Worte geistig und körperlich bezeichnen hier nur Feinheits- oder Dichtigkeitsgrade des Stoffes.

Unsere sogenannte Vorstellung ist nur die unserer Seele anhaftende Eigenschaft, sich Bilder und Reflexe anzupassen, die im lebendigen Lichte, dem großen magnetischen Arkanum enthalten sind.

Diese Bilder und Reflexe sind Offenbarungen, wenn das Wissen hinzukommt und uns deren Körper und Licht erfassen läßt. Das Genie unterscheidet sich vom Träumer und Narren nur durch die Wahrhaftigkeit seiner Schöpfungen, während jene der Träumer und Narren bloß verlorene Reflexe und verirrte Bilder sind.

Für den Weisen bedeutet demgemäß vorstellen gleichviel als sehen, so wie sprechen für den Magier schaffen heißt.

Man kann also die Dämonen, Seelen usw. mit Hilfe der Vorstellung tatsächlich und wirklich sehen; nur ist die Vorstellung des Adepten durchscheinend, während diejenige des gewöhnlichen Menschen undurchsichtig ist. Das Licht der Wahrheit durchdringt die eine wie eine klare Scheibe und bricht sich in der anderen wie in einer glasigen Masse voller Schlacken und Fremdkörper.

Was am meisten zu den Irrtümern des Laien und den Übertreibungen der Narrheit beiträgt, sind die Reflexe der ineinander verschobenen und dadurch verdorbenen Vorstellungen.

Der Seher aber hat das untrügliche Bewußtsein, daß die Dinge seiner Vorstellung wahr sind, und diese Visionen sind noch stets durch die Erfahrung bestätigt worden.

Im *Ritual* werden wir die Mittel zu dieser Hellsicht erläutern.

Vermittels dieser Hellsichtigkeit setzen sich die statischen Seher in Verbindung mit allen Welten, wie dies so häufig bei Emanuel Swedenborg der Fall war, der übrigens nicht ganz hellsichtig war; denn er konnte Reflexe und Strahlen nicht auseinanderhalten und mengte oft wirkliche Träume in seine herrlichsten Wahrträume.

Wir sagen Wahrträume, denn was sind diese anders, als das Ergebnis einer natürlichen und periodischen Ekstase, Schlaf genannt? In Ekstase sein heißt schlafen. Der magnetische Somnambulismus ist Wiedererzeugung und Beherrschung der Ekstase.

Die Versehen des Somnambulismus entstehen durch Reflexe des Diaphane wacher Personen, hauptsächlich aber des Magnetiseurs selbst.

Der Wahrtraum ist eine Vision, verursacht durch Brechung eines Wahrheitsstrahls; der Traum eine durch einen Reflex hervorgerufene Halluzination.

In der Versuchung des heiligen Antonius mit ihren Ungeheuern und Schrecken wird die Vermengung der Reflexe mit den unmittelbaren Strahlen deutlich. Kämpfend ist die Seele vernünftig; unterliegt sie jedoch jenem zügellosen Rausch, wird sie toll.

Das Werk des Eingeweihten besteht darin, unmittelbare Strahlen zu unterscheiden und vom Reflex zu trennen.

Wir sprechen hier klar aus, daß zu allen Zeiten einige Auserwählte in der Welt sich diesem Werk widmeten, daß also die Offenbarung durch Intuition nie aufhört, und daß es kein unüberwindliches Hindernis gibt, das die Seelen zurückhalten könnte, denn die Natur kennt weder plötzliche Unterbrechung noch steile Mauern, die den Geistern Halt gebieten könnten. Alles ist Übergang und Abstufung. Und wenn man den menschlichen Fähigkeiten, wenn auch nicht unendliche, so doch unbegrenzte Vervollkommnungsmöglichkeiten zuerkennt, muß man einräumen, daß jeder Mensch so weit kommen kann, alles zu sehen und infolgedessen alles zu wissen, zumindest innerhalb eines Kreises, den er unbeschränkt erweitern kann.

Die Natur kennt keine Leere, alles ist bevölkert.

Die Natur kennt auch keinen wirklichen Tod, alles ist lebendig.

„Sehen Sie jenen Stern?" fragte Napoleon den Kardinal Fesch. — „Nein, Sire." — „Nun, ich aber sehe ihn!" Und gewiß sah er ihn.

Man hat bedeutenden Männern oft ihren Aberglauben vorgeworfen; sie haben eben manches gesehen, das der gewöhnliche Sterbliche nicht sieht.

Diese Großen unterscheiden sich von den einfältig Sehenden durch ihre Fähigkeit, ihre Gesichte andere *mitfühlen* zu lassen und durch Begeisterung und Sympathie *Glauben* zu erwecken.

Sie sind die *Medien* des göttlichen Wortes.

Und nun wollen wir den Vorgang der Visionen beschreiben.

Jede Form entspricht einem Begriff, und es gibt keinen Begriff, der nicht seine eigene und besondere Form hätte.

Das ursprüngliche Licht als Träger aller Begriffe ist Mutter aller Formen und führt diese von Emanation ohne andere als durch die Dichtigkeit der Umwelt bedingte Veränderung.

Die untergeordneten Formen sind Reflexe, die zum Ausgangspunkt des ausgestrahlten Lichtes zurückkehren.

Die Formen der Gegenstände sind Gestaltungen des Lichtes und beharren im Lichte, wohin sie vom Reflex zurückgeworfen werden. So ist das astrale Licht oder das irdische Fluidum, welches wir das große magische Agens nennen, von Bildern oder Reflexen aller Art erfüllt, die von unserer Seele wachgerufen und ihrem *Diaphane* unterworfen werden können, wie die Kabbalisten sagen. Diese Bilder sind für uns immer da und werden nur durch die stärkeren Eindrücke der Wirklichkeit während des Wachseins oder die Voreingenommenheit unserer Gedanken ausgelöst, welche unsere Vorstellung für die uns umgebenden, bewegten Bilder des Astrallichtes unempfindlich machen. Im Schlafe werden diese Bilder ohne unser Dazutun lebendig und bewirken die Träume: verschwommene und ungeordnete Träume, wenn nicht irgend ein herrschender Wille während des Schlummers in uns tätig ist und ohne unser Wissen dem Traum Richtung gibt, der in diesem Falle zum Wahrtraum wird.

Der tierische Magnetismus ist nichts anderes als künstlicher Schlaf, hervorgerufen durch eine freiwillige oder erzwungene Vereinigung zweier Seelen, deren eine wacht, während die andere schläft, das heißt deren eine die andere in der Wahl der Reflexe leitet, um die Träume in Wahrträume zu verwandeln und vermittels der Bilder die Wahrheit zu ergründen.

Die Somnambulen wandern also nicht wirklich, wohin der Magnetiseur sie schickt; sie rufen nur irgendwelche Bilder im Astrallicht hervor und können nichts gewahren, was außer diesem Lichte ist.

Das Astrallicht wirkt unmittelbar auf die Nerven, welche die Rolle des Leiters durch den tierischen Organismus übernehmen und es zum Gehirn weiterführen. Im Zustand des Somnambulismus kann man überhaupt mittels der Nerven und selbst ohne wirkliches Licht sehen, da das astrale Fluidum gebundenes Licht ist, etwa der in der Physik erkannten gebundenen oder latenten Wärme vergleichbar.

Zweifellos ist der Magnetismus zu Zweien eine wunderbare Entdeckung; aber der Magnetismus eines Einzelnen, der aus eigenem Willen hellsichtig zu werden und sich selbst zu lenken vermag, ist magische Kunst in der Vollendung. Das Geheimnis dieses großen Werkes braucht nicht erst gefunden zu werden, sondern war seit altersher bekannt und bei einer großen Anzahl Eingeweihter vor allem dem berühmten Apollonios von Thyana, in Gebrauch, der, wie wir im *Ritual* sehen werden, eine Theorie hierüber hinterlassen hat.

Das Geheimnis der magnetischen Hellsichtigkeit und der Beherrschung der magnetischen Phänomene hängt von zwei Dingen ab: von der Harmonie der Verstandeskräfte und der vollkommenen Vereinigung der Willenskräfte in einer durch die Wissenschaft möglichen und festgelegten Richtung; dies gilt von dem zwischen mehreren ausgeführten Magnetismus. Der vom Einzelnen ausgeführte Magnetismus bedingt Vorbereitungen, wie wir sie im ersten Kapitel geschildert haben, wo wir die zu einem wirklichen Adepten nötigen Eigenschaften aufzählten und auf all ihre Gefahren hinwiesen.

Wir werden diesen wichtigen und grundlegenden Punkt in den nächsten Kapiteln mehr und mehr aufhellen.

Die Herrschaft des Willens über das Astrallicht, die physische Seele der vier Elemente, wird in der Magie durch das Pentagramm versinnbildlicht, dessen Bild wir unserem Kapitel voransetzten.

Die Elementargeister sind diesem Zeichen, wird es mit Einsicht gebraucht, unterworfen, und legt man es in den Bannkreis oder auf den Zaubertisch, so kann man sich die Geister gefügig machen oder sie, wie es in der Magie heißt, fesseln.

Wir wollen dieses Wunder in wenig Worten erklären. Alle erschaffenen Geister stehen durch Zeichen miteinander in Verbindung und sind von einer Anzahl von Wahrheiten abhängig, die in gewisse festgelegte Formen gefaßt sind.

Die Vollkommenheit dieser Formen hängt wesentlich von der Freiheit der Geister ab, und die nicht mit den Fesseln der Materie belastet sind, fühlen augenblicklich, ob ein Zeichen der Ausdruck wirklicher Macht oder nur eines vermessenen Willens ist.

Die Einsicht des Weisen verleiht also seinem Pantakel, wie sein Wissen seinem Willen, Wert; und die Geister fühlen diese Macht sofort.

Man kann demnach durch das Pentagramm die Geister zwingen, im Wahrtraum zu erscheinen — sei es im Wachen oder im Schlaf —, *so daß sie selbst unserem Diaphane ihren Reflex vorführen, der im Astrallicht vorhanden ist, falls sie gelebt, oder ihrem geistigen Wert entspricht, falls sie nicht hinieden gelebt haben.* Das erläutert alle Visionen und macht vor allem klar, warum den Sehern die Verstorbenen stets entweder wie in ihrem Erdenleben oder so, wie sie im Grabe sind, erscheinen, nie aber so, wie sie in einer den Vorstellungen unseres jetzigen Organismus unfaßbaren Existenz sind.

Schwangere Frauen stehen mehr als andere unter dem Einfluß des Astrallichtes, das zur Gestaltung ihrer Kinder beiträgt und ihnen fortwährend Erinnerungen an Formen weckt, von denen es erfüllt ist. So kann es vorkommen, daß sehr tugendhafte Frauen durch verdächtige Ähnlichkeiten die Böswilligkeit der Beobachter täuschen. Sie prägen manchmal der Frucht ihrer Ehe ein Bild auf, das ihnen im Wahrtraum Eindruck machte, und auf diese Weise vermögen sich gleiche Gesichtszüge von Jahrhundert zu Jahrhundert zu verewigen.

Der kabbalistische Gebrauch des Pentagramms kann also die Gestalt des erwarteten Kindes bestimmen, und es wäre einer eingeweihten Frau möglich, ihrem Sohne die Züge des Nereus oder Achills so gut wie jene Ludwigs XIV. oder Napoleons mitzugeben. Wir werden den Vorgang in unserem *Ritual* beschreiben.

Das Pentagramm ist das Zeichen des Mikrokosmos der Kabbala, das Zeichen, dessen Macht Goethe im herrlichen Monolog Fausts preist:

Ha! Welche Wonne fließt in diesem Blick
Auf einmal mir durch alle meine Sinnen!
Ich fühle junges heilges Lebensglück
Neuglühend mir durch Nerv' und Adern rinnen.
War es ein Gott, der diese Zeichen schrieb,
Die mir das innre Toben stillen,
Das arme Herz mit Freude füllen,
Und mit geheimnisvollem Trieb
Die Kräfte der Natur rings um mich her enthüllen?
Bin ich ein Gott? Mir wird so licht!
Ich schau in diesen reinen Zügen
Die wirkende Natur vor meiner Seele liegen.
Jetzt erst erkenn' ich, was der Weise spricht:
„Die Geisterwelt ist nicht verschlossen;
Dein Sinn ist zu, dein Herz ist tot!
Auf, bade, Schüler, unverdrossen
Die ird'sche Brust im Morgenrot!“

Es war am 24. Juli 1854, als der Verfasser dieses Buches, Eliphas Lévi in London, den Versuch einer Beschwörung durch das Pentagramm machte, nachdem er sich durch alle im Ritual (Kap. 13) angegebenen Zeremonien darauf vorbereitet hatte. Der Erfolg dieses Versuches, auf dessen Ursachen und nähere Beschreibung wir im 13. Kapitel des Dogmas und auf dessen Zeremonie wir im 13. Kapitel des Rituals eingehen, war eine neue pathologische Tatsache, welche von Wissenschaftlern unschwer anerkannt werden wird. Der Versuch, der dreimal wiederholt wurde, hatte wirklich erstaunliche, aber tatsächliche Erfolge ohne die geringste Beimengung von Halluzinationen. Wir fordern Ungläubige auf, einen gewissenhaften und ausführlichen Versuch zu machen, ehe sie lächeln und die Achseln zucken.

Die wissenschaftlich vervollkommnete Figur des Pentagramms, die dem Verfasser bei dieser Probe diente, ist die am Anfang dieses Kapitels; man findet sie so vollkommen weder in der Clavicula Salomos, noch in den magischen Kalendern Tycho de Brahes und Duchenteaus.

Wir wollen noch bemerken, daß die Anwendung des Pentagramms sehr gefährlich für den Ausführenden sein kann, der nicht im Besitz der vollkommensten Kenntnis über dessen Gebrauch ist. Die Richtung der Strahlen des Sternes ist nicht willkürlich und vermag den Charakter der ganzen Ausführung zu verändern, wie wir im Ritual erklären werden.

Parazelsus, dieser Neuerer in der Magie, der alle übrigen Eingeweihten durch seine ganz aus sich selbst erzielten Erfolge von Verwirklichung übertroffen hat, bestätigt, daß alle magischen Figuren und alle kabbalistischen Zeichen der Pantakel, denen die Geister folgen, sich auf zwei beschränken, welche die Synthese aller anderen sind, nämlich das Zeichen des Makrokosmos oder das Siegel Salomos, dessen Bild wir hier noch einmal bringen, und das noch mächtigere Zeichen des Mikrokosmos oder das Pentagramm, von dem er in seiner okkulten Philosophie eine ganz ausführliche Beschreibung gibt.

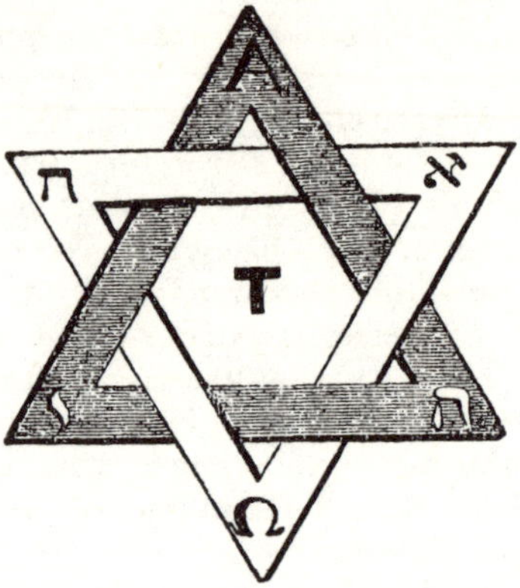

Fragt man uns, wieso ein Zeichen derartige Macht über die Geister ausüben könne, so fragen wir unsererseits, warum die christliche Welt sich wohl vor dem Zeichen des Kreuzes in den Staub geworfen hat. Das Zeichen an sich bedeutet nichts und hat nur Kraft durch das Dogma, dessen Auszug und Wort es ist. Ein Zeichen, das alle okkulten Kräfte der Natur zusammengefaßt ausdrückt, ein Zeichen, das elementaren und anderen Geistern immer eine ihrer Natur überlegene Gewalt offenbarte, ringt ihnen naturgemäß Achtung ab und erzwingt durch die Macht des Wissens und Willens über Unwissenheit und Schwäche ihren Gehorsam.

Man mißt mit dem Pentagramm auch die genauen Verhältnisse des einzigen großen Athanor, der zur Bereitung des Steins der Weisen und zur Vollendung des großen Werkes nötig ist. Der vollkommenste Destillierkolben, in dem die Quintessenz gelänge, stimmt mit dieser Figur überein, und die Quintessenz selbst wird durch das Zeichen des Pentagramms dargestellt.

6 ו F.

DAS MAGISCHE GLEICHGEWICHT.

TIPHERETH – UNCUS.

Die höchste Intelligenz ist notwendigerweise vernünftig. Gott kann in der Philosophie nur eine Voraussetzung sein, aber eine Voraussetzung, die der menschlichen Vernunft vom gesunden Menschenverstand aufgezwungen wurde. Die reine Vernunft verkörpern, heißt das göttliche Ideal aufstellen.

Gesetzmäßigkeit, Freiheit und Vernunft sind das große erhabene Dreieck der Kabbalisten, die in ihrer ersten göttlichen Dreiheit die Vernunft Keter, die Gesetzmäßigkeit Chocmah und die Freiheit Binah benennen.

Schicksal, Wille und Macht sind die magische Dreiheit, die, auf das menschliche übertragen, der göttlichen Dreiheit entspricht.

Schicksal ist die unvermeidliche Verkettung von Folge und Ursache in gegebener Reihenfolge.

Wille ist das Führervermögen der geistigen Kräfte, das die Freiheit der Person mit der Gesetzmäßigkeit der Dinge vereinen soll.

Macht ist der weise Gebrauch des Willens, der selbst das Schicksal zwingt, die Wünsche des Wissenden zu erfüllen.

Beim Schlag an den Felsen erschuf Moses die Quelle nicht, er machte sie nur dem Volke offenbar, nachdem geheimes Wissen sie ihm durch die Wünschelrute gezeigt hatte.

So ist es mit allen Wundern der Magie: Es gibt ein dem Laien unbekanntes Gesetz, das der Wissende benutzt.

Die okkulten Gesetze sind oftmals der allgemeinen Ansicht ganz entgegengesetzt. So glaubt beispielsweise der Laie, Gleiches stimme überein, und Entgegengesetztes bekämpfe sich; gerade das Gegenteil hiervon ist wahr.

Ehemals sagte man: die Natur haßt die Leere; aber man müßte sagen: die Natur liebt die Leere, wäre die Leere in der Physik nicht eine absurde Annahme.

Der Laie hält gewohnheitsmäßig den Schatten bei allen Dingen für die Wirklichkeit. Er dreht dem Licht den Rücken und betrachtet sich im Dunkel seines eigenen Schattens.

Der den Naturkräften zu widerstehen weiß, macht sie sich fügbar. Wer so viel Selbstbeherrschung hat sich nicht zu betrinken, kann die verhängnisvolle Macht des Rausches zu seinen Gunsten benützen. Willst du andere berauschen, dann mach sie trinken, selbst aber trinke nicht.

Der verfügt über die Liebe anderer, der seiner eigenen Gefühle Herr bleibt. Willst du besitzen, so gib dich selbst nicht hin.

Die Erde wird vom Sonnenlicht, wir selbst werden vom Astrallicht der Welt magnetisiert. Was im Körper des Planeten wirkt, wiederholt sich in uns. Drei gleiche und hierarchische Welten sind in uns wie in der ganzen Natur.

Der Mensch ist der Mikrokosmos oder die kleine Welt, und nach der Lehre von den Analogien wiederholt sich in der kleinen Welt alles, was in der großen vorgeht. Es wirken in uns drei Zentren der Anziehung und der Ausstrahlung von Fluiden: Hirn, Herz oder Zwerchfell und Genitalien. Jedes dieser Organe ist einzig und doppelt und so findet man darin den Gedanken der Dreiheit wieder. Jedes dieser Organe zieht einerseits an und stößt andererseits ab. Mit diesen Werkzeugen sind wir mit dem universellen Fluidum, das uns durch das Nervensystem übermittelt wird in Verbindung.

Diese drei Zentren sind überdies der Sitz der dreifachen magnetischen Verfahren, was wir später erklären werden.

Ist der Magier in den Zustand des Hellsehens gekommen, durch Vermittlung einer Pythia oder einer Somnambule, so leitet er nach Belieben magnetische Schwingungen in die ganze astrale Lichtmasse, deren Ströme er durch Hilfe seines magischen Stabes, einer vervollkommneten Wünschelrute auffindet. Durch diese Schwingungen beeinflußt er das Nervensystem derer, die er sich unterlegen macht, beschleunigt oder verlangsamt ihre Lebensströme, beruhigt oder erregt, heilt oder macht krank, tötet endlich oder erweckt zu neuem Leben. . . . Hier halten wir inne, denn wir sehen das Lächeln der Ungläubigen. Wir gönnen ihnen das mühelose Vergnügen, etwas abzuleugnen, das sie nicht wissen.

Wir werden später zeigen, daß dem Tod stets ein lethargischer Schlaf vorangeht und er nur nach und nach eintritt, daß eine Wiedererweckung in gewissen Fällen möglich ist, daß die Lethargie wirklicher, aber noch nicht vollständig eingetretener Tod ist, und daß viele Tote erst nach ihrem Begräbnis ganz sterben. Doch nicht hiervon soll dieses Kapitel handeln. Wir behaupten, daß ein hellseherischer Wille auf die astrale Lichtmasse wirken und mit Hilfe anderer, durch ihn absorbierter und mitgerissener Willen starke, unwiderstehliche Ströme hervorrufen kann. Weiter sagen wir, daß das Astrallicht sich verdichtet oder verdünnt, je nachdem es von den Strömen an gewissen Zentren mehr oder weniger angesammelt wird. Reicht seine Energie zur Lebenserhaltung nicht aus, treten als Folgeerscheinung verheerende, jeder Heilkunst spottende Krankheiten auf. Die Cholera z. B. hat keine andere Ursache, und die von gewissen Gelehrten massenhaft beobachteten oder vermuteten mikroskopischen Tierchen könnten weit eher deren Folge als Ursache sein. Die Cholera müßte also eigentlich durch Einblasungen behandelt werden, setzte sich nicht der Arzt bei einer derartigen Behandlung einem für ihn allzu gefährlichen Austausch mit dem Patienten aus.

Jede geistige Willensanstrengung ist eine Ausstrahlung von Fluidum oder menschlichem Licht, und es ist wichtig, das menschliche vom Astrallicht und den tierischen vom allgemeinen Magnetismus zu unterscheiden.

Im Wort Fluidum brauchen wir einen übernommenen Ausdruck, mit dem wir uns verständlich zu machen suchen. Wir wollen jedoch keineswegs behaupten, daß das gebundene Licht ein Fluidum sei.

Viel eher möchten wir der Erklärung dieses wunderbaren Wesens das System der Schwingungen zugrunde legen. Wie dem auch sei, dieses Licht, das Werkzeug des Lebens heftet sich naturgemäß an alle lebendigen Zentren. Es haftet am Kern der Planeten wie am Herzen des Menschen, — unter Herz verstehen wir in der Magie den großen Sympathikus — aber es identifiziert sich mit dem Eigenleben der Wesen, die es belebt; und eben diese Eigenschaft der sympathischen Angleichung läßt es sich ohne Verwirrung verteilen. So ist es irdisch in seiner Beziehung zur Erdkugel und ausschließlich menschlich in der zum Menschen.

Daher kommt es, daß Elektrizität, Wärme, Licht und Magnetismus durch gewöhnliche physische Mittel hervorgebracht, nicht nur versagen, die Wirkungen des tierischen Magnetismus hervorzurufen, sondern im Gegenteil diese Wirkungen eher aufheben. Das Astrallicht ist einem blinden Mechanismus unterworfen und entstammt bestimmten unabhängigen Zentren. Es ist ein totes Licht und folgt streng gesetzmäßig gegebenen Antrieben oder dunklen Schicksalsgesetzen. Das menschliche Licht wirkt dagegen nur durch die

Unwissenheit jener verhängnisvoll, die auf gut Glück experimentieren, dem Wissen des wahren Sehers ist es untergeordnet, seiner Vorstellung unterworfen und von seinem Willen abhängig. Und dieses unaufhörlich durch unseren Willen ausgestrahlte Licht bildet das, was Swedenborg die persönliche Atmosphäre nennt. Der Körper nimmt seine ganze Umgebung in sich auf und strahlt fortgesetzt seine unsichtbaren Miasmen und Moleküle aus. Dasselbe tut der Geist, so daß das von einigen Mystikern *Hauch* genannte Phänomen wirklich den ihm im Physischen wie im Moralischen zugeschriebenen Einfluß hat. Es ist tatsächlich anstekkend, dieselbe Luft mit einem Kranken einzuatmen und sich im Aufnahme und Ausstrahlungskreis schlechter Menschen aufzuhalten.

Befindet sich die magnetische Atmosphäre zweier Menschen im Gleichgewicht, so daß der Eine die Ausstrahlungen des Andern aufnimmt, entsteht ein Reiz, die Sympathie. Die Vorstellungskraft spricht dann alle ihrem eigenen Empfinden gleichen Strahlen oder Reflexe an und webt sich daraus ein Bild von Wünschen, die den Willen mit fortreißen. Sind die Personen verschiedenen Geschlechts, so bewirkt es in ihnen oder doch in der schwächeren der beiden einen vollständigen Astrallichtrausch, die Leidenschaft im eigentlichen Sinn oder die Liebe.

Die Liebe ist eines der großen Werkzeuge magischer Macht; sie ist jedoch dem Magier wenigstens in ihren Formen als Rausch und Leidenschaft ausdrücklich untersagt. Wehe dem Samson der Kabbala, der sich durch eine Delila einschläfern läßt! Und der Herkules der Wissenschaft, der sein königliches Szepter gegen den Spinnrocken der Omphale eintauscht, wird bald die Rache der Deïanira fühlen und es bleibt ihm nur noch der Scheiterhaufen auf dem Berge Oeta, um den verzehrenden Qualen des Nessusgewandes zu entgehen. Geschlechtliche Liebe ist immer ein Wahn, denn sie ist das Ergebnis einer Trugspiegelung. Das Astrallicht ist der Allverführer und sein Bildnis ist die Schlange der Genesis. Dieses feinste, immer tätige Agens voller Würze, geschwellt von süßen Bildern und verführerischen Träumen, diese an sich blinde und jedem Willen zum Guten wie zum Bösen untertane Kraft, dieser ewig sich neugebärende Kreis ungebändigten Lebens, der dem Unvorsichtigen Schwindel verursacht, dieser gestaltete Geist, dieser feurige Körper, dieser unfühlbare und doch überall vorhandene Äther, diese grenzenlose Verführung der Natur, wie könnte man sie genau beschreiben und wie ihr Wirken schildern? Selber fühllos, läßt sie sich zum Guten wie zum Bösen brauchen, bringt Licht und verbreitet Finsternis; ist ebensowohl Luzifer wie Luzifuge, ist Schlange und Heiligenschein, ist Höllenfeuer wie dem Himmel geweihte Opferflamme. Um sie zu überwinden, muß man ihr wie jene auserwählte Frau den Fuß auf das Haupt setzen.

Der kabbalistischen Frau entspricht in der elementaren Welt das Wasser und der Schlange das Feuer. Um die Schlange zu bändigen, d. h. den Kreis des Astrallichtes zu beherrschen, muß man trachten sich seinen Strahlen zu entziehen oder sich abzusondern. Aus diesem Grunde pflegte Apollonios von Thyana sich vollständig in einen Mantel aus feiner Wolle zu wickeln, den er außerdem über seinen Kopf zog und auf den er die Füße stellte. Dann bog er seine Wirbelsäule zum Halbkreis und schloß die Augen, nachdem er gewisse Riten erfüllt hatte, die jedenfalls aus magnetischen Strichen und sakramentalen Worten bestehend die Vorstellungskraft in Bann schlagen und der Willenstätigkeit gebieten sollten. Der wollene Mantel spielt in der Magie eine große Rolle. Er ist das gebräuchliche Fortbewegungsmittel der Zauberer, die zum Sabbat reisen, was wieder beweist, daß sich die Zauberer niemals wirklich zum Sabbat begaben, sondern daß der Sabbat zu dem in seinem Mantel abgesonderten Seher kam und seinem *geistigen Auge* Bilder vorführte, die seiner magischen Einstellung entsprachen und außerdem vermischt waren mit Reflexen vieler ähnlicher Erlebnisse, die sich schon vorher in der Welt zugetragen hatten.

Dieser allumfassende Lebensstrom wird auch in den religiösen Dogmen durch das sühnende Feuer der Hölle dargestellt. Er ist das Werkzeug der Einweihung, das Ungeheuer, das gebändigt, der Feind, der besiegt werden muß. Er sendet auf unsere Anrufungen und Beschwörungen durch Zauberkunst all jene Larven und Gespenster, in ihm erhalten sich alle Formen, deren fantastische und unwahrscheinliche Gestalten unsere Visionen mit so scheußlichen Ungeheuern bevölkern. Auf den Strudeln dieses Stromes sich ins Ungewisse treiben lassen, heißt in die Abgründe des Wahnsinns stürzen, die schrecklicher sind als der Tod. Aber aus diesem Chaos die Schatten verjagen und es zur vollendeten Form unserer Gedanken benützen, heißt Genie sein, erschaffen und über die Hölle triumphieren!

Das Astrallicht lenkt die Instinkte der Tiere und fällt die Vernunft des Menschen an, die es durch die Üppigkeit seiner Reflexe und die Truggestalt seiner Bilder zu verderben trachtet: eine verhängnisvolle und doch gesetzmäßige Handlung, die durch Elementargeister und verdammte Seelen bewirkt wird, und sich noch verderblicher gestaltet, weil jene Geister in rastlosem Streben darauf aus sind, aus unseren Schwächen Vorteil zu ziehen und uns in Versuchung zu führen, weniger um uns zu schaden, als um sich Freunde zu schaffen.

Das Buch der Gewissensforschung, das nach dem christlichen Dogma am jüngsten Tage offenbart werden soll, ist nichts anderes als das Astrallicht, in welchem sich die Eindrücke aller Worte, d. h. aller Taten und Formen erhalten. Unsere Handlungen beeinflussen unseren *magnetischen Hauch* derart, daß ein Seher einer Person beim ersten Sehen genau sagen kann, ob sie unschuldig oder schuldig ist, welches ihre Tugenden und Fehler sind. Diese der Wahrsagung zugehörige Gabe wurde von den christlichen Mystikern der ersten Kirche die Prüfung der Geister genannt.

Menschen, die dem Reich der Vernunft entsagen und lieber ihr Wollen auf die Jagd nach den Reflexen des Astrallichtes senden, wechseln in ihrer Stimmung leicht von höchster Erregung bis zu tiefster Niedergeschlagenheit, und so wurde der Glaube an jene Wunder von Besessenheit durch Dämone wachgerufen. Es ist richtig, daß unreine Geister mittels jener Reflexe auf solche Seelen einwirken, sie zu gehorsamen Werkzeugen gebrauchen können und sogar die Gewohnheit annehmen, ihren Organismus heimzusuchen, indem sie sich in ihm niederlassen und sich durch *Besessenheit und Embryonat* bemerkbar machen. Diese kabbalistischen Worte sind im hebräischen Buche von der *Seelenwanderung* erläutert, das in unserem dreizehnten Kapitel eine kurzgefaßte Analyse erfahren soll.

Jedenfalls ist es außerordentlich gefährlich, mit den Geheimnissen der Magie sein Spiel zu treiben. Es ist vor allem überaus vermessen, ihre Riten aus Sucht nach Merkwürdigem auszuüben, um gleichsam die höchsten Mächte zu versuchen! Neugierige, die, ohne Adepten zu sein, sich mit Beschwörung und okkultem Magnetismus befassen, gleichen Kindern, die neben einem Pulverfaß mit Feuer spielen, früher oder später müssen sie die Opfer einer furchtbaren Explosion werden.

Um sich vom Astrallicht abzusondern, genügt es nicht, sich in einen wollenen Mantel zu hüllen, man muß vor allem Geist und Herz zu vollkommener Ruhe zwingen, das Reich der Leidenschaften verlassen und in den spontanen Handlungen eines unbeugsamen Willens seiner Ausdauer sicher sein. Man muß solche Willenshandlungen auch manchmal wiederholen. Wie wir in der Einleitung zum Ritual sehen werden, versichert sich der Wille seiner selbst nur durch Taten, wie Religionen nur durch ihre Zeremonien und Riten Macht und Dauer erhalten.

Es gibt berauschende Substanzen, die durch Erregung der nervösen Empfindsamkeit die Macht der Vorstellungen und astralen Versuchungen steigern. Durch die gleichen, aber entgegengesetzt gerichteten Mittel kann man die Geister erschrecken und verwirren. Diese an sich magnetischen und außerdem vom Ausübenden magnetisierten Substanzen kennt man als Philter oder Zaubertränke. Wir wollen jedoch nicht über diese gefährliche Anwendung der Magie sprechen. Agrippa selbst bezeichnet sie als vergiftende Magie. Man errichtet heute für Zauberer zwar keine Scheiterhaufen mehr, doch sind Missetäter immer noch, ja vielleicht mehr denn je Strafen ausgesetzt. Wir beschränken uns deshalb auf die Bestätigung vom Vorhandensein jener Macht.

Um über das Astrallicht verfügen zu können, muß man dessen Doppelschwingung und das Spiel der Kräfte, das magische Gleichgewicht und in der Kabbala die Sechsheit kennen.

Dieses Gleichgewicht, ist in seiner ersten Ursache der Wille Gottes, im Menschen die Freiheit und in der Materie das mathematische Gleichgewicht.

Das Gleichgewicht erzeugt Ruhe und Dauer.

Die Freiheit gebiert die Unsterblichkeit des Menschen, und der Wille Gottes erschafft die Gesetze der ewigen Vernunft.

Das Gleichgewicht in den Begriffen ist die Weisheit, in den Kräften die Macht. Das Gleichgewicht ist unnachsichtlich. Man befolge das Gesetz, und es ist da; man verletze es noch so leicht, und es ist gestört.

Darum ist nichts unnütz oder verloren. Jedes Wort und jede Bewegung sind für oder wider das Gleichgewicht, für oder wider die Wahrheit, denn das Gleichgewicht verkörpert die Wahrheit, die sich aus den vereinigten, oder zumindest gegeneinander abgewogenen Für und Wider zusammensetzt.

In der Einleitung zu unserem Ritual sagen wir, wie das magische Gleichgewicht sich kundgeben muß, und warum es zum Gelingen aller Verfahren notwendig ist.

Die Allmacht ist die absoluteste Freiheit. Und die absolute Freiheit wäre ohne vollkommenes Gleichgewicht nicht denkbar. Folglich ist das magische Gleichgewicht eine der ersten Bedingungen für den Erfolg wissenschaftlicher Arbeit; und man muß es selbst in der okkulten Chemie finden, indem man lernt, die Gegensätze zu vereinen, ohne einen durch den anderen aufzuheben.

Durch das magische Gleichgewicht erklärt man auch das große antike Mysterium der Existenz und der relativen Notwendigkeit des Übels.

Diese relative Notwendigkeit zeigt in der schwarzen Magie das Maß der Macht der Dämonen oder unreinen Geister, welchen die auf der Erde ausgeübten Tugenden größere Erregbarkeit, ja anscheinend sogar größere Kraft verleihen.

Zu Zeiten, wo heilige und Engel offen Wunder wirken, üben Hexenmeister und Teufel ihrerseits allerlei Künste und Blendwerk aus.

Erfolg entspringt oft nur der Rivalität; man stützt sich stets auf das, was widersteht.

7 ז G.

DAS FLAMMENSCHWERT.

NETSAH – GLADIUS.

Der Septernar ist die heilige Zahl in allen Theogonien und Symbolen, weil er aus dem Ternar und dem Quarternar zusammengesetzt ist.

Die Zahl Sieben verkörpert die magische Macht in all ihrer Kraft; sie ist der von allen Elementargewalten unterstützte Geist und die Seele, der die Natur dient, ist das *sanctum regnum*, von dem die Schlüssel Salomos handeln. Im Tarok wird sie durch einen gekrönten Krieger dargestellt, der ein Dreieck auf dem Panzer trägt und auf einem Würfel steht, vor den eine weiße und eine schwarze Sphinx gespannt sind, die nach verschiedenen Seiten ziehen und sich mit rückwärts gewandten Köpfen betrachten.

Dieser Krieger ist mit einem Flammenschwert bewaffnet und trägt in der andern Hand ein Szepter, worauf sich ein Dreieck und eine Kugel befinden.

Der Würfel ist der Stein der Weisen, die Sphinxe sind die beiden Kräfte des großen Agens, Jakin und Bohas und entsprechen den beiden Säulen des Tempels. Der Panzer ist die Wissenschaft von den göttlichen Dingen, die den Weisen vor menschlichen Angriffen schützt, Das Flammenschwert ist das Zeichen des Sieges über die Laster, die wie die Tugenden sieben sind. Die Begriffe dieser Tugenden und Laster wurden von den Alten durch die Symbole der damals bekannten sieben Planeten dargestellt.

So war die Sonne das Sinnbild des Glaubens, jener Sehnsucht nach dem Unendlichen, des edlen Selbstgefühls, das dem Vertrauen auf die Tugenden entspringt, jenes Glaubens, der bei schwachen Naturen in Hochmut ausarten kann. Die dem Geist feindliche Hoffnung sahen sie im Mond, die Liebe im Gegensatz zur Unzucht im leuchtenden Abend- und Morgenstern Venus; der Leidenschaftlichkeit überlegene Kraft im Mars; die Klugheit im Gegensatz zur Trägheit in Merkur, die Mäßigkeit im Gegensatz zur Schwelgerei im Saturn, dem man an Stelle seiner Kinder einen Stein zu essen gibt, die Rechtlichkeit im Gegensatz zur Begehrlichkeit endlich im Jupiter, dem Überwinder der Titanen. Das sind die Symbole, welche die Astrologie dem hellenischen Kult entlehnte. In der Kabbala der Hebräer bedeutet die Sonne den Engel des Lichtes, der Mond jenen der Sehnsucht und Träume, Mars den zerstörenden Engel, Venus jenen der Liebe, Merkur den sittenverbreitenden, Jupiter den der Macht, Saturn den Engel der Zurückgezogenheit. Sie heißen auch: Michael, Gabriel, Samael, Anael, Raphael, Zachariel und Orifiel.

Diese die Seelen beherrschenden Mächte teilen unter sich das menschliche Leben in Abschnitte, welche die Astrologen nach dem Kreislauf der entsprechenden Planeten bemessen.

Man darf jedoch die kabbalistische Astrologie nicht mit der Sterndeuterei verwechseln. Wir werden den Unterschied noch erklären. Die Kindheit ist der Sonne gewidmet, das heranwachsende Alter dem Monde, die Jugendjahre Mars und Venus, das Mannesalter Merkur, die Reifezeit Jupiter und das Greisenalter Saturn. Die ganze Menschheit lebt also unter Entwicklungsgesetzen, die denen des einzelnen Lebens gleich sind. Auf dieser Grundlage baute Tritheim seinen prophetischen Schlüssel der sieben Geister auf, den wir noch besprechen werden, und mit dem man nach verwandten Verhältnissen aufeinanderfolgender Ereignisse mit Gewißheit große zukünftige Geschehnisse vorhersagen und die Geschicke der Völker von Epoche zu Epoche vorherbestimmen kann.

Der heilige Johannes, der Bewahrer von Christi Geheimlehre, hat diese in dem kabbalistischen Buche der Apokalypse niedergelegt, welches er mit sieben Siegeln verschlossen darstellt. Man findet darin die sieben Genien der alten Mythen mit den Kelchen und Schwertern des Tarok. Die Lehre, die sich unter diesen Zeichen verbirgt, ist die reine Kabbala, welche schon zur Zeit des Erlösers durch die Pharisäer verloren war. Die sich in dieser prophetischen Dichtung ablösenden Bilder bedeuten ebensoviele Pantakel mit der Dreiheit, Vierheit, Siebenheit und Zwölfheit als Schlüssel. Die darin verwendeten hieroglyphischen Zeichen sind dieselben wie jene vom Buch des Hermes oder Henochs *Genesis*, wenn wir uns des kühn gewählten Titels bedienen wollen, der nur die Eigenmeinung des Gelehrten Guillaume Postel ausdrückt.

Der Cherub oder symbolische Stier, der nach Moses an der Paradiesespforte steht und ein Flammenschwert trägt, ist eine Sphinx mit Stierkörper und Menschenhaupt. Es ist die antike assyrische Sphinx, deren hieroglyphische Erklärung Mithras Kampf und Sieg ist. Die bewaffnete Sphinx verkörpert das Gesetz des Mysteriums, das an der Pforte der Einweihung wacht, um Profane abzuschrecken. Voltaire, der hiervon gar nichts wußte, hat sich über den schwerttragenden Ochsen weidlich lustig gemacht. Was würde er gesagt haben, hätte er die Ruinen von Memphis und Theben sehen können, und was hätte das Echo der in den Grabstätten Psammetichs und Ramses ruhenden vergangenen Jahrhunderte auf seine armseligen, in Frankreich so bewunderten Spöttereien erwidert?

Der Cherub des Moses verkörpert außerdem das große magische Mysterium, dessen Elemente durch die Siebenheit dargestellt werden, ohne daß hierüber aber das letzte Wort ausgesprochen wird. Dieses *verbum inenarrabile* der Gelehrten der alexandrinischen Schule, dieses Wort, welches die hebräischen Kabbalisten יהוה schreiben, mit אראריתא übersetzen und so die Dreiheit des untergeordneten Prinzips, den Dualismus der Möglichkeiten und die Einheit sowohl des Urprinzips wie des Endzwecks, endlich das Bündnis der Dreiheit mit der Vierheit in einem Wort zusammenfassen, dessen vier Buchstaben mittels dreifacher und doppelter Wiederholung zusammen sieben ausmachen, heißt Ararita.

Die Fähigkeit der Sieben in der Magie ist absolut, denn die Zahl ist in allen Dingen bestimmend, auch haben sie alle Religionen in ihren Riten geheiligt. Das siebente Jahr war bei den Juden ein Jubeljahr, der siebente Tag ist der Ruhe und dem Gebet geweiht, es gibt sieben Sakramente usw.

Die sieben Farben des Prismas, die sieben Töne in der Musik entsprechen ebenfalls den sieben Planeten der Alten, d. h. den sieben Saiten der menschlichen Leier. Der geistige Himmel hat sich niemals verändert und die Astrologie ist unveränderlicher geblieben als die Astronomie. Die sieben Planeten sind wirklich nichts anderes als die hieroglyphischen Symbole der Klaviatur unseres Gemütes. Sonne, Mond oder Saturn zu Talismanen wählen, heißt seinen Willen magnetisch an Zeichen heften, die den Hauptmächten der Seele entsprechen. Etwas der Venus oder dem Merkur weihen, heißt es in einer bestimmten Absicht magnetisieren, sei es zum Vergnügen, Wissen oder Vorteil. Die entsprechenden Metalle, Tiere, Pflanzen und Düfte sind unsere Hilfsmittel hierzu. Die sieben magischen Tiere sind: unter den Vögeln, welche der göttlichen Welt entsprechen, Schwan, Eule, Geier, Taube, Storch, Adler und Wiedehopf; unter den Fischen für die geistige oder wissenschaftliche Welt: Robbe, Oelurus, Hecht, Thimallus, Äsche, Delphin und Tintenfisch; unter den Vierfüßlern, für die natürliche Welt: Löwe, Katze, Wolf, Bock, Affe, Hirsch und Maulwurf. Fett, Leber und Galle dieser Tiere benutzt man zu Behexungen. Ihr Hirn verbindet sich mit dem Wohlgeruch der Planeten; und aus den Gebräuchen der Alten ist bekannt, daß jene Verbindungen magnetische und den sieben planetaren Einflüssen entsprechende Eigenschaften hatten.

Als Talismane der sieben Geister werden entweder Edelsteine benutzt: Karfunkel, Kristall, Diamant, Smaragd, Achat, Saphir und Onyx, oder Metalle: Gold, Silber, Eisen, Kupfer, fixes Quecksilber, Zinn und Blei. Die kabbalistischen Zeichen der sieben Geister sind: für die Sonne eine Schlange mit Löwenhaupt, den Mond eine durch zwei Mondsicheln durchschnittene Kugel, für Mars ein in das Stichblatt eines Schwertes verbissener Drache, für Venus ein Lingam, für Merkur Schlangenstab und Hundskopf, für Jupiter ein in den Klauen oder dem Schnabel eines Adlers flammendes Pentagramm, für Saturn ein hinkender Greis oder eine um den Sonnenstein geringelte Schlange. All diese Zeichen findet man auf den geschnittenen Steinen der Alten und hauptsächlich auf den Abraxas genannten Talismanen der gnostischen Zeiten. In der Talismansammlung des Parazelsus ist Jupiter durch einen Priester in kirchlicher Gewandung dargestellt, im Tarok durch einen großen Hierophanten im Schmuck der dreireihigen Tiara. In der Hand hält er das Kreuz mit den drei Querbalken, welches das magische Dreieck bildet und zugleich das Szepter und den

Schlüssel der drei Welten darstellt. Faßt man alles über die Vereinigung von Ternar und Quaternar Gesagte zusammen, so wird ohne weiteres klar, was wir etwa noch über die Siebenheit sagen könnten, über diese große und vollkommene magische Einheit, die sich aus vier und drei zusammensetzt. Wer mehr über die bei magnetischen Versuchen angewendeten Pflanzen und Farben die Siebenheit erfahren möchte, den verweise ich auf das gelehrte Werk „Über okkulte Freimaurerei“ von Ragon.

8 ה H.

DIE VERWIRKLICHUNG.

HOD — VIVENS.

Die Ursachen offenbaren sich durch Folgen, und die Folgen entsprechen den Ursachen. Das Tetragramm, jenes göttliche und einzige Wort, wird durch die vierfache Schöpfung bekräftigt. Menschliche Fruchtbarkeit beweist die göttliche Fruchtbarkeit. Das Jod des göttlichen Namens ist die ewige Mannheit des ersten Prinzips. Der Mensch verstand erst, daß er nach dem Bild Gottes erschaffen war, als er durch Vergrößerung seines Eigenbegriffes bis ins Unendliche Gott begriffen hatte.

Indem er Gott als unendlichen Menschen erfaßte, sagte er sich selbst: Ich bin der endliche Gott.

Die Magie urteilt im Unterschied zum Mystizismus nie a priori, ohne vorher a posteriori die Grundlage ihrer Urteile festgelegt zu haben, d. h. ohne vorher mit den allgemeinen Gesetzen der Verwandtschaft die Ursache durch die Folgen verstanden zu haben, welche in der tätigen Kraft der Ursache enthalten sind. Auch ist in der okkulten Wissenschaft alles wirklich, und die Theorien stützen sich stets nur auf Erfahrungsgrundlagen. Die Wirklichkeit bedingt die Gestalt der Ideale, und der Magier erkennt im Bereich der Begriffe nur das als gewiß an, was durch Verwirklichung bewiesen wird. Mit andern Worten, das ursächlich Wahre verwirklicht sich durch die Folge. Was sich nicht verwirklicht, besteht nicht. Die Verwirklichung des Wortes ist das Wort an sich. Ein

Gedanke verwirklicht sich, indem er zum Wort wird; er verwirklicht sich durch Zeichen, Laute und die Bilder der Zeichen; dies ist der erste Grad von Verwirklichung. Dann prägt er sich mit den Zeichen von Schrift oder Wort dem Astrallicht ein, beeinflußt andere Geister, indem er sich in ihnen spiegelt. Er strebt weiter, indem er das Diaphane anderer Menschen durchdringt, nimmt dort neue Form und Gestalt an, überträgt sich weiter in Taten und gestaltet Gesellschaft und Welt. Dies ist dann der letzte Grad von Verwirklichung. In einer durch eine Idee gestalteten Welt geborene Menschen tragen selbst das Gepräge dieser Idee; so wird das Wort zum Fleisch. Das im Astrallicht erhaltene Bild von Adams Ungehorsam konnte nur durch das weit stärkere Gepräge von dem Gehorsam unseres Erlösers ausgelöscht werden. Dies Bild zeigt uns, wie Erbsünde und Erlösung sich in einem natürlichen und magischen Sinn erklären lassen.

Das Astrallicht oder die Weltseele war das Werkzeug von Adams Allvermögen und wurde, durch seine Sünde getrübt und verdorben, zu dem seines Leidens. Sie warf einen unreinen Reflex auf die ersten Bilder, die das Buch des allumfassenden Wissens für seine ehemals reine Vorstellung bildeten.

Das in den alten Symbolen durch eine in ihren eigenen Schwanz verbissene Schlange dargestellte Astrallicht versinnbildlicht nacheinander Bosheit und Klugheit, Zeit und Ewigkeit, Versucher und Erlöser. Denn dieses Licht, der Träger alles Lebens, kann Gut wie Böse als Hilfsmittel dienen und als feurige Gestalt Satans wie als Körper des heiligen Geistes betrachtet werden. Es ist die universelle Waffe im Kampf der Engel und nährt das Höllenfeuer wie den Wetterstrahl des hl. Michael. Man könnte es einem Streithengst vergleichen, der mit der Eigenschaft eines Chamäleons stets die

Farben seines Reiters spiegelt. Das Astrallicht ist Verwirklichung oder Form des intellektuellen, wie dieses Verwirklichung oder Form des göttlichen Lichts ist.

Der große Initiator der Christenheit sah, daß das Astrallicht mit den unreinen Reflexen der Ausschweifungen Roms gesättigt war. Er wollte seine Jünger von der Sphäre dieser Reflexe trennen und einzig auf das innere Licht hinweisen, damit sie in einem gemeinsamen Glauben durch neue magnetische Bande, die Gnade, verbunden würden und durch den universellen Magnetismus die Ströme der Ausschweifung überwinden könnten, deren Fäulnis er mit dem Namen Teufel und Satan andeutete. Einen Strom einem anderen entgegensetzen, heißt die Macht des fluidalen Lebens erneuern. Auch konnten Offenbarer immer nur durch Genauigkeit ihrer Berechnungen die für einen moralischen Umschwung geeignete Stunde voraussagen.

Das Gesetz der Verwirklichung erzeugt das, was wir magnetischen *Hauch* nennen. Von ihm sind Dinge und Orte durchsetzt und erhalten ein Gepräge, das unseren herrschenden Willen entspricht, namentlich jenen, die sich durch Taten gefertigt und verwirklicht haben. Tatsächlich sucht das universelle Agens oder das gebundene Astrallicht stets das Gleichgewicht. Es füllt die Leere aus und nimmt die Fülle in sich auf. So wird das Laster wie gewisse körperliche Krankheiten ansteckend und dient dem Bekehrungseifer der Tugend aufs nachdrücklichste. Darum ist das Zusammenleben mit antipathischen Wesen eine Qual, können Reliquien von Heiligen wie von großen Schurken wunderbare Erfolge von Bekehrung oder Verderbnis zeitigen, darum überträgt sich sexuelle Liebe oft nicht nur durch Berührung der Person selbst, sondern schon allein der von ihr angefaßten oder unwissentlich magnetisierten Dinge.

Die Seele atmet genau wie der Körper. Sie atmet ein, was sie für Glück hält, und atmet ihrem innersten Empfinden entwachsene Vorstellungen aus. Kranke Seelen haben einen üblen Atem und verpesten ihre sittliche Atmosphäre, d. h. sie mengen in das sie durchdringende Astrallicht unreine Reflexe und sättigen es mit schädlichen Strömen. In Gesellschaft fühlt man sich oft zur eigenen Verwunderung von schlimmen, ganz unbegreiflichen Gedanken befallen und weiß nicht, daß man sie irgendeiner krankhaften Nachbarschaft verdankt. Dies ist ein Geheimnis von großer Tragweite, denn es führt zur Gewissenserkennung und gehört deshalb zu den unbestrittensten und furchtbarsten Mächten magischer Kunst.

Der magnetische *Hauch* umhüllt die Seele mit Ausstrahlungen, deren Mittelpunkt sie ist, und sie umgibt sich mit dem Reflex ihrer Werke, die ihr Himmel oder Hölle schaffen. Es gibt keine für sich stehenden und verborgenen Taten. Alles was wir wirklich wollen, d. h. alles, was wir durch unsere Taten bekräftigen, bleibt im Astrallicht, dem Bewahrer unserer Reflexe aufgezeichnet. Diese Reflexe beeinflussen fortgesetzt unsere Gedanken durch Vermittlung unseres Diaphane, und deshalb wird und bleibt man stets das Kind seiner Werke.

Das Astrallicht verwandelt sich im Augenblick der Empfängnis in menschliches Licht und wird zur ersten Hülle der Seele, vereinigt sich dann mit den allerfeinsten Fluiden und bildet den ätherischen Körper oder das siderische Phantom, von welchem Parazelsus in seiner Philosophie der Intuition (Philosophia sagax) spricht. Durch den Tod befreit, zieht dieser siderische Körper durch Sympathie die Reflexe des abgelaufenen Lebens an und hält sie lange aufgespeichert. Wird er nun durch einen starken sympathischen Willen in einen besonderen Strom gezogen, so manifestiert er sich; denn es gibt nichts natürlicheres als Wunder. Auf diese Weise entstehen die Erscheinungen. Wir werden dies in einem besonderen Kapitel von der Nekromantie weiter ausführen.

Der fluidische Körper ist wie die Masse des Astrallichtes zwei entgegengesetzten Bewegungen unterworfen — nämlich links anziehend und rechts abstoßend, oder wechselseitig bei zwei Geschlechtern — erweckt den Streit der verschiedenen Reize in uns und trägt dadurch zu den Beängstigungen unseres Gewissens bei. Zuweilen wird er durch Reflexe anderer Geister beeinflußt, wodurch dann Versuchungen oder jene unerwarteten, wunderbaren Begnadigungen entstehen können. Das ist die Erklärung für das überlieferte Dogma von den beiden Engeln, die uns schützen und prüfen. Die zwei Kräfte des Astrallichtes kann man einer Wage vergleichen, auf der zum Triumph der Gerechtigkeit und zur Erlangung unserer Freiheit unsere guten Vorsätze gewogen werden.

Der Astralkörper ist nicht immer gleichen Geschlechtes wie der irdische Körper, d. h. daß in der Gestaltung der zwei Kräfte gelegentlich links und rechts verwechselt ist, so daß sie der sichtbaren Organisation zu widersprechen scheint. So werden die scheinbaren Verirrungen menschlicher Leidenschaften und die Abwege in der Liebe eines Anakreon oder einer Sappho verständlich, ohne daß wir sie auch nur im geringsten vor der Sittlichkeit entschuldigen wollen.

Ein erfahrener Magnetiseur muß alle derartigen Abstufungen in Betracht ziehen. Wir werden im Ritual die Mittel zu ihrer Kenntnis angeben.

Es gibt zwei Arten von Verwirklichungen, die wahre und die phantastische. Erstere ist ausschließliches Geheimnis der Magier, letztere gehört Gauklern und Zauberern.

Mythologien sind phantastische Verwirklichungen des religiösen Dogmas; Aberglaube ist Gaukelei einer falschen Frömmigkeit. Aber Mythologie und Aberglaube wirken weit stärker auf den menschlichen Willen als eine rein spekulative und jeder Anwendung freie Philosophie. Darum stellt auch der heilige Paulus die Eroberung des Kreuzes im Überschwang zur Trägheit der menschlichen Vernunft in Gegensatz. Religion *verwirklicht* die Philosophie, indem sie sie den Schwächen des Volkes *anpaßt*. Hierin sehen die Kabbalisten den geheimen Grund und die okkulte Erklärung des Dogmas von der Fleischwerdung und Erlösung.

Gedanken, die sich nicht in Worte umsetzen, sind für die Menschheit verloren. Worte, die nicht durch Taten bekräftigt werden, sind nichtig, und der Schritt von einem nichtigen Wort zur Lüge ist nur klein.

Aus Worten und Taten formen sich unsere Gedanken und aus diesen entsteht jedes gute Werk und jede Missetat. Es gibt also kein Wort, weder im Guten noch im Schlechten, welches wir nicht verantworten müßten, vor allem aber gibt es keine gleichgültigen Taten. Fluch wie Segen bleiben nie ohne Wirkung, und jede durch Liebe oder Haß eingegebene Handlung zeitigt Folgen, die ihrem Beweggrund, ihrer Tragweite und ihrem Ziel entsprechen. Der Kaiser, dessen Bild man verstümmelt hatte und der, mit der Hand sein Gesicht betastend, ausrief: „Ich bin nicht verletzt,“ urteilte hierin völlig falsch und verkleinerte dadurch das Verdienst seiner Nachsicht. Welcher Mann von Ehre ertrüge es kaltblütig, sein Bild beschimpft zu sehen? Und wenn durch verhängnisvollen Einfluß und ohne unser Wissen ein derartiger Schimpf uns durch die Kunst der Behexung treffen kann, — welcher Adept dürfte hieran zweifeln! — um wieviel mehr muß man den Ausspruch jenes guten Kaisers unvorsichtig, ja vermessen schelten!

Es gibt Menschen, welche man niemals ungestraft beleidigt; und war die ihnen angetane Kränkung tötlich, so fängt man von diesem Augenblick an zu sterben. Es gibt sogar Leute, denen man nicht folgenlos begegnet, und deren Blick die Richtung eines ganzen Lebens ändern kann. Der Basilisk, dessen Blick tötet, ist keine Fabel sondern eine magische Allegorie. Gewöhnlich sind Feinde der Gesundheit nicht zuträglich; und ungestraft trotzt man keiner Mißbilligung. Ehe man einer Kraft oder einem Strom entgegenarbeitet, versichere man sich, daß man die entgegenwirkende Kraft besitzt oder vom entgegengesetzten Strom getragen wird. Sonst wird man zermalmt oder zerschmettert, und manch plötzlicher Tod hat sicher keine andere Ursache. Das schreckliche Ende eines Nadab und Abiu, eines Osa, Ananie und Saphire rührte von elektrischen Strömen gekränkter Glaubensmächte her; die Qualen der Ursulinerinnen von Loudun, der Nonnen von Louviers, der konvulsivischen Schwärmer des Jansenismus entsprangen derselben Ursache und erklären sich durch die gleichen natürlichen, verborgenen Gesetze. Wäre Urbain Grandier nicht hingerichtet worden, so wäre eines der zwei folgenden Ereignisse bestimmt eingetreten: entweder starben die besessenen Nonnen unter entsetzlichen Krämpfen und die vermehrten Phänomene teuflischen Wahnsinns gewannen so viel Wille und Kraft, daß Grandier trotz seiner Weisheit und Vernunft durch Selbsthalluzination zur Selbstverleumdung wie der unglückliche Gaufridy getrieben wurde, oder aber er starb auf der Stelle unter allen erschreckenden Umständen einer Vergiftung oder göttlichen Rache.

Der unselige Dichter Gilbert fiel im XVIII. Jahrhundert seiner Kühnheit zum Opfer, als er dem Strom der allgemeinen Meinung, ja selbst dem philosophischen Fanatismus seiner Zeit trotzte.

Des Verrats an der Philosophie schuldig, starb er von furchtbarem Schrecken heimgesucht, im Wahnsinn, wie wenn Gott selbst ihn für die unrechte Verteidigung seiner Sache strafen wollte. In Wahrheit aber endete er als Opfer eines Naturgesetzes, das er nicht kannte. Er hatte sich einem elektrischen Strome entgegengestemmt, der ihn zermalmte.

Wäre Marat nicht von Charlotte Corday ermordet worden, so hätte er unfehlbar durch einen Rückschlag der öffentlichen Meinung zugrunde gehen müssen. Der Abscheu aller ehrlichen Leute stempelte ihn zum Aussätzigen, und er mußte erliegen.

Die Mißachtung, die Karls IX. aus der Bartholomäusnacht erwuchs, war die alleinige Ursache seiner schrecklichen Krankheit und seines Todes. Und hätte Heinrich IV. nicht seine außerordentliche Volkstümlichkeit gestützt, die er der großen Ausstrahlung oder der sympathischen Kraft seines Astrallebens verdankte, so hätte er seine Bekehrung sicher nicht überlebt, sondern wäre durch die Verachtung der Protestanten, und dem Mißtrauen und der Rachsucht der Katholiken, untergegangen.

Unpopularität kann Beweis für Rechtschaffenheit und Mut sein, niemals aber für Klugheit und Politik. Das Verletzen der öffentlichen Meinung ist für Staastmänner stets tödlich. Wir rufen die Erinnerung an das vorzeitige gewaltsame Ende manch berühmter Männer zurück, deren Name hier nicht am Platze ist.

Von der allgemeinen Meinung gebrandmarkt werden, kann eine große Ungerechtigkeit sein, ist aber stets nur eine Folge des Mißerfolges und wird gelegentlich zum Todesurteil.

Im Ausgleich hierfür kann und muß ungesühnte Ungerechtigkeit gegen einen Einzelnen das Verderben einer ganzen Gesellschaft, ja eines ganzen

Volkes nach sich ziehen. Man spricht dann vom Schrei nach Blut, und tatsächlich steckt in jeder Ungerechtigkeit der Keim eines Totschlages.

Auf Grund dieser furchtbaren Gesetze der Solidarität bestand das Christentum so sehr auf Vergebung von Kränkungen und auf Versöhnung. Wer ohne zu verzeihen stirbt, geht mit dem Dolch in der Hand zur Ewigkeit und überliefert sich den Schrecknissen eines ewigen Mordes.

Im Volk ist die Überlieferung und der unbezwingbare Glaube an die Wirksamkeit des elterlichen Segens oder Fluchs lebendig. Je enger das Band, das zwei Menschen verbindet, umso furchtbarer sind die Folgen eines Hasses zwischen ihnen. Das flammende Scheit Altheas, welches Meleagers Blut in Brand setzte, ist das Symbol jener gefährlichen Macht in der Mythologie. Die Eltern mögen sich dies zur Warnung dienen lassen. Man entfacht die Hölle nicht in seinem eigenen Blut und liefert die Seinen nicht dem Unglück aus, ohne selbst verbrannt und unglücklich zu werden. Verzeihen ist niemals ein Verbrechen, aber fluchen ist immer eine Gefahr und eine böse Tat.

9 ט I.

DIE EINWEIHUNG.

JESOD — BONUM.

Der ist ein Eingeweihter, der die Lampe des Trismegistos, den Mantel des Apollonios und den Stab der Patriarchen besitzt.

Die Lampe des Trismegistos ist die durch Wissen erhellte Vernunft, der Mantel des Apollonios die vollkommene Selbstzucht, die den Weisen von den triebhaften Strömen unabhängig macht, der Stab der Patriarchen endlich ist die Hilfe der ewigen okkulten Kräfte der Natur.

Die Lampe des Trismegistos erhellt Gegenwart, Vergangenheit und Zukunft, legt das Gewissen der Männer bloß und durchleuchtet die verborgenen Herzensfalten der Frauen. Die Lampe brennt mit dreifacher Flamme, der Mantel legt sich in drei Falten und der Stab teilt sich in drei Teile.

Die Neun ist die Zahl der göttlichen Reflexe; sie drückt den göttlichen Gedanken in all seiner abstrakten Macht aus, zugleich aber auch den Überschwang im Glauben und damit Aberglaube und Abgötterei.

Darum hat Hermes aus ihr die Zahl der Einweihung gemacht: denn ein Eingeweihter herrscht über den Aberglauben und durch ihn, schreitet furchtlos durch dessen Finsternisse, denn sein Stab stützt, sein Mantel umhüllt ihn, und seine Lampe leuchtet ihm.

Die Vernunft ist allen Menschen gegeben, aber nicht jeder versteht sie zu gebrauchen; sie ist eine Wissenschaft, die geübt sein will. Die Freiheit ist allen verliehen, aber nicht jeder vermag frei zu sein; sie ist ein Recht, das erworben sein will. Die Kraft ist für alle da, aber nicht jeder weiß sich darauf zu stützen; sie ist eine Macht, deren man sich bemächtigen muß.

Wir erreichen nur das, was uns mehr als einen einzigen Versuch wert ist. Die Bestimmung des Menschen will, daß er sich am Erworbenen bereichere und dann, gleich Gott, seinen Stolz und seine Freude im Geben finde.

Die magische Wissenschaft nannte sich einst eine priesterliche und königliche Kunst, denn die Einweihung verlieh dem Weisen Herrschaft über die Seelen und das Vermögen, die Willen zu lenken.

Auch das Wahrsagen ist ein Vorrecht der Eingeweihten, denn wahr sagen beruht nur auf der Erkenntnis der in den Ursachen enthaltenen Wirkungen und ist ein auf die Tatsachen der allgemeinen Lehre von der Analogie angewandtes Wissen.

Menschliche Handlungen prägen sich nicht nur im Astrallicht ein, sondern zeichnen sich auf dem Antlitz ab, gestalten Haltung und Gang und verändern den Stimmklang.

Für den Eingeweihten trägt also jeder Mensch die Geschichte seines Lebens deutlich lesbar zur Schau. Die Zukunft ist stets die Folge der Vergangenheit und unerwartete Umstände ändern fast nichts an ordnungsmäßig erwarteten Ergebnissen.

Man vermag also jedem Menschen sein Schicksal voraus zu sagen. Eine einzige Bewegung läßt uns auf einen ganzen Lebenslauf schließen. Eine einzig linkische Gebärde weissagt uns eine ganze Kette von Mißgeschicken. Cäsar wurde ermordet, weil er über seine Kahlheit errötete, Napoleon endigte in St. Helena, weil er die Dichtungen Ossians liebte, Louis-Philippe ging auf so schnöde Weise seines Thrones verlustig, weil er einen Regenschirm besaß. Dies sind wohl Paradoxe für den Laien, der die okkulten Beziehungen der Dinge nicht erfaßt; sind aber Gründe für einen Eingeweihten, der die Zusammenhänge versteht und sich darüber nicht wundert.

Die Einweihung bewahrt vor den Irrlichtern des Mystizismus; sie verleiht der menschlichen Vernunft ihren relativen Wert und die ihr entsprechende Unfehlbarkeit, indem sie sie durch die Kette der Entsprechungen an die höchste Vernunft fesselt.

Ein Eingeweihter hegt weder zweifelhafte Hoffnungen, noch alberne Befürchtungen, denn sein Glaube ist nicht vernunftwidrig. Er weiß, was er kann und wagen darf. Darum heißt wagen und können für ihn dasselbe.

Wir können somit die Attribute des Eingeweihten auch folgendermaßen auslegen: die Lampe versinnbildlicht sein Wissen, der ihn umhüllende Mantel seine Verschwiegenheit und der Stab seine Kraft und seinen Wagemut. Er weiß, wagt und schweigt.

Er weiß um die Geheimnisse der Zukunft, wagt in der Gegenwart und schweigt über die Vergangenheit.

Er weiß von den Schwächen des menschlichen Herzens, wagt sie für sein Werk zu benutzen und schweigt über seine Pläne.

Er kennt die Gründe aller Symbole und Kulte, er wagt es, sie zu gebrauchen oder sich ihrer ohne Heuchelei und Unfrömmigkeit zu enthalten und schweigt über das einzige Dogma der hohen Einweihung.

Er weiß um das Bestehen und um die Natur des großen magischen Agens, er wagt die Handlungen auszuführen und die Worte zu sprechen, welche es dem menschlichen Willen unterwerfen, und schweigt über die Mysterien des großen Arkanums.

Einen Eingeweihten sieht man oft traurig, doch nie niedergeschlagen oder verzweifelt; oft arm, doch nie würdelos und erniedrigt; oft verfolgt, doch nie zurückgestoßen oder besiegt. Vor seinem geistigen Auge stehen die Bilder von Orpheus Witwertum und Mord, von Moses Verbannung und einsamem Tod, vom Märtyrertum der Propheten, von den Qualen des Apollonios und dem Kreuz des Erlösers. Er weiß, in welcher Verlassenheit Agrippa starb, dessen Andenken heute noch verleumdet wird, weiß, welchen Leiden der große Parazelsus erlag und was Raimundus Lullus bis zu seinem blutigen Ende erdulden mußte. Er entsinnt sich Swedenborgs, der den Verrückten spielte oder vielleicht wirklich den Verstand verlor, um dadurch Verzeihung für sein Wissen zu erlangen. Er denkt an den hl. Martin, der sich sein ganzes Leben lang verbergen mußte, an Cagliostro, der verlassen in den Kerkern der Inquisition umkam, an Cazotte, der das Schaffot bestieg. Und obwohl er sich als Erbe und Nachfolger all dieser Opfer weiß, vermag dies seinen Wagemut nicht zu erschüttern, aber umsomehr ist er sich der Notwendigkeit des Schweigens bewußt.

Wir wollen seinem Beispiel folgen und uns mit Beharrlichkeit unterrichten. Wissend geworden, werden wir wagen und schweigen.

10 י K.

DIE KABBALA.

MALCHUT — PRINCIPIUM — PHALLUS.

Alle Religionen haben das Andenken an ein frühes Buch bewahrt, das von den Gelehrten der ersten Jahrhunderte der Welt in Bildern geschrieben wurde und dessen später vereinfachte Symbole der heiligen Schrift die Buchstaben, dem Gotteswort den Stempel und der okkulten Philosophie die geheimnisvollen Zeichen und Pantakel gegeben haben.

Dieses Buch wurde von den Hebräern dem Henoch, dem siebten Weltweisen nach Adam, von den Ägyptern Hermes Trismegistos, von den Griechen Kadmos, dem geheimnisvollen Gründer der Heiligen Stadt zugeschrieben; es war die symbolische Zusammenfassung der frühen Überlieferungen, und wurde seither nach einem griechischen Wort die Kabbala genannt, das etwa Überlieferung bedeutet.

Diese Überlieferung beruht gänzlich auf dem einzigen Dogma der Magie: das Sichtbare gilt als Verhältnismaß für das Unsichtbare. Die Alten hatten beobachtet, daß das Gleichgewicht ein allgültiges Gesetz in der Physik ist und aus dem scheinbaren Entgegenwirken zweier Kräfte entsteht. Sie schlossen vom sinnlichen auf das übersinnliche Gleichgewicht und erklärten, daß man in Gott als der ersten lebendigen und handelnden Ursache zwei einander durchaus bedingende Eigenschaften anerkennen müsse: nämlich Ruhe und Bewegung, Gesetzmäßigkeit und Freiheit, vernunftgemäße Ordnung und Selbständigkeit des

Wollens, Gerechtigkeit und Liebe, und damit auch Strenge und Barmherzigkeit. Diese zwei letzten Eigenschaften werden von den jüdischen Kabbalisten etwa unter Geburah und Chesed personifiziert.

Über Geburah und Chesed schwebt die höchste Krone, die gleichrichtende Macht, das Prinzip der Welt oder des gleichgerichteten Reiches, welches wir als Malchut im okkulten und kabbalistischen Vers des *Patar* finden, von dem wir bereits sprachen.

Geburah und Chesed, die von oben her durch die Krone und von unten durch das Reich im Gleichgewicht erhalten werden, sind zwei Prinzipien, die man sowohl in ihrer begrifflichen als in ihrer wirklichen Eigenschaft betrachten kann. Begrifflich oder versinnbildlicht erhalten sie die erhabenen Namen *Chocmah* oder Weisheit und *Binah* oder Intelligenz.

Verwirklicht heißen sie Beständigkeit und Fortschritt, d. h. Ewigkeit und Sieg oder *Hod* und *Netsah.*

Folgendes ist nach der Kabbala die Grundlage aller Religion und Wissenschaft, der erste und unverrückbare Begriff aller Dinge: ein dreifaches Dreieck und ein Kreis, der Begriff der Dreiheit, erläutert durch die aus sich selbst vervielfachte Harmonie im Reich des Ideellen und endlich die Verwirklichung dieses Begriffes in seine Formen. Die Alten verknüpften die ersten Vorstellungen dieser einfachen und großartigen Theorie auch mit dem Begriff der Zahlen und gaben den sämtlichen Ziffern der frühesten Dekade folgende Bedeutung:

1. *Keter.* — Die Krone, die gleichrichtende Macht.

2. *Chocmah.* — Die Weisheit, in ihrer unverrückbaren Ordnung durch die Initiative der Intelligenz gleichgerichtet.

3. *Binah.* — Die handelnde Intelligenz, gleichgerichtet durch die Weisheit.

4. *Chesed.* — Die Barmherzigkeit, eine zweite Auffassung der Weisheit, die stets wohlwollend ist, weil sie stark ist.

5. *Geburah.* — Die Strenge, die auch in der Weisheit und Güte bedingt ist. Das Schlechte zulassen, heißt das Gute verhindern.

6. *Tiphereth* — Die Schönheit, eine lichtvolle Auffassung des Gleichgewichts in den Formen, die Vermittlerin zwischen Krone und Reich, das verbindende Prinzip zwischen Schöpfer und Schöpfung. (Welch erhabene Vorstellung von der Poesie und ihrem hoheitsvollen Priestertum!)

7. *Netsah.* — Der Sieg, der ewige Triumph der Intelligenz und Gerechtigkeit.

8. *Hod.* — Die ewigen Siege des Geistes über die Materie, des Aktiven über das Passive, des Lebens über den Tod.

9. *Jesod.* — Das Fundament, d. h. der Grundbegriff allen Glaubens und aller Wahrheit, das *Absolute* in der Philosophie.

10. *Malchut* oder *Malkut.* — Das Reich, das Weltall, die ganze Schöpfung, die feierliche Folgerung, welche uns zwingt, die schlummernden Voraussetzungen zu erkennen, das Rätsel, dessen Lösung Gott heißt: die höchste, reine Vernunft.

Diese zehn ersten Begriffe, welche mit den zehn ersten Zeichen des primitiven Alphabetes verknüpft sind und zugleich Prinzipien und Zahlen bedeuten, sind das, was die Meister der Kabbala die zehn Sephiroth nennen.

Das geheiligte Tetragramm, auf folgende Weise gezeichnet:

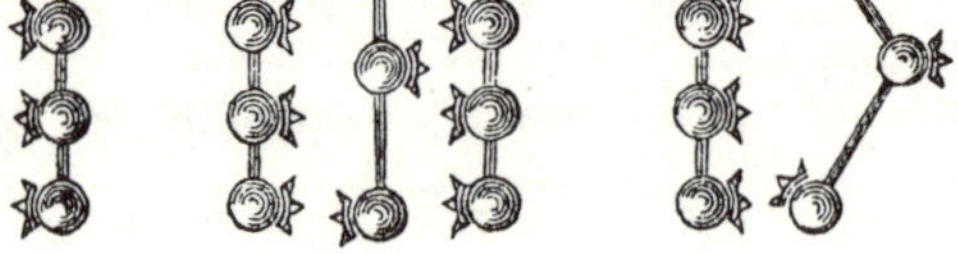

bedeutet Zahl, Quelle und Beziehung der göttlichen Namen. Diese vierundzwanzig Zeichen, deren jedes eine dreistrahlige Krone trägt, bilden den Namen Jotchavah und auf diesen Namen sind auch die vierundzwanzig Throne des Himmels und die vierundzwanzig gekrönten Greise der *Apokalypse* zu beziehen. In der Kabbala heißt das okkulte Prinzip der Greis und dieses verfielfältigte, gleichsam in seinen Nebenursachen wiedergespiegelte Prinzip erschafft seine eigenen Abbilder, so viele Greise als es verschiedene Vorstellungen seines einzigen Wesens gibt. Diese Bilder, die umso unvollkommener werden, je weiter sie sich von ihrer Quelle entfernen, werfen als letztes in die Finsternis einen Reflex oder Schein, welcher die Gestalt eines scheußlichen, mißgestalteten Greises hat; im Volksmund heißt er der Teufel. Ein Eingeweihter war kühn genug, zu sagen: „Der Teufel ist Gott, wie ihn die Schlechten sehen." Noch seltener, aber nicht minder kraftvoll drückte ein anderer sich aus: „Der Teufel ist aus Fetzen Gottes gebildet." Wir fassen diese immerhin neuartigen Ansichten zusammen, indem wir bemerken, daß im Symbolismus selbst der Dämon ein Engel ist, der vom Himmel gestürzt wurde, weil er sich Göttlichkeit anmaßte. Dies gehört zur allegorischen Sprache der Propheten und der Legendenschreiber. Philosophisch ausgedrückt ist der Teufel die menschliche Vorstellung einer Gottheit, die durch den Fortschritt der Wissenschaft und der Erkenntnis entthront und aus dem Himmel vertrieben wurde. Moloch, Adramelek und Baal sind bei den frühen Orientalen Personifizierungen des einigen Gottes, die durch barbarische Eigenschaften erniedrigt wurden. Der Gott der Jansenisten, der den größeren Teil der Menschheit erschafft und sich an den endlosen Qualen jener ergötzt, die er nicht erlösen wollte, ist eine Vorstellung von noch weit schlimmerem Barbarismus als jene des Moloch; dieser Gott der Jansenisten ist denn auch für weise und erleuchtete Christen der wahre, vom Himmel gestürzte Satan.

Die Kabbalisten vervielfältigten die göttlichen Namen und verbanden sie entweder mit der Einheit des Tetragramms oder mit dem Zeichen der Dreiheit oder mit der sephirotischen Leiter der Dekade; sie zeichnen die göttlichen Namen und Zahlen folgendermaßen auf:

י
יה
שדי
יהוה
אלהים
אלויהים
אראריתא
אליהודעת
אלהים גיבר
אלהים צבאוה

Dieses Dreieck läßt sich auch in romanische Buchstaben übertragen:

J
J A
S D I
J E H V
E L O I M
S A B A O I
A R A R I T A
E L V E D A A T
E L I M G I B O R
E L I M S A B A O T

Die Vereinigung dieser göttlichen Namen, welche aus dem einzigen Tetragramm, aber außerhalb dieses selbst gebildet wurde, ist eine der Grundlagen des hebräischen Rituals und bedeutet die okkulte Kraft, welche die Rabbiner unter dem Namen Semhamphoras anrufen.

Wir wollen nun das Tarok vom kabbalistischen Gesichtspunkt aus besprechen. Der okkulten

Quelle seines Namens haben wir bereits gedacht. Dieses hieroglyphische Buch ist zusammengesetzt aus einem kabbalistischen Alphabet und aus einem Rad oder Kreis von vier Dekaden, die aus vier einzelnen typischen und symbolischen Bildern bestehen. Bei jedem dieser Bilder ist strahlenförmig eine Leiter von vier Figuren aneinandergereiht, welche die Menschheit vorstellen und zwar: Mann, Frau, Jüngling und Kind; Meister, Meisterin, Krieger und Diener. Die zweiundzwanzig Figuren bedeuten zunächst die dreizehn Dogmen, ferner die neun ernannten Glaubensmächte der hebräischen einer starken und auf der höchsten Erkenntnis aufgebauten Religion.

Im folgenden versuchen wir, den religiösen und kabbalistischen Schlüssel des Tarok in Versen nach Art der alten Gesetzgeber wiederzugeben:

1. א *Alles verkündet eine handelnde, intelligente Ursache.*
2. ב *Die Zahl dient der lebendigen Einheit zum Beweis.*
3. כ *Nichts kann den beschränken, der alles weiß.*
4. ג *Er allein war schon vor allem Urbeginn allgegenwärtig.*
5. ה *Er ist alleiniger Herr, allein anbetungswürdig.*
6. ו *Er offenbart seine wahre Lehre allen, die reinen Herzens sind.*
7. ז *Es gibt nur einen Herrn über die Werke des Glaubens.*
8. ח *Darum kennen wir nur einen Altar und ein Gesetz.*
9. ט *Und niemals wird der Ewige deren Fundament ändern.*
10. י *Er gebietet dem Lauf der Gestirne und dem unseres Lebens.*
11. כ *Reich ist er an Barmherzigkeit und stark, zu strafen.*
12. ל *Seinem Volke verkündet er den kommenden König.*
13. מ *Das Grab ist die Pforte der neuen Welt.*
    Der Tod nur endet, das Leben ist unsterblich.

Dies sind die reinen, heiligen unverletzlichen Lehren.

Vollenden wir nun die Verehrungswürdigen Zahlen:

14. נ *Der gute Engel bringt Ruhe und Frieden.*
15. ס *Der böse Engel ist der Geist der Hoffart und des Zornes.*
16. ע *Gott lenkt den Blitz und befiehlt dem Feuer.*
17. פ *Der Abendstern und sein Tau gehorchet Gott.*
18. צ *Auf unsere Türme stellt er den Mond als Wächter.*

19. ק *Seine Sonne ist der Quell, in dem alles sich erneut.*

20. ר *Sein Hauch macht, daß der Staub der Gräber keimt.*

0.
21. } ש *Wohin die Sterblichen in zahllosen Scharen wallen.*

21.
22. } ת *Seine Krone schwebt über dem Sitz der Gnade.*

Und auf die Cherubim läßt er seine Herrlichkeit scheinen.

An Hand dieser Erläuterung, die rein dogmatisch aufzufassen ist, werden die Figuren des kabbalistischen Alphabetes des Tarok ohne weiteres verständlich. So bedeutet Figur 1, der Gaukler, das handelnde Prinzip göttlicher und menschlicher Unabhängigkeit; Figur 2, volkstümlich die Päpstin stellt die auf die Zahlen gegründete dogmatische Einheit dar; es ist die personifizierte Kabbala oder Gnosis; Figur 3 bedeutet göttliche Vergeistigung unter dem Sinnbild einer geflügelten Frau, die in einer Hand den apokalyptischen Adler, in der anderen das Zepter trägt, an dessen Knauf die Welt hängt. Die übrigen Figuren sind nicht minder leicht faßlich wie diese ersten.

Wir kommen nun zu den vier Zeichen, den Stäben, Schwertern, Kelchen und Kreisen oder Pantakeln, volkstümlich Silberlinge genannt. Diese Figuren sind Hieroglyphen des Tetragramms; der Stab ist der Phallus der Ägypter oder das Jod der Hebräer, der Kelch das Kteis oder das ursprüngliche He, das Schwert die Vereinigung dieser beiden oder der Lingam, bei den Hebräern vor der Gefangenschaft durch das Vau dargestellt, und der Kreis oder das Pantakel, das Abbild der Welt, ist das End-He des göttlichen Namens.

Wir nehmen nun ein Tarokspiel, vereinigen alle Blätter vier zu vier und bilden das Rad oder das *Rota* des Guillaume Postel; dann werfen wir die vier Asse, die vier Zweier usw. zusammen und haben nun zehn Kartenpäckchen, die weiter oben besprochene hieroglyphische Auslegung des Dreiecks der göttlichen Namen auf der Leiter der Zehnheit. Man kann sie also auch auf folgende Weise lesen, indem man jede Zahl auf den ihr entsprechenden Sephirot bezieht:

יהוה

Vier Zeichen des Namens, der alle Namen in sich einschließt.

1. KETER.
Die vier Asse.
Die Krone Gottes hat vier Strahlen.

2. CHOCMAH.
Die vier Zweier.
Seine Weisheit ergießt sich in vier Strömen.

3. BINAH.
Die vier Dreier.
Er gibt vier Beweise seiner Intelligenz.

4. CHESED.
Die vier Vierer.
Es gibt vier Taten der Barmherzigkeit.

5. GEBURAH.
Die vier Fünfer.
Viermal straft seine Strenge vier Freveltaten.

6. TIPHERETH.
Die vier Sechser.
Vier reine Strahlen offenbaren seine Schönheit.

7. NETSAH.
Die vier Siebener.
Lasset uns seinen ewigen Sieg viermal feiern.

8. HOD.
Die vier Achter.
Viermal triumphiert er in seiner Ewigkeit.

9. JESOD.
Die vier Neuner.
Sein Thron ruht auf vier Gewölben.

10. MALCHUT.
Die vier Zehner.
Viermal ist sein ewiges Reich,
wie auch sein göttliches Diadem vier Strahlen trägt.

Aus dieser überaus sinnfälligen Einteilung wird die Bedeutung eines jeden Blattes ohne weiteres klar. So bedeutet z. B. der Stab-Fünfer strenge Geburah des Jod, d. h. Gerechtigkeit des Schöpfers oder Heftigkeit des Menschen, der Kelch-Siebener Sieg der Barmherzigkeit oder Triumph der Frau, der Schwert-Achter Streit oder ewiges Gleichgewicht, usw. Es wird hieraus verständlich, wie die Priester der Alten zu Werke gingen, um dieses Orakel sprechen zu lassen: wurden die Blätter aufs Geratewohl geworfen, so ergaben sich daraus jedesmal neue, an sich allerdings rein zufällige Verbindungen, deren kabbalistischer Sinn jedoch streng wahrhaft war. Und da der Glaube der Alten den Zufall nicht gelten ließ, nahmen sie die Orakel des Tarok für Antworten der Vorsehung hin. Tarok hieß übrigens bei den Hebräern Theraph oder Theraphim, wie der gelehrte Kabbalist Gaffard, ein vom Kardinal Richelieu angestellter Magier, entdeckte.

Was nun die Figuren betrifft, so geben wir hier ein letztes Distichon wieder, um sie zu erläutern:

KÖNIG, DAME, RITTER, DIENER.
Gemahl, Jüngling, Kind, die ganze Menschheit steigt durch diese vier Stufen auf zur Einheit.

Wir werden zu Ende des Rituals noch weitere Einzelheiten und vollgültige Zeugnisse über das wunderbare Tarokbuch bringen und beweisen, daß es das früheste Buch, der Schlüssel aller Prophetie und aller Dogmen, kurz das begeisterndste aller je vom Geiste eingegebenen Bücher ist. Das ahnte aber weder Court de Gebelin trotz all seinem Wissen, noch Alliette oder Eteilla in seinen merkwürdigen Intuitionen.

Die zehn Sephirot und die zweiundzwanzig Tarokkarten sind die zweiunddreißig Wege des absoluten Wissens der Kabbalisten. Die Teilwissenschaften hingegen teilen sie in fünfzig Abschnitte, die fünfzig Pforten, ein (bekanntlich hat

Pforte bei den Orientalen die Bedeutung von Regierung oder Obrigkeit). Auch die Rabbiner teilen die Kabbala ein: und zwar in Bereschit oder universelle Genesis und in Mercavah oder Wagen des Ezechiel. Ferner machen sie aus zwei Auslegungen des kabbalistischen Alphabetes zwei Wissenschaften, Gematrie und Temurah und vereinigen beide zur geheimen Kunst, die im Grunde nichts anderes ist als die genaue Kenntnis sämtlicher Zeichen des Tarok und deren mannigfaltige Anwendung in der Wahrsagung aller Geheimnisse der Philosophie, Natur, ja selbst der Zukunft. Über dies alles werden wir im zwanzigsten Kapitel unseres Werkes sprechen.

11 ל L.

DIE MAGISCHE KETTE.

MANUS — DIE KRAFT.

Das große magische Agens, welches wir Astrallicht genannt haben, und das anderen unter dem Namen Erdseele, den alten Chymisten aber als Azoth und Magnesie bekannt war, diese einzige und unleugbare okkulte Kraft ist der Schlüssel aller Gewalt und das Geheimnis aller Macht. Es ist der fliegende Drache Medeas, die Schlange des paradiesischen Mysteriums, der universelle Spiegel der Visionen, der sympathische Knoten, der Quell der Liebe, Prophetie und Herrlichkeit. Wer dieses Agens zu erringen versteht, ist der Verwalter von Gottes Macht. Es gibt eine wahre Magie, eine wirkliche okkulte Macht, und alle Bücher des wahren Wissens sind nur an ihrem Beweis entstanden.

Zwei Dinge sind nötig, um in den Besitz des großen magischen Agens zu gelangen: zusammenfassen und ausstrahlen, mit anderen Worten: befestigen und bewegen.

Der Urheber aller Dinge hat der Bewegung als Fundament und Gewähr die Ruhe gegeben; der Magier muß dies nachahmen.

Man sagt, Begeisterung sei ansteckend. Und warum? Weil Begeisterung nur ungehemmtem Glauben entspringen kann. Glaube erzeugt Glauben; glauben heißt einen Grund zum Wollen haben; mit Grund wollen heißt mit Kraft, ich sage nicht mit unendlicher, aber mit unmeßbarer Kraft wollen.

Das, was sich in der geistigen und moralischen Welt auswirkt, vollendet sich aus stärkstem Grund in der körperlichen Welt. Und als Archimedes einen Stützpunkt verlangte, um die Welt zu bewegen, suchte er ganz einfach das große magische Arkanum.

Auf einem der Arme von Heinrich Kunraths Androgyn steht *Coagula* und auf dem anderen *Solve*.

Zusammenfassen und ausstrahlen heißen diese beiden Worte der Natur. Wie verfährt man aber, um das Astrallicht oder die Weltseele zusammenzufassen und auszustrahlen?

Man muß durch Absonderung zusammenfassen und mittels der magischen Kette ausstrahlen.

Die Absonderung für die Gedanken besteht in vollendeter Unabhängigkeit, für das Herz in vollkommener Freiheit, für die Sinne in gänzlicher Enthaltsamkeit.

Jeder Mensch, der Vorurteilen und Zweifeln unterworfen und Sklave seiner Leidenschaften ist, kann das Astrallicht oder die Weltseele nicht zusammenfassen oder coagulieren, um den Ausdruck Kunraths zu gebrauchen.

Alle echten Adepten waren unabhängig bis zur Folter, enthaltsam und keusch bis zum Tode. Und der Sinn dieses ungewöhnlichen Verhaltens ist, daß man sich einer Kraft, deren man sich bedienen will, nicht so weit hingeben darf, bis sie selbst einen beherrscht.

Was nützt aber eine Macht, wenn man sie nicht zur eigenen Befriedigung gebrauchen kann? werden jene rufen, die in der Magie ein herrliches Mittel sehen, den Begierden ihrer eigenen Natur zu fröhnen. Wie könntet ihr dies verstehen, ihr armen Frager, wenn ich es euch auch sagen wollte! Sind Perlen wertlos, weil sie für die Herde Epikurs keinen Wert haben? Fand Curtius es nicht schöner jenen zu befehlen, die Gold hatten, als selbst welches zu besitzen? Muß derjenige, der auf Gottähnlichkeit Anspruch erhebt, nicht etwas mehr sein, als ein gewöhnlicher Mensch? Es tut mir leid, wenn ich euch hiermit kränke und entmutige, aber ich bin ja nicht der Erfinder der hohen Wissenschaften, ich will sie nur lehren und auf ihre strenge Gesetzmäßigkeit hinweisen, indem ich ihre ersten, unerläßlichen Bedingungen nenne.

Pythagoras war ein offener, nüchterner und keuscher Mann, Apollonios von Thyana und Julius Cäsar waren von geradezu unerhörter Sittenstrenge, Paracelsus war frei von jeder verliebten Schwäche, so daß er fast Zweifel über sein Geschlecht erweckte. Raymundus Lullus' strenge Lebensauffassung ging bis zum überspannten Asketentum, Hieronymus Cardanus übertrieb das Fasten so weit, daß er beinahe Hungers starb, wenn man der Überlieferung glauben darf. Agrippa, der arm war und von Stadt zu Stadt wanderte, setzte sich lieber größtem Elend aus, als daß er sich den Launen einer Prinzessin unterwarf, die die Freiheit der Wissenschaft verhöhnte. Und worin fanden alle diese Männer das Glück? Nur im Wissen um die großen Geheimnisse und im Bewußtsein ihrer Macht. Solches genügt wahrhaft großen Seelen. Und muß man sein wie sie, wenn man sich ihre Kenntnis zu eigen machen will? Nein, gewiß nicht; dies beweist vielleicht das Buch, das ich hier schreibe. Aber um ihre Taten vollbringen zu können, ist es unerläßlich, daß man sich derselben Mittel bediene.

Was haben sie nun wirklich geleistet? Sie haben die Welt in Erstaunen gesetzt, haben sie bezwungen, haben sie mehr beherrscht als mancher König. Die Magie ist ein Werkzeug göttlicher Güte oder teuflischer Selbstüberhebung, auf alle Fälle aber spricht sie den Freuden des Erdendaseins und den Annehmlichkeiten des Lebens das Todesurteil.

Wozu wollen wir uns dann überhaupt damit abgeben? werden die Genußsüchtigen fragen.

Einfach, um sie kennen zu lernen und vielleicht um imstande zu sein, sich vor alberner Ungläubigkeit oder allzu kindischer Gutgläubigkeit zu hüten. Ihr vergnügungssüchtigen Männer und Frauen, ist etwa befriedigte Neugier nicht ein recht großes Vergnügen? Leset nur ohne Furcht, ihr werdet darum nicht über Nacht Magier werden.

Überdies ist der Entschluß zu absolutem Verzicht nur geboten, um die universellen Ströme herzustellen und das Weltbild zu verändern. Es gibt auf einen gewissen Kreis beschränkte, relativ magische Wirkungen, die kein derartiges Heldentum voraussetzen. Man kann durch Leidenschaft Leidenschaften erwecken, Sympathien und Antipathien wachrufen, jemandem Leid zufügen oder ihn heilen, ohne über die Allmacht des Magiers zu verfügen. Nur darf man nicht vergessen, daß hierbei stets die Gefahr einer Reaktion vorhanden ist, die der Kraft der eigenen Handlung entspricht, und der man leicht zum Opfer fallen kann. Dies alles werden wir im Ritual näher erklären.

Die magische Kette bilden, heißt einen magnetischen Strom in Kraft setzen, dessen Stärke im Verhältnis zur Ausdehnung der Kette wächst. Im Ritual werden wir sehen, wie solche Ströme entstehen und auf welch verschiedene Arten die Kette gebildet werden kann. Mesmers magnetische Wanne war eine recht unvollkommene magische Kette. In verschiedenen Ländern des Nordens gab es große Kreise Erleuchteter, die über weit wirksamere Ketten verfügten. Selbst die Gesellschaft gewisser, durch ihre okkulte Macht und ihre Unpopularität berühmter katholischer Priester ist auf den Gesetzen der wirksamsten magischen Ketten begründet, und hierauf beruht das Geheimnis ihrer Stärke. Diese schreiben sie zwar einzig der Gnade oder dem Willen Gottes zu, doch ist dies eine übliche und billige Auslegung aller Probleme der in der Beeinflussung und Begeisterung wirkenden Kraft. Im Ritual werden wir über die wahrhaft magisch zu nennenden Zeremonien und Beschwörungen urteilen, aus welchen sich das große Werk der Berufung unter dem Namen der Übungen des hl. Ignatius zusammensetzt.

Die Begeisterung, welche sich einer Gesellschaft durch eine Aufeinanderfolge von Zeremonien und Willensübertragungen mitteilt, erzeugt einen magnetischen Strom und erhält oder verstärkt sich durch diesen. Auf schwache und leicht beeinflußbare Personen, auf nervös Veranlagte oder solche, die zu Hysterie oder Halluzinationen neigen, wirkt dieser Strom oft über alle Maßen hinreißend und begeisternd. Sie werden bald zu wirksamen Sammlern der magischen Kraft und strahlen das Astrallicht heftig in der Richtung jenes Stromes wieder aus. Sich zu den Manifestationen dieser Kraft in Gegensatz stellen, würde ebensoviel heißen, wie das Schicksal aufhalten wollen. Als der junge Pharisäer Saul oder Schaul mit dem ganzen Fanatismus und Eigensinn eines Sektierers dem anwachsenden Christentum entgegenarbeitete, gab er sich unwissentlich eben der Macht preis, die er zu bekämpfen wähnte. Er wurde denn auch bald genug von einem gewaltigen magnetischen Blitzschlag zu Boden geworfen, dessen Wirkung wahrscheinlich durch einen Sonnenstich und eine gleichzeitige Gehirnerschütterung aufs höchste gesteigert war. Ein Ereignis unserer Zeit von durchaus gleicher Natur ist die Bekehrung des israelitischen Jünglings Alfons von Regensburg. Und wir alle kennen jene Sekte von Enthusiasten, welche man aus der Ferne verlacht und deren Reihe man dennoch beitritt, sobald man sich ihr nähert, selbst wenn dies nur in der Absicht geschah, sie zu befehden. Ich behaupte weiter, daß die magischen Kreise und die magnetischen Ströme aus sich selbst entstehen und alle Menschen, auf die sich ihre Wirksamkeit erstreckt, schicksalsmäßig beeinflussen. Jedermann ist in einen Kreis von Beziehungen eingesponnen, der seine Welt bedeutet, und dessen Einfluß er unterworfen ist. Jean-Jacques Rousseau, der Gesetzgeber der französischen Revolution, der Mann, den die geistvollste Nation der Welt für die verkörperte menschliche Vernunft ansah, wurde zur traurigsten Tat seines Lebens, zur Preisgabe seiner Kinder bewogen durch den magnetischen Einfluß eines Kreises von Lebemännern und den magischen Strom einer Wirtshaustafelrunde. Er erzählt dies selbst ganz einfach und naiv in seinen „*Confessions*", eine Tatsache, die bisher niemandem aufgefallen ist. Große Kreise schaffen oft große Männer, und umgekehrt. Es gibt kein unverstandenes Genie; aber es gibt *exzentrische* Menschen, und dieser Ausdruck scheint von einem Adepten geprägt worden zu sein. Einen im Genie exzentrischen Menschen nennen wir denjenigen, der sich einen eigenen Kreis zu bilden sucht, indem er gegen die zentrale Einflußkraft bestehender Ketten und Ströme kämpft. Je nach seiner Bestimmung wird er in diesem Kampfe unterliegen oder siegen. Und was ist in solchem Fall die doppelte Bedingung des Erfolges? Ein Mittelpunkt der Standhaftigkeit und ein im Umkreis wirkendes beharrliches Handeln der Initiative. Der ist ein Mann von Genie, der ein wahres Gesetz entdeckt hat und deshalb unbezwingliche Tat und Führerkraft besitzen muß. Er kann an seinem Werk zugrunde gehen; aber sein Wille erfüllt sich trotz seines Todes; ja manchmal eben dadurch, denn für ein Genie ist der Tod die Himmelfahrt. Der größte Initiator sagte: Wenn ich von der Erde auffahre, werde ich alles mit mir fortreißen.

Das Gesetz der magnetischen Ströme ist gleich dem der Bewegung des Astrallichts. Diese Bewegung ist stets doppelt und vervielfacht sich in entgegengesetztem Sinn. Eine große Tat bereitet immer eine gleiche Rückwirkung vor, und das Geheimnis großer Erfolge beruht ganz auf dem Vorherwissen dieser Reaktionen. So hat Chateaubriand, entflammt durch seinen Abscheu vor den revolutionären Saturnalien, den ungeheuren Erfolg seines „*Genie du christianisme*“ vorempfunden und vorbereitet. Sich einem Strom entgegenstemmen, der seinen Kreis zu ziehen beginnt, heißt nach Vernichtung streben, wie es unter anderen dem großen, unglücklichen Kaiser Julian geschah. Sich einem Strom entgegensetzen, der seinen ganzen Wirkungskreis durchlaufen hat, heißt an die Spitze des gegengerichteten Stromes treten. Der bedeutende Mensch tritt immer zur rechten Zeit in Erscheinung und weiß zur gegebenen Zeit Neues zu schaffen. Wäre Voltaire ein Zeitgenosse der Apostel gewesen, er hätte kein Echo für seine Worte gefunden und hätte vielleicht nur als geistreicher Parasit bei den Gastereien des Trimalchion eine Rolle gespielt. In unseren Tagen ist alles bereit für ein neues Aufflammen evangelistischer Begeisterung und christlicher Uneigennützigkeit, und das gerade infolge einer allgemeinen Entzauberung, eines egoistischen Positivismus und des unverhülltesten Zynismus im Dienste schmählichsten Eigennutzes. Der riesige Erfolg gewisser Bücher und die mystischen Neigungen heutiger Geister sind unzweideutig Anzeichen dieser allgemeinen Richtung. Man restauriert die Kirchen und baut sogar neue. Je ärmer man sich an Glauben fühlt, je heißer erstrebt man ihn. Die ganze Welt harrt der Wiederkunft des Messias, die nicht mehr lange ausbleiben kann. Fände sich beispielsweise ein durch Rang oder Vermögen hochgestellter Mann, ein Papst, König oder auch nur ein jüdischer Millionär, und opferte feierlich und öffentlich all seine materiellen Interessen dem Wohl der Menschheit, machte sich zum Erlöser der

Armen, zum Verbreiter, ja selbst zum Opfer der Lehren von Nächstenliebe und Selbstverleugnung, so würde dieses Beispiel nicht verfehlen, in seiner Umgebung einen mächtigen Wettstreit zu entfachen und hierdurch eine sittliche Umwälzung in der ganzen Welt zu bewirken. Allerdings wäre die hohe Stellung jenes Mannes hierbei Bedingung, denn in unseren Tagen des Elends und Marktschreiertums werden Worte und Taten, die von unten kommen, von vornherein nur dem Ehrgeiz und selbstsüchtiger Spiegelfechterei zugeschrieben. Wer nichts besitzt und nichts ist, darf nie hoffen, ein Apostel oder Messias zu werden. Wenn ihr den rechten Glauben habt und durch ihn wirken wollt, so verschafft euch zunächst die Mittel, die solches Handeln fruchtbar machen, wie Einfluß durch Rang und Ansehen durch Vermögen. Einst machte man Gold mit Hilfe des Wissens, heute braucht man das Gold zum Wiederaufbau des Wissens. Man machte das Flüchtige fest, nun muß man das Feste flüchtig machen, mit anderen Worten, man materialisierte den Geist und muß nun danach trachten, die Materie zu vergeistigen. Das erhabenste Wort findet heutzutage kein Gehör, wenn nicht ein Name dahinter steht oder vielmehr ein Erfolg, der einen klingenden Wert bedeutet. Was gilt ein Manuskript? Genau so viel, wie der Name seines Autors im Buchhandel. Die Firma Alex. Dumas & Co. ist in unserem Zeitalter eine Art literarische Bürgschaft, allerdings nur in Betreff jener alltäglichen Erzeugnisse, der Romane. Fände Dumas eine noch so prächtige Utopie oder eine bewunderungswürdige Lösung religiöser Probleme, man würde seine Entdeckungen doch stets nur für die amüsante Laune eines Romanciers hinnehmen und sie niemals für Ernst halten trotz aller Weltberühmtheit dieses literarischen Großindustriellen. Wir leben im Zeitalter der Erwerbungen: jeder gilt soviel als er in gesellschaftlicher und pekuniärer Hinsicht erreicht hat. Die unbegrenzte Freiheit des Wortes hat einen so ungeheuren Konflikt der Meinungen bewirkt, daß man heute nicht mehr fragt: Was sagt man? sondern: Wer sagt das? War es Rothschild, seine Heiligkeit Pius IX. oder selbst Monsignore Dupanloup, so ist es bedeutend. War es hingegen Tartempion, so mag dieser im Übrigen — was ja immerhin möglich wäre — ein noch unentdecktes Wunder an Wissenschaft und Verstand sein, man glaubt ihm doch nicht.

Sollte mich jemand fragen: Wenn du das Geheimnis des großen Erfolges und der Kraft, die Welt zu ändern, kennst, warum machst du keinen Gebrauch davon? So würde ich antworten: Dieses Wissen ist mir zu spät zugefallen. Um es zu erwerben, habe ich jene Zeit und Hilfsmittel verloren, die mich vielleicht instand gesetzt hätten, es zu verwerten; aber ich will es allen anbieten, die in der Lage sind, davon Gebrauch zu machen. Ihr Berühmten, Reichen, Großen dieser Welt, die ihr euch nicht an dem genügen laßt, was ihr habt, und nach edleren, umfassenderen Zielen strebt, wollt ihr Väter einer neuen Welt, Könige einer verjüngten Zivilisation werden? Ein armer, unbekannter Gelehrter hat den Hebel des Archimedes wieder entdeckt und bietet ihn euch, ohne etwas für sich selbst zu fordern, einzig zum Wohl der Menschheit an.

Die Phänomene des Tischrückens und der fluidalen Manifestationen, welche jüngst in Amerika und Europa Aufsehen erregten, sind nichts anderes als in der Bildung begriffene, magnetische Ströme und Antriebe der Natur, die uns damit auffordert, zum Wohl der Allgemeinheit die sympathischen und religiösen großen Ketten wiederherzustellen. Eine Stagnation des Astrallichts wäre der Tod des Menschengeschlechtes, und die Erstarrung dieses geheimen Agens hat sich tatsächlich schon mehr als einmal durch erschreckende Zeichen von Zersetzung und Vernichtung angekündigt. Die Cholera morbus z. B. und die Krankheiten der Kartoffel und der Traube entstammen keiner anderen Ursache; dies wurde den beiden Hirten der Salette durch dunkle, symbolische Träume geoffenbart.

Die Tatsache, daß ihre Erzählungen ganz unerwartet Glauben fanden, und der ungeheure Zulauf von Wallfahrern, der bloß auf einen so merkwürdigen und unklaren Bericht von diesen zwei unwissend und beinahe ohne jede Moralität aufgewachsenen Kindern hin einsetzte, sind Beweise für die magnetische Wirklichkeit jenes Falles und dem fluidischen Bestreben der Erde selbst, die Heilung ihrer Bewohner zu bewirken.

Aberglaube ist ein Naturtrieb, und alles Triebhafte hat in der Natur der Dinge selbst seinen Daseinsgrund. Hierüber haben jedoch die Skeptiker aller Zeiten nicht genügend nachgedacht.

Wir schreiben also alle die seltsamen Erscheinungen des Tischrückens dem universellen magnetische Agens zu, welches eine Kette der Begeisterung sucht, um neue Ströme zu bilden. Es ist eine an sich blinde Kraft, die aber durch den Willen der Menschen gelenkt werden kann und durch die vorherrschenden Urteile beeinflußt wird. Dieses universelle Fluidum — wenn es denn ein Fluidum sein soll — stellt als der gemeinsame Mittelpunkt aller nervösen Organismen und als Leiter aller gefühlsmäßigen Schwingungen eine wirklich physische Gemeinschaft zwischen erregbaren Personen her und vermittelt zwischen den Eindrücken der Vorstellung und der Gedanken. Die Bewegung lebloser Dinge, bestimmt durch die Schwingungen des universellen Agens, gehorcht also dem vorherrschenden Eindruck und ihre Offenbarungen weisen je nachdem die lichte Klarheit wunderbarster Wahrträume oder die dunkle Verworrenheit und Unwahrhaftigkeit verschwommener und unzusammenhängender Träume auf.

Schläge auf die Möbel, lautes Klirren des Geschirrs, von selbst erklingende Musikinstrumente sind Illusionen, die alle der gleichen Ursache entspringen. Die Wunder der Verzückten von St. Medard gehörten zur selben Ordnung und schienen sogar manchmal den Ablauf der Naturgesetze zu unterbrechen. Durch Faszination erzeugte Übersteigerung, d. h. ein besonderer, durch Anhäufung des Astrallichtes bewirkter Rausch einerseits, andererseits Schwingungen oder wirkliche Bewegung der leblosen Materie durch das universelle, subtile Agens der Bewegung und des Lebens aufgeprägt: dies ist alles, was hinter jenen wunderbaren Dingen steht. Man kann sich hiervon unschwer überzeugen und mit Benutzung der im Ritual angegebenen Mittel nach Belieben die verblüffendsten Zaubereien ausführen, wobei das im übrigen leicht nachweisbare Fehlen von jeglichem Betrug, Halluzination oder Irrtum festzustellen wäre.

Es ist mir öfter geschehen, daß ich nach Versuchen mit der magischen Kette bei unsympathischen Personen von schlechter Gesinnung nachts durch qualvolle Empfindungen und entsetzenerregende Berührungen plötzlich geweckt wurde. Ich fühlte tatsächlich einmal unter anderem den Druck einer Hand, die mich würgte: ich sprang auf, zündete meine Lampe an und begann ruhig zu arbeiten, um so meine Schlaflosigkeit nutzbar zu machen und die Gespenster des Schlafes zu verscheuchen. Alsdann fingen die Bücher in meiner Nähe an sich geräuschvoll zu regen, Papiere flatterten und raschelten aneinander, die Täfelung krachte, als ob sie auseinanderspringen wolle, und in der Decke ertönten dumpfe Schläge. Ich beobachtete gespannt, aber in vollkommener Ruhe all diese Phänomene, die so realistisch in ihrer Auswirkung waren, die selbst dann nicht weniger wunderbar sind, wenn sie zu Lasten meiner Einbildung gehen. Außerdem betone ich, daß ich keineswegs erschrocken war und mich im Augenblick ihres Auftretens mit ganz anderen Dingen als okkulter Wissenschaft befaßt hatte.

Die Wiederkehr ähnlicher Ereignisse brachte mich darauf, Beschwörungsversuche mit Hilfe der magischen Gebräuche der Alten zu wagen und von den außerordentlichen Erfolgen, die ich damit erzielte, werde ich im dreizehnten Kapitel dieses Werkes sprechen.

12 ל M.

DAS GROSSE WERK.

DISCITE – CRUX.

Das große Werk besteht vor allem in der Erschaffung des Menschen durch sich selbst, d. h. in dem durch den Menschen bewirkten restlosen Erringen seiner Fähigkeiten und seiner Zukunft; Es ist vor allem die vollkommene Verselbständigung seines Willens, durch die ihm die universelle Macht des Azoth und der Bereich der Magnesia, d. h. die Vollmacht über das universelle magische Agens gesichert wird.

Dieses magische Agens, welches die alten, hermetischen Philosophen unter dem Namen prima materia verbargen, bestimmt die Formen der veränderlichen Substanz, und mit ihm kann man tatsächlich die metallische Verwandlung und die Universalmedizin erreichen. Dies ist keine bloße Annahme, sondern eine erprobte und streng beweisbare, wissenschaftliche Tatsache.

Obgleich Nicolas Flamel und Raymundus Lullus beide arm waren, haben sie doch offensichtlich ungeheure Reichtümer verteilt. Agrippa ist nie über den ersten Teil des großen Werkes herausgekommen und ist über seiner Bemühung gestorben, indem er darum kämpfte, einzig sich selbst angehören zu dürfen und seine Unabhängigkeit zu erlangen.

Es gibt demnach zwei hermetische Verfahren: das eine ist geistiger, das andere stofflicher Art und beide sind voneinander abhängig.

Die ganze hermetische Wissenschaft ist übrigens im Dogma des Hermes enthalten, welches wie es heißt, ursprünglich auf einer Smaragdtafel eingeschnitten war. Die ersten Absätze haben wir bereits besprochen, es sollen nun jene folgen, welche sich auf das große Werk beziehen:

„Du scheidest nun vorsichtig, mit großem Fleiße die Erde vom Feuer, das Feine vom Groben.

Es steigt von der Erde zum Himmel und sinkt zum andern Mal zur Erde zurück und gewinnt die Kraft der hohen und niederen Dinge.

Hierdurch wirst du den Ruhm der ganzen Welt ernten, und darum wird alle Finsternis von dir weichen.

Dies ist die starke Kraft aller Kräfte, denn sie wird alle feinen Dinge überwältigen und alle festen Dinge durchdringen.

So ward die Welt erschaffen."

Das Feine in der ersten Operation, die rein innerlich ist, vom Festen trennen, heißt seine Seele von jedem Vorurteil und Laster reinigen: dies wird bewirkt durch Anwendung des philosophischen Salzes oder der Weisheit, des Merkurs oder der persönlichen Gewandtheit und Arbeit, endlich des Schwefels, der Lebensenergie und Wärme des Willens darstellt. Durch diese Mittel gelangt man dazu, selbst die wertlosesten Dinge, ja irdischen Unrat, in geistiges Gold zu verwandeln. In diesem Sinne sind sie zu verstehen, die Gleichnisse der alten Schriften über die Goldmacherkunst eines Bernard von Treviso, Basilius Valentinus, einer Marie der Ägypterin und anderer Propheten der Alchymie. In ihren Werken aber wie im großen Werk selbst gilt es, vorsichtig das Feine vom Groben, das Mystische vom Positiven, die Allegorie von der Theorie zu unterscheiden. Will man sie mit Genuß und Verständnis lesen, so muß man sie erst in ihrer Gesamtheit sinnbildlich erfassen und dann von den Sinnbildern auf dem Weg über Entsprechungen oder Analogien zur Wirklichkeit herabsteigen, wie es im einzigen Dogma gezeigt wird:

Das Obere ist gleich dem Unteren und umgekehrt.

Das Wort ART (Kunst), umgekehrt oder nach der Weise der frühen heiligen Schriften, d. h. von rechts nach links gelesen, bedeutet, als drei Anfangsbuchstaben betrachtet, die verschiedenen Grade des großen Werkes. T bedeutet den Ternar, Theorie und Arbeit, R — Verwirklichung, A — Anpassung. Wir werden im zwölften Kapitel des Rituals wiedergeben, was die alten Meister über die Anpassung sagten, insbesondere die Anweisungen, die Heinrich Kunrath in seiner hermetischen Festung darüber gibt.

Wir weisen hier für etwaige Nachforschungen unserer Leser auf eine wunderbare Abhandlung hin, die dem Hermes Trismegistos zugeschrieben wird und den Titel „*Minerva mundi*" trägt. Diese Abhandlung findet man nur in wenigen Ausgaben des Hermes. Sie enthält in Sinnbildern voll Poesie und Tiefe die Lehre der Erschaffung der Wesen durch sich selbst, oder die Lehre vom Gesetz der Schöpfung, die aus der Verbindung jener beiden Kräfte entsteht, welche die Alchymisten das Feste und das Flüchtige nannten und im Absoluten Gesetzmäßigkeit und Freiheit heißen. Man erklärt darin die Mannigfaltigkeit der in der Natur vorkommenden Formen durch die Mannigfaltigkeit der Geister und die Mißgestaltungen durch die Divergenz der Bestrebungen. Das Lesen und Durchdenken dieses Werkes ist unerläßlich für jeden Adepten, der sich in die Mysterien der Natur versenken und dem Suchen nach dem großen Werk widmen will.

Wenn die Meister der Alchymie behaupten, daß es wenig Zeit und Geld erfordere, um die Werke der Wissenschaft zu vollenden, wenn sie vor allem sagen, daß hierzu nur ein einziges Gefäß vonnöten sei und vom großen, einzigen Athanor sprechen, dessen sich jeder bedienen könne, und der der ganzen Welt zur Verfügung stände, ja, den die

Menschen besäßen, ohne sich dessen bewußt zu sein, so spielen sie damit auf die philosophische, moralische Alchymie an. Ein starker, entschlossener Wille kann tatsächlich in kurzer Frist zu vollständiger Unabhängigkeit gelangen und wir alle besitzen das chemische Werkzeug, den großen, einzigen Athanor, welcher dazu dient, das Feine vom Groben und das Feste vom Flüchtigen zu trennen. Dieses Werkzeug, das so vollkommen wie die Welt und so genau wie die Mathematik selbst ist, wird von den Gelehrten mit dem Sinnbild des Pentagramms oder dem fünfzackigen Stern bezeichnet, dem absoluten Zeichen der menschlichen Intelligenz. Doch will ich hierin den Alten folgen und es nicht nennen; es ist ohnehin leicht genug, es zu erraten.

Das Bild des Tarok, welches diesem Kapitel entspricht, wurde von Court de Gebelin und Eteilla mißverstanden; sie glaubten hier nur einen durch einen deutschen Kartenmacher begangenen Irrtum zu sehen. Dieses Bild zeigt einen Mann, dessen Hände hinter dem Rücken gebunden sind; seine Achseln tragen zwei Geldsäcke und er selbst hängt mit einem Fuß an einem Galgen, der aus zwei Baumstämmen, deren jeder eine sechsfach verzweigte durchschnittene Wurzel hat und aus einem Querholz zusammengefügt ist, wodurch das Bild des hebräischen Tau ת entsteht. Die Beine des Dulders sind gekreuzt und seine Ellbogen bilden mit dem Haupt ein Dreieck. Nun bedeutet das Dreieck mit dem darübergesetzten Kreuz in der Alchymie das Ende und die Vollkommenheit des großen Werkes, der identischen Bedeutung des Zeichens ת, dem letzten Buchstaben des heiligen Alphabets.

Dieser Gehenkte ist also der Adept, durch seine Verpflichtungen gebunden und vergeistigt, oder mit den Füßen zum Himmel gekehrt. Er ist auch der antike Prometheus, der durch unsterbliche

Qualen die Strafe für seinen herrlichen Raub büßt. Für das Volk ist er der Verräter Judas, dessen Strafe die Verkünder des großen Arkanums warnt. Für die jüdischen Kabbalisten endlich ist dieser Gehenkte, der ihrem zwölften Dogma — demjenigen des versprochenen Messias — entspricht, ein Protest gegen den von den Christen erkannten Erlöser, an den sie von neuem die Frage stellen: Wie willst du andere erlösen, da du dich selbst nicht retten kannst?

Im Sepher-Toldos-Jeschu, einer antichristlichen rabbinischen Sammlung, findet sich ein merkwürdiges Gleichnis: Jeschu — so sagt der Erzähler der Legende — reiste einst mit Simon Barjona und Judas Ischariot. Spät abends kamen sie müde zu einem einsamen Haus. Sie waren sehr hungrig und fanden nur eine recht kleine, magere Gans zu essen vor. Sie reichte nicht aus für drei Leute, geteilt hätte sie nur ihren Hunger gereizt, ohne ihn zu befriedigen. Sie kamen überein, das Los zu werfen. Da sie aber vor Müdigkeit fast umfielen, sagte Jeschu: Wir wollen erst schlafen und unterdessen kann das Essen bereitet werden; wenn wir aufwachen, soll jeder seinen Traum erzählen, und der den schönsten Traum hatte, darf die kleine Gans allein verzehren. So geschah es. Sie schliefen und erwachten. Der hl. Petrus erzählte: Mir träumte, ich sei der Verweser Gottes. Jeschu sprach: Ich war im Traum Gott selbst. Und ich, versetzte Judas scheinheilig, träumte, daß ich mich nachtwandelnd erhob, leise herabstieg, die Gans vom Spieß nahm und sie aufaß. Daraufhin gingen sie hinab; aber die Gans war tatsächlich verschwunden. Judas hatte hellwach geträumt. (Diese Anekdote findet sich nicht im Text des Sepher-Toldos-Jeschut selbst, sondern im rabbinischen Kommentar hierzu.)

Diese Legende ist ein Protest des jüdischen Positivismus gegen den christlichen Mystizismus.

Es ist Tatsache, daß während die Gläubigen sich schönen Träumen hingaben, der geächtete Israelite — der Judas der christlichen Zivilisation — arbeitete, handelte, Wucher trieb, reich wurde, sich die Möglichkeiten des Augenblickes zunutze machte und schließlich eben jenen Kulten, die ihn so lange geächtet hatten, mit Existenzmitteln aushalf. Die alten Anbeter der Bundeslade sind dem Kult des Geldschranks treu geblieben und sehen nun in der Börse ihren Tempel, von dem aus sie die christliche Welt beherrschen. Judas kann wahrlich lachen und sich beglückwünschen, daß er nicht wie der hl. Petrus geschlafen hat.

In den alten Schriften vor der ägyptischen Gefangenschaft hat das hebräische Tau die Form eines Kreuzes und das bestätigt wieder unsere Auslegung des zwölften Blattes des kabbalistischen Tarok. Das Kreuz, durch welches vier Dreiecke entstehen, ist ferner das geheiligte Zeichen der Zwölfheit und die Ägypter nannten es deshalb den Himmelsschlüssel. Übrigens gibt Eteilla, der in seinen ausgedehnten Untersuchungen darum verlegen war, die analogen Bedürfnisse des Bildes mit seiner persönlichen Auffassung in Einklang zu bringen, — er war hierin dem Einfluß des weisen Court de Gebelin unterworfen — seinem wiederaufgerichteten Gehenkten, den er als die Lebensklugheit ansieht, einen Hermesstab in die Hand, der aus zwei Schlangen und einem griechischen Tau besteht. Da er die Notwendigkeit des Tau oder Kreuzes auf der zwölften Seite des Buches *Thot* begriff, hätte er auch das vielfältige und prächtige Symbol des hermetischen Gehenkten verstehen müssen, dieses Prometheus der Wissenschaft, des lebendigen Menschen, der die Erde nur durch den Gedanken berührt und dessen Fundament im Himmel ist, den freien und hingeopferten Adepten, den durch Tod bedrohten Verkünder, die Verschwörung des Judentums gegen

Christus, welche ein ungewolltes Bekenntnis der okkulten Göttlichkeit des Gekreuzigten zu sein scheint, das Zeichen endlich des vollendeten Werkes, des geschlossenen Kreises, das vermittelnde Tau, welches ein erstes Mal vor der letzten Zehnheit die Zeichen des heiligen Alphabets zusammenfaßt.

13 מ N.

DIE NEKROMANTIE.

EX IPSIS – MORS.

Wir haben gesagt, daß sich im Astrallicht die Bilder der Menschen und Dinge erhalten. In diesem selben Lichte kann man die Gestalten jener beschwören, die nicht mehr in unserer Welt leben, und in diesem Lichte vollenden sich die ebenso bestrittenen als tatsächlichen Mysterien der Nekromantie.

Die Kabbalisten, die von der Geisterwelt erzählten, haben einfach das wiedergegeben, was sie bei ihren Beschwörungen sahen.

Eliphas Levi Zahed, französisch Alphonse Louis Constant, der Autor dieses Buches, hat selbst Beschwörungen angestellt und vieles dabei gesehen.

Wir führen zunächst an, was die Meister über ihre Visionen und Eingebungen im *Licht der Herrlichkeit*, wie sie es nannten, schrieben.

Man liest im hebräischen Buch von der *Wanderung der Seelen*, daß es drei Arten von Seelen gibt: Töchter Adams, Töchter der Engel und die Töchter der Sünde. Es gibt nach demselben Buche auch drei Arten von Geistern: die gefangenen, wandernden und freien Geister. Die Seelen werden paarweise ausgeschickt. Es gibt aber männliche Seelen, die verwitwet geboren werden und deren Gefährtinnen durch Lilith und Naemah, die Königinnen der Vampyre, gefangen gehalten werden. Das sind die Seelen, welche die Vermessenheit eines Gelübdes der Ehelosigkeit zu büßen haben. Entsagt also ein Mann von Kindheit an der Frauenliebe, so macht er die ihm bestimmt gewesene

Gefährtin zur Sklavin der Dämonen der Ausschweifung. Die Seelen wachsen und vermehren sich im Himmel genau so wie die Körper auf Erden. Unbefleckte Seelen sind Töchter der Engelsküsse.

Nichts kann im Himmel einziehen als das, was von ihm ausgeht. Der göttliche Geist, welcher den Menschen beseelte, kehrt also nach dem Tode allein zum Himmel zurück und läßt auf Erden und in der Atmosphäre zwei Leichen zurück. Die eine ist irdisch und elementar, die andere gehört der Luft und den Sternen. Die eine ist bereits leblos; die andere, durch die universelle Bewegung der Weltseele zwar noch belebt, jedoch zu langsamem Absterben bestimmt, wird aufgezehrt von den astralen Mächten, die sie erzeugten. Die irdische Leiche ist sichtbar; die andere ist unsichtbar für die Augen der lebendigen und irdischen Körper und kann nur durch Anwendung des astralen oder *durchscheinenden Lichtes* gewahrt werden, welches seine Eindrücke dem Nervensystem übermittelt und hierdurch den Gesichtssinn bis zur Wahrnehmung der im Lebenslicht aufbewahrten Formen und Worte reizt.

Der Leichnam eines Menschen, der im Leben gut war, verflüchtet sich und steigt wie feiner Weihrauch zu höheren Gefilden auf; hat ein Mensch aber verbrecherisch gelebt, so sucht sein astraler Leichnam, der ihn gefangen hält, die Gegenstände seiner Leidenschaft nochmals auf und trachtet danach, wieder ins Leben zu treten. Er quält die Träume junger Mädchen, badet sich im Dunste vergossenen Blutes und umschleicht die Orte, wo er sich zu Lebzeiten vergnügte. Er wacht über die Schätze, die einst sein waren, und die er vergrub, erschöpft sich in schmerzlichen Anstrengungen, um sich materielle Organe zu schaffen und aufs neue zu leben. Aber die Gestirne verzehren ihn und saugen ihn auf. Er fühlt, wie seine Intelligenz schwächer wird, seine Erinnerung sich langsam verliert, sein ganzes Wesen sich auflöst.... Seine alten Laster zeigen sich ihm wieder und verfolgen ihn unter schauerlichen Bildern; sie ergreifen und verzehren ihn...... So verliert der Unglückliche nach und nach alle Glieder, die ihm bei seinen Missetaten dienten. Endlich stirbt er zum zweiten Male und diesmal für immer, denn er verliert Persönlichkeit und Erinnerung. Seelen, die leben müssen, aber noch nicht ganz geläutert sind, bleiben mehr oder weniger im astralen Leichnam gefangen, wo sie im odischen Lichte verbrennen, welches sie aufzunehmen und aufzulösen sucht. Um sich von dieser Leiche zu befreien, schlüpfen die leidenden Seelen manchmal in lebendige Menschen und verharren dort in einem Zustand, den die Kabbalisten *Embryonat* nennen.

Diese ätherischen Kadaver kann man durch die Nekromantie beschwören. Es sind Larven, tote oder sterbende Substanzen, mit denen man sich in Verbindung setzt. Meistens können sie sich nur durch das Klingen in unseren Ohren — hervorgerufen durch jene schon besprochenen Nervenschwingungen — bemerkbar machen, und sie urteilen gewöhnlich nur, indem sie unsere eigenen Gedanken oder Träume nachdenken.

Will man aber jene fremdartigen Formen sehen, muß man sich in einen besonderen Zustand zwischen Schlaf und Tod versetzen, d. h. man muß sich selbst magnetisieren und in eine Art hellsichtigen, wachen Somnambulismus versenken. Die Nekromantie zeitigt also tatsächliche Erfolge und die magischen Beschwörungen vermögen wirkliche Visionen hervorzurufen. Wir haben schon gesagt, daß sich im großen magischen Agens, dem Astrallicht, alle Abdrücke der Dinge und alle Bilder, die durch Strahlen oder Reflexe gestaltet wurden, erhalten. In diesem Licht erscheinen uns auch unsere Wahrträume, es berückt die Wahnsinnigen und hetzt ihre betäubte Urteilskraft den abenteuerlichsten Phantomen nach. Um in diesem Lichte unbeirrt zu sehen, muß man durch starken Willen die Reflexe ausschalten und nur die Strahlen an sich heranziehen. Im Wachsein träumen heißt im Astrallicht sehen. Die Sabbatorgien, von denen so viele Zauberer in gerichtlichen Verhandlungen erzählen, erschienen diesen nicht anders. Zuweilen waren schauerliche Vorbereitungen und Mittel nötig, um dieses Ziel zu erreichen, wie wir im Ritual sehen werden. Der Erfolg aber war nie zweifelhaft. Man sah, hörte, berührte die widerlichsten und unmöglichsten Dinge. Mehr hiervon im fünfzehnten Kapitel, für jetzt wollen wir uns nur mit der Totenbeschwörung befassen.

Im Frühling des Jahres 1854 war ich nach London gereist, um inneren Kümmernissen zu entfliehen und mich ohne Ablenkung der Wissenschaft hinzugeben. Ich besaß Empfehlungsschreiben an bedeutende Persönlichkeiten, die auf Offenbarungen aus der übersinnlichen Welt gespannt waren. Ich besuchte deren mehrere, fand aber bei allen neben großer Höflichkeit einen hohen Grad von Gleichgültigkeit und Oberflächlichkeit. Man verlangte Wunder von mir zu sehen wie von einem Charlatan. Dies entmutigte mich; denn ich war, um die Wahrheit zu sagen, gar nicht geneigt, andere in die Mysterien der zeremoniellen Magie einzuweihen, da ich hiervon für mich selbst immer Enttäuschungen und Ermüdungen befürchtete. Außerdem erforderten diese Zeremonien kostspielige und schwer zu beschaffende Werkzeuge. Ich zog mich daher ganz auf das Studium der hohen Kabbala zurück und dachte gar nicht mehr an die englischen Adepten, bis ich eines Tages, ins Hotel heimkehrend, ein an mich gerichtetes Briefchen vorfand. Es enthielt die Hälfte einer schräg durchschnittenen Karte, auf welcher ich zunächst das Zeichen von Salomos Siegel erkannte, und ein kleines mit Bleistift beschriebenes Blatt Papier: „Morgen um drei Uhr wird man Ihnen vor der Westminster-Abtei die andere Hälfte dieser Karte einhändigen.“ Ich begab mich zu diesem seltsamen Stelldichein. Ein Wagen hielt dort. Ich trug ohne Ziererei meine Kartenhälfte in der Hand. Ein Bedienter trat heran, machte mir ein Zeichen und öffnete die Tür des Wagens. Darin saß eine schwarz gekleidete, tief verschleierte Dame, winkte mir einzusteigen und zeigte mir die andere Hälfte der erhaltenen Karte. Die Tür fiel zu und der Wagen setzte sich in Bewegung. Als die Dame ihren Schleier hob, sah ich, daß sie alt war. Unter ihren grauen Brauen strahlten lebhafte, dunkle Augen mit eigentümlich festem Blick. „Mein Herr,“ begann sie mit ausgesprochen englischem Akzent, „ich weiß, daß das Gebot des Schweigens bei den Adepten streng ist. Eine Freundin des Herrn B.... D...., welche Sie sah, erfuhr, daß man von Ihnen Experimente forderte und daß Sie es abschlugen, die Neugier zu befriedigen. Vielleicht gebricht es Ihnen an den hierzu notwendigen Gegenständen. Ich werde Ihnen nun ein vollständiges, magisches Kabinett zeigen, erbitte mir jedoch vorher das Versprechen ihrer unbedingten Verschwiegenheit. Wenn Sie mir dies nicht auf Ehre zusichern können, werde ich Befehl geben, Sie heimzufahren.“ Ich gab das verlangte Versprechen und halte es, indem ich weder Namen, Rang noch Wohnung jener Dame nenne, welche ich bald als Eingeweihte, vielleicht nicht des höchsten, aber immerhin eines hohen Grades erkannte. Wir führten lange Gespräche, in welchen sie stets darauf zurückkam, daß die Praxis zur Vollkommenheit der Einweihung notwendig sei. Sie zeigte mir eine Sammlung magischer Gewänder und Werkzeuge und lieh mir mehrere seltene Bücher, die mir fehlten, kurz, sie bestimmte mich, bei ihr den Versuch einer vollständigen Beschwörung zu unternehmen. Ich bereitete mich während einundzwanzig Tagen darauf vor, indem ich gewissenhaft die im dreizehnten Kapitel des Rituals angeführten Gebräuche beobachtete.

Alles war am 24. Juni bereit. Es sollte der Geist des göttlichen Apollonios angerufen und über zwei Geheimnisse befragt werden: das eine betraf mich selbst, das andere jene Dame. Diese hatte zwar gewünscht, mit einer Vertrauensperson zusammen der Anrufung beizuwohnen, doch wurde diese dritte im letzten Augenblick von Furcht befallen, und da bei magischen Riten die Dreiheit oder Einheit strengste Forderung ist, wurde ich allein gelassen. Das für die Beschwörung vorbereitete Kabinett war ein Turmgemach. Es befanden sich darin vier konkave Spiegel und eine Art von Altar, dessen Oberteil aus weißem Marmor von einer Kette aus magnetischem Eisen umgeben war. Auf dem Marmor war das Pentagramm (wie auf Seite 125 dieses Buches) eingeschnitten und vergoldet. Das gleiche Zeichen befand sich in verschiedenen Farben auf einer weißen frischen Lammhaut, die unter dem Altar ausgespannt hing. Mitten auf der Marmorplatte stand ein kleines, kupfernes Kohlenbecken, gefüllt mit Holzkohlen von Erlen und Lorbeer. Vor mir auf einem Dreifuß stand ein zweites Kohlenbecken. Ich war mit einem weißen Gewande bekleidet, ähnlich dem unserer katholischen Priester, nur länger und weiter, und auf dem Kopfe trug ich einen mit einer Goldkette durchflochtenen Verbenenkranz. In der einen Hand hielt ich einen neuen Degen und in der anderen das Ritual. Nun entzündete ich die beiden Feuer mit den hierzu nötigen und vorbereiteten Substanzen und begann die Formeln des Rituals erst mit leiser, dann mit erhobener Stimme herzusagen. Der Rauch verbreitete sich, die Flamme zuckte über die Gegenstände hin und schien sie zu beleben, dann erlosch sie. Ein weißer Rauch stieg langsam über dem Marmoraltar empor, und ich vermeinte eine Erschütterung wie von einem Erdbeben zu spüren. Es klang mir in den Ohren und mein Herz schlug heftig. Ich warf Zweige und Wohlgerüche auf die Kohlenbecken und beim Schein der auflodernden Flamme gewahrte ich deutlich vor dem Altar die überlebensgroße Gestalt eines Mannes, die sich auflöste und verschwand. Ich begann die Anrufung von neuem und stellte mich in einen Kreis, den ich zwischen Altar und Dreifuß gezogen hatte. Nun sah ich, wie sich nach und nach die Tiefe des Spiegels erhellte, der hinter dem Altar mir gegenüberhing, und wie eine helle Gestalt sich darin abzuheben begann, anwuchs und sich mir immer mehr zu nähern schien. Mit geschlossenen Augen rief ich dreimal den Namen Apollonios aus, und als ich die Augen aufschlug, stand ein Mann vor mir, ganz in ein Leinlaken gehüllt, das mich eher grau als weiß dünkte. Sein Antlitz war abgezehrt, traurig und bartlos und entsprach nicht eigentlich dem Bild, das ich mir von Apollonios gemacht hatte. Ich hatte eine Empfindung von außerordentlicher Kälte, und als ich den Mund öffnete, um das Gespenst anzusprechen, brachte ich keinen Laut hervor. Ich legte daher die Hand auf das Zeichen des Pentagramms und bewegte die Spitze meines Degens gegen ihn, indem ich ihm durch diese Gebärde in Gedanken befahl, mich nicht zu erschrecken und mir zu gehorchen. Daraufhin wurde die Gestalt undeutlicher und verschwand plötzlich. Ich befahl ihr, wieder zu erscheinen. Da fühlte ich es an mir wie einen Hauch vorüberstreichen, und etwas berührte meine Hand, die den Degen hielt. Augenblicklich erstarrte mein Arm bis zur Schulter hinauf. In der Annahme, daß der Degen den Geist beleidigte, setzte ich ihn mit der Spitze in den mich umgebenden Kreis. Die menschliche Gestalt erschien sofort wieder, ich aber empfand eine derart große Schwäche in allen Gliedern und fühlte mich so nahe einer Ohnmacht, daß ich zwei Schritte tun mußte, um mich zu setzen. Unverzüglich verfiel ich in einen tiefen Schlaf. Träume suchten mich heim, von denen mir beim Erwachen nur eine verworrene unbestimmte Erinnerung zurückblieb. Während mehrerer Tage noch behielt ich einen steifen und schmerzhaften Arm. Die Erscheinung hatte zwar nicht zu mir gesprochen, aber es schien mir, als hätten die Fragen, die ich ihr stellen sollte, sich gewissermaßen in meinem Inneren von selbst beantwortet. Auf jene der Dame erwiderte eine Stimme in mir: tot (es handelte sich um einen Herrn, über den sie Nachricht wünschte)! Ich selbst wollte wissen, ob eine Annäherung und Versöhnung zwischen zwei Menschen, an die ich gedacht hatte, möglich wäre, und dasselbe innere Echo antwortete unerbittlich: beide tot!

Was ich hier erzählte, sind erlebte Tatsachen. Ich will den Glauben daran jedoch niemandem aufzwingen. Die Wirkung jenes Experimentes auf mich war einfach unerklärlich. Ich war fortan nicht mehr derselbe Mensch. Etwas, das von einer anderen Welt war, war in mich übergegangen. Seither war ich weder heiter, noch traurig, und der Tod hatte etwas eigentümlich Anziehendes für mich bekommen, ohne daß ich mich jedoch zum Selbstmord getrieben fühlte. Sorgsam zergliederte ich alle erfahrenen Empfindungen, und trotz lebhaften, nervösen Widerwillens wiederholte ich binnen weniger Tage noch zweimal dasselbe Experiment. Die hierbei aufgetretenen Phänomene unterschieden sich so wenig von den ersten, daß ich sie diesem vielleicht ohnehin schon etwas lang geratenen Bericht nicht anfügen möchte. Das Ergebnis dieser beiden letzten Beschwörungen aber war für mich die Offenbarung zweier kabbalistischer Geheimnisse, die, aller Welt verkündet, imstande wären, in kurzer Zeit die Grundlagen und Gesetze der ganzen menschlichen Gesellschaft zu ändern.

Soll ich nun aus dem Erlebten schließen, daß ich den großen Apollonios von Thyana wirklich heraufbeschworen, gesehen und berührt habe? Ich bin weder verrückt genug, es zu glauben, noch so wenig ernst, es zu behaupten. Vorbereitungen, Wohlgerüche, Spiegel, Pantakel, dies alles zusammen ruft sicher einen Rausch der Einbildung hervor, der auf einen ohnehin schon reizbaren und nervösen Menschen von heftigster Wirkung sein muß. Ich erkläre nicht, durch welche physiologischen Gesetze ich sehen und berühren konnte. Ich behaupte nur, daß ich es tat, daß ich, ohne zu träumen, klar und deutlich gesehen habe, und das genügt, um an die tatsächliche Wirksamkeit magischer Zeremonien zu glauben. Im übrigen halte ich solche Ausübungen für gefährlich und schädlich. Die Gesundheit, in sittlichem wie körperlichem Sinn, kann solchen Experimenten nicht widerstehen, wenn sie zur Gewohnheit werden. Die alte Dame, von welcher ich erzählte und über die mich zu beklagen ich seither Ursache hatte, ist ein Beispiel dafür. Denn trotz all ihres Ableugnens zweifle ich nicht daran, daß sie gewohnheitsmäßig Nekromantie und Zauberei betrieb. Sie redete manchmal vollkommen irr und ließ sich gelegentlich zu sinnlosem Jähzorn hinreißen, dessen Ursache anzugeben ihr selbst schwer fiel. Ich verließ London, ohne sie wiedergesehen zu haben, und werde getreulich meinem Versprechen nachkommen und nie irgendetwas sagen, was sie erkennbar machen könnte. Ja, nicht einmal ihre Praktiken will ich aufdecken, denen sie zweifellos ohne Wissen ihrer Familie nachgeht, welche nach meiner Vermutung zahlreich und in höchst ehrenvoller Stellung ist.

Es gibt Beschwörungen aus Einverständnis, aus Liebe und aus Haß. Aber nichts beweist, um es nochmals zu wiederholen, daß die Geister tatsächlich die höheren Sphären verlassen, um sich mit uns zu verständigen. Das Gegenteil hiervon ist wahrscheinlich. Wir wecken Erinnerungen, die jene im Astrallicht, dem Sammelbecken des universellen Magnetismus, hinterließen. In diesem Lichte erschienen einstmals Kaiser Julian die Götter; aber sie sahen krank, alt und gebrechlich aus. Wieder ein Beweis für den Einfluß, den allgemeine und gangbare Urteile auf die Reflexe dieses selben magischen Agens ausüben, das Tische reden macht und durch Schläge gegen die Wände antwortet. Seit jener eben erzählten Beschwörung habe ich aufmerksam über das Leben des Apollonios gelesen, den die Geschichtschreiber uns als ein Ideal von Schönheit und antiker Anmut schildern. Ich fand, daß er gegen Ende seiner Lebenszeit im Gefängnis rasiert und vielfach gefoltert wurde. Dieser Umstand, der mir zweifellos von früher her unbewußt in Erinnerung geblieben war, hat wahrscheinlich die wenig anziehende Gestalt meiner Vision bestimmt, welche ich übrigens als bewußten Traum eines wachen Menschen betrachte. Ich habe noch zwei weitere Persönlichkeiten gesehen — sie zu nennen ist hier nebensächlich — und jedesmal waren sie, was Gestalt und Kleidung betrifft, ganz verschieden von dem, was ich erwartete. Ich empfehle übrigens allen, die sich ähnlichen Experimenten widmen möchten, die äußerste Zurückhaltung. Die Folgen bestehen oft in großer Erschöpfung, nicht selten sogar in Erschütterungen, die schwer genug sein können, um ernstliche Krankheit hervorzurufen.

Ich kann das Kapitel nicht schließen, ohne die merkwürdige Ansicht einiger Kabbalisten zu erwähnen, die den scheinbaren vom wirklichen Tod unterscheiden und behaupten, daß die beiden selten zugleich eintreten. Nach ihrer Anschauung wären also die Mehrzahl derer, die man begräbt, lebendig, und viele andere tot, die man für lebendig hielt.

Unheilbarer Wahnsinn z. B. wäre dann ein unvollkommener, aber wirklicher Tod, der den irdischen Körper unter der rein triebhaften Führung des siderischen Körpers beläßt. Erliegt die menschliche Seele unerträglicher Gewalt, so würde sie sich vom Körper trennen und an ihrer Stelle die tierische Seele oder den siderischen Körper zurücklassen, wodurch dann diese menschlichen Überreste als etwas gewissermaßen weniger Lebendiges wie das Tier selbst übrig blieben. Sie sagen, man erkenne Tote dieser Art daran, daß alle liebevollen und sittlichen Gefühle in ihnen erloschen seien: sie sind weder gut noch böse, eben tot. Solche Wesen sind giftigen Pilzen menschlicher Art vergleichbar, sie zehren mit aller Kraft am Leben Lebendiger. Darum macht ihre Annäherung die Seele erstarren und das Herz erschauern.

Wäre das Dasein solch leichenhafter Geschöpfe Wirklichkeit, so würde dies allerdings bestätigen, was man früher von im Banne Gestorbenen und Vampyren erzählte.

Und gibt es nicht tatsächlich Wesen, in deren Nähe man sich weniger vernünftig, weniger gut, ja weniger ehrbar fühlt?

Gibt es nicht solche, deren Nähe jeden Glauben, jede Begeisterung auslöscht, die uns durch unsere Schwächen an sich fesseln, durch unsere üblen Neigungen beherrschen und uns langsam in Qualen gleich jenen, die Mezentius über seine Opfer verhängte, hinmorden?

Dieses sind Tote, die wir für lebendig hielten, Vampyre, die wir für Freunde ansahen!

14 נ O.

DIE VERWANDLUNGEN.

SPHERA LUNAE — SEMPITERNUM — AUXILIUM.

Der hl. Augustinus zweifelt ernstlich daran, daß Apulejus durch eine thessalische Hexe in einen Esel verwandelt werden konnte, Theologen haben viel über die Verwandlung Nebukadnezars in ein wildes Tier geschrieben. Dies beweist nur, daß der beredte Lehrer von Hippo das magische Arkanum nicht kannte, und daß die Theologen nicht sehr gewandt in der Bibelerklärung waren. Wir haben in diesem Kapitel noch viel erstaunlichere Wunder zu prüfen, die nichtsdestoweniger unbestreitbar sind. Ich meine nun die nächtliche Verwandlung von Menschen in Wölfe oder den Wolfswahnsinn, der in Abendunterhaltungen auf dem Lande durch die Geschichten vom Werwolf so berühmt geworden ist, Geschichten, die so beglaubigt sind, daß die zweifelnde Wissenschaft, um sie zu erklären, ihre Zuflucht zu Tobsucht und Tiernachahmungen nimmt. Solche Annahmen sind jedoch kindisch und erklären gar nichts. Wir wollen das Geheimnis jenes Phänomens anderswo suchen und behaupten zunächst:

1. Daß nie jemand von einem Werwolf ohne Blutvergießen und Verletzung getötet wurde, es sei denn durch Erstickung;

2. Daß aufgespürte, verfolgte, sogar verwundete Werwölfe nie an Ort und Stelle erlegt wurden;

3. Daß dieser Verwandlung verdächtige Personen nach der Jagd auf den Werwolf immer in ihrem Heim aufgefunden wurden, und zwar mehr oder minder verletzt, manchmal sterbend, aber stets in ihrer natürlichen Gestalt.

Außerdem wollen wir Phänomene anderer Art anführen.

Nichts ist sicherer verbürgt und unwiderleglicher erwiesen als die sichtbare und körperliche Anwesenheit P. Alphons von Liguori am Sterbelager des Papstes, während zur gleichen Zeit dieselbe Persönlichkeit in großer Entfernung von Rom in ihrem eigenen Heim, in Ekstase und tiefem Gebet versenkt, gesehen wurde.

Die gleichzeitige Anwesenheit an mehreren Orten des Missionars Franz Xaver wurde nicht minder glaubhaft festgestellt.

Man möchte solche Tatsachen gerne als Wunder hinstellen. Wir aber sagen, daß wirkliche Wunder für die Wissenschaft stets Phänomene bleiben werden.

Das Erscheinen geliebter Personen im Augenblicke ihres Sterbens ist ein Phänomen gleicher Art und entspringt der gleichen Ursache.

Wir sprachen bereits vom siderischen Körper, dem Vermittler zwischen Seele und materiellem Körper. Während dieser schläft, bleibt der siderische Körper oftmals wach und begibt sich mit den Gedanken in den Raum, welchen die universelle Magnetisierung ihm aufschließt. Er verlängert so, ohne sie zu zerreißen, die sympathische Kette, welche ihn an Herz und Hirn gebunden hält, und deshalb ist es äußerst gefährlich, Menschen aus ihren Träumen aufzuschrecken. Tatsächlich kann eine allzustarke Erschütterung die Kette plötzlich zersprengen und unmittelbaren Tod hervorrufen.

Die Gestalt unseres siderischen Körpers stimmt mit dem gewohnheitsmäßigen Zustand unserer Gedanken überein und verändert mit der Zeit das Äußere unseres materiellen Körpers. Daher sah Swedenborg in seinen somnambulen Gesichten oftmals Geister in Gestalt verschiedener Tiere.

Wir wagen also zu sagen, daß ein Werwolf nichts anders als der siderische Körper eines Menschen ist, dessen wilde, blutdürstige Instinkte durch den Wolf versinnbildlicht werden. Er liegt ruhelos in seinem Bett, und während sein Gespenst in den Feldern umherschweift, träumt er, daß er ein Werwolf sei.

Was den Werwolf sichtbar macht, ist die durch Furcht entstehende, nahezu somnambule Überreizung jener, die ihn sehen, oder die gerade bei einfachen Landbewohnern häufiger anzutreffende Veranlagung, sich in direkte Verbindung mit dem Astrallicht, als dem gewöhnlichen Bereich der Visionen und Wahrträume zu setzen. Die dem Werwolf versetzten Streiche verletzen die schlafende Person tatsächlich durch odische und sympathische Verdichtung des Astrallichts, durch Übereinstimmung des übersinnlichen mit dem wirklichen Körper. Es gibt sicher viele, die zu träumen glauben, wenn sie dies lesen, und fragen werden, ob der Verfasser dies bei wachen Sinnen schreiben konnte. Ich fordere deshalb die Männer der Wissenschaft auf, über die Phänomene der Schwangerschaft und den Einfluß der Vorstellungskraft werdender Mütter auf die Gestalt ihrer Frucht nachzudenken. Eine Frau, die der Hinrichtung eines lebendig Geräderten beiwohnte, gebar ein Kind, dessen Knochen sämtlich gebrochen waren. Man erkläre mir, wieso der Eindruck jenes furchtbaren Schauspiels auf die Seele der Mutter sich bis auf die Glieder ihres Kindes erstrecken und sie brechen konnte; dann will ich meinerseits erklären, wie die im Traum geführten und erhaltenen Streiche tatsächlich den Körper dessen, der sie in der Vorstellung empfängt, verletzen, ja gefährlich verletzen können, umsomehr, wenn dieser Körper krank und nervösen, magnetischen Einflüssen unterworfen ist.

Auf solche Phänomene und die sie erzeugenden Gesetze sind die Wirkungen der Zaubereien zurückzuführen, von denen wir noch sprechen wollen. Die dämonische Besessenheit und die Mehrzahl der das Gehirn erregenden nervösen Erkrankungen sind Verletzungen, die dem Nervensystem durch verdorbenes Astrallicht zugefügt werden, das heißt durch Astrallicht, welches in regelwidrigen Mengen aufgesogen oder ausgestrahlt wurde. Alle außerordentlichen und unnatürlichen Willensanspannungen sind ein Nährboden für Besessenheit und nervöse Erkrankungen. Erzwungenes Zölibat, Asketentum, Haß, Ehrgeiz, verdrängte Liebe sind ebensoviele Entstehungsursachen höllischer Bildungen und Einflüsse. Nach Parazelsus erzeugt die regelmäßige Blutung der Frauen Gespenster in der Luft. Nach dieser Anschauung wären also Klöster die reinen Pflanzschulen für Alpe, und man wäre versucht, die Teufel den Häuptern jener lernäischen Hydra zu vergleichen, die unaufhörlich nachwuchsen und sich durch das Blut ihrer eigenen Wunden vermehrten.

Die Phänomene der Besessenheit bei den Ursulinerinnen von Loudun, die Urbain Grandier so verhängnisvoll wurden, sind völlig verkannt worden. Die Nonnen waren wirklich besessen von Hysterie und fanatischem Nachempfinden der heimlichen Gedanken ihrer Teufelsaustreiber; und dies wurde ihrem Nervensystem durch das Astrallicht übermittelt. Sie nahmen sozusagen das Abbild des ganzen Hasses in sich auf, den jener unglückliche Priester gegen sich wachgerufen hatte, und diese rein innerliche Übertragung mußte ihnen selbst teuflisch und wunderbar erscheinen. Deshalb handelte in jener beklagenswerten Angelegenheit jedermann in gutem Glauben bis auf Laubardemont, der blindlings den voreiligen Urteilsspruch des Kardinals Richelieu vollstreckte und dabei noch überzeugt war, seine Pflicht als guter Richter zu erfüllen. Er hielt sich umsoweniger für einen Nachahmer des Pontius Pilatus, als es ihm unmöglich war, in dem starkgeistigen, freidenkenden Pfarrer von Saint-Pierre-du-Marché einen Jünger Christi und Märtyrer zu erblicken.

Die Besessenheit der Nonnen von Louviers war nichts als eine Nachahmung jener von Loudon. Die Teufel sind wenig erfinderisch und kopieren einander gerne. Der Prozeß von Gaufridi und Magdeleine de la Palud ist noch merkwürdiger. Hier sind es die Opfer, die sich selbst anklagen. Gaufridi beschuldigt sich, mehreren Frauen durch bloßes Hauchen in die Nasenlöcher die Kraft genommen zu haben, seiner Verführung zu widerstehen. Ein schönes junges Mädchen aus adliger Familie, die er auch angehaucht hatte, erzählt mit großer Ausführlichkeit von Szenen, die ebenso geil und scheußlich wie grotesk waren. Dies sind aber die gewöhnlichen Halluzinationen falsch verstandenen Mystizismus, und schlecht gehaltenen Zölibates. Gaufridi und seine Geliebte waren von ihren gegenseitigen Hirngespinsten erfüllt, und das Hirn des einen spiegelte die Einbildungen des andern wieder. Man denke ferner an den Marquis de Sade, und wie ansteckend er auf gewisse schwächliche, krankhafte Naturen wirkte.

Der schimpfliche Prozeß des Pater Girard ist ein neuer Beweis für den Wahnsinn des Mystizismus und die sonderbaren Nervenzustände, die er im Gefolge hat. Die Anfälle der Cadière, ihre Ekstasen und Stigmas waren ebenso wahrhaft wie die unsinnigen und vielleicht unfreiwilligen Ausschweifungen ihres Führers. Als er sich von ihr zurückziehen wollte, klagte sie ihn an, und ihre Bekehrung war nur Rache. Denn nichts ist grausamer als mißbrauchte Liebe. Eine einflußreiche Körperschaft, die in den Prozeß Grandier eingegriffen hatte, um in ihm einen möglichen Sektierer zu treffen, rettete Pater Girard um ihrer eigenen Ehre willen. Übrigens waren Grandier und Pater Girard zum selben Ziele gelangt, wenn auch auf recht verschiedenen Wegen. Wir werden uns damit im sechzehnten Kapitel ausführlicher befassen.

Wir wirken durch unsere eigenen Vorstellungen auf die Vorstellungen anderer, durch unseren siderischen Körper auf den ihren und durch unsere Organe auf die Organe anderer. Durch Sympathie — entstehe diese nun durch Hinneigung oder Anziehung — ergreifen wir und diese anderen gegenseitig von uns Besitz und wir identifizieren uns mit jenen, auf welche wir wirken wollen. Die Reaktion gegen diese Macht läßt dann allerdings oft der lebhaftesten Sympathie ausgesprochene Abneigung folgen. Liebe neigt dazu, die Wesen zu identifizieren. Durch diese Identifizierung entsteht aber leicht Rivalität und damit Feindschaft, wenn beiden Naturen eine gemeinsame unverträgliche Eigenschaft, wie z. B. Hochmut und Stolz, eigen ist. Zwei vereinten Seelen gleichzeitig Stolz einflößen, heißt sie zu Rivalen machen und entzweien. So ergibt sich auch aus der Mehrzahl der Götter notwendigerweise Antagonismus.

Wenn wir von einer lebenden Person träumen, erscheint ihr siderischer Körper oder zumindest dessen Reflex dem unseren im Astrallicht, und die Art und Weise unserer Eindrücke bei dieser Begegnung offenbart uns oft, wie die Person gegen uns gesinnt ist. Liebe beispielsweise gestaltet den siderischen Körper des einen nach dem Bild des anderen, so daß das seelische Medium der Frau männlich und dasjenige des Mannes weiblich wird. Diesen Austausch hatten die Kabbalisten im Auge, als sie auf die okkulte Weise jenen dunklen Ausspruch aus der *Genesis* erklärten: „Gott schuf die Liebe, indem er eine Rippe des Adam in die Brust der Frau und Fleisch der Eva in die Brust des Mannes versenkte, so daß in der Tiefe des Weibherzens eine Rippe des Mannes und in der Tiefe des Mannherzens Fleisch der Eva ist;“ ein Sinnbild, das sicherlich nicht der Tiefe und Schönheit ermangelt.

Wir haben im vorigen Kapitel kurz gezeigt, was die Meister der Kabbala unter dem Embryonat der Seelen verstanden. Dieses Embryonat, das erst nach dem Tode der Person, die von einer anderen Besitz ergriffen hat, vollkommen wird, setzt häufig schon bei ihren Lebzeiten durch Besitzergreifung oder Liebe ein. Ich kannte eine junge Frau, die stets in großer Furcht vor ihren eigenen Eltern lebte und sich ganz plötzlich einer Person hingab, die jedenfalls der Handlungen, die sie von den Eltern befürchtete, nicht fähig war. Ich kannte noch eine andere Dame, die nach einer okkulten Sitzung, in der es sich um eine schuldig gewordene und darum in der anderen Welt bestrafte Frau handelte, ohne ersichtlichen Grund eben die Handlungen jener Verstorbenen nachahmte. Der schreckliche Einfluß des Elternfluches, bei allen Völkern der Erde gefürchtet, und die unstreitigen Gefahren magischer Ausübungen seitens jener, die es nicht bis zur vollkommenen Absonderung des wahren Adepten gebracht haben, sind nur jener okkulten Macht zuzuschreiben.

Jene Gabe der siderischen Verwandlung, die sich auch in der Liebe auswirkt, erklärt die allegorischen Wunder des Zauberstabes der Circe. Apulejus spricht von einer Thessalierin, die sich in einen Vogel verwandelte. Er gewann die Liebe ihrer Dienerin, um dadurch hinter die Geheimnisse der Herrin zu kommen, und erreichte nur, daß er in einen Esel verwandelt wurde. Diese Allegorie legt die verborgensten Mysterien der Liebe klar. Die Kabbalisten behaupten ferner, wenn man eine Frau liebe, die zu den Wasser-, Luft- oder Erd-, kurz zu den Elementargeistern gehöre, so mache man sie durch sich selbst unsterblich oder sterbe durch sie. Wir haben weiter oben gelesen, daß Elementargeister noch unvollkommene, sterbliche

Menschen seien. Die eben besprochene Offenbarung, die man für ein Märchen gehalten hat, ist demnach die Lehre des moralischen Einsseins in der Liebe, das Wesen selbst der Liebe, deren Heiligkeit und Macht sie verkündet.

Wer ist wohl jene Magierin, die ihre Anbeter in Schweine verwandelt und deren Verzauberungen im Augenblick, in dem sie selbst der Liebe verfällt, aufgehoben werden? Es ist die antike Kurtisane, die steinerne Frau aller Zeiten. Die Frau ohne Liebe erschöpft und zieht alles nieder, was ihr naht, die liebende Frau läßt Begeisterung, Adel, Leben erblühen.

Im vergangenen Jahrhundert wurde viel von einem Manne gesprochen, den man des Scharlatanismus zieh und der zu Lebzeiten doch der göttliche Cagliostro hieß. Es ist bekannt, daß er sich mit Beschwörungen befaßte und in dieser Kunst höchstens durch den Erleuchteten Schroepffer übertroffen wurde. (Siehe im Ritual: Schroepffers Geheimnisse und Formen zu den Beschwörungen.) Cagliostro rühmte sich, Sympathien verknüpfen zu können und das Geheimnis des großen Werkes zu besitzen. Noch berühmter aber machte ihn ein gewisses Lebenselixier, welches Greisen augenblicklich Jugendkraft verlieh. Dieser Trank bestand in der Hauptsache aus Malvasier mit Beifügung des durch Destillation gewonnenen Sperma gewisser Tiere und dem Saft einiger Pflanzen. Wir haben das Rezept, aber man wird gewiß verstehen, warum wir es hier nicht wiedergeben.

15 ס P.

DIE SCHWARZE MAGIE.

SAMAEL — AUXILIATOR.

Wir kommen nun zur schwarzen Magie und wollen den schwarzen Gott des Sabbat, den furchtbaren Bock von Mendes in seinem Heiligtum selbst aufsuchen. Furchtsamen Gemütern gebe ich den Rat, das Buch hier und jetzt zu schließen, und Personen, die nervösen Empfindungen unterworfen sind, werden gut daran tun, sich zu enthalten und zu zerstreuen. Ich habe mir nun einmal die Aufgabe gestellt und ich werde sie durchführen.

Wir wollen zunächst kühn und offen die Frage aufwerfen:

Gibt es einen Teufel?

Was ist der Teufel?

Auf die erste Frage schweigt die Wissenschaft, die Philosophie leugnet aufs Geratewohl, allein die Religion antwortet bejahend.

Auf die zweite Frage antwortet die Religion, daß der Teufel ein gefallener Engel sei, die okkulte Philosophie anerkennt und erklärt diese Ausführung.

Wir wollen nicht auf das zurückkommen, was wir bereits gesagt haben, sondern bringen hier eine neue Offenbarung:

DER TEUFEL IST IN DER SCHWARZEN MAGIE DAS GROSSE MAGISCHE AGENS, DAS VON EINEM VERDERBTEN WILLEN ZUM BÖSEN GEBRAUCHT WIRD.

Die Schlange der Legende ist nichts anderes als das universelle Agens, das ewige Feuer des irdischen Lebens, die Seele der Erde und der flammende Herd der Hölle.

Wir sagten schon, daß das Astrallicht der Sammelplatz der Formen ist. Diese Formen zeigen sich in Harmonie, wenn sie durch Vernunft angerufen werden, erscheinen ungeordnet und ungeheuerlich, wenn Unvernunft sie heraufbeschwört. Dies zeigen die Versuchungen des hl. Antonius und die Hexengestalten des Sabbat.

Haben nun die Geisterbeschwörungen und Teufelswahrsagungen wirklich ein Ergebnis? — Ja, ganz gewiß, ein unbestreitbares Ergebnis, das fürchterlicher ist, als alle Legenden erzählen können!

Ruft man den Teufel mit den entsprechenden Zeremonien, so kommt er und zeigt sich.

Wer bei diesem Anblick nicht wie vom Blitze getroffen tot umsinkt oder zum mindesten von Krämpfen oder Blödsinn befallen wird, der muß von vornherein verrückt sein.

Grandier war Freigeist aus Unfrömmigkeit, vielleicht sogar aus Skeptizismus. Girard war ausschweifend und ein Verführer aus Begeisterung, aus Verirrung im Asketentum und aus Glaubensverblendung.

Im fünfzehnten Kapitel des Rituals werden wir alle Teufelsanrufungen und Gebräuche der schwarzen Magie anführen, allerdings nicht, um zu deren Anwendung einzuladen, sondern um sie bekannt zu geben, der Kritik zu unterwerfen und zur Warnung vor derartigen Verirrungen.

Herr Eudes de Mirville, dessen Buch über das Tischrücken jüngst viel von sich reden machte, kann mit der von uns versuchten Lösung der Probleme in der schwarzen Magie zufrieden und auch wieder nicht zufrieden sein. Gleich ihm bestätigen wir die Tatsächlichkeit und das Wunderbare des Ergebnisses, gleich ihm bezeichnen wir als deren Ursache die biblische Schlange, den okkulten Prinzen dieser Welt. Wir sind jedoch nicht einig mit ihm über die Natur jenes blinden

Agens das gleichzeitig, und nur kraft verschiedenen Strebens ein Werkzeug zu allem Guten und allem Bösen, der Diener des Propheten und der Einflüsterer der Hexen sein kann. Der Teufel ist — kurz gesagt — in unseren Augen eine Kraft, die zeitweilig in den Dienst des Irrtums gestellt wurde, wie die Todsünde ein Verharren des Strebens im Absurden bedeutet. Herr de Mirville hat also tausendmal Recht, aber einmal, und ein gewaltig großes Mal hat er auch Unrecht.

Was durchaus aus der Welt der Geschöpfe gestrichen werden muß, ist die Willkür. Nichts geschieht aus Zufall noch durch die Selbstherrlichkeit eines schlechten oder guten Willens. Es gibt zwei Kammern im Himmel, aber der hohe Rat einer göttlichen Weisheit hält abseits Gericht über Satan.

16 ע Q.

DIE BEHEXUNGEN.

FONS – OCULUS – FULGUR.

Blickt ein Mann mit unreinen Wünschen eine Frau an, so entweiht er sie, hat der große Meister gesagt. Was man beharrlich will, tut man auch. Fester Wille bekräftigt sich durch Taten. Jeder durch die Tat bekräftigte Wille ist eine Handlung. Jede Handlung ist einem Urteil unterworfen und dieses Urteil ist ewig. — Dies sind Dogmen und Grundsätze.

Nach diesen Grundsätzen und Lehren wird das Gute oder Böse, das wir im Bereich unseres Willens und Handelns für uns selbst oder für andere wollen, an uns selbst oder anderen auch sicher eintreffen, wenn wir nämlich unser Wollen bekräftigen und unsere Entschlüsse durch Taten bestätigen.

Die Taten müssen dem Wollen gleich sein. Der Wille zu schaden oder sich Liebe zu erwerben muß, soll er wirksam sein, durch Taten von Haß oder Liebe bekräftigt sein.

Alles, was das Gepräge einer menschlichen Seele trägt, gehört dieser Seele. Alles, was der Mensch sich irgendwie aneignet, gehört in des Wortes weitester Bedeutung zu seinem Körper, und alles, was einem menschlichen Körper geschieht, wird von dessen Seele mittelbar oder unmittelbar empfunden.

Deshalb wird jegliche gegen den Nächsten gerichtete feindliche Handlung von der sittlichen Theologie als begonnener Mord gewertet.

Behexung ist auch ein Mord, und ein umso feigerer, als er sich dem Verteidigungsrecht des Opfers und der Strafe des Gesetzes entzieht.

Nachdem wir zur Entlastung unseres Gewissens und zur Warnung schwacher Naturen diesen Grundsatz aufgestellt haben, können wir ruhig zugeben, daß Behexungen möglich sind.

Wir gehen sogar weiter und behaupten, daß sie nicht nur möglich, sondern gewissermaßen notwendig und schicksalsmäßig sind. Sie geschehen auch fortgesetzt in der menschlichen Gesellschaft und zwar meistens, ohne daß die Urheber und die Betroffenen darum wissen. Unfreiwillige Behexungen gehören unstreitig zu den furchtbarsten Gefahren im menschlichen Leben.

Leidenschaftliche Sympathie erweckt naturgemäß in den stärksten Willen auch die glühendsten Wünsche. Moralische Krankheiten sind ansteckender als körperliche und starrköpfiges Vorurteil und Mode zeitigen Zustände, die man der Cholera und dem Aussatz zur Seite stellen kann.

Man kann an einer schlechten Bekanntschaft wie an einer ansteckenden Berührung zugrunde gehen. Und die abscheuliche Krankheit, die in Europa erst seit einigen Jahrhunderten die Entweihung des Liebesmysteriums rächt, ist eine Offenbarung der verwandten Naturgesetze und gibt nur ein schwaches Abbild jener sittlichen Verderbnis, die man jeden Tag aus unreiner Sympathie erwachsen sieht.

Man erzählt von einem eifersüchtigen und feigen Manne, der an seinem Nebenbuhler Rache üben wollte und sich freiwillig mit einem unheilbaren Übel behaftete, welches er so zur allgemeinen Geißel und zum Fluch des Beilagers machte. Diese furchtbare Begebenheit ist die Geschichte aller Magier oder vielmehr aller Zauberer, die sich mit Behexungen befassen. Sie vergiften sich, um wieder zu vergiften, verdammen sich, um zu peinigen, atmen die Hölle ein, um sie wieder auszuatmen, verletzen sich tötlich, um zu töten. Und wenn sie nur den traurigen Mut dazu haben, so ist nichts sicherer, als daß sie allein durch die Ausstrahlung ihres verderbten Willens zu vergiften und töten vermögen.

Es gibt Liebe, die ebenso tötlich wirkt wie Haß, und die Behexungen des Wohlwollens sind die Pein der Schlechten. Gebete, die man um der Bekehrung eines Menschen willen an Gott richtet, bringen diesem Menschen Unglück, wenn er sich nicht bekehren will. Wie wir schon früher gesagt haben, ist es erschöpfend und gefährlich, gegen fluidische Ströme anzukämpfen, die durch Ketten vereinter Willen erregt werden.

Es gibt zwei Arten von Behexungen: die unfreiwillige und die gewollte. Man kann ferner körperliche und moralische Behexung unterscheiden.

Kraft zieht Kraft, Leben Leben, Gesundheit Gesundheit an: das ist Naturgesetz.

Wenn zwei Kinder zusammen leben und vor allem zusammen schlafen, deren eines kräftiger ist als das andere, so wird das Stärkere das Schwächere gleichsam aufzehren, so daß es zugrunde geht. Es ist deshalb wichtig, daß Kinder stets allein schlafen.

In Pensionaten zehren gewisse Schüler die Intelligenz ihrer Mitschüler auf, und in jeder menschlichen Gesellschaft findet sich alsbald eine Person, die sich der Willen der übrigen bemächtigt.

Behexung durch Ströme ist eine sehr gewöhnliche Sache, wie wir schon bemerkt haben. Man wird sittlich wie körperlich von der Menge getragen. Was wir aber in diesem Kapitel besonders hervorheben wollen, das ist die beinahe unbeschränkte Macht des menschlichen Willens auf die Art seiner Taten und der Einfluß jeder äußerlichen Willensäußerung auf die äußerlichen Dinge selbst.

Gewollte Behexungen sind auf dem Lande noch häufig genug, weil die natürlichen Kräfte bei unwissenden, einsamer lebenden Personen sich auswirken, ohne durch Zweifel oder sonstige Ablenkungen geschwächt zu werden. Unverhehlter, natürlicher Haß ohne Beimengung von irgendwelcher Begierde oder verschmähter Leidenschaft kann unter Umständen ein Todesurteil für den Gegenstand dieses Hasses sein. Ich sage, ohne Beimengung von verliebter Leidenschaft oder Begierde, weil ein Verlangen ein Ansichziehen ist und der Macht der Ausstrahlung entgegenwirkt, ja sie aufhebt. Deshalb kann beispielsweise ein Eifersüchtiger niemals seinen Nebenbuhler wirksam behexen, und ein habgieriger Erbe wird die Lebensdauer eines geizigen, langlebigen Onkels niemals durch die alleinige Tatsache seines Willens verkürzen. Unter solchen Bedingungen versuchte Behexungen fallen auf den zurück, der sie ausübt, und sind der Person, die deren Gegenstand bilden sollte eher nützlich als schädlich, denn sie befreien sie von der Wirkung einer gehässigen Handlung, welche, allzusehr überspannt, sich selbst zerstört.

Das Werkzeug der Behexung ist nichts als das große magische Agens selbst, welches unter dem Einfluß eines bösen Willens tatsächlich zum Dämon wird.

Die Zauberei schlechtweg, das heißt das zeremonielle Verfahren zum Zwecke der Behexung, wirkt nur auf den Ausübenden allein und dient dazu, seinen Willen zu kräftigen, indem es diesen durch Beharrlichkeit und Anspannung — die beiden Bedingungen, die ihn allein wirksam machen — gestaltet.

Je schwieriger oder schauerlicher die Verrichtung, desto wirkungsvoller ist sie, weil sie dadurch umso stärker die Einbildungskraft reizt und die Anspannung im direkten Verhältnis zum Widerstand kräftigt.

Dadurch erklärt sich die Wunderlichkeit und selbst Scheußlichkeit der Gebräuche in der schwarzen Magie in Altertum und Mittelalter. Da gab es die Teufelsmesse, Heiligung von Reptilien, Blutabzapfungen, Menschenopfer und andere Ungeheuerlichkeiten, die das Wesen der Zauberei oder der Schatzgräberei ausmachten. Solche Gebräuche haben zu allen Zeiten den Zauberern die gerechte Vergeltung des Gesetzes zugezogen. Die schwarze Magie ist wahrlich nichts als eine Reihe von Entheiligungen und abgestuften Morden, gut um auf immer den menschlichen Willen zu verderben und im lebendigen Menschen das verabscheuungswürdige Trugbild eines Dämons wachzurufen. Sie ist schlechthin die Religion des Teufels, der Götzendienst der Finsternis, der auf die Spitze getriebene Haß gegen alles Gute. Sie ist die Verkörperung des Todes und das ewig fortbestehende Werk der Hölle.

Der Kabbalist Bodin, den man mit Unrecht einen schwachen, abergläubischen Geist nennen würde, hatte bei der Herausgabe seiner „*Dämonomanie*" nichts anderes im Auge, als die Geister gegen allzu gefährlich erscheinende Ungläubigkeit zu sichern. Da er durch das Studium der Kabbala in die wahren Geheimnisse der Magie eingeweiht war, zitterte er beim Gedanken an die Gefahren für die menschliche Gesellschaft, wenn jene Macht der Schlechtigkeit der Menschen preisgegeben würde. Er tat also dasselbe, was heute de Mirville versucht. Er sammelte Tatsachen, ohne sie zu erläutern, und bewies einer unachtsamen oder anderweitig interessierten Wissenschaft das Vorhandensein okkulter Einflüsse bei den verbrecherischen Gebräuchen der schlechten Magie. Bodin blieb seinerzeit ebensowenig beachtet als es heute de Mirville sein wird, denn um ernsten Lesern Eindruck zu machen, genügt es nicht, Phänomene aufzudecken und über ihre Ursachen Mutmaßungen anzustellen, sondern man muß diese Ursachen ergründen und ihr Vorhandensein beweisen, und das ist unser Bestreben. Wird uns ein besserer Erfolg beschieden sein?

Man kann an der Liebe gewisser Geschöpfe ebenso zugrunde gehen wie an deren Haß. Es gibt verzehrende Leidenschaften, unter deren Einfluß man sich hinschwinden fühlt wie eine Vampyrbraut. Und es sind nicht immer die Schlechten, welche die Guten quälen, sondern oft werden die Schlechten unwissentlich von den Guten gepeinigt. Die Milde des Abel war für Kains Wildheit eine andauernde, peinvolle Behexung. Der Haß gegen das Gute, den schlechte Menschen hegen, rührt vom Instinkt der Selbsterhaltung her. Im übrigen leugnen sie, daß das, was sie beunruhigt, das Gute sei und bemühen sich, das Schlechte zu rechtfertigen und zu beschönigen. Abel war in Kains Augen ein Heuchler und Feigling, der den menschlichen Stolz durch seine schimpfliche Unterwerfung unter die Gottheit entehrte. Was mußte dieser erste Mörder durchgemacht haben, ehe er sich zu dem entsetzlichen Überfall auf seinen Bruder entschloß! Hätte Abel Verständnis für ihn gehabt, wie tief müßte es ihn erschreckt haben.

Abneigung ist nichts anderes als die Vorahnung einer möglichen Behexung aus Liebe oder aus Haß; denn nicht selten entsteht gerade aus der Liebe eine starke Abneigung. Das Astrallicht meldet uns nahende Beeinflussungen durch einen Reiz auf unser Nervensystem, der sich mehr oder weniger lebhaft bemerklich macht. Plötzlich aufflammende Neigungen, so wie Liebe auf den ersten Blick sind Erschütterungen des Astrallichts, die ebenso genau begründet und nicht weniger mathematisch erklärbar und beweisbar sind als Entladungen einer elektrischen Starkstrombatterie. Man ersieht daraus wieder, wieviel unvorhergesehene Gefahren den Laien bedrohen, der es nicht lassen kann, mit dem Feuer auf unsichtbaren Pulverfässern zu spielen.

Wir sind mit Astrallicht gesättigt und strahlen es unaufhörlich aus, um wieder neues aufnehmen zu können. Die nervösen Werkzeuge, mittels derer wir anziehen oder ausstrahlen, sind vornehmlich unsere Augen und Hände. Die Hauptkraft der Hand ruht im Daumen. Daher stammt die auf dem Lande noch anzutreffende magische Überlieferung, in Gesellschaft von verdächtigen Personen den eingeknickten Daumen in der Hand zu verbergen. Man muß dabei zwar vermeiden, irgend jemanden zu fixieren, hingegen danach trachten, jene, von denen man etwas befürchtet, zuerst anzusehen, bevor ihr Blick einen trifft, damit man überraschenden fluidischen Ausstrahlungen und bannenden Blicken ausweiche.

Es gibt Tiere, welche die Eigenschaft haben, durch eine ihnen eigentümliche Absorptionsfähigkeit die Ströme des Astrallichts abzureißen. Solche Tiere sind uns äußerst widerwärtig durch ihren unheimlich bannenden Blick. Es gehören dazu Kröte, Basilisk. Gezähmt und auf sich getragen oder im Wohnraum aufbewahrt, schützen diese Tiere vor Halluzinationen und dem Blendwerk des Astralrausches. Wir bringen hier zum ersten Male das Wort ASTRALRAUSCH, welches alle Phänomene der heftigen Leidenschaften geistiger Überspanntheit und des Wahnsinns erklärt.

Zähmen Sie Kröten, mein lieber Herr, werden mir nun Anhänger Voltaires zurufen, tragen Sie sie bei sich und lassen Sie das Schreiben sein! Darauf kann ich nur antworten, daß ich dies ernstlich erwägen würde, wenn ich fähig wäre, über das zu lachen, wovon ich nichts verstehe, und Männer für verrückt zu halten, deren Einsicht und Wissen mir vollkommen verschlossen ist.

Der größte der christlichen Magier, Parazelsus, bekämpfte Behexungen durch Anwendung von entgegenwirkenden Behexungen. Er verfertigte sympathische Heilmittel, wandte sie aber nicht auf die kranken Glieder selbst an, sondern auf deren Abbilder, welche nach magischem Zeremoniell hergestellt und geweiht wurden. Die

Erfolge grenzten ans Wunderbare, und nie hatte ein Arzt annähernde Erfolge wie Parazelsus.

Parazelsus entdeckte auch lange vor Mesmer den Magnetismus und verfolgte bis ans äußerste Ziel diese lichtvolle Entdeckung oder vielmehr diese Einweihung in die Magie der Alten, die das große, magische Agens weit besser als wir verstanden und aus dem Astrallicht, dem Azoth und der universellen Magnesia der Weisen nicht allein ein merkwürdiges tierisches Fluidum machten, das nur wenigen, besonderen Wesen entfließt.

In seiner okkulten Philosophie bekämpft Parazelsus die zeremonielle Magie, deren furchtbare Macht ihm sicher bekannt war, deren Gebräuche er aber absichtlich brandmarkte, um die schwarze Magie dadurch in Verruf zu bringen. Er versetzt die Allmacht des Magiers in den inneren, okkulten *Magnes*. Die gewandtesten Magnetiseure unserer Zeit könnten es nicht besser ausdrücken. Trotzdem verlangt er die Anwendung magischer Zeichen und vor allem der Talismane bei der Heilung von Krankheiten. Im achtzehnten Kapitel werden wir auf die Talismane des Parazelsus zurückkommen und die große Frage der okkulten Ikonographie und Numismatik berühren.

Man kann Behexungen auch durch Übertragung, wenn dies gerade möglich ist, heilen, ferner durch Zerreißung oder Ableitung des astralen Stromes. Die hierauf bezüglichen ländlichen Überlieferungen sind ganz wunderbar und sicher sehr alt. Es sind Überreste von Lehren der Druiden die durch reisende Hierophanten in die Mysterien Ägyptens und Indiens eingeweiht worden waren. Es ist in der volkstümlichen Magie bekannt, daß ein zum Bösen entschlossener Wille stets sein Ziel erreicht und sich nicht ohne Lebensgefahr widerrufen kann. Will ein Zauberer jemanden von einem Zauber befreien, so muß er einen anderen Gegenstand finden, auf den er sein Übelwollen übertragen kann, sonst verfällt er ohne Gnade seinen eigenen Behexungen. Da die astrale Bewegung kreisförmig ist, muß jede azothische oder magnetische Ausstrahlung, die ihrem *Medium* nicht begegnet, mit Heftigkeit auf ihren Ausgangspunkt zurückstoßen. Hierdurch erklärt sich eine der seltsamsten Geschichten aus einem heiligen Buche, die Austreibung der Teufel in Schweine, die sich danach ins Meer stürzten. Diese Tat höchster Einweihung war nichts als die Zerreißung eines magnetischen und von bösem Willen vergifteten Stromes. Ich nenne mich Legion, sagte die instinktive Stimme des Kranken, denn unserer sind viele.

Besessenheit durch Dämone ist auch nur eine Form von Behexung, und es gibt heute eine unzählige Menge Besessener. Ein heiliger Mönch, Bruder Hilarion Tissot, gab sich der Pflege Verrückter hin, und es gelang ihm nach langjähriger Erfahrung und durch fortgesetzte Ausübung christlicher Tugenden, viele seiner Kranken zu heilen. Dabei wendet er unwissentlich den Magnetismus des Parazelsus an. Nach seiner Meinung rühren die meisten Erkrankungen von einer Verwirrung des Willens oder von verderbenbringenden Einflüssen fremder Willen her. Er betrachtet alle Verbrechen als Wahnsinnshandlungen und wünscht daß man Missetäter wie Kranke behandle, anstatt sie unter dem Vorwand der Strafe zur Verzweiflung zu treiben und dadurch unheilbar zu machen. Es wird noch viel Zeit vergehen müssen, bis man in dem armen Bruder Hilarion das Genie anerkennt! Und wie mancher ernstzunehmende Mann, der dies Kapitel liest, wird nicht ausrufen, daß Hilarion Tissot und ich einander lieber nach unseren gemeinsamen Grundsätzen behandeln sollten, als unsere Theorien zu veröffentlichen, wenn wir nicht als fürs Irrenhaus reife Ärzte gehalten werden wollen.

Und sie dreht sich doch! rief Galilei und stampfte dabei auf den Boden. Ihr werdet die Wahrheit erkennen, und die Wahrheit wird euch befreien, sprach der Heiland zu den Menschen. Man könnte hinzufügen: Liebet die Gerechtigkeit, so wird es euch wohlergehen. Laster ist Gift, selbst für den Körper. Wahrhaftige Tugend ist ein Pfand für Langlebigkeit.

Die Art der *feierlichen Behexungen* richtet sich nach der Zeit und den Personen; und listige, herrschsüchtige Menschen kommen meist ganz von selbst auf die Geheimnisse, die sie anwenden, ohne sie vorher auch nur zu berechnen und ihre Reihenfolge zu überlegen. Sie folgen hierin den triebhaften Eingebungen des großen Agens, das sich, wie schon gezeigt, wunderbar unseren Lastern und Tugenden angleicht. Man kann jedoch sagen, daß wir größtenteils durch die Verwandtschaft unserer Neigungen — und vor allem unserer Fehler — dem Willen anderer unterworfen sind. Wer die Schwächen eines Menschen pflegt, bemächtigt sich seiner und schafft sich ein Werkzeug in der Art gleicher Fehler oder Laster. Wenn also zwei durch einen gemeinsamen Fehler verwandte Naturen einander unterdrücken, entsteht daraus eine Art von Übertragung des Stärkeren auf den Schwächeren und eine wirkliche Besitzergreifung des einen Geistes durch den anderen. Zuweilen verteidigt sich der Schwächere und sucht sich zu widersetzen, fällt dann aber tiefer als je in Dienstbarkeit zurück. So verschwor sich beispielsweise Ludwig XIII. gegen Richelieu, erwarb später aber gewissermaßen dessen Verzeihung, indem er seine Mitverschworenen preisgab.

Jeder von uns hat einen vorherrschenden Fehler, der bei unserer Seele gleichsam den Nabel ihrer sündenvollen Geburt bildet, den schwachen Punkt, wo der Feind uns immer angreifen kann. Bei den einen ist es die Eitelkeit, bei anderen die Trägheit, bei der Mehrzahl aber ist es die Selbstsucht. Bemächtigt sich ein schlauer, hemmungsloser Geist dieser Sprungfeder, so sind wir verloren. Wir werden dann nicht wahnsinnig oder schwachsinnig, sondern tatsächlich irrsinnig, in der vollsten Bedeutung dieses Wortes, d. h. unser irrender Geist wird unter einen fremden Willen gezwungen. In diesem Zustande hegen wir einen triebhaften Abscheu gegen alles, was uns zur Vernunft zurückführen könnte und sträuben uns selbst gegen Vorstellungen, die unserem Irrsinn ganz entgegengesetzt sind. Dies ist eine der verderblichsten Erkrankungen, die sich der menschlichen Moral bemächtigen kann.

Das einzige Mittel gegen solche Behexung besteht darin, den Irrsinn wieder durch Irrsinn auszutreiben und dem Kranken eingebildete Befriedigungen zu verschaffen, die entgegengesetzter Art sind als die Vorstellungen, in welche er sich verloren hatte. So heilt man z. B. einen Ehrgeizigen, indem man ihn nach den Herrlichkeiten des Himmels trachten läßt, also durch ein mystisches Heilmittel, einen Ausschweifenden durch eine reine Liebe, ein natürliches Heilmittel, einem eitlen Streber verschafft man ehrenhaften Erfolg, Geizige lehrt man Selbstlosigkeit und gibt ihnen durch ehrliche Teilhaberschaft an wohltätigen Unternehmungen einen gerechten Vorteil usw.

Indem man so auf das Sittliche einwirkt, wird es einem gelingen, eine große Anzahl körperlicher Erkrankungen zu heilen; denn das Sittliche beeinflußt das Körperliche kraft jenes magischen Axioms: „Was oben ist, ist gleich dem, was unten ist.“ Darum sagte auch der Meister von jener gichtbrüchigen Frau: Satan hat sie gebunden. Eine Erkrankung entspricht stets einem Mangel oder einem Übermaß, und die Quelle eines jeden körperlichen Schadens ist eine sittliche Verirrung. Das ist ein unveränderliches Naturgesetz.

17 פ R.

DIE ASTROLOGIE.

STELLA — OS — INFLEXUS.

Von allen der Magie der Alten entsprungenen Künsten ist heute die Astrologie die verkannteste. Man glaubt nicht mehr an die allumfassende Harmonie der Natur und an die gesetzmäßige Verkettung von Ursachen und Wirkungen. Die wirkliche Astrologie, welche sich auf das einzige und universelle Dogma der Kabbala stützt, wurde schon von den Griechen und Römern der Verfallzeit entweiht. Die Lehre von den sieben Himmeln und den drei bewegenden Kräften, welche ursprünglich der sephirotischen Dekade entstammte, die Eigenschaften der von Engeln verwalteten Planeten, deren Namen gegen jene der heidnischen Götter ausgewechselt wurden, der Einfluß, den die Sphären aufeinander haben, der Glaube an die Zahlen, die den menschlichen Hierarchien entsprechende Rangleiter der himmlischen Hierarchien, dies alles wurde durch die Nativitätensteller und Horoskopleser der Verfallzeit und des Mittelalters materialisiert und anrüchig gemacht. Die Astrologie zu ihrer früheren Reinheit zurückführen hieße gewissermaßen eine ganz neue Wissenschaft aufbauen. Wir begnügen uns daher mit der Angabe ihrer ersten Grundsätze und deren unmittelbaren und nächsten Folgen.

Wir sagten schon, daß sich im Astrallicht das Gepräge aller sichtbaren Dinge aufspeichert und erhält. Daraus folgt, daß die Himmelsordnung eines jeden Tages sich in diesem Licht spiegelt, das als wichtigstes Lebensagens durch verschiedene von der Natur hierfür bestimmte Einrichtungen die Empfängnis, das Werden und die Geburt der

Kinder bewirkt. Wenn nun dieses Licht so verschwenderisch mit seinen Bildern ist, daß es dem Kind unter dem Herzen der Mutter die Züge ihrer Liebe oder einer Traumgestalt aufprägt, um wieviel mehr muß es dann die Fähigkeit besitzen, dem noch ungewissen und beweglichen Temperament eines Neugeborenen jene atmosphärischen Eindrücke und sonstigen Einflüsse mitzuteilen, die sich aus der jeweiligen, besonderen Anordnung der Gestirne im ganzen Planetensystem in einem ganz bestimmten Augenblick ergeben!

Nichts ist in der Natur bedeutungslos. Das Vorhandensein oder Nichtvorhandensein eines Kieselsteins auf dem Wege kann das Geschick eines großen Mannes, ja eines mächtigen Reiches von Grund auf verändern. Wie sollte also die Stellung der Gestirne am Firmament bedeutungslos bleiben für die Geschicke eines Neugeborenen, das schon allein durch seine Geburt in die allumfassende Harmonie der siderischen Welt eintritt! Die Sterne sind aneinander gekettet durch die Anziehungskräfte, die jene im Gleichgewicht halten und ihre Bewegung im Raume regeln. Dieses Lichtnetz umspannt alle Sphären und es gibt auf keinem Planeten einen Punkt, der nicht mit einem dieser unzerreißbaren Fäden verknüpft wäre. Der genaue Ort und die genaue Stunde der Geburt müssen von einem wirklichen Adepten der Astrologie in Rechnung gezogen werden. Hat er hieraus den astralen Einfluß auf das Sorgfältigste errechnet, muß er die Möglichkeiten, die sich aus dem Himmelsstand ergeben, prüfen, d. h. die Hilfen oder Hindernisse beachten, welche das Kind eines Tages in seinem Zustand, in seinen Eltern, dem ererbten Temperament und folglich in seinen natürlichen Anlagen finden wird, um sein Geschick zu erfüllen. Ferner darf er die menschliche Handlungs-Freiheit und die Initiative nicht außer acht lassen, die das zum Manne herangewachsene Kind einst ergreifen kann, um sich durch einen mutigen Willensakt fatalen Einflüssen und den Fesseln des Schicksals zu entreißen. Man sieht, daß wir an der Astrologie nicht allzuviel lassen. Dieses Wenige aber ist unbestreitbar, denn es ist die magische und wissenschaftliche Berechnung der Möglichkeiten.

Die Astrologie ist eben so alt, ja älter als die Astronomie und alle Gelehrten des weitblickenden Altertums haben ihr das größte Vertrauen entgegengebracht. Man sollte deshalb nicht leichthin etwas verdammen und verwerfen, was von so gewichtigen Autoritäten gepflegt und gestützt wurde.

Es brauchte langer und geduldiger Beobachtungen, vergleichender Schlüsse, oft wiederholter Erfahrungen, um zu den Schlußfolgerungen der antiken Weisen zu gelangen; und wollte man diese widerlegen, müßte man gewissermaßen dieselbe Arbeit auf umgekehrtem Wege wieder einschlagen. Parazelsus war vielleicht der letzte der großen ausübenden Astrologen. Er heilte seine Kranken durch Talismane, welche unter astralem Einfluß verfertigt worden waren, und erkannte auf jedem Körper das Zeichen seines besonderen Sternes. Darin bestand nach ihm das wahre Allheilmittel, die reine Naturwissenschaft, die durch die Schuld der Menschen verloren war und nur von einer kleinen Anzahl Eingeweihter wieder gefunden wurde. Aus dem Erkennen der Zeichen jedes einzelnen Sternes auf Menschen, Tieren und Pflanzen beruhte auch Salomos hohe Naturwissenschaft, das Wissen, das man verloren gegeben hatte, und dessen Grundsätze trotzdem wie alle anderen Geheimnisse im Symbolismus der Kabbala erhalten sind. Um die Schrift der Sterne lesen zu können, ist es zunächst notwendig, die Sterne selbst zu kennen. Diese Kenntnis ergibt sich aus der kabbalistischen *Einteilung* des Himmels und aus dem Studium des kabbalistischen Planigloben, den

Gaffarel wiedergefunden und erläutert hat. Auf diesem Planigloben bilden die Konstellationen hebräische Buchstaben und die mythologischen Figuren können durch die Symbole des Tarok ersetzt werden. Gaffarel führt selbst den Ursprung der Patriarchen auf diesen Planigloben zurück, und man müßte daraufhin in den Ketten der Anziehungskraft, welche die Sterne verbinden, die ersten Züge der primitiven Schriftzeichen suchen. Der Himmel wäre das Buch, welches dem Buche Henochs als Vorbild gedient hätte, und das kabbalistische Alphabet wäre ein Abriß des ganzen Firmamentes. Diese Auffassung ist nicht ohne Poesie und vor allem nicht ohne Wahrscheinlichkeit. Um sich hiervon zu überzeugen, genügt das Studium des Tarok, welches nach Ansicht des gelehrten Guillaume Postel offensichtlich das primitive und hieroglyphische Buch Henochs ist.

Die Zeichen, welche sich durch den Reflex und die Anziehung der Gestirne im Astrallicht einprägen, findet man also nach Ansicht der Gelehrten auf allen Körpern wieder, die sich unter Mitwirkung dieses Lichtes gebildet haben. Menschen tragen das Zeichen ihres Sternes vor allem auf der Stirne und in den Händen, Tiere in ihrer ganzen Gestaltung und ihren besonderen Merkmalen, Pflanzen zeigen es auf ihren Blättern und ihrem Samen, Mineralien in ihrer Äderung und der Gestaltung ihrer Bruchflächen. Aus dem Studium dieser Zeichen bestand die Lebensarbeit des Parazelsus, und die Anfertigung seiner Talismane war das Ergebnis dieser Untersuchungen. Leider hat er uns den Schlüssel hierzu nicht hinterlassen, und das astrale, kabbalistische Alphabet mit seinen Verwandtschaften ist noch ungeschrieben. Die Wissenschaft dieser außergewöhnlichen magischen Schrift ist für die Öffentlichkeit beim Planigloben Gaffarels stehen geblieben. Die ernste Kunst der Wahrsagerei fußt ganz auf der Kenntnis jener

Zeichen. Die Chiromantie liest die Schrift der Sterne aus den Linien der Hand und die Metoposkopie sucht dieselben Zeichen auf der Stirne der Ratsuchenden. Wirklich sind die Runen, die sich im menschlichen Antlitz durch nervöse Muskelspannungen einprägen, vom Schicksal hineingezeichnet, und das Strahlengeflecht auf unserer Haut ist jenem Netz durchaus analog, welches durch die Ketten der Anziehungskraft gebildet, Welten und Sterne umspannt. Die Schicksalsschläge des Lebens zeichnen sich also gesetzmäßig als unsere Runzeln ein, und man erkennt aus der Stirne eines Unbekannten oft auf den ersten Blick eines oder mehrere jener geheimnisvollen Zeichen des kabbalistischen Planigloben. Solch eine Rune ist ein ganzer Gedankengang, der die Existenz seines Trägers beherrscht. Ist es eine qualvolle Rune, die sich schmerzlich einprägt, so bedeutet sie Kampf zwischen Schicksal und Willen und schon ihre Erregbarkeit, und ihre vorherrschende Richtung offenbart dem Magier die Art einer ganzen Vergangenheit. Hieraus läßt sich dann leicht auf die Zukunft schließen. Wenn wirklich einmal die Ereignisse die Voraussicht des Wahrsagers täuschen, so wird der Ratsuchende doch stets verblüfft und von der übermenschlichen Weisheit des Adepten überzeugt sein.

Das Haupt des Menschen ist nach dem Bilde der himmlischen Sphären gestaltet, es zieht an und strahlt aus. Auch ist der Kopf das erste, was nach der Empfängnis des Kindes sich bildet und erscheint. Er empfängt daher unbeschränkt die astralen Einflüsse und legt durch seine unterschiedlichen Protuberanzen von seinen verschiedenen Anziehungskräften Zeugnis ab. Die Phrenologie wird daher ihr letztes Wort durch eine wissenschaftliche und gereinigte Astrologie zu sprechen haben, deren Probleme wir der Geduld und dem guten Glauben der Gelehrten empfehlen.

Nach Ptolemäus wirkt die Sonne austrocknend, der Mond hingegen befeuchtend; nach den Kabbalisten bedeutet die Sonne strenge Gerechtigkeit, während der Mond der Barmherzigkeit geneigt erscheint. Die Sonne bildet die Gewitter, der Mond läßt durch eine Art sanften atmosphärischen Druckes das Meer steigen und fallen, gleichsam atmen. Im *Sohar*, einem der großen heiligen Bücher der Kabbala, steht, daß „die magische Schlange, der Sohn der Sonne, die Welt verschlingen wollte, aber das Meer, die Tochter des Mondes, setzte ihr den Fuß auf das Haupt und bezwang sie“. Daher war bei den Alten Venus die Tochter des Meeres und Diana mit dem Mond identisch, und deshalb bedeutet der Name Maria Stern oder Salz des Meeres. Damit dieses kabbalistische Dogma auch im Glauben des Volkes verewigt werde, heißt es in prophetischer Sprache: „Das Weib wird den Kopf der Schlange zertreten.“

Hieronymus Cardanus war einer der kühnsten Wahrheitssucher und der gewandteste, unumstrittenste Astrolog seiner Zeit, und kann man der Legende Glauben schenken, starb er als Märtyrer eben seines astrologischen Bekennertums. Dieser Mann hat eine Berechnung hinterlassen, vermittels welcher man in seinem eigenen Leben das Glück oder Unglück eines jeden Jahres voraussehen kann. Er stützt diese Theorie durch seine eigenen Erfahrungen und versichert, daß seine Berechnung ihn niemals betrogen habe. Um zu wissen, ob ein Jahr Gutes oder Schlimmes bringen werde, macht er eine Zusammenstellung der Ereignisse, welche sich vor 4, 8, 12, 19 und 30 Jahren abgespielt haben: 4 ist die Zahl der Verwirklichung, 8 die Zahl der Venus oder der natürlichen Dinge, 12 die Zahl des Jupiter-Zyklus oder des Gelingens, der Zahl 19 entsprechen die Zyklen des Mondes und des Mars, 30 ist die Zahl des Saturn oder des Verhängnisses. So möchte ich z. B. erfahren, was mir in diesem Jahre, 1855, bevorsteht. Ich lasse also meine Erinnerung zurückschweifen und denke darüber nach, was ich vor vier Jahren an Entscheidendem und Tatsächlichem in bezug auf Lebenshaltung erfuhr, was ich an natürlichem Glück oder Unglück vor acht Jahren erlebte, was ich vor zwölf Jahren für Erfolg oder Mißerfolg buchen konnte, was sich vor neunzehn Jahren an Wechselfällen und Mißgeschick oder Krankheit ereignete, was ich endlich an Traurigem oder Verhängnisvollem vor dreißig Jahren erfuhr. Mit Berücksichtigung all dieser vollendeten, unwiderruflichen Tatsachen und meines reiferen Alters kann ich nun auf Aussichten rechnen, welche denen analog sind, die ich bereits dem Einfluß gleicher Planeten verdanke. Ich sage also: 1851 hatte ich meine zwar mäßig, doch immerhin genügend bezahlte Tätigkeit, befand mich aber trotzdem in einiger Verlegenheit, 1847 erlitt ich eine äußerst schmerzliche Trennung von meiner Familie, woraus mir und den Meinen viel Kummer erwuchs, 1843 reiste ich und sprach als Apostel zum Volke, angegriffen von vielen Menschen mit unlauterer Absicht, ich war, mit zwei Worten, geehrt und geächtet, 1825 endlich schied ich aus demFamilienleben aus und betrat endgültig einen verhängnisvollen Weg, der mich zu Wissenschaft und Unglück führte. Ich kann also annehmen, daß mir für dieses Jahr Arbeit, Armut, geschäftliche Verlegenheit, Vereinsamung des Herzens, Ortswechsel, öffentliches Wirken und Gegnerschaft bevorstehen, und schon heute gibt es Gründe genug, die mich an diese Zukunft glauben lassen. Ich ziehe hieraus den Schluß, daß die Erfahrung, was mich und dieses Jahr betrifft, die Richtigkeit der astrologischen Berechnung Cardans durchaus bestätigt.

Diese Berechnung nimmt übrigens Bezug auf jene der klimakterischen Jahre der alten Astrologen. *Klimakterisch* heißt in Stufen angeordnet oder auf Grund einer Stufenleiter berechnet. In seinem Buche *Von den zweiten Ursachen* hat Johannes Tritheim die Wiederkehr der glücklichen oder verhängnisvollen Jahre für alle Reiche der Welt aufs genaueste vorherberechnet. Eine Analyse, die noch klarer und exakter als dieses Buch ist, werden wir im einundzwanzigsten Kapitel des Rituals bringen, zugleich mit der Fortführung der Arbeit Tritheims bis auf unsere Tage und der Anwendung seiner magischen Stufenleiter auf zeitgenössische Ereignisse, woraus sich die erstaunlichsten Möglichkeiten in bezug auf die nächste Zukunft Frankreichs, Europas, ja der ganzen Welt ergeben.

Zufolge aller großen Meister der Astrologie sind Kometen die Sterne außergewöhnlicher Helden und ihr Erscheinen weissagt der Erde stets große Veränderungen. Die Planeten lenken die Gesamtheit der Geschöpfe und bestimmen das Schicksal der Menschheit als Masse. Die entfernteren und infolgedessen in ihrer Wirkung schwächeren Sterne üben ihren Reiz auf Einzelwesen aus und beeinflussen deren Neigungen. Manchmal wirkt eine Gruppe von Sternen vereint auf die Geschicke eines einzigen Menschen, manchmal auch lenken die weithinreichenden Strahlen nur eines Gestirnes eine große Anzahl von Wesen. Wenn wir sterben folgt unser inneres Licht der Anziehungskraft seines Sternes. Wir erwachen zu neuem Leben in anderen Welten, wo die Seele sich ein neues Kleid schafft, das der Zu- oder Abnahme ihrer Schönheit entspricht; denn unsere aus dem Körper entflohenen Seelen gleichen schweifenden Sternen, sind kugelförmige Gebilde aus belebtem Licht, die ihren Schwerpunkt suchen, um Gleichgewicht und Bewegung zu erlangen. Vor allem müssen sie sich aber von den Umstrickungen der Schlange befreien, d. h. vom ungereinigten Astrallicht, das sie umgibt und gefangen hält, solange sie nicht die

Willenskraft aufbringen, sich seiner zu entringen. Der Eintritt des lebendigen Sternes in das tote Licht ist mit Qualen verbunden, die so furchtbar sind wie jene des Mezentius. Die Seele erfriert und verbrennt gleichzeitig und kann sich nur befreien, indem sie in den Strom der äußeren Formen zurücktritt und sich eine menschliche Hülle schafft. Dann muß sie mit aller Energie gegen niedere Triebe um ihre sittliche Befreiung kämpfen, deren Erlangung es ihr endlich ermöglicht, im Augenblick des Todes ihre irdischen Fesseln zu sprengen und sich triumphierend zum trostreichen Gestirn zu erheben, dessen Schein ihr schon lange gelächelt.

Hieraus wird die Bedeutung des höllischen Feuers ersichtlich, denn es ist mit dem Dämon oder der alten Schlange identisch. Man erkennt ferner, woraus Heil und Verdammnis der Menschen besteht. Alle sind berufen und alle auserwählt, aber nur nach und nach, in geringer Anzahl, nachdem sie durch eigene Schuld dem ewigen Feuer ausgesetzt waren.

Dies ist die große und erhabene Offenbarung der Magie, der Mutter aller Symbole, Dogmen und Kulte.

Wie sehr hat Dupuis sich in seiner Annahme getäuscht, daß alle Religionen einzig der Astronomie entsprängen. Im Gegenteil, die Astronomie selbst entstand aus der Astrologie, und die primitive Astrologie ist ein Zweig der heiligen Kabbala der Wissenschaft der Wissenschaften und der Religion der Religionen.

Überdies zeigt das siebzehnte Blatt des Tarok eine wunderbare Allegorie: Eine nackte unverschleierte Frau, die zugleich Wahrheit, Natur und Weisheit darstellt, schüttet aus zwei zur Erde gekehrten Urnen Wasser und Feuer. Über ihrem Haupte leuchtet im Kranze des Siebengestirnes ein achtstrahliger Stern, der Stern der Venus, das

Sinnblid des Friedens und der Liebe. Rings um die Frau grünen die Pflanzen der Erde, und auf einer der Blüten wiegt sich der Schmetterling der Psyche, das Symbol der Seele, in einer anderen Ausgabe des heiligen Buches ein Vogel, der wahrscheinlich ein ägyptisches und weit älteres Symbol ist. Dieses Bild, welches im modernen Tarok der „Glänzende Stern" heißt, ist mit vielen hermetischen Symbolen verwandt und sicher nicht ohne Beziehung zum flammenden Stern der eingeweihten Freimaurer, indem es die meisten Mysterien der geheimen Lehre der Rosen-Kreuzer ausdrückt.

18 צ S.

LIEBESTRÄNKE UND ZAUBERMITTEL.

JUSTITIA — MYSTERIUM — CANES.

Wir haben uns nun mit dem verderblichsten Mißbrauch an der magischen Wissenschaft auseinanderzusetzen, nämlich der Giftmischer-Magie oder vielmehr Zauberei. Wir möchten jedoch vorausschicken, daß wir dieses Kapitel nicht zur Belehrung schreiben, sondern um zu verhüten.

Wenn die menschliche Gerechtigkeit in Verfolgung der Adepten sich stets nur gegen Nikromanten und giftmischende Zauberer gerichtet hätte, so wäre hier ohne Frage die äußerste Strenge angebracht, und kein Schreckmittel kann zu hart genannt werden, sobald es sich um derartige Verbrecher handelt.

Man muß nun nicht glauben, daß die Macht über Leben und Tod, über die der Magier im Geheimen verfügt, immer nur der Befriedigung feiger Rachsucht oder irgend einer noch gemeineren Gier diente. Im Mittelalter und Altertum haben magische Vereinigungen sich oft zum Ziele gesetzt, jene plötzlich zu treffen oder langsam zu verderben, welche die Schweigepflicht über die Mysterien brachen oder sie entweihten; und wenn es bedenklich erschien, Blut zu vergießen und durch den magischen Dolch zu strafen, so gab es das Aqua Toffana, vergiftete Blumensträuße, Nessushemden und noch viel andere, unbekannte, seltsame Todesarten, durch welche früher oder später das furchtbare Urteil der Fem-Richter vollstreckt wurde.

Wie wir schon erwähnten, gibt es in der Magie ein großes und unaussprechliches Arkanum, von dem Adepten nie untereinander sprechen, das vor allem vor dem Profanen streng gehütet werden muß. Wer anderen gegenüber leichtsinnig den Schleier dieses Geheimnisses lüftete und den Schlüssel dieses erhabenen Arkanums preisgab, war unerbittlich dem Tod verfallen und wurde nicht selten gezwungen, das Urteil selbst an sich zu vollziehen.

Das von Laharpe beschriebene, berühmte prophetische Diner Gazottes hat noch kein Verständnis gefunden. Auch gab Laharpe der an sich begreiflichen Neigung nach seine Leser zu verblüffen und übertrieb die Einzelheiten stark. Außer ihm waren alle, die an jenem Mahle teilnahmen, Eingeweihte und Verbreiter oder zum mindesten Entweiher der Mysterien. Gazotte, der unter ihnen den höchsten Rang bekleidete, verkündete allen im Namen des Illuminates ihr Todesurteil, welches denn auch auf verschiedene Art, aber unerbittlich vollzogen wurde. Viele ähnliche Urteile sind zu allen Zeiten vollstreckt worden. Ich erinnere an den Fall des Abbè von Villars, Urbain Grandier und andere. Jedenfalls mußten die pflichtvergessenen Philosophen von Cazottes Tafelrunde sterben wie seinerzeit Cagliostro in den Kerkern der Inquisition, die geheimnisvolle Bande der Catherine Théos, der unbesonnene Schroepfer, der auf dem Höhepunkte seines Ruhmes als Magier und Zauberer gezwungen wurde, Hand an sich selbst zu legen, wie der Deserteur Kotzebue, den Karl Sand erdolchte und wie so viele andere, deren Leichen man fand, ohne daß man die Ursache ihres plötzlichen und blutigen Todes erkannt hätte.

Man entsinnt sich der befremdenden Ansprache, welche der Präsident des revolutionären Tribunals bei der Verkündung des Todesurteils an Gazotte, seinen Bundesbruder und Mit-Eingeweihten, hielt. Die Fäden zum furchtbaren Drama von 1793 sind noch immer im dunkelsten Heiligtum geheimer Gesellschaften verborgen. Den Adepten, die in gutem Glauben das Volk zu verselbständigen trachteten, stellten Adepten einer anderen Sekte, welche sich noch älterer Überlieferungen rühmte, den erbittertsten Widerstand entgegen, und zwar unter Benutzung der gleichen Mittel wie ihre Widersacher. Sie machten nämlich beide den Gebrauch des großen Arkanums unmöglich, indem sie dessen Lehrsätze veröffentlichten. Das Volk verstand sie zwar nicht, aber es wurde mißtrauisch gegen alle und sank aus Verzweiflung viel tiefer, als man es hatte erheben wollen. Das große Arkanum blieb so unbekannt wie je. Aber die Adepten, die sich gegenseitig die Hände gebunden hatten, konnten ihre Macht weder zur Beherrschung anderer noch zu ihrer eigenen Befreiung gebrauchen, also richteten sie sich gegenseitig als Verräter und verurteilten sich zu Verbannung, Selbstmord, Erdolchung und Schafott.

Man wird nun wahrscheinlich fragen, ob uns auch heute noch von Eindringlingen in okkulte Heiligtümer und Verrätern des Arkanums so furchtbare Gefahren drohen. Warum sollte ich aber die Neugier Ungläubiger befriedigen? Sie würden mich sicher nicht retten, setzte ich mich ihretwegen einem gewaltsamen Tode aus. Wenn sie also für sich selbst fürchten, so mögen sie sich vor unbesonnenen Nachforschungen hüten: mehr kann ich ihnen nicht raten.

Wir kehren nun zur Giftmischer-Magie zurück.

In seinem Roman „*Der Graf von Monte Christo*“ hat Alexandre Dumas einige Gebräuche dieser unheilvollen Wissenschaft aufgedeckt. Wir wollen seine Erzählungen über die finsteren Lehren jenes Frevels hier nicht wiederholen: wie man Pflanzen vergiftet, wie mit solchen Pflanzen gefütterte Tiere so verseucht werden, daß Menschen sterben, die ihr Fleisch genießen, ohne daß sich die Todesursache feststellen ließe, wollen nicht wiedergeben, wie man Zimmerwände mit vergiftenden Ölen tränkt und sogar die Luft in den Räumen durch Räucherwerk totbringend gestaltet, das den Vergifter selbst zwingt, sich bei seiner Arbeit einer gläsernen Maske zu bedienen. Wir überlassen der antiken Canidia ihre abscheulichen Mysterien und hüten uns zu untersuchen, bis zu welchem Grade die teuflischen Riten der Sagana die Künste der Locusta vervollkommnet haben. Es genügt zu wissen, daß diese beiden Erzverbrecher die Giftstoffe ansteckender Krankheiten, Schlangengift und Pflanzengift destillierten, daß sie den Pilzen einen gefährlichen narkotischen Saft, dem Stechapfel ein Scheintod-bewirkendes Mittel, dem Pfirsich und dem Kirschlorbeer aber jenes furchtbare Gift auszogen, von dem ein einziger Tropfen, auf die Zunge oder ins Ohr gegossen, auch das widerstandsfähigste und kräftigste Lebewesen wie einen vom Blitz getroffenen Baum fällt. Sie kochten Milch, in der Ottern und Nattern ertränkt worden waren, mit dem weißen Saft der Wolfsmilch zusammen. Das Mark des Manzanilla-Baumes, die tötlichen Früchte aus Java, den Saft des Maniok und anderes sammelten sie sorgfältig auf Reisen oder ließen es unter großen Kosten von weither kommen. Sie pulverisierten Kiesel, mengten unreine Aschen mit dem getrockneten Geifer von Schlangen, mischten scheußliche Zaubertränke aus den Ausscheidungen brünstiger Stuten oder läufiger Hündinnen. Selbst Menschenblut setzten sie ihren widerlichen Arzneien zu und machten daraus ein Öl, das schon allein durch seinen Pestgestank tötete. Dies erinnert übrigens an die burbonische Torte des Panurg. Schrieb man derartige Rezepte auf, so verkleidete man sie unter Fachausdrücken aus der Alchymie und in mehr als einem der angeblich hermetischen Bücher ist unter dem sogenannten Projektionspulver das berüchtigte Sukzessionspulver verstanden. Auch im großen *Zauberbuch* findet sich ein solches Rezept, das weniger verkleidet ist als andere und einfach heißt: ein Mittel zur Goldbereitung. Es ist ein grausiges Dekokt aus Grünspan, Vitriol, Arsenik und Sägemehl. Soll es wirksam sein, so muß es einen hineingetauchten Zweig sofort zerfressen und einen Nagel zersetzen. Jean-Baptiste Porta gibt in seiner „*Natürlichen Magie*“ das Rezept des Giftes der Borgia. Wie man sich aber denken kann, hat er seine Leser zum Besten und hält mit der Wahrheit zurück, die in solchen Dingen ja nicht ganz ungefährlich ist. Wir können deshalb ruhig das Rezept wiedergeben, um den Wissensdrang unserer Leser zu befriedigen.

Die Kröte ist an sich nicht giftig, aber sie vermag wie ein Schwamm Gifte aufzunehmen, sie ist der Pilz unter den Tieren. Nehmt also eine große Kröte, sagt Porta, und sperrt sie mit Ottern und Nattern zusammen in ein Gefäß, füttert sie während einiger Tage nur mit Giftschwämmen, Digitalis und Schierling, dann schlagt und brennt, kurz, quält und erregt sie auf jede mögliche Art, bis sie vor Hunger und Wut eingehen, bestreut sie hierauf mit einer Mischung aus pulverisiertem Kristall und Wolfsmilch, gebt sie in eine gut verschlossene Retorte und entzieht dem Ganzen auf langsamem Feuer alle Flüssigkeit. Nach dem Erkalten trennt die Asche der Kadaver vom unverbrennbaren Staub, der sich auf dem Boden der Retorte abgesetzt hat. Ihr habt dann zwei Gifte, eine Flüssigkeit und ein Pulver. Das erste ist ebenso wirksam wie das berüchtigte Aqua Toffana, das zweite macht jeden, dem man eine Prise davon in einem beliebigen Getränk eingibt, innerhalb weniger Tage zum ausgetrockneten Greis und tötet ihn unter furchtbaren Qualen oder unter den Zeichen einer allgemeinen Erschöpfung. Man wird zugeben, daß dieses Rezept einen widerlichen Eindruck macht und bis zum Ekel an die scheußlichen Hexenküchen der Canidia und Medea erinnert.

Derartige Pulver behaupteten die Zauberer des Mittelalters beim Sabbat zu erhalten und sie verkauften sie der Unwissenheit und dem Hasse zu hohen Preisen. Durch die Überlieferung derartiger Geheimnisse gelang es ihnen, ganze Landstriche in Schrecken zu versetzen und unter der Furcht ihrer Zauberkraft zu halten. War einmal die Phantasie erregt, das Nervensystem in Schwingung versetzt, so welkte das Opfer rasch dahin und das Entsetzen der eigenen Eltern und Freunde beschleunigte sein Verderben. Der Zauberer oder die Hexe waren fast ausnahmslos eine Art menschlicher Kröten, geschwellt von lange aufgespeichertem Groll und Rachsucht. Sie waren arm, von allen gemieden und infolgedessen voller Haß. Die Furcht, die sie einflößten, war ihr Trost und ihre Rache. Und da sie selbst durch eine Gesellschaft vergiftet waren, von der sie nur den Abschaum und die Laster kannten, vergifteten sie ihrerseits all jene, die schwach genug waren sie zu fürchten und rächten an Schönheit und Jugend ihr eigenes fluchwürdiges Alter und ihre unverzeihliche Häßlichkeit.

Wer um jene grauenhaften Mysterien wußte und sich ihrer zu schlechten Werken bediente, von dem sagte man, er sei mit dem Teufel im Bunde. Und gewiß mußte ein solcher mit Leib und Seele dem Bösen angehören und mit vollem Recht die allgemeine Acht und Ausstoßung verdienen, die durch diese Allegorie ausgedrückt wird. Daß menschliche Seelen sich so tief in Bosheit und Wahnsinn verlieren konnten, ist freilich sehr zu beklagen. Aber ist nicht eine Tiefe notwendig als Fundament der Erhabenheit höchster Tugenden, und weist nicht gerade der Abgrund der Hölle durch den Gegensatz auf die unendliche Höhe und Weite des Himmels hin?

Im Norden, wo die Triebe verhaltener und lebhafter und in Italien, wo die Leidenschaften spontaner und heißer sind, fürchtet man noch Zaubermittel und bösen Blick. In Neapel trotzt man nicht ungestraft der *Jettatura* und meint, die unglücklichen, mit solcher Macht begabten Geschöpfe sogar an gewissen äußeren Zeichen zu erkennen. Um sich vor ihnen zu schützen, muß man nach Angabe Sachverständiger Hörner bei sich tragen, und das Volk, das alles wörtlich nimmt, behängt sich tatsächlich mit kleinen Hörnern, ohne über den möglichen Sinn dieses Symbols nachzudenken. Hörner sind als Attribute der Jupiter Ammon, Bacchus und Moses das Sinnbild für moralische Kraft oder Begeisterung, und die Magier wollen damit sagen, daß man, um der Jettatura zu widerstehen, durch große Kühnheit, große Begeisterung oder große Gedanken den verhängnisvollen Strom der Instinkte bezwingen müsse. So sind fast alle abergläubischen Gebräuche des Volkes nur profane Auslegungen irgendeines großen Axioms oder eines jener wunderbaren Arkana okkulter Weisheit. Hat nicht selbst Pythagoras mit der Niederschrift seiner herrlichen Symbole den Gelehrten eine vollendete Philosophie und dem Volke nur eine neue Reihe eitler und lächerlicher Gebräuche hinterlassen? Wenn er beispielsweise sagte: Hebe das, was unter den Tisch fällt, nicht auf, fälle nicht die Bäume am Wege, töte die Schlange nicht, die in deinen Hof gefallen ist, sind das nicht leicht faßbare Gleichnisse für Nächstenliebe, sei diese nun sozialer oder persönlicher Art? Und wenn er weiter sagt: Betrachte dich nicht im Spiegel bei Fackelschein, empfiehlt er dann nicht auf sinnvollste Weise wahre Selbsterkenntnis, die niemals durch künstliches Licht und Systeme voller Vorurteil gefördert werden kann? Und ein gleiches Schicksal war allen übrigen Vorschriften des Pythagoras beschieden. Sie wurden von einer Menge törichter Jünger buchstäblich befolgt, so daß von den abergläubischen Gebräuchen unserer Provinzen viele zweifellos auf die primitive Unverständlichkeit seiner Symbole zurückzuführen sind.

Superstitio (Aberglaube) entspringt einem lateinischen Wort, welches überleben bedeutet. Er ist das Zeichen, welches den Gedanken überlebt, die Leiche einer religiösen Handlung. Für die Einweihung ist der Aberglaube das, was der Teufelsgedanke gegen den Gottesglauben ist. Aus diesem Sinne heraus wird es verständlich, daß der Bilderkult verboten ist, und daß das in seiner ersten Fassung heiligste Dogma unheilig und zum Aberglauben werden kann, sobald es seines Geistes und seiner Inspiration beraubt ist. Denn dann wechselt die Religion, die wie die höchste Vernunft immer nur in der Einzahl besteht, das Gewand und überläßt ihre alten Riten der Habsucht und Schurkerei der Abtrünnigen, die durch ihre eigene Bosheit und Ignoranz zu Charlatanen und Gauklern werden.

Eine andere Form des Aberglaubens sind jene magischen Zeichen und Symbole, mit welchen man Amulette und Talismane versieht und deren Sinn verloren gegangen ist. Die magischen Bilder der Antike waren Pantakel, das heißt, kabbalistische Synthesen. Das Rad des Pythagoras ist ein den Rädern des Ezechiel verwandtes Pantakel, und diese beiden Figuren bedeuten dasselbe Geheimnis und dieselbe Philosophie. Es ist der Schlüssel aller Pantakel, von dem wir bereits gesprochen haben. Die vier Tiere oder vielmehr die Sphinxe mit den vier Köpfen desselben Propheten sind mit einem prächtigen indischen Symbol identisch, dessen Bild wir hier bringen, und welches sich auf die Wissenschaft des großen Arkanums bezieht. Der hl. Johannes hat in seiner *Apokalypse* Ezechiel wiederholt und erweitert, und alle ungeheuerlichen Figuren dieses wunderbaren Buches sind ebensoviele Pantakel, deren Schlüssel Kabbalisten leicht auffinden. Nachdem aber die Christen jenes

ADONAI
PITAGORE
אדני
EZECHIEL

Wissen aus dem Wunsche verworfen hatten, den Glauben zu erweitern, wollten sie später auch die Herkunft ihres Dogmas verschleiern und lieferten die Bücher der Kabbala und der Magie dem Feuer aus. Die Originale vernichten heißt den Abschriften gewissermaßen Originalität verleihen, und dies war dem hl. Paulus sicher klar bewußt, als er — zweifellos in der lobenswertesten Absicht — sein ephistisches Autodafe der Wissenschaften ins Werk setzte. Sechs Jahrhunderte später mußte aus dem gleichen Grunde der gläubige Omar der Originalität des *Korans* die Büchersammlung Alexandriens opfern. Und wer weiß, ob in ferner Zukunft ein neuer Apostel zum Vorteil irgendeines religiösen Wahnes und einer neu beglaubigten Legende nicht unsere literarischen Museen in Brand stecken und die Buchdruckereien konfiszieren wird?

Das Studium der Talismane und Pantakel gehört zu den merkwürdigsten Zweigen der Magie und schließt sich an die geschichtliche Numismatik an.

Es gibt indische, ägyptische und griechische Talismane, kabbalistische Medaillen, welche von den alten und modernen Hebräern herstammen, gnostische Abraxas, byzantinische Amulette, okkulte Münzen, die bei geheimen Gesellschaften in Gebrauch stehen und zuweilen Spielmarken des Sabbat genannt werden, ferner die Medaillen der Templer und die Kleinodien der Freimaurer. Coglenius beschreibt in seiner „*Abhandlung über die Wunder der Natur*“ die Talismane Salomos und des Rabbiners Chael. In den magischen Kalendern des Tycho de Brahe und des Duchenteau waren noch viele andere und zum Teil ältere abgebildet. Mindestens ein Teil hiervon muß sich in der Eingeweihtengeschichte von Ragon finden, auf welch großes und gelehrtes Werk wir unsere Leser aufs neue verweisen.

19 ק T.

DER STEIN DER WEISEN.

ELAGABAL.

VOCATIO – SOL – AURUM.

Die Alten beteten die Sonne in Gestalt eines schwarzen Steines an, den sie Elagabal oder Heliogabal nannten. Was bedeutete dieser Stein und wie konnte er das Abbild des strahlendsten Gestirns sein?

Ehe die Jünger des Hermes ihren Adepten das Lebenselixier oder das Projektionspulver versprachen, empfahlen sie ihnen, den philosophischen *Stein* zu suchen. Was ist dies für ein Stein? Und warum gerade ein *Stein?*

Der große Initiator der Christen empfiehlt seinen Getreuen, auf Felsen oder *Stein* zu bauen, wenn ihre Gebäude standhalten sollen. Er selbst nennt sich den Eck-*Stein* und spricht zum gläubigsten seiner Apostel: „Du bist Petrus und auf diesen *Stein* will ich meine Kirche bauen."

Dieser *Stein* ist nach den Meistern der Alchymie das wahre Salz der Philosophen, das in der Zusammensetzung des Azoth ein Dritteil ausmacht. *Azoth* aber ist bekanntlich der Name des großen hermetischen und des wahren philosophischen Agens. Auch stellen sie ihr Salz im Bilde eines Steinwürfels dar, wie es die zwölf Schlüssel des Basilius Valentinus oder in den Allegorien des Trevisaners zeigen.

Was ist nun dieser Stein in Wahrheit? Er ist das Fundament der absoluten Philosophie, die höchste und unerschütterlichste Vernunft. Ehe man an die Kunst, Metalle zu verwandeln, denken darf, muß man sich auf immer zu den absoluten Grundsätzen der Weisheit bekennen und jene

Vernunft erworben haben, welche der Prüfstein der Wahrheit ist. Niemals wird ein Mensch mit Vorurteilen König der Natur und Meister der Verwandlungen sein. Der Stein der Weisen ist also vor allen Dingen notwendig. Aber wie kann man ihn finden? Hermes lehrt es in seiner tabula smaragdina. Zunächst muß man mit äußerster Sorgfalt und Vorsicht das Feine vom Festen trennen. Das heißt, wir sollen Gewißheit und Gläubigkeit trennen und die Gebiete des Wissens und Glaubens scharf gegeneinander abgrenzen. Auch sollen wir uns klar machen, daß wir das, woran wir glauben, nicht wissen; und daß wir an Erkanntes nicht mehr glauben können, daß folglich das Wesen aller Glaubensdinge das Unbekannte und Unbestimmte ist, während es sich mit den Dingen des Wissens gerade umgekehrt verhält. Hieraus ist zu schließen, daß Wissen auf Vernunft und Erfahrung beruht, während der Glaube sich auf Gefühl und Vernunft stützt. Mit anderen Worten, der Stein der Weisen ist die feste Gewißheit, welche menschliche Klugheit aus gewissenhaften Nachforschungen und bescheidenem Zweifel gewinnt, während religiöse Begeisterung sie ausschließlich dem Glauben verdankt. Feste Gewißheit entspringt also weder der Vernunft ohne Sehnen noch unvernünftigem Streben. Sie ist die wechselseitige Übereinstimmung der wissenden Vernunft mit dem glaubenden Gefühl und des glaubenden Gefühls mit der wissenden Vernunft. Die endgültige Vereinigung von Vernunft und Glauben ergibt sich nicht aus ihrer Unterscheidung und ihrer vollkommenen Trennung, sondern aus ihrer gegenseitigen Kritik und ihrem brüderlichen Zusammenwirken. Dies ist der Sinn der beiden Säulen vor Salomos Tor, die Jakin und Bohas heißen und deren eine weiß, die andere schwarz ist. Sie sind verschieden und getrennt, sie sind sogar in ihrer Erscheinung entgegengesetzt, wenn aber blinde Kraft sie einander nähern und vereinigen will, so muß das Gewölbe des Tempels einstürzen. Denn getrennt haben sie eine gemeinsame Kraft, aber vereint sind sie zwei Kräfte die sich gegenseitig zerstören müssen. Aus dieser Ursache schwächt sich geistige Macht, wenn sie sich zeitliche Gewalt anmaßt, und zeitliche Gewalt geht an ihrem eigenen Angriff auf geistige Macht zugrunde. Gregor VII. hat sein Papsttum eingebüßt, und die schismatischen Könige haben ihr Reich verloren und werden es verlieren. Das menschliche Gleichgewicht benötigt zwei Beine, die Welten kreisen durch zwei Kräfte, die Zeugung erfordert zwei Geschlechter. Dies ist der Sinn des Arkanums Salomos, welches durch die beiden Tempelsäulen, Jakin und Bohas, dargestellt wird.

Sonne und Mond der Alchymisten entsprechen dem gleichen Symbol und tragen zur Vervollkommnung und Beständigkeit des Steins der Weisen bei. Die Sonne ist das hieroglyphische Zeichen der Wahrheit, denn sie ist die sichtbare Quelle des Lichtes, und der rohe Stein ist das Symbol der Beständigkeit. Darum wählten die alten Magier den Stein Heliogabal zum Abbild der Sonne, und darum bezeichneten die Alchymisten des Mittelalters den Stein der Weisen als erstes Hilfsmittel zur Bereitung des philosophischen Goldes, d. h. zur Verwandlung der durch die sechs Metalle dargestellten Lebensmächte in Sonne oder Wahrheit und Licht. Dies ist das erste und unerläßliche Verfahren im großen Werk, das zu den Folgeanwendungen überleitet und durch die Analogien der Natur jene natürliches, rohes Gold finden läßt, die vor allem Schöpfer des geistigen und lebendigen Goldes und Besitzer des wahren Salzes, des wahren Merkurs und des wahren philosophischen Schwefels sind.

Den Stein der Weisen finden ist deshalb gleichbedeutend mit der Entdeckung des Absoluten, eine

Meinung, die allen Meistern gemeinsam ist. Und das Absolute ist das, was keinen Irrtum mehr zuläßt, ist das Feste im Flüchtigen, die Richtschnur der Vorstellungskraft, die Gesetzmäßigkeit des Seins, das unverrückbare Gesetz von Vernunft und Wahrheit; das Absolute ist das, was ist. Und das, was ist, war irgendwie vor dem, der ist. Selbst Gott besteht nicht ohne Daseinsgrund und kann nur kraft einer höchsten und unausweichlichen Vernunft existieren. Diese Vernunft also ist das Absolute. An sie müssen wir glauben, wenn unser Glaube eine vernünftige und feste Grundlage haben soll. Man konnte in unseren Tagen die Behauptung aufstellen, daß Gott nur eine Hypothese sei, die absolute Vernunft aber ist sicher keine; denn sie ist für das Sein wesentlich.

Der hl. Thomas sagte: „Es ist nicht etwas recht, weil Gott es will, sondern Gott will es, weil es recht ist.“ Hätte Thomas aus diesem schönen Gedanken alle logischen Folgerungen gezogen, würde er den Stein der Weisen gefunden haben und statt des Engels der Schule wäre er ihr Reformator geworden.

An die Vernunft Gottes und an den Gott der Vernunft glauben heißt den Atheismus unmöglich machen. Die Atheisten sind aus den Götzendienern entstanden. Als Voltaire sagte: „Wenn Gott nicht existierte, so müßte man ihn erfinden“, fühlte er die Vernunft Gottes mehr, als daß er sie verstand. Existiert Gott wirklich? Wir wissen es nicht, aber wir wünschen es, und darum glauben wir es. Der auf diese Weise formulierte Glaube ist der vernünftige Glaube, denn er läßt den Zweifel des Wissens zu. Und wir glauben in der Tat nur an Dinge, die uns möglich erscheinen, die wir aber nicht wissen. Anders denken heißt rasen; anders reden heißt schwärmerisch oder fanatisch sprechen. Und solchen ist der Stein der Weisen nicht verheißen.

Die Unwissenden, welche das frühe Christentum von seinem Wege abdrängten, indem sie dem Wissen den Glauben, der Erfahrung die Träumerei, der Wirklichkeit Trugbilder unterschoben, die Inquisitoren, welche durch Jahrhunderte hindurch die Magie bis zur Vernichtung bekämpften, haben erreicht, die alten Entdeckungen menschlichen Geistes in Finsternis zurückzustoßen. so daß wir heute noch herumtasten müssen, um den Schlüssel der Naturphänomene wieder zu finden. Diese natürlichen Phänomene beruhen alle auf einem einzigen unverrückbaren Gesetz, das wieder durch den Stein der Weisen und vor allem durch seine symbolische Form, den Würfel, ausgedrückt wird. Dieses Gesetz, das in der Kabbala durch die Vierheit zum Ausdruck kommt, hatte den Hebräern sämtliche Mysterien ihres göttlichen Tetragramms gegeben. Man kann daher wohl sagen, daß der Stein der Weisen in jedem Sinne viereckig ist wie das himmlische Jerusalem des hl. Johannes; und daß auf seiner einen Seite der Name שלבוה und auf der anderen GOTT geschrieben steht, auf der einen seiner Flächen ADAM, auf der anderen HEVA und auf den übrigen AZOT und INRI. Auf dem ersten Blatt der französischen Übersetzung eines Buches des de Nuisement über das philosophische Salz sieht man den Erdgeist aufrecht auf einem Würfel stehen, den Feuerzungen umspielen. Sein Phallus ist ein Hermesstab, und er trägt rechts auf seiner Brust die Sonne, links den Mond. Er ist bärtig, hat eine Krone auf dem Haupt und ein Szepter in der Hand. Dies ist der *Azoth* der Weisen auf seinem Sockel von Salz und Schwefel. Man sieht dieses Bild auch manchmal mit dem symbolischen Kopf des Bockes von Mendes. Das ist dann der Baphomet der Templer, der Bock des Sabbats und das Wort der Gnostiker, wunderliche Bilder, die als Schreckgespenster für das Volk gebraucht wurden, nachdem sie den Meditationen der Gelehrten gedient hatten, unschuldige Hieroglyphen des Gedankens und Glaubens, die dem Verfolgungswahn einen willkommenen Vorwand gaben. Wie unglücklich sind doch die Menschen in ihrer Unwissenheit, aber wie tief müßten sie sich selbst verachten, wäre es ihnen möglich, sie zu erkennen!

20 ד U.

DIE UNIVERSALMEDIZIN.

CAPUT — RESURRECTIO — CIRCULUS.

Die meisten körperlichen Erkrankungen entstehen aus moralischen Krankheiten. So sagt das einzige und universelle magische Dogma, und so ist es nach den Gesetzen der Analogien.

Eine große Leidenschaft, der man sich hingibt, entspricht stets einer schweren Krankheit, die man sich dadurch vorbereitet. Die Todsünden heißen so, weil sie wirklich auf jede Weise den Tod bedingen.

Alexander der Große starb aus ehrgeizigem Hochmut. Er war von Natur mäßig, aber er gab sich aus Großsucht Ausschweifungen hin, welche ihm den Tod brachten.

Franz I. starb wegen Ehebruchs.

Ludwig XV. starb an seinem Hirschpark.

Als Marat ermordet wurde, starb er an Wut und Neid. Er litt an der fixen Idee eines, der sich allein groß dünkt und am liebsten alles vernichtet hätte, was nicht Marat war.

Viele unserer Zeitgenossen sind nach der Februar-Revolution an enttäuschter Ehrsucht gestorben.

Von dem Augenblick an, wo euer Wille sich unwiderruflich in einer Richtung zum Absurden festlegt, seid ihr tot; und die Klippe, an der ihr scheitern werdet, ist nicht weit.

Es ist also ganz richtig, wenn man behauptet, daß Weisheit das Leben erhalte und verlängere.

Der große Meister sagte: „Mein Fleisch ist Speise und mein Blut ist Trank. Esset mein Fleisch und trinket mein Blut, so werdet ihr das

Leben haben.“ Und als der Mensch murrte, fuhr er fort: „Das Fleisch ist nichts hienieden; die Worte, die ich euch sage, sind Geist und Leben.“ Damit wollte er sagen: Nähret euch von meinem Geiste und lebet von meinem Leben.

Und bevor er zum Tode ging, verband er die Erinnerung an sein Leben mit dem Zeichen des Brotes und das Andenken an seinen Geist mit dem Zeichen des Weines und setzte so die Gemeinschaft in Glaube, Hoffnung und Liebe ein.

Aus demselben Sinne sagten die hermetischen Meister: Machet das Gold trinkbar, so habt ihr das Allheilmittel, d. h.: Macht euren Gewohnheiten die Wahrheit zu eigen, damit sie die Quelle werde, die euch täglich tränkt, so werdet ihr die Unsterblichkeit des Weisen in euch haben. Mäßigkeit, Seelenfriede, Herzensschlichtheit, ein ruhiger und kluger Wille machen den Menschen nicht nur glücklich, sondern auch gesund und stark. Wer trachtet klug und gut zu werden, macht sich unsterblich. Wir schaffen uns unser Schicksal selbst und Gott erlöst uns nicht ohne unser Dazutun.

Der Tod existiert nicht für den Weisen. Er ist ein Phantom, das durch Unwissenheit und Schwäche des Unwissenden zum Schrecknis geworden ist.

Veränderung bestätigt die Bewegung, und Bewegung offenbart stets nur Leben. Selbst der Leichnam würde sich nicht zersetzen, auch wenn er tot wäre. Alle Moleküle, die ihn bildeten, bleiben lebendig und in Bewegung, um sich zu befreien. Und ihr könnt denken, daß der Geist sich als erstes befreit, um nicht weiter zu leben! Ihr könntet glauben, daß der Gedanke und die Liebe zu sterben vermöchten, wenn selbst die gröbste Materie nicht zugrunde geht!

Wenn Veränderung Tod ist, so sterben wir alle Tage und erwachen jeden Tag zu neuem Leben; denn mit jedem Tag verändern wir unsere Form.

Wir sollen unser Kleid vor Schmutz und Schaden hüten, aber wir sollen uns nicht fürchten, es in der Stunde des Ausruhens abzustreifen.

Die Einbalsamierung und künstliche Erhaltung der Leiche ist ein gegen die Natur selbst gerichteter Aberglaube. Sie ist ein Versuch, den Tod recht eigentlich zu erschaffen, ist das erzwungene Erstarren einer Substanz, die dem Leben unentbehrlich ist. Andererseits soll man aber auch nicht allzu eifrig sorgen, die Leichen zu zerstören und vernichten; denn nichts vollzieht sich in der Natur plötzlich, und es ist gefährlich, die Bande einer entweichenden Seele gewaltsam zu zerreißen.

Der Tod tritt niemals augenblicklich ein, sondern allmählich wie der Schlaf. Solange das Blut nicht ganz erkaltet ist, die Nerven erzittern können, ist der Mensch nicht ganz tot. Und ist kein lebenswichtiges Organ zerstört, so kann die Seele zurückgerufen werden, entweder durch die Hilfe eines günstigen Zufalls oder die Macht eines zwingenden Willens.

Ein Philosoph sagte einmal, eher würde er am Zeugnis der Allgemeinheit zweifeln als an ein Wiedererwachen vom Tod glauben. Das war ein vermessener Ausspruch; denn er konnte nur kraft seines Vertrauens auf das Zeugnis der Allgemeinheit an die Unmöglichkeit einer Wiederauferstehung glauben. Und wenn es gelänge, ein Wiedererwachen klar zu beweisen, was wäre die Folge? Daß man den Augenschein leugnen oder an der Vernunft zweifeln müßte? Solche Annahmen wären absurd. Man könnte nur den einfachen Schluß ziehen, daß man zu unrecht an die Unmöglichkeit einer Wiederauferstehung geglaubt habe. *Ab actu ad posse valet consecutio.*

Wir wollen deshalb offen zugeben, daß ein Wiedererwachen möglich ist, und daß es sich weit öfter ereignet, als man gemeinhin annimmt. Wieviele Personen, deren Tod gerichtlich und wissenschaftlich festgestellt war, hat man nicht später in ihren Särgen tot allerdings aufgefunden, aber tot, nachdem sie vorher nochmals zum Leben erwacht waren und ihre Handgelenke zernagt hatten, um sich die Adern zu öffnen und durch einen neuen Tod unausdenkbaren Qualen zu entgehen. Jeder Arzt wird sagen, diese Personen seien nicht tot gewesen, sondern hätten sich in Lethargie befunden. Was aber ist Lethargie? Ein Name, den wir dem begonnenen und nicht vollendeten Tod geben, einem Tod, den die Rückkehr ins Leben widerlegt. Man hilft sich bei der Unmöglichkeit einer Erklärung ja immer so leicht mit Worten.

Die Seele haftet durch die Empfindungsfähigkeit am Körper, und das Aufhören der Emfindungsfähigkeit ist ein untrügliches Zeichen für das Entweichen der Seele. Magnetischer Schlaf ist künstliche Lethargie oder Tod und beliebig heilbar. Narkose oder durch Chloroform bewirkte Betäubung ist eine wirkliche Lethargie, die manchmal in endgültigen Tod übergeht, wenn die Seele, glücklich über ihre vorübergehende Befreiung, durch eine Willensanstrengung sich auf immer entfernt. Das ist aber nur solchen möglich, die über die Hölle gesiegt haben, d. h. deren moralische Kraft der astralen Anziehungskraft überlegen ist. Überhaupt erwachen nur elementare Seelen wieder, und sie sind es, die vor allen anderen einem Wiederaufleben im Grabe ausgesetzt sind. Große Menschen und wahre Weise werden nie lebendig begraben.

Im Ritual werde ich Lehren und Gebräuche des Wiederauflebens erläutern. Jenen aber, die fragen, ob ich Tote wiedererweckt habe, antworte ich, daß sie mir doch nicht glaubten, wenn ich es bejahte.

Wir haben nun noch zu untersuchen, ob es möglich ist, den Schmerz aufzuheben, und ob die Anwendung von Chloroform oder Magnetismus bei chirurgischen Eingriffen heilsam ist. Nach unserer Meinung, der sich die Wissenschaft einst sicher anschließen wird, vermindert man mit der Empfindungsfähigkeit zugleich auch das Leben, und alles, was man in solchem Falle vom Schmerz wegnimmt, gereicht dem Tod zum Vorteil. Der Schmerz legt Zeugnis für das Ringen des Lebens ab, und man hat beobachtet, daß das Verbinden bei in der Betäubung operierten Personen stets äußerst schmerzhaft ist. Wollte man bei jedem Verbandwechsel die Narkose wiederholen, so müßte einer der folgenden Fälle eintreten: entweder stürbe der Kranke oder der Schmerz käme nach jedem Verband anhaltend wieder. Man vergewaltigt die Natnr nicht ungestraft.

21 ש X.

DIE WAHRSAGUNG.

DENTES — FURCA — AMENS.

Der Verfasser dieses Buches hat in seinem Leben viel gewagt, und Furcht hat nie vermocht, seine Gedanken zu fesseln. Doch nun er sich anschickt, die letzten Seiten über das magische Dogma niederzuschreiben, kann er sich eines berechtigten Unbehagens nicht erwehren.

Es handelt sich um die Entschleierung oder eigentlicher Einschleierung des großen Arkanums, des furchtbaren Geheimnisses von Leben und Tod, welches die Bibel mit den gewaltigen, symbolischen Worten der Schlange, die selbst ein Symbol ist, ausspricht: I NEQUAQUAM MORIEMINI, II SED ERITIS, III SICUT DII, IV SCIENTES BONUM ET MALUM.

Ein Eingeweihter des großen Arkanums hat mancherlei Vorrechte: eines derselben, das gleichzeitig alle andern einschließt, ist die *Wahrsagung*.

Im landläufigen Sinne heißt wahrsagen, etwas, was man nicht weiß, mutmaßen; der wahre Sinn des Wortes aber ist kraft seiner Erhabenheit unaussprechlich. *Divinari* heißt Göttlichkeit ausüben. Das lateinische *divinus* bedeutet anderes und mehr als *divus*, dessen Sinn gleichbedeutend ist mit Gottmensch. Das französische *devin* enthält die vier Buchstaben des Wortes *Gott* (Dieu) mit dem „N“ mehr, welches durch seine Form dem hebräischen Aleph א entspricht und in kabbalistischem und hieroglyphischem Sinn das Große Arkanum bedeutet, dessen Symbol im Tarok die Figur Bagad ist.

Wer den absoluten Zahlenwert eines mit N multiplizierten א kennt, mit der grammatikalischen Kraft des End-N in den Worten, welche *Wissen, Kunst* oder *Macht* bedeuten, dann die fünf Buchstaben des Wortes *devin* hinzurechnet, so daß fünf in vier, vier in drei, drei in zwei und zwei in eins aufgeht, und endlich die gefundene Zahl in primitive hebräische Zeichen überträgt, dem offenbart sich der okkulte Name des großen Arkanums, und er besitzt ein Wort, von dem das heilige Tetragramm selbst nur wie ein Ersatz und ein Abbild ist.

Wahrsager sein, heißt kraft der Bedeutung des Wortes göttlich sein und weist auf ein noch größeres Mysterium hin.

Die zwei Kennzeichen der göttlichen Menschlichkeit oder der menschlichen Göttlichkeit sind Prophetie und Wunder.

Prophet sein heißt die in den Ursachen enthaltenen Folgen vorhersehen, heißt im Astrallicht lesen. Wunder tun heißt auf das universelle Agens wirken und es unserem Willen unterwerfen.

Man wird den Verfasser dieses Buches fragen, ob er selbst ein Prophet und Wundertäter sei.

Ich verweise die Neugierigen, in den Schriften nachzuschlagen, welche ich vor dem Eintritt gewisser Ereignisse in unserer Welt herausgegeben habe. Was ferner meine Reden und Taten betrifft, und gesetzt den Fall, daß daran wirklich etwas Wunderbares wäre, würde mir jemand auf mein bloßes Wort hin glauben, wenn ich jetzt nachträglich davon erzählte?

Außerdem besteht eine der wesentlichsten Bedingungen der Wahrsagung darin, daß sie nie erzwungen sein und nie der Versuchung, d. h. der Beweisführung dienen darf. Die Meister dieser Wissenschaft haben nie der Neugierde irgendeines Menschen nachgegeben. Die Sibyllen verbrannten ihre Bücher, als Tarquinius sich weigerte, diese nach ihrem richtigen Wert einzuschätzen. Der große Meister schwieg, wenn man ihn um Zeichen seiner göttlichen Sendung befragte. Agrippa starb lieber im Elend als jenen nachzugeben, die Horoskope von ihm forderten. Wer Beweise seines Wissens an jene verschwendet, die an diesem Wissen selbst zweifeln, weiht Unwürdige ein, entweiht das Gold des Heiligtums, verdient den Bannfluch der Weisen und den Tod des Verräters.

Das Wesen der Wahrsagung, das große magische Arkanum, ist in allen Symbolen der Wissenschaft ausgedrückt und hängt eng mit dem einzigen frühesten Dogma des Hermes zusammen. In der Philosophie ergibt es die feste Gewißheit, in der Religion das universelle Geheimnis des Glaubens, in der Physik die Zusammensetzung, Zerlegung, Wiederzusammensetzung, Verwirklichung und Anpassung des philosophischen Merkurs, des Azoth der Alchymisten, in der Dynamik vervielfältigt es unsere Kräfte durch diejenigen der unaufhörlichen Bewegung. Es ist zugleich mystisch, metaphysisch und materiell, mit übereinstimmender Wirkung in den anderen Welten. Es verschafft in Gott Liebe, im Wissen Wahrheit und im Reichtum Gold, denn die metallische Verwandlung ist Gleichnis und Wirklichkeit zugleich, wie allen Adepten des wahren Wissens genau bekannt ist.

Ja, man kann wirkliches, materielles Gold machen mit dem Stein der Weisen, welcher ein Amalgam ist, das aus Salz, Schwefel und Merkur besteht, die im Azoth durch dreifache Sublimierung und dreifache Fixation dreimal vereinigt werden. Gewiß, das Verfahren ist manchmal leicht und läßt sich in einem einzigen Tag, in einem Augenblick machen, oft auch braucht es dazu Monate und Jahre. Damit aber das große Werk gelinge, muß man *divinus* sein oder Wahrsager, im kabbalistischen Sinn dieses Wortes, und für seine eigene Person auf den Vorteil des Reichtums verzichten, sich nur als dessen Austeiler betrachten. Raimundus Lullus bereicherte Fürsten, verschwendete seine Stiftungen über ganz Europa und blieb selbst arm. Nicolas Flamel, der trotz allem, was die Legende über ihn verbreitet, gewiß tot ist, fand das große Werk erst, nachdem er durch sein Asketentum zu einer vollständigen Loslösung von allem irdischen Gut gelangt war. Er verdankte seine Einweihung der Erkenntnis, welche ihm ganz plötzlich durch das Buch „*Asch Mezareph*" kam, einem hebräisch geschriebenen Buch des Kabbalisten Abraham, desselben vielleicht, der den „*Sepher Jezirah*" herausgab. Und diese Erkenntnis Flamels war eine Intuition, die recht eigentlich durch die persönlichen Vorbereitungen des Adepten verdient oder vielmehr möglich geworden war. Doch glaube ich hierüber schon genug gesagt zu haben.

Wahrsagung ist also eine Intuition, deren Schlüssel das universelle und magische Dogma der Analogien ist. Durch diese Analogien deutet der Magier die Wahrträume, wie wir in der Bibel schon den Patriarchen Joseph in Ägypten tun sahen. Denn die Analogien in den Reflexen des Astrallichts sind unerbittlich streng wie die Abstufungen der Farben im Sonnenlicht und können mit großer Genauigkeit berechnet und erläutert werden. Nur ist es unerläßlich, die Stufe zu kennen, auf welcher das Geistesleben des Träumers steht, dann kann man es ihm durch seine eigenen Träume so genau offenbaren, daß er in die tiefste Verwunderung fällt.

Somnambulismus, Vorahnungen und zweites Gesicht sind nur die zufällige oder gewohnheitsmäßige Veranlagung, in einem gewollten Schlaf oder auch in wachem Zustand zu träumen, d. h. im Astrallicht analoge Reflexe zu gewahren. Wir werden dies alles ausführlich im Ritual erklären, und das vielersehnte Mittel angeben, wie man magnetische Phänomene regelrecht hervorrufen und lenken kann. Was die Werkzeuge der Wahrsager betrifft, so sind dies einfach Verbindungsmittel zwischen ihnen und dem Ratsuchenden und dienen meistens nur dazu, den Willen der beiden auf ein gemeinsames Zeichen zu bannen. Die unbestimmten, komplizierten, beweglichen Figuren helfen dazu, die Reflexe des astralen Fluidums zu sammeln, und auf diese Weise gewahrt man im Kaffeesatz, in den Wolken, im Eiweis usw. weissagende Formen, die tatsächlich nur im *Transluciden*, d. h. in der Einbildungskraft des Ausübenden bestehen. Die Vision im Wasser wirkt durch Blendung und Ermüdung des Sehnervs, der seine Funktionen dem Transluciden überträgt und im Gehirn eine Illusion hervorruft, welche die Reflexe des Astrallichts als wirkliche Bilder auffaßt. Übrigens sind nervöse, kurzsichtige Personen mit lebhafter Phantasie besonders geeignet für diese Art der Wahrsagung, die vor allem von Kindern ausgeübt erfolgreich ist. Wir möchten aber nicht, daß man sich über die Rolle täusche, die wir der Einbildungskraft bei der Wahrsagung zuweisen. Man sieht zwar zweifellos durch die Einbildungskraft, und dies ist die natürliche Seite des Wunders; aber man sieht wahre Dinge, und hierin besteht das Wunderbare des natürlichen Werkes. Wir berufen uns hierin auf die Erfahrung aller wirklichen Adepten. Der Verfasser hat alle Arten der Wahrsagung erprobt und hat stets Resultate erhalten, die in Einklang mit der wissenschaftlichen Genauigkeit seiner Experimente und dem guten Glauben seiner Klienten standen.

Der Tarok, dieses Buch voller Wunder, das die heiligen Bücher aller alten Völker beeinflußt hat, ist auf Grund der analogen Genauigkeit seiner Bilder und Zahlen das vollkommenste Werkzeug der Wahrsagung, und kann mit dem vollsten

Vertrauen gebraucht werden. Die Orakel dieses Buches sind tatsächlich mindestens in einem Sinne untrüglich, und wenn es auch einmal nichts voraussagt, so offenbart es doch stets verborgene Dinge und gibt dem Ratsuchenden weise Ratschläge. Alliette, der im letzten Jahrhundert vom Perückenmacher zum Kabbalisten aufstieg, nachdem er dreißig Jahre, über den Tarok nachgedacht hatte, der sich kabbalistisch Etteilla nannte, indem er seinen Namen auf hebräische Weise las, war sehr nahe daran, alles zu erkennen, was in diesem seltsamen Buch verborgen war. Aber aus mangelndem Verständnis gelang es ihm nur, die Schlüssel des Tarok zu versetzen und die Ordnung und den Charakter der Figuren zu verdrehen, allerdings ohne deren Analogien vollständig zerstören zu können. So sehr sind sie untereinander verwandt und übereinstimmend. Die Schriften Etteillas, deren es nur noch wenige gibt, sind dunkel, ermüdend und in einem barbarischen Stil verfaßt. Sie sind nicht alle gedruckt, und mehrere Manuskripte dieses Vaters der modernen Kartenleger befinden sich in den Händen eines Buchhändlers in Paris, der mich in sie Einsicht nehmen ließ. Das Bemerkenswerteste daran sind die hartnäckigen Studien und der unbestreitbar gute Glaube des Verfassers, der während seines ganzen Lebens die Größe der okkulten Wissenschaften geahnt hat und an der Pforte des Heiligtums sterben mußte, ohne jemals einen Blick in dessen Innerstes geworfen zu haben. Er schätzte Agrippa gering, hielt viel von Jean Belot und wußte gar nichts von der Philosophie des Parazelsus. Aber sein Anschauungsvermögen war sehr entwickelt, sein Wollen beharrlich. Im übrigen war er stärker im Träumen als im Urteilen. Alles in allem war es zu wenig für einen Magier und zuviel zu einem wenn auch sehr gewandten und anerkannten, gewöhnlichen Wahrsager. Etteilla hat denn auch einen Mode-Erfolg, den ein weiserer Magier vielleicht zu Unrecht gering schätzen, sicher aber nicht anstreben würde.

In unserem Ritual werden wir das letzte über den Tarok aussagen und angeben: wie er zu lesen und zu Rate zu ziehen ist, und zwar nicht nur auf die Möglichkeiten der Geschicke, sondern vor allem auch auf die Probleme der Philosophie und der Religion, welche er stets auf untrügliche und bewunderungswürdige Weise löst, wenn man sie durch die hierarchische Ordnung der Analogie der drei Welten mit den drei Farben und den vier Nuancen erklärt, welche die heilige Siebenheit bilden. Dies alles gehört zu den positiven Gebräuchen der Magie und kann hier nur summarisch angedeutet und im Prinzip niedergelegt werden, denn dieser erste Teil handelt ausschließlich vom Dogma der hohen Magie und dem philosophischen und religiösen Schlüssel der hohen Wissenschaften, welche unter dem Namen der okkulten Wissenschaften bekannt oder vielmehr nicht bekannt sind.

22 ת Z.

ZUSAMMENFASSUNG UND ALLGEMEINER SCHLÜSSEL DER VIER OKKULTEN WISSENSCHAFTEN.

SIGNA — THOT — PAN.

Fassen wir nun in Form von Lehrsätzen die ganze Wissenschaft zusammen.

Die Analogie ist das letzte Wort der Wissenschaft und das erste des Glaubens.

Die Harmonie besteht im Gleichgewicht und das Gleichgewicht durch die Analogie des Entgegengesetzten.

Die absolute Einheit ist der erhabenste und höchste Beweggrund der Dinge. Diese Vernunft kann weder eine noch drei Personen sein, es ist *eine* und die eigentlichste Vernunft.

Zur Herstellung des Gleichgewichts muß man trennen und vereinen; trennen durch die Pole und vereinen durch den Mittelpunkt.

Über den Glauben vernünfteln heißt den Glauben zerstören; Mystizismus in die Philosophie mengen heißt an der Vernunft freveln.

Vernunft und Glaube schließen sich gegenseitig durch ihre Natur aus und vereinigen sich durch Analogie.

Die Analogie ist der einzig mögliche Vermittler zwischen Sichtbarem und Unsichtbarem, Endlichem und Unendlichem. Das Dogma ist die stets aufsteigende Hypothese einer mutmaßlichen Gleichung.

Für den Unwissenden ist die Hypothese die absolute Bejahung, und die absolute Bejahung ist die Hypothese.

Es gibt Hypothesen, welche für die Wissenschaft notwendig sind, und wer sie zu verwirklichen strebt, vergrößert das Wissen ohne den Glauben einzuschränken; denn auf der anderen Seite des Glaubens herrscht die Unendlichkeit.

Man glaubt an das, was man nicht weiß, wovon aber der Verstand wünscht, es möchte so sein. Den Gegenstand des Glaubens beschreiben und umschreiben heißt deshalb das Unbekannte formulieren. Die Glaubensbekenntnisse sind die Formeln der Unwissenheit und des Sehnens der Menschen. Die Lehrsätze der Wissenschaft sind die Denkmäler ihrer Eroberungen.

Der Gottesleugner ist ebenso fanatisch wie der, welcher ihn mit vorgeblicher Unfehlbarkeit beschreibt. Man beschreibt Gott gewöhnlich, indem man all das aufzählt, was er nicht ist.

Der Mensch macht sich Gott durch eine Analogie vom Geringeren zum Höheren. Infolgedessen ist des Menschen Vorstellung von Gott stets die Vorstellung eines unendlichen Menschen, der aus dem Menschen einen endlichen Gott macht.

Der Mensch kann das, was er glaubt, im Maß dessen verwirklichen, was er auf Grund seines Nichtwissens weiß, und er macht alles, was er will, im Maß dessen, was er glaubt, und auf Grund dessen, was er weiß.

Die Analogie des Engtegengesetzten ist die Beziehung des Lichtes zum Schatten, des Ausgefüllten zum Hohlen, der Fülle zur Lehre. Das Gleichnis, die Mutter aller Dogmen, ist die Ersetzung des Siegels durch den Abdruck, des Körpers durch den Schatten. Es ist die Lüge der Wahrheit und die Wahrheit der Lüge.

Man erfindet ein Dogma nicht, sondern man verschleiert eine Wahrheit, und ein Schatten entsteht, für kurzsichtige Augen. Der Initiator ist kein Lügner, sondern ein Offenbarer, d. h. zufolge des lateinischen Wortes revelare einer, der wieder verschleiert. Er ist der Schöpfer eines neuen Schattens.

Die Analogie ist der Schlüssel aller Geheimnisse in der Natur und der einzige Beweggrund aller Offenbarungen.

Und darum scheinen uns die Religionen im Himmel wie in der ganzen Natur eingezeichnet. Das muß so sein, denn das Werk Gottes ist sein Buch, und in all seinen Schriftzügen müssen wir den Ausdruck seines Gedankens und Wesens sehen, weil wir ihn nur als den erhabensten Gedanken begreifen können. Dupuis und Volney sahen in dieser herrlichen Analogie nur ein Plagiat, was sie eigentlich dazu gebracht haben müßte, das Katholische zu erkennen, d. h. das Allumfassende des einzigen, magischen, kabbalistischen und unverrückbaren primitiven Dogmas der Offenbarung durch die Analogie.

Die Analogie verleiht dem Magier alle Kräfte der Natur; sie ist die Quintessenz des Steins der Weisen, das Geheimnis des perpetuum mobile, die Quadratur des Kreises, der Tempel, der auf den beiden Säulen *Jakin* und *Bohas* ruht, der Schlüssel des großen Arkanums, die Wurzel des Lebensbaumes, die Erkenntnis von Gut und Böse.

Die genaue Stufenleiter der Analogien in allen durch die Wissenschaft schätzbaren Dingen finden heißt das Fundament des Glaubens befestigen und hierdurch den Zauberstab gewinnen. Es gibt also ein Prinzip und eine strenge Formel, und das ist das große Arkanum. Der Weise braucht es nicht zu suchen, denn er hat es bereits gefunden. Der Profane mag es sein ganzes Leben hindurch suchen, er wird es doch nie finden.

Die metallische Verwandlung bereitet sich geistig und materiell durch den zuverlässigen Schlüssel der Analogien.

Die okkulte Heilkunde ist nur die Ausübung des Willens, auf den Urquell des Lebens angewandt, jenes Astrallicht, dessen Existenz eine Tatsache ist, und dessen Bewegung den Berechnungen entspricht, deren auf- und absteigende Stufenleiter das große magische Arkanum ist.

Dies universelle Arkanum, das letzte und ewige Geheimnis der hohen Einweihung, ist im Tarok durch eine nackte Jungfrau dargestellt, die nur mit einem Fuß die Erde berührt, in jeder Hand einen magnetisierten Stab hält und in einem Kranz zu laufen scheint, den ein Engel, ein Adler, ein Stier und ein Löwe tragen. Diese Gestalt ist, was das Wesen der Dinge betrifft, verwandt mit dem Cherub des Jezechiel, dessen Bild wir bringen, und mit dem indischen Symbol der Addhanari, analog mit Ado-nai des Jezechiel, den wir gewöhnlich Ezechiel nennen.

Das Verständnis dieses Bildes ist der Schlüssel aller okkulten Wissenschaften. Die Leser meines Buches müßten es eigentlich philosophisch verstehen, wenn sie sich ein wenig mit dem Symbolismus der Kabbala bekannt gemacht haben. Es bleibt uns noch die Verwirklichung übrig, die zweite und wichtigste Ausübung im großen Werke. Den Stein der Weisen finden ist sicher schon eine große Sache. Aber wie ihn zerreiben, um daraus das Projektionspulver zu machen? Wie ist der magische Stab zu gebrauchen? Worin besteht die wirkliche Macht der göttlichen Namen der Kabbala? Die Eingeweihten wissen es, und die Einzuweihenden werden es dann wissen, wenn sie durch die vielfachen, aber genauen Anweisungen, welche wir ihnen gaben, dazu gelangt sind, das große Arkanum zu entdecken.

Warum sind solch reine und einfache Wahrheiten immer und notwendigerweise den Menschen verborgen? Weil es nur wenig Auserwählte im Geiste auf Erden gibt, und weil diese inmitten der Dummen und Bösen Daniel in der Löwengrube vergleichbar sind.

Übrigens lehrt uns die Analogie die Gesetze der Hierarchie, und da das absolute Wissen eine Allmacht ist, darf es nur den allerwürdigsten zuteil werden. Die Zerstörung der hierarchischen Ordnung bewirkt den Zerfall der menschlichen Gesellschaft, denn dann werden nach dem Worte des Meisters Blinde die Blinden führen. Erst dann wird wieder Ordnung eintreten, wenn Königen und Priestern aufs neue das Recht der Einweihung gegeben ist. Indem ich mich hier an die Würdigsten wende und mich allen Gefahren und Verwünschungen aussetze, die den Verkünder bedrohen, hoffe ich etwas Großes und Nützliches zu tun; ich lenke den Hauch Gottes, der in der Menschheit lebt, auf das soziale Chaos hin und rufe für eine zukünftige Welt die Priester und Könige auf!

Es ist etwas nicht gut, weil Gott es will, hat der Engel der Schule gesagt, sondern Gott will es, weil es gut ist. Er hätte ebenso gut sagen können: Das Absolute ist die Vernunft. Die Vernunft besteht durch sich selbst. Sie existiert, weil sie ist und nicht, weil man sie voraussetzt. Wenn sie nicht ist, so existiert überhaupt nichts. Und wie sollte irgend etwas ohne Vernunft bestehen können? Selbst die Torheit erscheint nicht ohne Vernunft. Die Vernunft ist Notwendigkeit, Gesetz, Regel aller Freiheit und Lenkerin aller Tatkraft. Wenn Gott besteht, so besteht er durch die Vernunft. Die Vorstellung eines absoluten Gottes außerhalb oder unabhängig von der Vernunft ist das Idol der schwarzen Magie, das Phantom des Dämons.

Der Dämon ist der Tod, der sich mit den abgetragenen Gewändern des Lebens umhüllt. Er ist das Gespenst des Hirrenkesept, der auf den Trümmern der zerfallenen Zivilisation thront und seine abscheuliche Nacktheit unter den hinterlassenen Fetzen der Inkarnationen Wischnus verbirgt.

ADDA-NARI

ZWEITER TEIL
RITUAL

SOLVE
COAGULA
ELIPHAS
LEVI DEL

EINLEITUNG

Kennt ihr die alte Beherrscherin der Welt, die alte, nie ermüdende Wanderin?

Alle heißen Leidenschaften, egoistischen Lüste, alle zügellosen Kräfte der Menschheit, all ihre tyrannischen Schwächen gehen der habgierigen Besitzerin unseres Schmerzenstales vorauf und heimsen, die Sichel in der Hand, ihre ewige Ernte.

Die Königin ist alt wie die Zeit, aber ihr Skelett hat sie unter den Trümmern weiblicher Schönheit verborgen, die sie der in sie verliebten Jugend entzieht.

Ihr Haupt schmücken kalte Haare, die ihr nicht gehören. Seit dem sternenbesäten Haupthaar der Berenike bis zu den vorzeitig erbleichten Haaren, die der Henker vom Haupte Marie-Antoinettes schnitt, schmückt sich die Plünderin gekrönter Häupter mit den Kleidern der Königinnen.

Ihren fahlen, eisigen Leib deckt verblichener Tand, ein zerschlissenes Bahrtuch.

Ihre reichberingten Hände halten Diademe und Dolche, Szepter und Knochengerippe, Steine und Asche.

Geht sie vorüber, springen die Tore von selbst auf; eintritt sie durch Mauern und findet bis zum Alkoven des Königs, die Ausbeuter der Armut überrascht sie in ihren geheimsten Orgien, setzt sich an ihren Tisch, füllt ihre Becher und zeigt, zu ihren Liedern grinsend, ihr lückenreiches Gebiß, nimmt bei der hinter ihren Vorhängen verborgenen Dirne Platz.

Gern schleicht sie um einschlafende Lüstlinge. Sie sucht ihre Liebkosungen, als hoffe sie bei ihren Umarmungen warm zu werden; aber alle, die sie berührt, erstarren in Kälte, und nie findet sie Wärme. Manchmal glaubt man, sie sei vom Schwindel gepackt; sie geht nicht mehr langsam, sondern rast, und wenn ihre Füße nicht schnell genug sind, preßt sie die Flanken eines alten Pferdes und stürzt ganz atemlos durch die Menge.

Mit ihr dahin jagt auf rotem Roß der Mord, die Feuersbrunst versengt mit Funken ihr Haar und fliegt, ihre roten und schwarzen Flügel schlagend, vor ihr her, Hunger und Pest folgen ihr Schritt für Schritt auf kranken, ungeschirrten Kleppern, zur Erfüllung der Ernte Nachlese haltend über die spärlichen, noch vergessenen Überbleibsel.

Nach diesem Trauerzug kommen zwei kleine Kinder, strahlend vor Lachen und Leben, die Intelligenz und die Liebe des Jahrhunderts, die zwei Schutzgeister der Menschheit.

Vor ihnen vergehen die Schatten des Todes wie die Nacht vor dem Morgenstern, mit ihrem leichten Fuß erfrischen sie die Erde und säen mit vollen Händen die Hoffnung eines anderen Jahres.

Aber der Tod wird nicht mehr so mitleidlos und schrecklich kommen, um die reifen Saaten des kommenden Jahrhunderts wie gedörrtes Gras zu mähen; seinen Platz wird er abtreten an den Engel des Fortschritts, der die Seelen zum Aufflug zu Gott mildhändig aus der sterblichen Kette löst.

Verstehen die Menschen erst zu leben, werden sie nicht mehr sterben; wie die Puppen werden sie sich zum glänzenden Schmetterling wandeln. Die Schrecken des Todes sind Ausgeburten unseres Unwissens, und er selbst ist nur so grausam durch die Kleiderfetzen, die er um sich hängt, und die düstern Farben, in denen man seine Bilder malt. In Wahrheit ist er des Lebens Arbeit.

Eine unsterbliche Kraft ist in der Natur, die unausgesetzt die Wesen wandelt, um sie zu erhalten.

Diese Kraft ist die Vernunft oder das Wort der Natur.

Im Menschen liegt eine der Natur analoge Kraft und diese ist die Vernunft oder das Wort des Menschen.

Dieses Wort des Menschen ist Ausdruck seines durch die Vernunft geleiteten Willens.

Es ist allmächtig, weil es vernünftig ist, denn dann ist es dem Wort Gottes selbst analog.

Durch das Wort seiner Vernunft erobert sich der Mensch das Leben und kann über den Tod triumphieren.

Das ganze Menschenleben ist nur eine Mißgeburt seines Wortes.

Menschen, die das Wort der Vernunft vor ihrem Tod nicht verstanden und gebildet haben, sterben ohne ewige Hoffnung.

Um erfolgreich gegen das Phantom des Todes zu kämpfen, muß man sich identifiziert haben mit den Wirklichkeiten des Lebens.

Was ist wohl Gott bei der Ewigkeit des Lebens eine Fehlgeburt, die stirbt?

Was tut der Natur eine verschwindende Unvernunft, da die immerlebende Vernunft die Schlüssel zum Leben erhält?

Die schreckliche und gerechte Macht, welche die Mißgeburten immer tötet, nannten die Hebräer Samael, die Orientalen Satan und die Römer Luzifer. Der Luzifer der Kabbala ist kein schlechter und verfluchter Engel, er ist der Engel, der erleuchtet und erneuert, indem er verbrennt. Den Engeln des Friedens ist er wie der Komet den sanften Sternen in den Gestirnungen des Frühlings.

Der Fixstern ist schön, glanzvoll und ruhig. Himmlische Düfte trinkt er und blickt liebevoll auf seine Schwestern; in glänzendem Gewand, mit diademgeschmückter Stirn lächelt er beim Gesang seines Morgen- und Abendliedes. Er freut sich einer ungestörten, ewigen Ruhe, und feierlich schreitet er in dem ihm unter den Vorposten des Lichts zugewiesenen Rang.

Der irrende Komet hingegen enteilt bluttriefend und rastlos den Tiefen des Himmels, zerteilt die friedlichen Sphären wie ein Streitwagen eine Prozession von Vestalinnen, zu trotzen wagt er dem flammenden Schwert der Wächter der Sonne, und wie eine außer sich geratene Gattin den erträumten Gatten sucht durch ihre einsamen Nächte, so dringt er bis in das Allerheiligste des Königs der Tage, bis er die ihn verbrennenden Feuer aushauchend verlöscht, einen langen Feuerschweif hinter sich herziehend. Die Sterne erblassen, wenn er naht, die Hüter der Blumen des Lichts in den weiten Gefilden des Himmels scheinen seinen schauerlichen Atem zu fliehen. In allgemeiner Bestürzung ist der Großrat der Sterne versammelt: der herrlichste Fixstern soll endlich im Namen des ganzen Himmels sprechen und mit dem herumziehenden Schwärmer über den Frieden verhandeln.

Und er hebt an: Mein Bruder, warum störst du die Harmonie unserer Sphären? Was taten wir dir an, warum nimmst du nicht wie wir deinen festen Platz ein im Lichtreich der Sonne, anstatt auf gut Glück umherzuirren? Warum erhebst du nicht wie wir, in strahlendes Weiß gekleidet, deine Stimme zur Hymne des Abends? Was lässest du beim Durchqueren der Nachtdünste deine Haare wie Feuergarben flattern? Würdest du doch einen Platz unter den Söhnen des Himmels nehmen, wieviel schöner würdest du erscheinen! Nicht mehr entflammt wäre dein Antlitz durch die Ermüdungen deiner hastigen Fahrten, klar wären deine Augen und dein Antlitz lächelte weiß und rot wie das deiner glücklichen Brüder. Alle Sterne würden dich erkennen und sich über dein Kommen freuen, statt sich vor deinem Vorübergehen zu fürchten; denn eingeeint wärest du uns durch die unverletzlichen Bande der universalen Harmonie, und dein friedreiches Dasein wäre nur eine Stimme mehr im Preisgesang der unendlichen Liebe.

Und so antwortet der Komet dem Fixstern:

Glaube nicht, du mein Bruder, abenteuernd könnte ich die Harmonie der Sphären stören. Wie dir hat mir Gott meinen Weg vorgezeichnet, und wenn mein Lauf dir unsicher und irrend erscheint, so nur, weil deine Strahlen nicht ausreichen, die Spannweite der Ellipse zu umfassen, die mir als Bahn bestimmt. Mein flammendes Haar ist Gottes Fanal. Der Sonnen Bote bin ich und erhärte mich in ihren Gluten, um davon jenen jungen, noch ungenügend erwärmten Welten und jenen alternden und in ihrer Einsamkeit frierenden Sternen mitzuteilen. Wenn ich auf meinen langen Fahrten ermüde, wenn meine Schönheit weniger anziehend ist als die deine und meine Erscheinung weniger unberührt, so bin ich deshalb nicht weniger als du ein edler Sohn des Himmels. Laßt mir das schreckliche Geheimnis meiner Bestimmung, die mich umgebende Ungeheuerlichkeit, verwünscht mich, wenn ihr mich nicht versteht. Nicht weniger werde ich deshalb meinen Auftrag erfüllen und werde meinen Weg ziehen unter dem kräftigenden

Atem Gottes. Glückliche Sterne, die wie junge Könige ruhen und leuchten in der friedvollen Gesellschaft der Welten! Ich allein bin der Geächtete und Unstete, der die Unendlichkeit zum Vaterland hat. Die Planeten zu verbrennen, die ich erwärme; die Sterne, die ich erhelle, zu erschrecken, klagt man mich an; die Weltenharmonie soll ich stören, weil ich nicht um ihre Teilzentren kreise, und da meine Blicke hingewendet sind zum einzigen Mittelpunkt aller Sonnen, soll ich auf die eine oder andere aufprallen. So sei versichert, schöner Fixstern, nichts nehmen will ich dir vom friedlichen Licht, für dich schöpfe ich im Gegenteil aus meinem Leben und meiner Wärme. Verschwinden werde ich vom Himmel, wenn ich mich aufgesogen habe; und schön war dann mein Los! Mannigfache Lichter erstrahlen in Gottes Tempel, und alle zu seinem Ruhm. Ihr seid das Licht der Goldleuchter, ich die Opferflamme: erfüllen wir unser Schicksal!

Nach diesen Worten schüttelt der Komet seinen Schweif, bedeckt sich mit seinem silbernen Schild und stürzt sich in die unendlichen Räume, in denen er für immer zu verschwinden scheint.

So erscheint und verschwindet Satan in den Allegorien der Bibel.

Eines Tages, sagt das Buch Hiob, waren die Söhne Gottes zur Gegenwart des HERRN gekommen, und Satan war unter ihnen.

Gott sagte zu ihm: Woher kommst du?

Und er antwortet: Ich habe die Erde um- und durchwandert.

So erklärt ein von einem unserer Freunde im Orient gefundenes, gnostisches Evangelium die Genesis des Lichts zugunsten des symbolischen Luzifer:

„Die Wahrheit, die sich erkennt, ist der lebendige Gedanke. Die Wahrheit ist der Gedanke in sich selbst; und der ausgedrückte Gedanke ist das Wort. Als der ewige Gedanke eine Form suchte, sagte er: „Es werde Licht."

Dieser ausgesprochene Gedanke ist das WORT und das WORT sagt: „Es werde Licht", weil das WORT selbst das Licht der Geister ist.

Das unerschaffene Licht, das göttliche WORT erstrahlt, weil es gesehen sein will; und da es sagt: „Es werde Licht!", befiehlt es den Augen sich zu öffnen und schafft Intelligenzen.

Und als Gott sagte: „Es werde Licht!", wurde die Intelligenz erschaffen und das Licht erstrahlte.

Die Intelligenz, die Gott mit dem Atem seines Mundes aushauchte wie einen Stern, der sich von der Sonne löst, nahm die Gestalt eines glänzenden Engels an, und der Himmel grüßte ihn im Namen Luzifers.

Die Intelligenz erwachte und begriff ganz den Ruf des göttlichen WORTES: „Es werde Licht!"

Sie fühlte sich frei, weil Gott ihr zu sein befohlen hatte, und antwortete, das Haupt hebend und die Flügel breitend:

— Ich werde mich nicht in Hörigkeit stellen!

— So willst du leiden? ruft die unerschaffene Stimme.

— Frei will ich sein! erwidert das Licht.

— Hochmut wird dich blenden, sagt die höchste Stimme, und du wirst den Tod zeugen.

— Mit dem Tod werde ich kämpfen, um das Leben zu gewinnen, sagt noch das erschaffene Licht.

Da löste Gott von seiner Brust den Faden der Herrlichkeit, der den stolzen Engel zurückhielt, und er liebte, dem in die Nacht Dahinstürzenden nachschauend, das Kind seines Gedankens und sagte mit unaussprechlichem Lächeln zu sich selbst: „Das Licht war schön!"

Gott hat nicht das Leid erschaffen, die Intelligenz hat es auf sich genommen, um frei zu sein.

Und der Schmerz wurde dem freien Wesen als Bedingung auferlegt, weil der Unendliche allein sich nicht täuschen konnte.

Denn das Wesen der Intelligenz ist das Urteil; und das Wesen des Urteils ist die Freiheit.

Das Auge besitzt das Licht wirklich nur durch die Möglichkeit sich öffnen und schließen zu können.

Wäre es gezwungen, immer offen zu sein, es wäre Sklave und Opfer des Lichts, und um diese Qual zu beenden, müßte es aufhören zu sehen.

So ist der erschaffene Verstand nur durch die Freiheit, Gott zu verneinen, im Bejahen Gottes glücklich.

Verneinende Intelligenz bejaht immer, da sie ihre Freiheit bejaht.

Deshalb verherrlicht der Lästerer Gott, und deshalb war die Hölle zum Glück des Himmels notwendig.

Würde das Licht nicht durch den Schatten verdrängt, es gäbe keine sichtbaren Formen.

Hätte nicht der erste der Engel den Tiefen der Nacht getrotzt, die Gotteskindschaft wäre nicht vollkommen, und das erschaffene Licht hätte sich nie von seinem Urlicht getrennt.

Nie hätte die Intelligenz Gottes ganze Güte erfahren, hätte sie ihn nicht verloren.

Nie hätte die unendliche Liebe Gottes sich in den Wonnen seiner Barmherzigkeit offenbart, wäre der verlorene Sohn des Himmels immer in seinem Vaterhaus geblieben.

Da alles Licht war, war es nirgends, es erfüllte das Herz Gottes, der es hervorbringen wollte.

Und als er sagte: „Es werde Licht!“, erlaubte er der Nacht, das Licht zu verdrängen, und das Universum hob sich aus dem Chaos.

Die Weigerung des Engels, mit seiner Geburt auch zu dienen, stellte das Gleichgewicht der Welt her, und die Bewegung der Sphären begann.

Und die unendlichen Räume bewunderten diese Liebe zur Freiheit, die groß genug war der ewigen Nacht Leere auszufüllen, und stark genug, Gottes Haß hinzunehmen.

Aber Gott konnte nicht das beste seiner Kinder hassen und prüfte es nur in seinem Zorn, um es in seiner Macht zu befestigen.

Das Wort Gottes selbst wollte, gleichsam eifersüchtig auf Luzifer, vom Himmel herabsteigen und die Schatten der Hölle siegreich durchdringen.

Es wollte geächtet und verdammt sein und schaute im voraus die schreckliche Stunde, da es am Ende seiner Qual schreien würde: „Mein Gott, mein Gott, warum hast du mich verlassen?“

Wie der Morgenstern die Sonne, so verkündet Luzifer der werdenden Natur die nahe Fleischwerdung Gottes.

Vielleicht zog Luzifer bei seinem Sturz in die Nacht einen Sonnen- und Sternenregen durch die Anziehungskraft seiner Glorie nach.

Vielleicht ist unsere Sonne ein Daimon unter den Sternen wie Luzifer ein Stern unter den Engeln.

Deshalb bleibt sie ruhig beim Anblick der schrecklichen Ängste der Menschheit und des langsamen Todeskampfes der Erde, weil sie frei ist in ihrer Ruhe und das Licht besitzt.

Solche Lehren vertraten die Ketzer in den ersten Jahrhunderten. Die einen verehrten wie die Ophiten den Dämon in Gestalt der Schlange, die andern rechtfertigten wie die Kainiten die Auflehnung des ersten der Engel wie die des ersten Mörders. All die Irrtümer, Schatten und scheußlichen Idole, die Indien in seinen Symbolen der magischen Trimurti entgegensetzt, fanden im Christentum bei Priestern und Gläubigen wieder Anhänger.

Nirgends ist in der *Genesis* vom Teufel die Rede. Eine allegorische Schlange versucht unsere Ureltern. So übersetzt die Mehrzahl den heiligen Text: „Die Schlange war schlauer als irgendein Tier des Feldes, das Gott der Herr erschaffen hatte.“

Und Moses sagt:

והנהש היה עזום מכל הית אשז עשז יהיה אלהים

Wha-Nahàsh haîah hâroum mi-chol hàîath ha-shadeh asher hâshah Jhôah Elohîm.

Das heißt nach Fabre d'Olivet:

„Die ursprüngliche Anziehung (Habsucht) war die das ganze, elementare Leben (die innerste Beziehung) der Natur mitreißende Leidenschaft, das Werk Jehovahs, das Wesen der Wesen.“

Aber hier verfehlt Fabre d'Olivet die wirkliche Übersetzung, da er die großen Schlüssel der Kabbala nicht kannte. Das durch die symbolischen Buchstaben des Tarot ausgelegte Wort Nahasch bedeutet strenggenommen:

14 נ Nun. — Die Kraft, die Mischungen erzeugt.

5 ה He. — Der Behälter und passive Erwerber der Formen.

21 ש Schin. — Das natürliche Feuer und das durch die zweifache Polarisation gleichgerichtete Zentrum.

Dieses von Moses gebrauchte Wort gibt uns, kabbalistisch gelesen, die Beschreibung und Erklärung des magischen, universellen und in allen Theogonien durch die Schlange versinnbildlichten Agens, dem die Juden auch den Namen Od in der Auswirkung seiner aktiven, Ob in der seiner passiven Kraft und Aur gaben, wenn es sich vollständig in seiner ausgeglichenen Macht als Erzeuger des himmlischen Lichtes und als Gold unter den Metallen offenbarte.

Bild der Einweihung ist also diese alte Schlange, die, um die Erde gewunden, ihren Kopf unter den Fuß einer Jungfrau beugt, die ein neugeborenes Kind den magischen Königen zur Anbetung reicht und von ihnen für diese Gnade Gold, Myrrhe und Weihrauch empfängt.

Dies Dogma dient so in allen hieratischen Religionen der Verschleierung für das Geheimnis der Naturkräfte, über die der Eingeweihte verfügen kann. Die religiösen Formen sind die Zusammenfassung dieser Worte voll Geheimnis und Macht, die die Götter vom Himmel zwingen und sie menschlichem Willen unterwerfen. Judäa entlehnte die Geheimnisse von Ägypten, Griechenland schickte seine Hierophanten und später seine Theosophen in die Schule der großen Propheten; das Rom der Cäsaren stürzte, von der christlichen Einweihung der Katakomben unterminiert, eines Tages zusammen, und man errichtete einen Symbolismus aus den Trümmern aller Kulte, welche die Königin der Welt besiegt hatte.

Nach dem Evangelium war die Aufschrift, welche das geistige Königtum Christi erklärte, hebräisch, griechisch und lateinisch geschrieben, ein Ausdruck der universalen Synthese.

Der Hellenismus, diese große und herrliche Religion der Form, verkündete die Ankunft des Erlösers nicht weniger als die Propheten des Judentums. Die Fabel von Psyche ist mehr als eine christliche Abstraktion, und der Bilderkult, den Sokrates wieder herstellte, bereitete die Altäre für jene Gottvereinigung vor, deren geheimnisvoller Behälter Israel war.

Aber die Synagoge verleugnete ihren Messias, und die hebräischen Buchstaben wurden wenigstens für die blinden Augen der Juden ausgelöscht.

Die römischen Nachfolger entehrten den Hellenismus, den der falsche Nachlaß des vielleicht mit Unrecht „Apostata" genannten Julian, des Philosophen, nicht wiederbeleben konnte, weil sein Christentum nie echt war. Die Unwissenheit des Mittelalters stellt dann seine Heiligen und Jungfrauen Göttern, Göttinnen und Nymphen gegenüber. Der tiefe Sinn der hellenistischen Symbole war unverstandener denn je. Griechenland selbst verlor nicht nur die Überlieferungen seines alten Kultes, sondern trennte sich von der römischen Kirche. Und so wurden für die Augen der Römer die griechischen wie für die Augen der Griechen die lateinischen Buchstaben vernichtet.

So verschwand die Aufschrift auf dem Kreuz des Erlösers ganz, und es blieben nur jene geheimnisvollen Initialen.

Aber wenn einst die mit dem Glauben versöhnte Wissenschaft und Philosophie all die verschiedenen Symbole zu einem vereinen wird, dann wird all die Pracht der alten Kulte im Erinnern der Menschheit aufblühen und den Fortschritt des menschlichen Geistes in der Erkenntnis des göttlichen Lichtes verkünden.

Aber der größte Fortschritt wird jener sein, der die Schlüssel der Natur zurücklegt in die Hände der Wissenschaft und für immer das greuliche Phantom Satans zerstört, und durch

Erklärung aller außergewöhnlichen Naturerscheinungen die Herrschaft des Aberglaubens und der dummen Leichtgläubigkeit austilgt.

Dem Zustandekommen dieses Fortschritts haben wir unser Leben geweiht und unsere Jahre mühsamsten und schwierigsten Forschens geopfert. Von Idolen wollen wir die Altäre säubern, wollen den intelligenten Menschen wieder als Priester und König der Natur sehen und ihm durch Offenbarung alle Bilder des universalen Heiligtums erhalten.

Die Propheten haben in Parabeln und Bildern gesprochen, weil ihnen die abstrakte Sprache fehlte, und weil die prophetische Empfängnis als Gefühl der Harmonie und der universellen Analogien sich naturgemäß durch Bilder überträgt.

Diese vom Laien als wirklich genommenen Bilder sind so zu Idolen oder undurchdringlichen Geheimnissen geworden.

Die Gesamtheit und Aufeinanderfolge dieser Bilder und Mysterien ist der Symbolismus.

Der Symbolismus ist, wie immer ihn die Menschen auch gestaltet haben, von Gott.

Die Offenbarung ging durch alle Zeiten mit der Menschheit und hat sich mit dem menschlichen Geist gewandelt; aber immer hat sie dieselbe Wahrheit verkündet.

Es gibt eine wahre Religion, und ihre Dogmen sind einfach und für alle erträglich.

Die Vielheit der Symbole war immer nur ein zur Erziehung des menschlichen Genius notwendiges, poetisches Buch.

Die Harmonie der äußeren Schönheit und die Poesie der Form machte Gott der jungen Menschheit offenbar; aber bald hatte Venus Psyche als Rivalin und Psyche folgte Amor.

So mußte der Kult der Form jenen ehrgeizigen Träumen von der Seele weichen, die schon die weise Beredsamkeit eines Platon begleiteten.

Die Ankunft Christi war vorbereitet und wurde deshalb erwartet; er kam, weil die Welt ihn ersehnte, und die Philosophie wandelte sich in Glauben, um volkstümlich zu sein.

Aber befreit durch diesen selben Glauben, erhob sich die menschliche Seele bald gegen die Schule, welche die Zeichen verstofflichen wollte, und das Werk des römischen Katholizismus bereitete unbewußt die Emanzipation der Gewissen vor und stürzte die Grundsäulen der universellen Verbindung.

All dies diente nur zur regelmäßigen und normalen Entwickelung des göttlichen Lebens in der Menschheit; denn Gott ist der Urgrund der Seelen, er ist der unwandelbare Mittelpunkt, um den alle Intelligenzen wie der Staub der Sterne kreisen.

Der menschliche Verstand hatte seinen Morgen, sein Mittag wird kommen und dann sein Verfall; nur Gott bleibt sich immer gleich.

Den Erdbewohnern scheint die Sonne sich jung und schüchtern zu erheben, scheint im Mittag mit ihrer ganzen Kraft zu strahlen und müde am Abend zur Ruhe zu gehen.

Und doch dreht sich die Erde, und die Sonne ist unbeweglich.

In seinem Glauben an den menschlichen Fortschritt und die Alldauer Gottes wird der freie Mensch die Religion in ihren vergangenen Formen achten und Jupiter nicht mehr als Jehova lästern, liebend grüßt er noch das strahlende Bild des Pythischen Apoll und findet eine brüderliche Ähnlichkeit mit dem verklärten Antlitz des auferstandenen Erlösers.

Er glaubt an die große Sendung der katholischen Hierarchie und sieht freudig die Päpste des Mittelalters die Religion als Schutzwall der absoluten Macht der Könige entgegensetzen. Aber mit den revolutionären Jahrhunderten protestiert er gegen die Unterjochung des Gewissens, welches die päpstlichen Schlüssel gefangen setzen wollten. Er ist protestantischer als Luther, denn er glaubt nicht nur an die Unfehlbarkeit der Augsburger Confession, und katholischer als der Papst, denn er fürchtet die Störung der religiösen Einheit durch den Haß der Richtungen nicht.

Er vertraut für das Heil der Einheitsidee Gott mehr als der Politik Roms.

Er achtet das Alter der Kirche, doch fürchtet er nicht ihren Tod. Er weiß, daß ihr scheinbarer Tod nur eine Verwandlung und glorreiche Himmelfahrt ist.

Von neuem fordert der Autor dieses Buches die Magier des Ostens auf, wiederzukommen und den göttlichen Meister, den sie in der Krippe grüßten, noch einmal anzuerkennen, den großen Initiator aller Zeiten.

All seine Feinde sind gefallen, die ihn lästerten, sind tot, die ihn verfolgten, schlafen für immer, und er — er ist ewig erhöht.

Die Neider haben sich gegen ihn geschart und sind auf einem einzigen Punkt vereint, in sich Zerrissene schlossen sich zusammen, um ihn zu vernichten, und ächteten ihn, da sie sich zu Königen gemacht hatten. In ihrer Scheinheiligkeit klagten sie ihn an, als Richter lasen sie ihm sein Todesurteil, waren seine Henker, ließen ihn den Schierlingsbecher trinken, kreuzigten, steinigten und verbrannten ihn und gaben seine Asche dem Wind, dann brüllten sie vor Schrecken; er aber erhob sich vor ihnen, seine Wunden klagten sie an, und seine Narben wurden ihnen zur Folter.

Man glaubt, ihn in der Krippe zu Bethlehem

zu erdrosseln, und er lebt in Ägypten. Man zerrt ihn auf den Fels, um ihn hinabzustürzen, schon triumphiert die mörderische Menge über seinen gewissen Untergang; da, ein Schrei — war er's, der an den Felsen zerschellte? Sie erblassen und sehen sich an, aber er steht ruhig und gütig lächelnd unter ihnen und geht weg.

Ein anderer Berg, von ihnen getränkt mit seinem Blut — ein Kreuz — ein Grab. Soldaten bewachen sein Grab. Unsinnige! das Grab ist leer, und euer Totgeglaubter wandelt friedlich zwischen zwei Wanderern auf der Straße gen Emmaus.

Wo ist, wohin geht er? Sagt es den Herren der Welt! den Cäsaren, daß ihre Macht bedroht ist! Durch wen? Durch einen Armen, der nicht einmal einen Stein hat, sein Haupt darauf zu betten, durch einen zum Sklaventod verurteilten Mann aus dem Volke. Welche Schmach oder welche Torheit! Es tut nichts, die Cäsaren verlieren ihre ganze Macht: blutige Edikte ächten den Fliehenden, überall ist das Schaffot errichtet, die Zirkusplätze sind voll Löwen und Gladiatoren, Scheiterhaufen brennen, Ströme Blutes sind geflossen, und die Cäsaren wagen denen einen Namen zu geben, deren Triumphe sie nur erhöhten, dann starben sie, und ihre Apotheose entehrt die Götter, die sie zu schützen wähnten. Der Haß der Welt trifft mit der gleichen Verachtung Jupiter und Nero. Die Tempel, deren Schmeichelei Gräber schuf, sind über geächteter Asche, über den Trümmern der Idole, den Ruinen des Kaiserreichs zusammengestürzt. — *Er allein,* den die Cäsaren ächteten, den so viele Bewaffnete verfolgten, so viele Henker folterten, *er allein* steht aufrecht, *er allein* herrscht und triumphiert!

Da selbst seine Jünger bald seinen Namen mißbrauchten, zog der Hochmut ins Heiligtum; die seine Auferstehung verkünden sollten, wollten seinen Tod verewigen, um sich wie die Raben an seinem immer wieder aufblühenden Fleisch zu nähren. Anstatt ihn in seinem Opfer nachzuahmen und ihr Blut für ihre Kinder im Glauben hinzugeben, fesselten sie ihn im Vatikan wie an einen neuen Kaukasus und machten sich zu den Geiern des göttlichen Prometheus. Aber was nützt ihm ihr böser Traum? Nur sein Bild haben sie gekettet; er steht immer aufrecht und geht von Exil zu Exil, von Eroberung zu Eroberung.

Einen Menschen kann man binden, doch nicht das Wort Gottes. Die Sprache ist frei, und nichts kann sie hemmen. Dieses lebendige Wort ist das Verdammungsurteil der Gottlosen, und deshalb wollten sie ihn töten; aber schließlich starben nur sie, und das Wort der Wahrheit dauert, um ihr Andenken zu richten.

Orpheus konnte von den Bacchanten zerrissen werden, Sokrates hat den Giftbecher getrunken, Jesus und seine Apostel haben den Tod erlitten, Johannes Hus, Hieronymus von Prag und so viele andere wurden verbrannt, die Sankt-Bartholomäus-Nacht und die Septembergreuel schufen Märtyrer; der Kaiser von Rußland hat noch Kosaken, Knuten und die Verbrecher Sibiriens zu seiner Verfügung; aber der Geist von Orpheus, Sokrates, Jesus und allen Märtyrern wird immer lebendig bleiben mitten unter den Verfolgern; er dauert inmitten fallender Institutionen und stürzender Reiche.

Das ist der göttliche Geist, der Geist des einzigen Sohnes Gottes, den der hl. Johannes in seiner *Apokalypse* zu höchst inmitten der Goldleuchter darstellt, weil er als Mittelpunkt allen Lichtes die sieben Sterne in seiner Hand hält und sein Wort in Gestalt eines zweischneidigen Schwertes auf die Erde herabsteigen läßt.

Wann die entmutigten Weisen in der Nacht des Zweifels einschlafen, ist Christi Geist da und wacht.

Wann die Völker, ermüdet von befreiender Arbeit, einschlummern auf ihren Schwertern, ist Christi Geist da und streitet.

Wann die blinden Sektierer alt gewordener Religionen sich in den Staub alter Tempel werfen und knechtisch in abergläubischer Furcht kriechen, bleibt Christi Geist und betet.

Wann die Starken schwach werden, die Tugendhaften verderben, wann alles sich beugt und nach schlechter Nahrung giert, dauert Christi Geist, schaut zum Himmel und harrt der Stunde seines Vaters.

Christ heißt höchster Priester und König sein.

Christus ist als Initiator der neuen Zeit gekommen, um durch Wissen und vor allem Barmherzigkeit neue Könige und neue Priester zu bilden.

Die alten Magier waren Könige und Priester.

Die Ankunft des Erlösers wurde den alten Magiern durch einen Stern verkündet.

Dieser Stern war das magische Pentagramm, das an jeder seiner Ecken einen heiligen Buchstaben trägt.

Dieser Stern ist das Sinnbild der Intelligenz, die durch die Einheit der Kraft die vier Elementarmächte beherrscht.

Er ist das Pentagramm der Magier.

Er ist der flammende Stern der Kinder Hirams.

Er ist das Urbild des gleichgerichteten Lichtes, gegen jede seiner Ecken steigt ein Lichtstrahl empor.

Von jeder seiner Ecken geht ein Lichtstrahl aus.

Dieser Stern stellt den großen und erhabenen Athanor der Natur dar, den Leib des Menschen.

Der magnetische Einfluß verteilt sich auf zwei Strahlen vom Kopf, von jeder Hand und jedem Fuß.

Der positive Strahl ist durch einen negativen gleichgerichtet.

Der Kopf korrespondiert mit den beiden Füßen, jede Hand mit der andern und einem Fuß, und jeder Fuß mit dem Kopf und einer Hand.

Das regelmäßige Zeichen des gleichgerichteten Lichts stellt den Geist der Ordnung und Harmonie dar.

Es ist das Zeichen der Allmacht des Magiers.

Dasselbe Zeichen, gebrochen und unregelmäßig angewendet, steht für die astrale Verwirrung, die anormalen und regellosen Projektionen des großen magischen Agens, und weiter für Zauber, Perversität und Wahnsinn und wird von den Magiern Zeichen Luzifers genannt.

Ein anderes Zeichen versinnbildlicht auch die Mysterien des Lichts.

Es ist das Zeichen Salomos.

Salomos Talismane trugen auf der einen Seite den Eindruck seines Siegels, dessen Figur in unserem Dogma steht.

Die andere Seite trug umstehende Zeichnung.

Diese Figur ist die hieroglyphische Lehre von der Zusammensetzung der Anziehungskräfte und das Kreisgesetz des Blitzes.

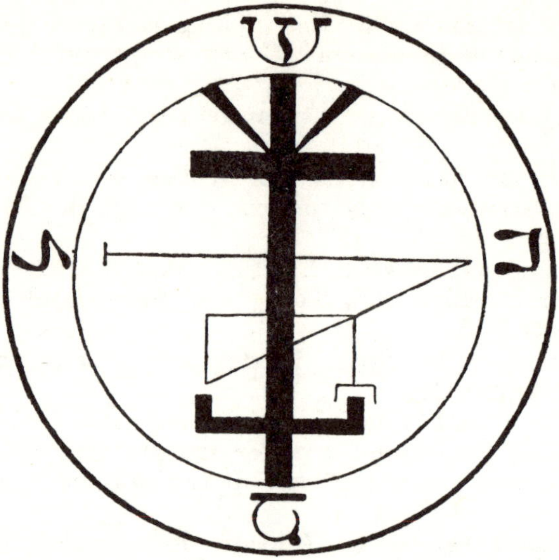

Man bannt die zügellosen Geister, indem man ihnen entweder den flammenden Stern des Pentagramms oder das Zeichen Salomos zeigt, weil man sie so den Beweis ihrer Torheit sehen läßt und ihnen gleichzeitig mit einer überlegenen Macht droht, die fähig ist, sie zu quälen, indem sie sie zur Ordnung zurückführt.

Nichts quält die Gottlosen als das Gute.

Nichts ist dem Wahnwitz so verhaßt wie die Vernunft.

Bedient sich aber ein unwissender Experimentator dieser Zeichen, ohne sie zu kennen,

so ist er ein Blinder, der zu Blinden vom Licht spricht;

ist ein Dummkopf, der Kinder lesen lehren will.

Führt der Blinde den Blinden, hat der große und göttliche Hierophant gesagt, so fallen beide in den Abgrund.

Noch ein letztes Wort zur Zusammenfassung dieser ganzen Einleitung.

Seid ihr blind wie Samson und rüttelt an den Säulen des Tempels, so werden euch die Trümmer zerschmettern.

Um die Natur zu beherrschen, muß man sich durch den Widerstand und ihre Anziehungskräfte über sie stellen.

Ist euer Geist von jedem Vorurteil, von jedem Aberglauben und Unglauben vollkommen frei, so beherrscht ihr die Geister.

Gehorcht ihr nicht den Schicksalsmächten, so werden sie euch gehorchen.

Seid ihr wie Salomo weise, könnt ihr seine Taten vollbringen.

Seid ihr wie Christus heilig, wie er könnt ihr handeln.

Um die Strömungen des beweglichen Lichtes zu leiten, muß man in einem unbeweglichen Licht stehen.

Um die Elemente zu beherrschen, muß man ihre Orkane, Blitze, Verderben und Unwetter gebändigt haben.

Man muß *wissen,* um zu *wagen,*
wagen um zu *wollen,*
wollen, um das *Reich* zu erhalten,
und um zu herrschen, muß man *schweigen.*

I. KAPITEL

DIE VORBEREITUNGEN.

Jede nicht in Tat umgesetzte Absicht ist eine eitle Absicht, und jedes Wort, das sie ausspricht, ist müßig. Die Tat beweist das Leben, beweist und bestätigt den Willen. Die heiligen und symbolischen Bücher lehren auch, daß die Menschen nicht nur nach ihren Gedanken und Ideen, sondern auch nach ihren Werken beurteilt werden. Um zu sein, muß man handeln.

Hier handelt es sich für uns nun um die große und schreckliche Frage nach den magischen Werken. Hier geht es nicht mehr um Theorien und Abstraktionen, sondern um Wirklichkeiten, und wir legen dem Adepten den Wunderstab mit der Aufforderung in die Hand: Kümmere dich nicht nur um unsere Worte, handle selbst.

Hier geht es um Werke einer relativen Allmacht, um das Mittel, sich der größten Geheimnisse der Natur zu bemächtigen und sie einem erleuchteten und unwandelbaren Willen dienstbar zu machen.

Die Mehrzahl der bekannten magischen Rituale sind entweder Mystifikationen oder Rätsel, und wir zerreißen nach so vielen Jahrhunderten zum erstenmal den Schleier des verborgenen Heiligtums. Die Heiligkeit der Mysterien offenbaren, heißt ihrer Profanierung steuern. Dieser Gedanke trägt unseren Mut und läßt uns allen Gefahren dieses vielleicht kühnsten Werkes, das menschlichem Geist zu empfangen und erfüllen zuteil wurde, trotzen.

Die magischen Operationen sind die Ausübung einer natürlichen, den gewöhnlichen Kräften der Natur aber überlegenen Macht. Sie sind das Resultat eines Wissens und einer Gewohnheit, die den menschlichen Geist über seine natürlichen Grenzen hinaushebt.

Das Übernatürliche ist nur das außergewöhnlich oder exaltiert Natürliche: ein Wunder ist eine Erscheinung, welche die Menge täuscht, weil sie unachtsam ist. Das Außergewöhnliche setzt in Erstaunen, die Wirkungen überraschen die der Ursachen Unkundigen oder jene, die für die sichtbaren Resultate keine verhältnisgleichen Ursachen angeben. Nur für die Unwissenden gibt es Wunder; aber wie es unter den Menschen ein absolutes Wissen kaum gibt, so kann das Wunder noch existieren und ist für alle Welt vorhanden.

Sagen wir zunächst, daß wir an alle Wunder glauben, weil wir durch unsere eigene Erfahrung von ihrer ganzen Möglichkeit völlig überzeugt sind.

Wir wollen sie nicht erklären, sehen sie deshalb aber nicht weniger als erklärlich an. Vom Mehr zum Weniger und vom Weniger zum Mehr sind die Folgen identisch relativ und die Verhältnisse fortschreitend unerbittlich.

Um aber Wunder zu vollbringen, muß man außerhalb der gemeinen Bedingungen der Menschheit stehen, muß entweder durch Weisheit vertieft oder durch Wahnsinn exaltiert über allen Leidenschaften oder außerhalb der Leidenschaften durch Ekstase oder Tollheit sein. Das ist die erste und unumgänglichste Voraussetzung für den Ausübenden.

Nach einem schicksalhaften Gesetz kann der Magier die Allmacht nur in einer von seinem wirklichen Interesse abgekehrten Vernunft üben. Der Alchymist macht um so mehr Gold, als er selbst jedem Eigengebrauch entsagt und die Armut, die Beschützerin der Geheimnisse des großen Werkes, schätzt.

Der im Herzen leidenschaftslose Adept verfügt allein über Liebe und Haß jener, die er zu Werkzeugen seines Wissens machen will. Die Mythe der *Genesis* ist ewig wahr, und Gott läßt nur genügend enthaltsame und starke Menschen dem Baum des Wissens nahen, die nach seinen Früchten nicht lüstern sind.

Die ihr in der Magie das Mittel zur Befriedigung eurer Leidenschaften sucht, haltet ein auf diesem verderblichen Weg: Ihr werdet dabei nur den Wahnsinn oder den Tod finden. Mit jener alten Überlieferung wollte man sagen, daß der Teufel früher oder später doch ein Ende macht, da er den Zauberern den Hals bricht.

Der Magier muß also unempfänglich, mäßig, rein, wunschlos, unergründlich und jeder Art Vorurteil oder Irrtum unzugänglich sein. Ohne körperliche Fehler muß er alle Mühen und Beschwerden ertragen. Das Erste und Wichtigste der magischen Werke ist das Erreichen dieser seltenen Überlegenheit.

Wir sagten, daß die leidenschaftliche Ekstase dieselben Ergebnisse wie die absolute Macht hervorbringen kann, und das ist in Bezug auf den Erfolg aber nicht auf die Leitung der magischen Operationen wahr.

Die Leidenschaft schleudert machtvoll das lebendige Licht und prägt unvorhergesehene Züge in das universale Agens ein, aber sie kann das Ausgeschleuderte auch leicht zurückbekommen, und ihr Schicksal gleicht dann dem des von seinen eigenen Pferden zerrissenen Hippolyt oder dem des Phalaris, der an sich selbst das Instrument der Marter erfuhr, das er für andere ausgedacht hatte.

Der durch die Tat verwirklichte menschliche Wille gleicht der Kanonenkugel, die vor keinem Hindernis zurückweicht. Sie durchbohrt es oder dringt ein und verliert sich darin, wenn sie mit Macht abgeschossen wurde. Fliegt sie aber behäbig und vorsichtig, so trifft sie nicht und ist wie eine Welle, die immer zurückschlägt und endet, indem sie das Eisen zerfrißt.

Der Mensch kann durch Gewohnheit verändert werden, die ihm nach dem Sprichwort zur zweiten Natur wird. Mittels einer anhaltenden und allmählich gesteigerten Gymnastik entwickeln sich die körperlichen Kräfte und die Behendigkeit erstaunlich. Ebenso verhält es sich mit den seelischen Kräften. Wollt ihr über euch selbst und andere herrschen? Lernt wollen! Wie kann man das Wollen lernen? Hier liegt das erste Geheimnis der magischen Einweihung, den Grund dieses Geheimnisses selbst erkennt man daran, daß die alten Hüter der Priesterkunst mit ihm die Zugänge zum Heiligtum vor soviel Irrtümern und Blendwerk verschlossen. Sie glaubten nur einem Willen, der seine Prüfungen bestanden hatte, und sie waren vernünftig. Die Kraft bestätigt sich nur durch Siege.

Faulheit und Vergessen sind Feinde des Willens, und deshalb vermehrten alle Religionen die Gebräuche und gestalteten ihren Kult kleinlich und schwierig. Je mehr Umstände man um eine Idee macht, desto größere Kraft erlangt man im Sinne dieser Idee. Ziehen die Mütter nicht jene Kinder vor, die ihnen mehr Schmerzen und Sorgen verursacht haben? Auch die Kraft der Religionen ist nur ganz im unbeugsamen Willen derjenigen, die sie üben.

Solange noch ein treuer Gläubiger beim heiligen Meßopfer sein wird, wird ein Priester es ihm lesen, und solange ein Priester täglich sein Brevier betet, wird ein Papst in der Welt sein. Die ihrem Ansehen nach unscheinbarsten und für das Ziel, das man sich gesteckt, an sich fremdesten Übungen führen durch Erziehung und Übung des Willens nichtsdestoweniger zu diesem Ziel. Ein Bauer, der jeden Morgen um zwei oder drei Uhr aufstünde und jeden Tag einen Halm desselben Grases vor Sonnenaufgang sammelte, könnte, wenn er von diesem Gras bei sich trüge, eine große Anzahl Wunder tun. Dieses Gras würde zum Zeichen seines Willens und würde durch eben diesen Willen das hervorbringen, was er im Interesse seiner Wünsche wollte.

Um zu können, muß man glauben, daß man kann, und dieser Glaube muß sich ununterbrochen durch Handlungen übertragen. Sagt ein Kind: Ich kann nicht, so antwortet ihm seine Mutter: Versuche. Der Glaube selbst versucht nicht. Er beginnt mit der Gewißheit zu erreichen und arbeitet still, als ob er die Allmacht zu seinen Befehlen und die Ewigkeit vor sich hätte.

Ihr, die ihr vor der Weisheit der Magier steht, was fragt ihr sie? Wagt euern Wunsch festzulegen, was er auch sei, dann begebt euch unentwegt an das Werk und hört in demselben Sinn und für das gleiche Ziel nicht mehr auf zu handeln: was ihr wollt, wird sein, und ist schon für und durch euch begonnen.

Sixtus V. hatte beim Hüten seiner Rinder ausgerufen: Ich will Papst sein.

Ihr seid Bettler und wollt Gold machen: Fangt an und hört nicht mehr auf. Im Namen der Wissenschaft verspreche ich euch alle Schätze Flamels und des Raimundus Lullus.

Was muß man zuerst tun? — Glauben, daß man kann, dann handeln! — Aber wie? — Täglich zur gleichen Zeit und früh aufstehen, sich in jeder Jahreszeit vor Tag am Brunnen waschen, nie schmutzige Kleidung tragen und sie selbst reinigen, wenn es nötig ist, freiwillige Entbehrungen auf sich nehmen, um die unfreiwilligen leichter zu ertragen, dann jedem Wunsch, der nicht der Vollendung des großen Werkes dient, Schweigen auferlegen. — Was! wenn ich mich täglich am Brunnen wasche, werde ich Gold machen? — Ihr arbeitet, um es zu machen. — Das ist ein Scherz. — Nein, ein Geheimnis! — Wie kann ich mich eines Geheimnisses bedienen, das ich nicht verstehe? — Glaube und handle, schließlich wirst du verstehen.

Eines Tages sagte mir jemand: Ich wäre ein eifriger Katholik, aber ich bin Voltairianer. Was würde ich nicht um den Glauben geben! — Ich antwortete: So sag nicht mehr, ich wäre, sondern ich will, und handle dann nach dem Glauben, und ich versichere dich, daß du glaubst. Du bist Voltairianer, sagst du, und unter den verschiedenen Arten den Glauben zu erfassen ist dir diejenige der Jesuiten die unsympathischste und scheint dir doch die wünschenswerteste und stärkste. . . . Mache die Exerzitien des hl. Ignatius und wiederhole sie, ohne dich zu entmutigen, und du wirst gläubig wie ein Jesuit. Das Resultat ist unausbleiblich, und wenn du dann glaubst, es sei ein Wunder, so täuschest du dich schon, wenn du dich für einen Voltairianer hältst.

Ein schlapper Mensch wird nie Magier. Die Magie ist stündliche, nein ununterbrochene Übung. Wer große Werke vollbringen will, muß sich absolut selbst beherrschen, die Lokkung des Vergnügens, Begierde und Schlaf besiegen, unempfindlich sein gegen Erfolg wie Schande. Sein Leben muß ein durch einen Gedanken geleiteter und durch die ganze Natur bedienter Wille sein, die er in all ihren eigenen Organen und durch Sympathie in allen mit ihr korrespondierenden Kräften unterwerfen muß.

Alle Fähigkeiten und Sinne müssen an dem Werk teilnehmen und nichts in dem Priester des Hermes darf untätig bleiben. Er muß die Intelligenz durch Zeichen gestalten und durch Charaktere und Pantakel zusammenfassen. Den Willen muß er durch Worte festlegen und die Worte durch Taten erfüllen. Er muß die magische Idee in Licht übertragen durch die Augen, in Harmonie durch die Ohren, in Duft durch den Geruchsinn, in Geschmack durch den Mund und in Formen durch den Tastsinn, mit einem Wort: der Experimentator muß in seinem ganzen Leben das verwirklichen, was er in der Welt außer sich verwirklichen will. Er muß zum *Magnet* werden, um das Gewünschte anzuziehen, und wenn er genügend magnetisiert ist, wird die Sache kommen, ohne daß er selbst daran denkt.

Der Magier muß die Geheimnisse der Wissenschaft kennen, aber er kann sie durch Intuition und ohne sie gelernt zu haben kennen. Die Einsiedler, die in gewohnheitsmäßiger Betrachtung der Natur leben, kennen oft ihre Harmonien und sind in ihrem einfachen Sinn erfahrener als die Gelehrten, deren natürlicher Sinn durch die Sophismen der Schulen verfälscht ist. Die wahren praktischen Magier finden sich fast immer auf dem Lande und sind oft ungebildete Leute und einfache Hirten.

Es gibt auch gewisse physische Konstitutionen, die für die Offenbarungen der okkulten

Welt besser als andere geeignet sind. Es gibt sensitive und sympathische Naturen, denen die Einweihung in das Astrallicht gleichsam eingeboren ist. Gewisse Kümmernisse und bestimmte Krankheiten können das Nervensystem verändern und ohne Zutun des Willens eine Art mehr oder minder vollkommene Wahrsagung hervorbringen. Aber diese Phänomene sind außergewöhnlich und im allgemeinen muß und kann die magische Macht durch Beharrlichkeit und Arbeit erworben werden.

Es gibt auch Substanzen, die Ekstase hervorrufen und zum magnetischen Schlaf geneigt machen, welche im Dienst der Imagination die lebhaftesten und farbigsten Spiegelungen des Elementarlichts geben; aber der Gebrauch dieser Substanzen ist gefährlich, weil sie Betäubung und Rausch erzeugen. Man gebraucht sie trotzdem, aber in genau gewogenen Dosen und bei ungewöhnlichen Umständen.

Wer sich ernsthaft nach Festigung seines Geistes gegen jede Gefahr durch Halluzination und Schrecken der praktischen Magie widmen will, muß sich während vierzig Tagen äußerlich und innerlich reinigen. Die Zahl Vierzig ist heilig, und ihre Figur selbst ist magisch. In der arabischen Ziffer wird sie vom Kreis, dem Bilde des Unendlichen, und von der Vier, die den Ternar durch die Einheit verbindet, gebildet. Auf folgende Weise in römische Ziffern zerlegt, stellt sie das Zeichen des Fundamentaldogmas des Hermes und den Charakter des Salomonischen Schlüssels dar:

```
                      X
     X              X   X
   X   X          X       X
     X              X   X
                      X
```

Die Reinigung des Magiers muß in der Entsagung aller brutalen Begierden, in einer pflanzlichen und wenig gewürzten Lebensweise, in der Enthaltung aller starken Getränke und einem stundenweise geregelten Schlaf bestehen. Diese Vorbereitung wurde in allen Kulten durch eine Zeit der Buße und Prüfungen, die den symbolischen Festen der Lebenserneuerung voranging, angezeigt und durchgeführt.

Wie wir schon gesagt haben, muß man äußerlich die peinlichste Reinlichkeit beobachten: Auch der Ärmste kann Wasser in dem Brunnen finden. Auch muß man sorgfältig Kleider, Möbel und Gefäße, die benötigt werden, reinigen oder reinigen lassen. Jede Unsauberkeit bezeugt Nachlässigkeit, und diese ist in der Magie tödlich.

Die Luft muß beim Aufstehen und Schlafengehen mit einem aus Lorbeer, Salz, Kampfer, Schellharz und Schwefel zusammengesetzten Parfum gereinigt werden, gleichzeitig sagt man die vier heiligen Worte und wendet sich dabei in die vier Himmelsrichtungen.

Man darf zu niemand über die Werke sprechen, die man unternimmt, und wie wir schon im Dogma genügend betont haben, ist das Geheimnis die unbedingte und unerläßliche Bedingung für alle Operationen der Wissenschaft. Die Vorwitzigen muß man irreführen, indem man andere Vorhaben und Untersuchungen, wie chemische Experimente zu industriellen Zwecken, hygienischen Verordnungen, die Erforschung irgendwelcher natürlicher Geheimnisse usw. vorgibt, aber das verschrieene Wort Magie darf niemals genannt werden.

Der Magier muß sich im Anfang abschließen und in Verbindungen sehr vorsichtig zeigen, um seine Kraft auf sich zu konzentrieren und die Berührungspunkte zu wählen. Aber so scheu und unzugänglich er in der ersten Zeit sein wird, so umgänglich und leutselig wird man ihn später sehen, wenn er seine Kette magnetisiert und seinen Platz im Strom der Ideen und des Lichts gewählt haben wird.

Ein arbeitsreiches und armes Leben ist der Einweihung durch die Praxis so günstig, daß es die größten Meister selbst dann gesucht haben, wenn sie über die Reichtümer der Welt verfügen konnten. Satan, das heißt die Unwissenheit, grinzt, bezweifelt und haßt die Weisheit, weil er sie fürchtet, versucht den künftigen Meister der Welt mit den Worten: Wenn du der Sohn Gottes bist, dann sage, daß diese Steine zu Brot werden. Die Geldmenschen suchen dann den Fürsten der Wissenschaft durch Hemmungen, Herabwürdigen oder schändliche Ausbeutung seiner Arbeit zu demütigen. Man bricht ihn in zehn Stücke, damit er zehnmal die Hand ausstreckt nach dem Brot, das er nötig zu haben scheint. Der Magier geruht nicht einmal zu lächeln über diese Albernheit und setzt ruhig sein Werk fort.

So sehr man nur kann, muß man den Anblick scheußlicher Dinge und häßlicher Personen meiden, nicht essen bei Personen, die man nicht schätzt, alle Ausschweifungen meiden und nach der einförmigsten und geregeltsten Art leben.

Die größte Achtung haben vor sich selbst und sich wie ein verkannter Herrscher beobachten, der dem Dasein nachgibt, um seine Krone wiederzuerlangen. Mild und würdig sein gegen jedermann, aber in allen sozialen Verhältnissen sich niemals einsaugen lassen und sich von Kreisen zurückziehen, wo man nicht irgendeine Anregung hat. Man kann endlich und muß selbst die Verpflichtungen erfüllen und die Riten des Kultes ausführen, denen man angehört. Von allen Kulten ist der der magischste, der die meisten Wunder tut, der durch die weisesten Vernunftgründe die unbegreiflichsten Mysterien stützt, der seinen Schatten entsprechende Lichter hat, der die Wunder gemeinverständlich macht und Gott durch den Glauben in den Menschen verkörpert. Diese Religion gab es immer und ist in der Welt unter verschiedenen Namen immer die einzige und herrschende Religion gewesen. Sie hat jetzt bei den Völkern der Erde drei, dem Ansehen nach einander feindliche Formen, die sich bald in eine einzige vereinigen werden, um eine universelle Kirche zu bilden. Ich spreche von der russischen Orthodoxie, dem römischen Katholizismus und einer letzten Verklärung der Religion Buddhas.

Durch das Vorhergehende glauben wir genugsam gezeigt zu haben, daß unsere Magie derjenigen der Zauberer und Schwarzmagier entgegengesetzt ist. Unsere Magie ist eine Wissenschaft und eine absolute Religion, welche nicht alle Meinungen und Kulte zerstören und aufsaugen, aber erneuern und leiten muß, indem sie den Kreis der Eingeweihten wieder einsetzt und den blinden Massen weise und hellsehende Führer gibt.

Wir leben in einem Jahrhundert, in dem es nichts mehr zu zerstören gibt, in dem aber alles wieder gutzumachen ist, weil alles zerstört ist — Wiederherstellen? das Vergangene? — Man stellt die Vergangenheit nicht wieder her — Rekonstruieren? einen Tempel und einen Thron? — wozu, da ja doch die Alten untergegangen sind? — Das ist, als würdest du sagen, mein Haus stürzt vor Alter zusammen, wozu ein neues bauen? — Aber das Haus, welches du baust, wird es dem zusammengefallenen gleichen? — Nein: das zusammengestürzte war alt, und jenes wird neu sein. — Aber wird es denn immer ein Haus sein? — Was willst du denn, daß es sei?

II. KAPITEL

DAS MAGISCHE GLEICHGEWICHT.

Das Gleichgewicht ist die Resultante zweier Kräfte.

Wenn die beiden Kräfte durchaus und immer gleich sind, wird das Gleichgewicht zur Unbeweglichkeit und damit zur Verneinung des Lebens. Die Bewegung ist das Resultat eines regelmäßig wechselnden Übergewichts.

Die Belastung einer Wagschale bestimmt notwendig die Bewegung der andern. Das Entgegengesetzte wirkt so in der ganzen Natur durch Übereinstimmung und analoge Verknüpfung auf das Entgegengesetzte.

Das ganze Leben besteht im Ein- und Ausatmen. Die Schöpfung ist die Voraussetzung eines Schattens zur Begrenzung des Lichts, einer Leere als Raum für die Überfülle des Seins, eines passiven, befruchteten Prinzips zur Stütze und Verwirklichung des aktiven, schöpferischen Prinzips.

Die ganze Natur ist bisexuell, und die Bewegung, welche die Erscheinungen von Tod und Leben hervorruft, ist eine ununterbrochene Zeugung.

Gott liebt die zu ihrer Erfüllung geschaffene Leere, die Weisheit liebt die Unwissenheit, die sie erleuchtet, die Kraft die Schwäche, der sie beisteht, das Gute das Schlechte, das es verherrlicht, der Tag liebt die Nacht und folgt ihr unausgesetzt um die Erde. Liebe ist Durst und Fülle, die sich verströmen muß. Wer gibt, empfängt, und wer empfängt, gibt; die Bewegung ist ein ewiger Wechsel.

Das Gesetz dieses Wechsels, das wechselseitige oder gleichzeitige Verhältnis dieser Kräfte kennen, heißt die Grundprinzipien des großen magischen Arkanums besitzen, das die wahre menschliche Göttlichkeit bildet. Wissenschaftlich kann man die verschiedenen Manifestationen der universellen Bewegung durch die elektrischen oder magnetischen Erscheinungen beurteilen. Vor allem die Elektrisiermaschinen offenbaren wirklich und positiv die Verwandtschaften und Antipathien gewisser Substanzen. Die Verbindung von Kupfer und Zink, die Wirkung aller Metalle in der galvanischen Säule sind die fortwährenden und einwandfreien Offenbarungen. Was die Physiker finden und entdecken, die Kabbalisten werden die Entdeckungen der Wissenschaft erklären.

Der menschliche Körper ist wie die Erde einem zweifachen Gesetz unterworfen: er zieht an und stößt ab. Er ist durch einen androgynen Magnetismus magnetisiert und reagiert auf die beiden Seelenkräfte Intellekt und Gefühl in umgekehrtem, aber proportionalem Verhältnis des entgegengesetzten Übergewichts der beiden Geschlechter in seinem physischen Organismus.

Die Kunst des Magnetiseurs beruht ganz auf dem Gebrauch und der Kenntnis dieses Gesetzes. Die Wirkung polarisieren und dem Agens eine zweigeschlechtige und wechselseitige Kraft geben, ist das noch unbekannte und vergeblich gesuchte Mittel, die Phänomene des Magnetismus beliebig zu lenken. Es bedarf eines sehr geübten Gefühls und einer großen Genauigkeit in den Bewegungen, um die Zeichen des magnetischen Atmens nicht mit denen des Atems zu verwechseln, auch muß man die okkulte Anatomie vollkommen beherrschen und das besondere Temperament der zu behandelnden Personen kennen.

Das größte Hindernis bei der Leitung des Magnetismus ist der ungenügende Glaube oder Wille der Subjekte. Die Frauen vor allem, die ihrem Wesen nach und immer Schauspielerinnen sind, die Eindrücke haben wollen, da sie andere erregen, und sich als erste täuschen, wenn sie ihre nervösen Schaustücke spielen, sind die wahre schwarze Magie des Magnetismus. Auch wird es den nicht in die höchsten Geheimnisse eingeweihten und nicht vom Licht der Kabbala unterstützten Magnetiseuren unmöglich sein, je dieses widerspenstige und flüchtige Element zu beherrschen. Um Herr der Frau zu sein, muß man sie zerstreuen und geschickt täuschen, indem man sie glauben läßt, sie selbst sei die Täuschende. Dieser hier besonders den Heilmagnetiseuren gegebene Rat könnte vielleicht auch seinen Platz und seine Verwendung in der ehelichen Politik finden.

Der Mensch kann nach seinem Gutdünken zwei Atem hervorbringen, einen warmen und einen kalten, ebenso kann er das aktive oder passive Licht ausstrahlen, aber er muß die Kenntnis dieser Kraft durch die Gewohnheit über sie nachzudenken erlangen. Die gleiche Geste der Hand kann das sogenannte Fluidum aus- und einatmen, und der Magnetiseur kann sich selbst vom Ergebnis seines Vorhabens durch ein wechselnd kaltes und warmes Gefühl in der Hand oder beiden Händen, wenn er mit beiden arbeitet, überzeugen, welches das Subjekt gleichzeitig, aber im entgegengesetzten Sinn, d. h. in ganz und gar entgegengesetztem Wechsel empfinden wird.

Das Pentagramm oder das Zeichen des Mikrokosmos stellt unter anderen magischen Mysterien die zwiefache Sympathie der menschlichen Gliedmaßen unter sich und den Kreislauf des Astrallichts im menschlichen Körper dar. Betrachtet man einen Menschen im Stern des Pentagramm, wie man ihn in der okkulten Philosophie Agrippas sehen kann, so muß man beobachten, daß der Kopf in maskuliner Sympathie mit dem rechten und in femininer mit dem linken Fuß, daß die rechte Hand ebenso mit der linken Hand und dem linken Fuß und die linke Hand umgekehrt in Verbindung stehen. Diese Beobachtung in den magnetischen Strichen ist notwendig, wenn man den ganzen Organismus beherrschen und alle Glieder durch ihre eigene Kette der Analogie und natürlichen Sympathie verbinden will.

Diese Kenntnis ist zum Gebrauch des Pentagramms in allen, gemeinhin Nekromantie genannten Beschwörungen von Geistern oder im Astrallicht irrenden Formen notwendig, wie wir im fünften Kapitel des Ritual erklären werden. Aber es ist hier wohl zu beachten, daß jede Wirkung eine Gegenwirkung hervorbringt, und daß wir in der Magnetisierung oder magischen Beeinflussung anderer einen entgegengesetzten, aber entsprechenden Einflußstrom von jenen zu uns herstellen, der uns ihnen unterwerfen kann anstatt umgekehrt, wie es oft genug bei den Operationen, die als Gegenstand die Sympathie der Liebe haben, vorkommt. Deshalb ist es wesentlich, sich beim Angriff gleichzeitig zu verteidigen, so daß man also links nicht einatmet, wenn man rechts ausatmet. Der magische Androgyn (Frontalfigur des Ritual) trägt auf dem rechten Arm das Wort SOLVE und auf dem linken COAGULA, übereinstimmend mit der symbolischen Figur der Arbeiter am zweiten Tempel, die in der einen Hand das Schwert, in der andern die Kelle tragen. Zugleich mit dem Kämpfen muß man durch Zersprengen der Feinde sein Werk verteidigen: die Natur handelt nicht anders, wenn sie zur selben Zeit zerstört, da sie aufbaut. Nach der Allegorie des magischen Kalenders von Duchenteau ist der Mensch, d. h. der Eingeweihte, der Affe der Natur, die ihn an der Kette hält und ihn ununterbrochen Verfahren und Werke seiner göttlichen Meisterin und seines unvergänglichen Vorbildes nachahmen läßt.

Die wechselseitige Anwendung der entgegengesetzten Kräfte, Wärme nach Kälte, Milde nach Strenge, Liebe nach Haß usw., ist das Geheimnis der ewigen Bewegung und Machtverlängerung. Die Dirnen fühlen das instinktiv, wenn sie ihre Anbeter von Hoffnung in Furcht, von Freude in Traurigkeit fallen lassen. Immer im selben Sinn und in der gleichen Art handeln heißt die eine der Wagschalen überbürden, und das Resultat wird bald die Zerstörung des Gleichgewichtes sein. Unaufhörliche Liebkosungen erzeugen rasch Überdruß, Ekel und Antipathie, ebenso wie Kälte und fortdauernde Strenge auf die Dauer die Zuneigung unterbindet und entmutigt. In der Alchimie dörrt ein immer gleiches und fortgesetzt heißes Feuer die prima Materia aus und zersplittert das hermetische Gefäß. Man muß in regelmäßigen Abständen die Feuerwärme durch die der Kalkasche oder mineralischen Schuttes ersetzen. So muß man in der Magie die Werke der Hitze oder Kälte durch Handlungen der Wohltätigkeit und Liebe mildern, und wenn der Ausübende seinen Willen immer gleichartig und in gleichem Sinne angespannt hält, wird er sich bald eine große Müdigkeit und eine Art moralischer Ohnmacht zuziehen.

Der Magier soll nun nicht ausschließlich in seinem Laboratorium, zwischen seinem Athanor, seinen Elexieren und Pantakeln leben. Wer nach dem Blick jener Circe, welche man die okkulte Kraft nennt, dürstet, muß ihr zur rechten Zeit das Schwert des Odysseus zu bieten und seine Lippen von dem Kelch beizeiten zu nehmen wissen, den sie uns darbietet. Eine magische Operation muß immer abgelöst werden von einer in ihrer Dauer gleichen Ruhe und einer entsprechenden, ihrem Objekt aber entgegengesetzten Zerstreuung. Unausgesetzt gegen die Natur kämpfen, um sie zu besiegen und zu beherrschen, heißt seine Vernunft und sein Leben aufs Spiel setzen. Paracelsus hat dies zu tun gewagt und verwendete in diesem Kampf selbst gleichgerichtete Kräfte und setzte den Weinrausch jenem des Verstandes entgegen, dann bändigte er den Rausch durch körperliche Müdigkeit und die körperliche Müdigkeit durch eine neue geistige Arbeit. Auch Paracelsus war ein Mensch von Inspiration und Wundern, aber er hat sein Leben in dieser verdürstenden Tätigkeit verbraucht oder ist vielmehr rasch ermüdet und hat das Gewand zerrissen; denn dem Paracelsus ähnliche Menschen können brauchen und mißbrauchen, ohne etwas zu fürchten: sie wissen wohl, daß sie nicht mehr sterben können, als sie hier unten altern müßten.

Nichts stimmt besser zur Freude als der Schmerz, und nichts liegt näher beim Schmerz als die Freude. So ist auch der unwissend Handelnde erstaunt, immer wieder zu Ergebnissen zu kommen, die seinem Vorhaben entgegengesetzt sind, weil er seine Wirkung weder zu wechseln noch zu durchkreuzen weiß. Er will seinen Feind behexen, und er selbst wird unglücklich und krank, er will sich lieben lassen und wird in unglückliche Leidenschaft gestürzt durch die Frauen, die sich über ihn lustig machen, er will Gold machen und erschöpft seine letzten Hilfsmittel: Seine Strafe ist ewig wie die des Tantalus, das Wasser flieht immer, wenn er trinken will. In ihren Symbolen und magischen Operationen vervielfachten die Alten die Zeichen für die Zweiheit, um das Gesetz des Gleichgewichts nicht zu vergessen. Bei ihren Anrufungen errichteten sie immer zwei verschiedene Altäre und opferten ein weißes und ein schwarzes Opfer. Der oder die Opfernde mußte, in der einen Hand das Schwert und in der andern den Stab, den einen Fuß bekleidet und den andern nackt haben. Nichtsdestoweniger konnte man, wie die Zweiheit ohne die ausgleichende Kraft die Unbeweglichkeit und der Tod wäre, bei den Werken der Magie nur allein oder zu dreien sein, und wenn ein Mann und eine Frau an der Zeremonie teilnahmen, mußte der Ausübende eine Jungfrau, ein Androgyn oder ein Kind sein. Man wird mich fragen, ob die Wunderlichkeit dieser Riten willkürlich ist und ob sie einzig die Übung des Willens zum Ziel hat, indem sie die Schwierigkeiten des magischen Werkes beliebig vervielfacht. Ich werde antworten, daß es in der Magie nichts Willkürliches gibt, weil alles im voraus durch das einzige und universale Dogma des Hermes, das der Analogie in den drei Welten geregelt und bestimmt ist. Jedes Zeichen entspricht einer Idee und der bestimmten Form einer Idee, jede Handlung drückt einem Gedanken entsprechenden Willen aus und formt die Analogien dieses Gedankens und dieses Willens. Die Riten sind also im voraus durch die Wissenschaft selbst festgelegt. Der Unwissende, der die dreifache Macht nicht kennt, unterliegt der geheimnisvollen Faszination. Der Weise kennt sie und macht sie zum Werkzeug seines Willens. Aber wenn sie erfüllt sind mit Gewissenhaftigkeit und Glauben, sind sie nie wirkungslos.

Alle magischen Instrumente müssen doppelt sein. Man muß zwei Schwerter, zwei Stäbe, zwei Schalen, zwei Kohlenbecken, zwei Pantakel und zwei Lampen haben, muß zwei übereinandergelegte Kleider und von zwei entgegengesetzten Farben tragen, wie sie heute noch die katholischen Priester gebrauchen, man kann nicht ein Metall, sondern mindestens zwei an sich haben. Die Kronen von Lorbeer, Raute, Beifuß oder Eisenkraut müssen ebenso doppelt sein. Bei den Anrufungen behalte man die eine der Kronen zurück und verbrenne die andere, indem man wie ein Augur das Knistern beobachtet, welches sie verursacht, und die Rauchwolken, die sie hervorbringt.

Diese Beobachtung ist nicht umsonst, denn beim magischen Werk sind alle Werkzeuge der Kunst durch den Handelnden magnetisiert, die Luft ist von seinen Gerüchen geschwängert, das durch ihn geweihte Feuer unterliegt seinem Willen, die Naturkräfte scheinen auf ihn zu hören und ihm zu antworten. Er liest in allen Formen die näheren Bestimmungen seines Gedankens. Dann sieht man das Wasser sich trüben und wie von selbst aufbrausen, das Feuer ein großes Licht werfen oder erlöschen, die Blätter der Ranken, den magischen Stab sich von selbst bewegen und hört in der Luft fremde und unbekannte Stimmen. In ähnlichen Anrufungen sah Julian die Phantome seiner allzu geliebten Götter erscheinen und erschrak ob ihrer Altersschwäche und Blässe.

Ich weiß, daß das Christentum die zeremonielle Magie verboten und die Anrufungen und Opfer der alten Welt streng geächtet hat.

Auch wir haben nicht die Absicht, ihnen eine neue Daseinsberechtigung zu geben, wenn wir nach so vielen Jahrhunderten die alten Mysterien enthüllen. Unsere Erfahrungen in dieser Tatsachenwelt selbst sind nichts als gelehrte Forschungen gewesen. Wir haben Tatsachen festgestellt, um die Gründe zu beurteilen, und haben nie die Absicht gehabt, schon längst zerstörte Riten zu erneuern.

Die israelitische Strenggläubigkeit, diese so vernünftige, göttliche und wenig bekannte Religion beweist ebenso wie das Christentum die Mysterien der zeremoniellen Magie. Für den Stamm Levi mußte die Ausübung der hohen Magie selbst wie eine unrechte Anmaßung des Priesteramtes angesehen werden, und die gleiche Vernunft wird durch alle öffentlichen Kulte die praktische, wahrsagende und wundertuende Magie ächten. Das Natürliche im Wunderbaren zeigen und es beliebig veröffentlichen, heißt für das Volk den schlagenden Beweis der Wunder vernichten, die jede Religion als ihr ausschließliches Eigentum und ihren endgültigen Beweis für sich in Anspruch nimmt.

Den bestehenden Religionen Achtung, Platz aber auch der Wissenschaft. Gott sei Dank leben wir nicht mehr in den Zeiten der Inquisitoren und der Scheiterhaufen. Man mordet nicht mehr unglückliche Gelehrte auf Aussagen einiger irrsinniger Fanatiker oder irgend welcher hysterischer Jungfern hin. Im übrigen treiben wir, wohl gemerkt, absonderliche Studien und nicht eine unmögliche und unsinnige Propaganda. Die uns Magier zu nennen wagen, haben kein solches Exempel zu fürchten, und es ist mehr als wahrscheinlich, daß sie niemals Zauberer werden.

III. KAPITEL

DAS TRIANGEL DER PANTAKEL.

Der Abt Tritheim, der Lehrer des Cornelius Agrippa in der Magie, erklärt in seiner *Stenographia* das Geheimnis der Beschwörungen und Anrufungen auf eine sehr philosophische und sehr natürliche, aber vielleicht zu einfache und zu leichte Art.

Einen Geist anrufen, sagt er, heißt in den härtenden Gedanken dieses Geistes eindringen, und wenn wir uns moralisch in derselben Richtung höher entwickeln, werden wir diesen Geist mit uns ziehen, und er wird uns dienen. Andernfalls wird er uns mit in seinen Kreis schleppen, und wir werden ihm dienen.

Beschwören heißt einem einzelnen Geist den Widerstand eines Stromes und einer Kette entgegensetzen: Cum jurare, zusammen schwören, heißt einen gemeinsamen Glaubensakt begehen. Je mehr Begeisterung und Macht dieser Glaube hat, um so wirksamer ist die Beschwörung. Deshalb ließ das werdende Christentum die Orakel verstummen. Ihm allein gehörte Inspiration und Macht. Später, als der hl. Petrus gealtert war, das heißt als die Welt dem Papsttum rechtmäßige Vorwürfe glaubte machen zu müssen, folgte der Geist der Prophetie den Orakeln, und die Savonarola, Joachim von Flor, Johannes Huß und so viele andere reizten abwechselnd die Geister auf und leiteten mit Bitten und Drohen die Unruhen und geheimen Revolten aller Herzen.

Um einen Geist anzurufen, kann man allein

sein, aber um ihn zu beschwören, muß man im Namen eines Kreises oder einer Vereinigung sprechen. Deshalb ist der hieroglyphische Kreis während der Operation um den Magier gezogen, und deshalb darf er ihn nicht verlassen, will er nicht im gleichen Augenblick seine ganze Macht verlieren.

Beantworten wir hier klar die grundsätzliche und wichtige Frage: Ist die wirkliche Anrufung und Beschwörung eines Geistes möglich, und kann diese Möglichkeit wissenschaftlich bewiesen werden?

Zum ersten Teil dieser Frage kann man zunächst antworten, daß jede Sache, deren Möglichkeit nicht augenscheinlich ist, vorläufig als möglich anerkannt werden kann und muß. Zum zweiten Teil haben wir zu sagen, daß kraft des großen magischen Dogmas der Hierarchie und der universellen Analogie kabbalistisch die Möglichkeit wirklicher Anrufungen bewiesen werden kann. Die phänomenale Wirklichkeit des Ergebnisses gewissenhaft ausgeführter magischer Operationen ist eine Frage der Erfahrung, und wir haben, wie schon gesagt, für uns diese Wirklichkeit konstatiert und werden durch das *Ritual* unseren Lesern ermöglichen, unsere Experimente für sich zu erneuern und zu bestätigen.

Nichts geht in der Natur zugrunde, und alles, was gelebt hat, wird unter neuen Formen weiterleben. Und selbst die früheren Formen sind nicht zerstört, da wir sie ja in unserem Erinnern wiederfinden. Sehen wir in der Vorstellung nicht das Kind, das wir gekannt haben, und das jetzt doch zum Greise geworden ist? Selbst die Eindrücke, die wir in unserem Gedächtnis verwischt glauben, sind es wirklich nicht, da ja ein Zufall sie weckt und uns zurückruft. Aber wie sehen wir sie? Wie schon gesagt, im Astrallicht, das sie in unser Gehirn durch den Mechanismus des Nervenapparates überträgt.

Weiter, alle Formen sind proportional und analog der Idee, welche sie bestimmt hat. Sie sind der natürliche Charakter, die Signatur dieser Idee, wie die Magier sagen, und dadurch, daß man die Idee tatsächlich weckt, wird die Form verwirklicht und hervorgebracht.

Schröpffer, der berühmte Leipziger Eingeweihte, hatte durch seine Beschwörungen den Schrecken über ganz Deutschland gebreitet, und seine Kühnheit in den magischen Operationen war so groß, daß ihm sein Ruf zur unausstehlichen Last wurde. Dann ließ er sich durch den ungeheueren Strom von Halluzinationen fortreißen, den er sich hatte entwickeln lassen, die Gesichte von der andern Welt widerten ihn an, und er tötete sich.

Diese Geschichte muß die auf die zeremonielle Magie Neugierigen zur Vorsicht gemahnen. Man vergewaltigt nicht ungestraft die Natur und spielt nicht ohne Gefahr mit unbekannten und unberechenbaren Kräften. Nach dieser Erwägung haben wir uns immer widersetzt und werden uns der nichtigen Neugier derjenigen, die sehen wollen, um zu glauben, immer widersetzen, und werden ihnen wie einer bedeutenden englischen Persönlichkeit, die uns einmal mit ihrem Unglauben bedrohte, antworten:

„Sie haben vollkommen das Recht, nicht zu glauben, wir unsererseits werden deshalb weder entmutigt noch besiegt."

Jenen, die uns sagen, sie hätten alle Riten genau und mutig erfüllt und es hätte sich nichts gezeigt, werden wir antworten, daß sie gut daran tun aufzuhören und daß dies vielleicht ein Zeichen der Natur ist, die sich ihnen bei diesen außergewöhnlichen Handlungen verweigert, und daß sie nur wieder von vorn beginnen müssen, wenn sie auf ihrem Vorwitz beharren.

Der Ternar muß als Grundlage des magischen Dogmas bei den Anrufungen genau beobachtet werden, auch ist er die symbolische Zahl für die Verwirklichung und das Ergebnis. Der Buchstabe ש bezieht sich gewöhnlich auf die kabbalistischen Pantakel, welche die Erfüllung eines Wunsches zum Gegenstand haben. Dieser Buchstabe ist auch das Zeichen des Sühnebockes in der mystischen Kabbala, und Saint-Martin beobachtet, daß dieser Buchstabe, eingeschaltet in das unaussprechliche Tetragramm, den Namen des Erlösers der Menschen bildet יהשוה. Das versinnbildlichten die Anhänger der Geheimbündler des Mittelalters, wenn sie in ihren nächtlichen Zusammenkünften einen Bock zeigten, der auf dem Kopf zwischen den Hörnern eine flammende Fackel trug. Dieses entsetzliche Tier, dessen allegorische Formen und merkwürdigen Kult wir im XV. Kapitel des Ritual beschreiben werden, stellte die dem Fluch geweihte, aber durch das Zeichen des Lichts erlöste Natur dar. Die gnostischen Liebesmahle und die heidnischen Priapusfeste, die in seiner Ehrung aufeinanderfolgten, offenbarten die moralische Bedeutung, die die Adepten aus dieser Schaustellung ziehen wollten, zur Genüge. All dies wird mit den verbotenen und heute als Fabeln geltenden Riten des großen Sabbat der schwarzen Magie erklärt.

In den großen Kreis der Beschwörungen zieht man gewöhnlich ein Dreieck, wobei man aber genau beobachten muß, nach welcher

Seite die Spitze zu richten ist. Soll der Geist vom Himmel kommen, so muß sich der Ausübende an die Spitze und den Altar der Räucherungen an die Basis stellen, soll er aus der Hölle steigen, so wird sich der Ausübende an der Basis aufhalten und die Räucherpfanne wird an der Spitze stehen. Er muß außerdem auf der Stirn, der Brust und der rechten Hand das heilige Symbol zweier vereinigter Dreiecke tragen, die den sechsstrahligen Stern bilden,

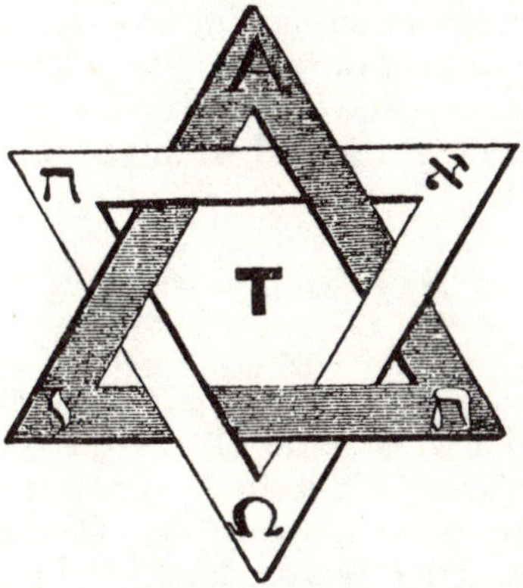

dessen Figur wir schon wiedergegeben haben, und der in der Magie unter dem Namen das Pantakel oder der Schlüssel Salomos bekannt ist.

Unabhängig von diesen Zeichen gebrauchten die Alten bei ihren Beschwörungen mystische Verbindungen der göttlichen Namen, die wir nach den jüdischen Kabbalisten im Dogma gegeben haben. Das magische Dreieck der heidnischen Theosophen ist das berühmte ABBACDABRA, dem sie außergewöhnliche Kräfte zuschrieben und das sie folgendermaßen darstellten:

ABRACADABRA
ABRACADABR
ABRACADAB
ABRACADA
ABRACAD
ABRACA
ABRAC
ABRA
ABR
AB
A

Diese Buchstabenverbindung ist ein Schlüssel des Pentagramms. Das Anfangs-A ist fünfmal wiederholt und dreißigmal wiedergegeben, was die Elemente und Zahlen dieser beiden Figuren gibt:

Das einzelne A stellt die Einheit des Urbeginns oder des intellektuellen oder aktiven Agens dar. Das mit dem B vereinte A versinnbildlicht die Befruchtung der Zweiheit durch die Einheit. Das R ist das Zeichen der Dreiheit, weil es hieroglyphisch den Ausfluß aus der Vereinigung der beiden Prinzipien darstellt. Die Zahl 11 der Buchstaben des Wortes fügt die Einheit des Eingeweihten dem Zehner des Pythagoras hinzu, und die Zahl 66, die Summe aller zusammengezählten Buchstaben, bildet kabbalistisch die Zahl 12, die das Quadrat der Dreiheit und infolgedessen die mystische Quadratur des Kreises ist. Bemerken wir nebenbei, daß der Verfasser der *Apokalypse,* dieses Schlüssels der christlichen Kabbala, die Zahl des Tieres, d.h. der Abgötterei, bildete, indem er eine 6 dem doppelten Sechser des ABRACADABRA hinzufügte: das gibt kabbalistisch 18, die im Tarock mit dem hieroglyphischen Zeichen der Nacht und der Profanen bezeichnete Zahl, der Mond mit den Kreisläufen, der Hund, der Wolf und der Krebs, die geheimnisvolle und dunkle Zahl, deren kabbalistischer Schlüssel 9, die Zahl der Einweihung, ist.

Hierzu bemerkt der heilige Kabbalist ausdrücklich: Wer Verstand hat (d.h. den Schlüssel der kabbalistischen Zahlen), berechnet die Zahl des Tieres, denn das ist die Zahl des Menschen, und diese Zahl ist 666. Das ist in der Tat die mit sich selbst vervielfachte und der Summe des dreieckigen Pantakels des Abracadabra hinzugefügte Dekade des Pythagoras, ist endlich die Zusammenfassung der ganzen Magie der alten Welt, das ganze Programm des menschlichen Genius, den der göttliche Geist des Evangeliums aufsaugen oder verdrängen wollte. Diese hieroglyphischen Buchstaben- und Zahlenverbindungen gehören dem praktischen Teil der Kabbala an, die, so betrachtet, sich in Gematrie und in Temurah teilt. — Diese Berechnungen, die uns jetzt willkürlich und ohne Interesse erscheinen, waren so dem philosophischen Symbolismus des Orients eigen und hatten die größte Bedeutung in der Lehre der den okkulten Wissenschaften entstammten heiligen Dinge. Das absolute kabbalistische Alphabet, das die ersten Ideen den Allegorien, die Allegorien den Buchstaben und die Buchstaben den Zahlen verbindet, war das, was man dann die Schlüssel Salomos nannte. Wir haben schon gesehen, daß diese bis heute erhaltenen, aber völlig verkannten Schlüssel nichts anderes als der Tarock sind, dessen alte Allegorien in unseren Tagen zum erstenmal durch den gelehrten Archäologen Court de Gebelin beobachtet und anerkannt worden sind.

Das doppelte Dreieck des Salomo ist in einer bemerkenswerten Art durch den hl. Johannes erklärt worden. Es gibt, sagt er, drei Zeichen im Himmel: Vater, Logos und Hl. Geist, und drei Zeichen auf der Erde: Atem, Wasser und Blut. Der hl. Johannes ist so eins mit den Meistern der hermethischen Philosophie, die ihrem Schwefel den Namen Äther, ihrem Merkur den Namen philosophisches Wasser und ihrem Salz die Bezeichnung Blut des Drachen oder der Regel der Erde geben. Das Blut oder Salz steht in gegensätzlicher Verbindung mit dem Vater, das azotische Wasser oder der Merkur mit dem Wort oder dem Logos, und der Atem mit dem Hl. Geist. Aber die Dinge des hohen Symbolismus können nur von den wahren Kindern der Wissenschaft wohl verstanden werden.

Man verband in den magischen Zeremonien die dreimalige Wiederholung der Namen bei verschiedenen Tonangaben den dreieckigen Verbindungen.

Der magische Stab war oft von einer kleinen magnetisierten Gabel überragt, die Paracelsus durch einen Dreizack ersetzte, dessen Bild wir hier geben:

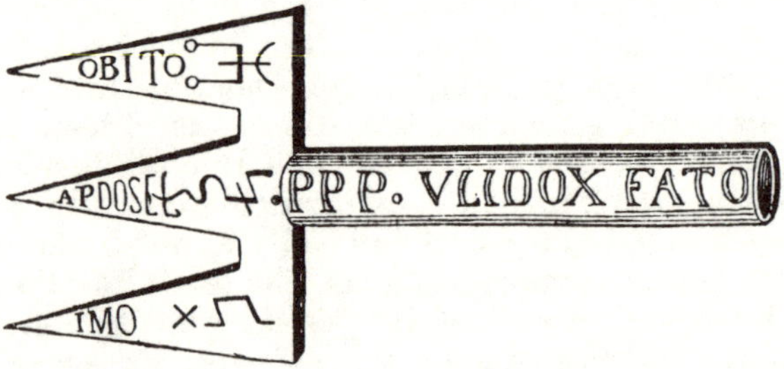

Der Dreizack des Paracelsus drückt als Pantakel die Zusammenfassung der Dreiheit in der

Einheit aus, die so die heilige Vierheit vervollkommnet. Er schrieb dieser Figur alle Kräfte, welche die jüdischen Kabbalisten dem Namen Jehovah zuteilten, und alle thaumaturgischen Eigenschaften des Abracadabra der alexandrinischen Hierophanten zu. Stellen wir hier fest, daß er ein Pantakel und infolgedessen ein Zeichen, konkretes und absolutes Zeichen einer ganzen Lehre ist, die ebenso für die alten Philosophen wie für die Adepten des Mittelalters diejenige eines ungeheuren magnetischen Zirkels war. Und gäbe man ihm heute seinen ursprünglichen Wert durch die Intelligenz seiner Mysterien, könnte man ihm nicht seine wunderbare Kraft und seine ganze Macht gegen die menschlichen Krankheiten zurückgeben?

Wenn die alten Zauberer nächtens an einer Kreuzung von drei Wegen vorübergingen, brüllten sie dreimal zu Ehren der dreifachen Hekate.

Alle diese Figuren, die den Figuren entsprechenden Handlungen, alle diese Zahlen- und Charakteranordnungen sind, wie schon gesagt, nur Werkzeuge zur Willenserziehung, deren Gewohnheiten sie festlegen und bestimmen. Außerdem dienen sie dazu, alle Kräfte der menschlichen Seele in der Tat zu verbinden und die schöpferische Kraft der Einbildung zu verstärken. Die Gymnastik des Gedankens übt sich in der Verwirklichung. Auch das Ergebnis dieser Praktiken ist untrüglich wie die Natur, wenn sie mit absolutem Vertrauen und unerschütterlicher Ausdauer vollzogen werden.

Mit dem Glauben, sagte der große Meister, kann man Bäume ins Meer verpflanzen und Berge versetzen. Selbst ein abergläubisches, ja unsinniges Verfahren ist wirksam, weil es eine Verwirklichung des Willens ist. Deshalb ist ein Gebet in der Kirche mächtiger als zu Hause, und es wird Wunder wirken, wenn man, um es an einem beglaubigten, d. h. an einem mit großem Strom durch den Einfluß der Besucher magnetisierten Heiligtum zu verrichten, barfuß und Almosen erbittend hundert oder zweihundert Kilometer geht.

Man lacht über die gute Frau, die sich des Morgens für einige Pfennige Milch abspart, um sich dafür eine Kerze zu kaufen, die sie vor den magischen Dreiecken der Kapelle verbrennen läßt. Es sind die Unwissenden, die lachen, und die gute Frau zahlt nicht zu teuer, was sie so aus Entsagung und Mut kaufte. Die großen Geister gehen mit erhobenen Schultern, sie empören sich gegen die Abergläubischen mit einem Geschrei, das die Erde erzittern läßt. Was ist das Resultat? Die Häuser der großen Geister verfallen, und die Trümmer werden den Lieferanten und Käufern der kleinen Kerzen verkauft, die gern überall schreien lassen, daß ihre Herrschaft beendet sei, wenn sie nur trotzdem immer herrschen.

Die großen Religionen haben von je nur eine ernsthafte Rivalin zu fürchten, und das ist die Magie.

Die Magie zeitigte die geheimen Vereinigungen, welche die Revolution genannte Erneuerung herbeigeführt haben. Aber sie ist zu dem durch wahnwitzige Leidenschaften erblindeten menschlichen Geist gekommen, um in jedem Punkt die Geschichte des hebräischen Herkules zu verwirklichen: da er die Tempelsäulen ins Wanken brachte, begrub er sich selbst unter den Ruinen.

Die Freimaurergesellschaften kennen heute ebensowenig die hohe Vernunft ihrer Symbole wie die Rabbiner den Sepher Jezirah und den Sohar auf der aufsteigenden Leiter der drei Grade mit dem übergreifenden Fortschreiten der kabbalistischen Siebenheit von rechts nach links und von links nach rechts.

Der Zirkel des G.·. A.·. und der Winkel Salomos sind zum groben und materiellen Niveau des unverständigen Jakobinismus geworden, verwirklicht durch ein stählernes Dreieck: für den Himmel und für die Erde.

Die schänderischen Adepten, denen der Eingeweihte Cazotte einen blutigen Tod vorausgesagt hatte, haben in unseren Tagen die Sünde Adams übertroffen: nachdem sie furchtsam die Früchte vom Baume des Wissens gepflückt hatten, die sie nicht zu essen verstanden, haben sie sie den Tieren und Reptilien der Erde vorgeworfen. So begann auch die Herrschaft des Aberglaubens und muß bis zu jener Zeit dauern, da die wahre Religion sich auf den ewigen Grundlagen der dreigradigen Hierarchie und der dreifachen Macht, die nach Schicksal oder Vorsehung die Dreiheit in den drei Welten übt, wiederaufrichten wird.

IV. KAPITEL

DIE BESCHWÖRUNG DER VIER.

Die vier Elementarformen trennen und spezifizieren durch eine Art Entwurf die geschaffenen Geister, welche die universelle Bewegung aus dem zentralen Feuer loslöst. Überall arbeitet der Geist und befruchtet die Materie durch das Leben. Aller Stoff ist beseelt. Gedanke und Seele sind überall.

Indem man sich des Gedankens bemächtigt, der die verschiedenen Formen hervorbringt, wird man Herr der Formen und kann sie sich dienstbar machen.

Das Astrallicht ist gesättigt mit Seelen, die es in der unaufhörlichen Zeugung der Wesen loslöst. Die Seelen haben unvollkommene Willen, die durch mächtigere Willen beherrscht und ausgefüllt werden können. Sie bilden dann große Ketten, unsichtbare, und veranlassen große, elementare Bewegungen.

Die in den Prozessen der Magie und alle jüngst noch durch Eudes de Mirville festgestellten Phänomene haben keine anderen Ursachen.

Die Elementargeister sind wie die Kinder: sie quälen überdies jene, die sich mit ihnen abgeben, es sei denn, daß man sie durch eine hohe Vernunft und große Strenge beherrscht.

Es sind jene Geister, die wir mit dem Namen okkulte Naturkräfte bezeichnen.

Oft veranlassen sie unsere unruhigen und verworrenen Träume, bringen die Bewegungen der Wünschelrute und die Schläge gegen Mauern und Möbel hervor; aber sie können nie einen andern als unseren Gedanken kundtun, und wenn wir nicht denken, sprechen sie zu uns mit der ganzen Zusammenhanglosigkeit der Träume. Indifferent bringen sie Gutes und Böses hervor, weil sie ohne freies Ermessen sind und infolgedessen keinerlei Verantwortung haben. Sie zeigen sich den Ekstatikern und Somnambulen unter unvollständigen und flüchtigen Formen. Das ist es, was die Schreckträume des hl. Antonius und sehr wahrscheinlich auch die Visionen Swedenborgs hervorgerufen hat. Sie sind weder verdammt noch schuldig, sie sind neugierig und schuldlos. Man kann sie brauchen oder mißbrauchen wie Tiere oder Kinder. Auch der Magier, der sich ihrer Hilfe bedient, lädt eine furchtbare Verantwortung auf sich; denn er wird jede Untat, die er sie ausführen ließ, büßen, und die Größe seiner Martern wird der Größe der Macht verhältnisgleich sein, die er durch ihre Vermittelung ausübte.

Um die Elementargeister zu beherrschen und so König der verborgenen Naturkräfte zu werden, muß man zuerst die vier Prüfungen der alten Einweihungen bestanden haben, und da diese Einweihungen nicht mehr sind, sie durch entsprechende Handlungen ersetzt haben, wie: sich ohne Angst einer Feuersbrunst aussetzen, einen Abgrund auf einem Baumstamm oder einem Balken überschreiten, den Gipfel eines Berges während eines Gewitters besteigen, aus einem Wasserfall oder einem gefährlichen Strudel schwimmen. Wer das Wasser fürchtet, wird nie über die Nixen herrschen; wer vor dem Feuer Angst hat, wird nie den Salamandern befehlen; solange jemand schwindelig ist, muß er Sylphen und Gnomen ungestört lassen; denn diese unteren Geister gehorchen nur einer

Macht, die sich bis in ihr eigenes Element als Meister zeigte.

Wenn man durch Mut und Übung diese unumstößliche Macht erreicht hat, muß man durch besondere Weihen von Luft, Feuer, Wasser und Erde den Elementen das Wort seines Willens auferlegen. Und hier liegt der unumgängliche Anfang aller magischen Operationen.

Man beschwört die Luft, indem man nach den vier Haupthimmelsrichtungen ausatmet und sagt:

Spiritus dei ferebatur super aquas, et inspiravit in faciem hominis spiraculum vitae. Sit Michael dux meus, et Sabtabiel servus meus, in luce et per lucem.

Fiat verbum halitus meus; et imperabo spiritus aeris hujus, et refraenabo equos solis voluntate cordis mei, et cogitatione mentis meae et nutu oculi dextri.

Exorciso igitur te, creatura aeris, per Pentagrammaton et in nomine Tetragrammaton, in quibus sund voluntas firma et fides recta. Amen. So geschehe es, so sei es.

Dann spricht man das Gebet der Sylphen, nachdem man in der Luft mit einer Adlerfeder ihr Zeichen gezogen hat.

GEBET DER SYLPHEN.

Geist des Lichtes, Geist der Weisheit, dessen Atem die Form aller Dinge gibt und hinwegnimmt, Du, vor dem das Leben der Wesen ist wie ein Schatten, der sich ändert, und ein Rauch, der vergeht. Du, der Du die Wolken aufführst und dahinfährst auf dem Flügel der Winde, ausstößest Du Deinen Odem, und bevölkert sind die Räume, die endlosen; atmest

Du ein: alles, was von Dir kommt, kehrt zu Dir zurück. Unendliche Bewegung in ewiger Ruhe, sei ewig gebenedeit. Wir loben Dich und wir preisen Dich im wechselnden Reich des geschaffenen Lichtes, der Schatten, Spiegelungen und Bilder, und ohn Unterlaß verlangt uns nach Deinem unwandelbaren und unveränderlichen Licht. Laß auf uns fallen den Strahl Deiner Weisheit und die Wärme Deiner Liebe; dann wird fest, was so flüchtig, Körper wird der Schatten, Seele der Luftgeist und Gedanke wird der Traum. Nicht mehr werden wir fortgerissen vom Sturm, aber halten werden wir die Zügel der geflügelten Rosse des Morgens und werden lenken den Lauf der Winde, der abendlichen, um zu Dir zu fliegen. O Geist der Geister! O ewige Seele der Seelen! O unvergänglicher Atem des Lebens! O Du Schöpferodem! O Mund, der Du ein- und ausatmest im Wechsel Deines ewigen Wortes das Sein aller Wesen, welches ist das göttliche Meer der Bewegung und der Wahrheit. Amen.

Man beschwört das Wasser durch Auflegung der Hände, durch den Atem und das Gebet, indem man dabei das geweihte Salz mit ein wenig der in der Räucherschale zurückbleibenden Asche vermengt. Der Weihwedel wird aus Zweigen von Eisenkraut, Immergrün, Salbei, Minze, Baldrian, Esche und Basilienkraut gemacht und mit einem aus dem Spinnrocken einer Jungfrau verlorenen Faden umbunden, und erhält als Stiel den Stock eines Haselstrauchs, der noch keine Früchte getragen hat. Auf diesen werden mit dem magischen Stichel die Charaktere der sieben Geister eingeritzt. Ihr segnet und weiht getrennt das Salz und die Räucherasche, indem ihr sprecht:

ÜBER DAS SALZ.

In isto sale sit sapientia, et ab omni corruptione servet mentes nostras et corpora nostra, per Hochmaël et in virtute Ruach-Hochmaël, recedant ab isto fantasmata hylae ut sit sal coelestis, sal terrae et terra salis, ut nutrietur bos triturans et addat spei nostrae cornua tauri volantis. Amen.

ÜBER DIE ASCHE.

Revertatur cinis ad fontem aquarum viventium, et fiat terra fructificans, et germinet arborem vitae per tria nomina, quae sund Netsah, Hod et Jesod, in principio et in fine, per Alpha et Omega, qui sund in spiritu AZOTH. *Amen.*

BEI DER MISCHUNG VON WASSER, SALZ UND ASCHE.

In sale sapientiae aeternae, et in aqua regenerationis, et in cinere germinante terram novam, omnia fiant per Eloim Gabriel, Raphael et Uriel in saecula et aeonas. Amen.

BESCHWÖRUNG DES WASSERS.

Fiat firmamentum in medio aquarum et separet aquas ab aquis, quae superius, sicut quae inferius, et quae inferius sicut quae superius, ad perpetranda miracula rei unius. Sol ejus pater est, luna mater et ventus hanc gestavit in utero suo, ascendit a terra ad coelum et rursus a coelo in terram descendit. Exorciso te, creatura aquae, ut sis mihi speculum dei vivi in operibus ejus, et fons vitae, et ablutio peccatorum. Amen.

GEBET DER NIXEN.

Gewaltiger König des Meeres, der Du hältst die Schlüssel der Wasserstürze des Himmels und verschließest die unterirdischen Wasser in den Höhlen der Erde, Du König der Sintflut und der Regen des Frühlings, der Du öffnest die Quellen der Flüsse und Brunnen, der Du der Feuchtigkeit, welche ist das Blut der Erde, befiehlst zum Saft der Pflanzen zu werden, wir beten Dich an, wir rufen zu Dir. Wir, Deine beweglichen und wandelbaren Geschöpfe, sprich zu uns im gewaltigen Wallen des Meeres, und wir zittern vor Dir; sprich auch zu uns im Murmeln der klaren Gewässer, und wir lechzen nach Deiner Liebe. O Unermeßlichkeit, in der alle Ströme des Seins sich verlieren, die immer wiedergeboren werden in Dir! O Meer der unendlichen Vollendungen! Erhabener, der Du Dich spiegelst in der Tiefe, Abgründiger, der Du Dich verströmst in den Höhen, o, bring uns das wahrhafte Leben durch den Geist und die Liebe! Zur Unsterblichkeit führe uns durch das Opfer, auf daß wir einst würdig befunden werden, Dir Wasser, Blut und Tränen zur Vergebung der Sünden anzubieten. Amen.

Man beschwört das Feuer, indem man Salz, Weihrauch, Schellharz, Kampfer und Schwefel hineinwirft und die drei Namen der Genien des Feuers dreimal ausruft: MICHAEL, König der Sonne und des Blitzes, SAMAEL, König der Vulkane, und ANAEL, Fürst des Astrallichts. Dann spricht man das Gebet der Salamander.

GEBET DER SALAMANDER.

Unsterblicher, Ewiger, Unaussprechlicher und Unerschaffener, Vater aller Dinge, der Du ohn

Unterlaß auf rollendem Wagen der immer kreisenden Welten getragen wirst, Herr der unermeßlichen Himmelsräume, in denen der Thron errichtet ist Deiner Macht, alles ist offenbar von der Höhe herab Deinen gefürchteten Augen, und Deine schönen und heiligen Ohren hören alles, erhöre Deine Kinder, die Du vom Beginn der Zeiten her geliebt; denn Deine goldene und große und ewige Majestät erstrahlt über der Welt und dem Himmel der Sterne; denn Du entzündest und erhältst Dich selbst durch Deinen eigenen Glanz, und er ergießt sich aus Deinem Wesen der unerschöpflichen Lichtströme, die immer ernähren Deinen Geist. Dieser unendliche Geist, er nährt alle Dinge und hält diesen unerschöpflichen Schatz an Substanz zur Zeugung bereit, die arbeitet und die Formen erschafft, die Du von Anbeginn gesättigt. Von diesem Geist auch leiten die hochheiligen Könige um Deinen Thron und Deines Hofes ihren Ursprung ab, o unendlicher Vater! o Einziger! O Vater der glückseligen Sterblichen und Unsterblichen.

Geschaffen hast Du gesondert Mächte, die wunderbar ähneln Deinem ewigen Gedanken und Deinem anbetungswürdigen Wesen; erhöht hast Du die Oberen zu Engeln, die der Welt Deinen Willen verkünden; endlich hast du erschaffen uns unser elementares Bereich im dritten Rang. Unser fortwährender Dienst ist Dich zu lobpreisen und Deine Wünsche anzubeten; ohn Unterlaß verzehren wir uns im Sehnen, Dich zu besitzen. O Vater! O Mutter! O Du beste der Mütter! O Du anbetungswürdiges Urbild der Mütterlichkeit und der Liebe! O Sohn, Du Blume der Söhne! O Form aller Formen, Seele, Geist, Harmonie und Zahl aller Dinge! Amen!

Man beschwört die Erde durch das Besprengen mit Wasser, durch den Atem und das Feuer, mit für jeden Tag geeigneten Räucherungen und spricht das Gebet der Gnomen.

GEBET DER GNOMEN.

Unsichtbarer König, der Du nimmst die Erde als Stütze, und der Du die Abgründe ausgehöhlt, um sie zu erfüllen mit Deiner Macht; Du, um dessen Namen der Welt Gewölbe erzittern, Du, der Du fließen lässest die sieben Metalle in den Adern des Steines, Herrscher der sieben Lichter, Belohner, Du, der unterirdischen Arbeiter, führe uns zur ersehnten Luft und zum Reich des Lichtes. Wir wachen und arbeiten ohn Ermatten, wir suchen und hoffen durch die zwölf Steine der heiligen Stadt, durch die verborgenen Talismane, durch die Magnetnadel, die das Herz der Erde durchdringt. Herr, Herr, Herr, hab Erbarmen mit den Leidenden, dehne unsere Brust, mache uns frei und erhebe unser Haupt, erhöhe uns! O Ruhe und Bewegung, o Tag von Nacht verhüllt, o Dunkel vom Licht gedämpft, o Meister, der Du nie in Deinem Besitz behältst den Lohn Deiner Arbeiter, o silberne Weiße, o goldener Glanz! O Krone von lebenden und melodischen Diamanten! Der Du den Himmel trägst auf Deinem Finger wie einen Saphirring, der Du unter der Erde verbirgst im Reich der Edelsteine den wunderbaren Samen der Sterne, lebe, herrsche und sei der ewige Spender der Kostbarkeiten, als deren Hüter Du uns bestellt. Amen.

Man muß beachten, daß das Reich der Gnomen im Norden, das der Salamander im Süden, das der Sylphen im Osten und das der Nixen im Westen liegt. Sie haben Einfluß auf die vier Temperamente des Menschen, die Gnomen auf die Melancholiker, die Salamander auf die Sanguiniker, die Nixen auf die Phlegmatiker und die Sylphen auf die Choleriker. Ihre Zeichen sind: Die Hieroglyphen des Stiers für die Gnomen, die man mit dem Schwert beherrscht; die des Löwen für die Salamander, denen man mit dem gegabelten Stab oder dem magischen Dreizack befiehlt; die des Adlers für die Sylphen, die man mit den heiligen Pentakeln beherrscht; die des Wassermann endlich für die Nixen, die man mit der Opferschale beschwört. Ihre jeweiligen Herrscher sind Gob für die Gnomen, Djin für die Salamander, Paralda für die Sylphen und Nicksa für die Nixen.

Wenn ein Elementargeist die Erdbewohner quält oder doch beunruhigt, muß man ihn durch die Luft, das Wasser, die Erde und das Feuer beschwören, indem man atmet, besprengt, Räucherwerk verbrennt und auf die Erde den Stern Salomos und das heilige Pentagramm zeichnet. Diese Figuren müssen vollständig regelmäßig und entweder mit den Kohlen des geweihten Feuers oder mit einem in verschiedene Farben, die man mit pulverisiertem Magneteisen vermischen muß, getauchten Rohr ausgeführt sein. Indem man dann in der einen Hand das Pantakel Salomos hält und nach und nach das Schwert, den Stab und die Schale nimmt, muß man diese Worte und mit erhobener Stimme die Beschwörung der Vier sprechen:

Caput mortuum, imperet tibi Dominus per vivum et devotum serpentem.

Cherub, imperet tibi Dominus per Adam Jotchavah! Aquila errans, imperet tibi Dominus per alas Tauri. Serpens, imperet tibi Dominus tetragrammaton per angelum et leonem!

Michael, Gabriel, Raphael, Anael!
FLUAT UDOR per spiritum ELOIM.
MANEAT TERRA per Adam JOT-CHAVAH.
FIAT FIRMAMENTUM per JAHUVEHU-ZEBAOTH.
FIAT JUDICIUM per ignem in virtute MICHAEL.

Engel, den toten Augen gehorche oder zerfließe mit diesem heiligen Wasser.

Geflügelter Stier, arbeite oder kehre wieder zur Erde, wenn du nicht willst, daß ich dich treibe mit diesem Schwert.

Gefesselter Adler, gehorche diesem Zeichen oder weiche zurück vor diesem Atem.

Bewegliche Schlange, krieche zu meinen Füßen oder sei gequält durch das heilige Feuer und verdunste mit den Räucherungen, die ich hier verbrenne.

Zum Wasser kehre das Wasser, es brenne das Feuer, es wehe die Luft, zur Erde falle die Erde durch die Kraft des Pentagramms, des Morgensternes und im Namen des Tetragramms, das geschrieben ist in der Mitte des Lichtkreuzes. Amen.

Das von den Christen angenommene Zeichen des Kreuzes gehört ihnen nicht ausschließlich. Es ist ebenso kabbalistisch und stellt die Gegensätze und das Gleichgewicht des Quaternar der Elemente dar. Wir sehen durch das okkulte Zeichen des *Pater,* wie schon im *Dogma* angezeigt ist, daß es ursprünglich zwei Arten gab, es zu machen, oder doch wenigstens zwei zu seiner Charakterisierung wohl unterschiedene Formeln: die eine den Priestern und Eingeweihten vorbehalten, die andere für die Neophyten und die Laien bestimmt. So führte z. B. der Eingeweihte die Hand an seine

Stirn und sagte: Dir, dann fügte er hinzu: gehören, und führte nun die Hand an seine Brust: das Reich, dann zur linken Schulter: die Gerechtigkeit, zur rechten Schulter: und die Barmherzigkeit. Dann fügte man die beiden Hände zusammen und sprach: in den schöpferischen Zyklen. Tibi sund Malchut et Geburah et Chesed per aeonas — das absolut und vornehmlich kabbalistische Kreuzzeichen, das die Schändungen der Gnostik vollständig an die streitende und offizielle Kirche verloren.

Das auf diese Weise gemachte Zeichen muß der Beschwörung der Vier vorausgehen und sie beschließen.

Um die Elementargeister zu bändigen und zu unterjochen, darf man niemals den Fehlern frönen, die sie characterisieren. So wird ein leichtsinniger und launenhafter Geist niemals die Sylphen beherrschen, nie eine lässige, kalte und wandelbare Natur Herrin der Nixen werden, Zorn reizt die Salamander, und begehrliche Roheit macht die ihr Unterworfenen zum Spielzeug der Gnomen.

Dagegen muß er rasch und aktiv wie die Sylphen, beweglich und aufmerksam auf die Bilder wie die Nixen, tatkräftig und stark wie die Salamander, arbeitsam und geduldig wie die Gnomen sein, mit einem Wort, er muß über ihre Kraft siegen, ohne je ihren Schwächen zu verfallen. Wenn man in dieser Anlage sehr fest ist, so wird die ganze Welt dem weisen Ausübenden dienstbar sein. Er geht durch ein Unwetter, und kein Regentropfen wird an ihn kommen, der Wind wird nicht einmal eine Kleiderfalte in Unordnung bringen, er geht durch Feuer, ohne daß ihn die Flammen belecken, geht auf dem Wasser und sieht quer durch die Dichte der Erde die Diamanten. Diese Versprechungen scheinen nur dem gemeinen Verstand übertrieben; denn wenn der Weise die hier ausgesprochenen Dinge nicht ebenso und wirklich tut, so wird er größere und bewunderungswürdigere vollbringen. Indessen ist es unzweifelhaft, daß man die Elemente bis zu einem gewissen Grad leiten und verändern und die Wirkungen wirklich aufhalten kann.

Warum sollte man z. B. nicht auf dem Wasser gehen oder gleiten können, da ja bewiesen ist, daß gewisse Personen im Zustand der Ekstase augenblicksweise ihre Schwerkraft verlieren? Die Verzückten von Saint-Médard fühlten weder Feuer noch Eisen und baten statt um Hilfe um die furchtbarsten Schläge und unglaublichsten Martern. Sind nicht die seltsamen Erhebungen und das erstaunliche Gleichgewicht gewisser Somnambulen eine Offenbarung dieser verborgenen Naturkräfte? Doch wir leben in einem Jahrhundert, da man nicht den Mut hat, Wunder zu bestätigen, deren Zeuge man war, und käme irgend jemand und sagte: Ich habe diese Dinge, die ich hier erzähle, gesehen oder selbst ausgeführt, man würde ihm antworten: Du willst dich auf unsere Kosten unterhalten, oder du bist krank. Er tut besser daran zu schweigen und zu handeln.

Die den vier Elementarformen entsprechenden Metalle sind: Gold und Silber für die Luft, Quecksilber für das Wasser, Eisen und Kupfer für das Feuer und Blei für die Erde. Man bildet die diesbezüglichen Talismane nach den Kräften, die sie darstellen, und den Wirkungen, die sie vollbringen sollen.

Die Wahrsagung durch die vier Elementarformen, die man Aeromantik, Hydromantik, Pyromantik und Geomantik nennt, wird auf verschiedene Arten gemacht, die alle vom Willen und Hellsehen oder der Vorstellungskraft des Ausübenden abhängen.

Tatsächlich sind die vier Elemente nur Hilfswerkzeuge für das zweite Gesicht.

Das zweite Gesicht ist die Fähigkeit, im Astrallicht zu sehen.

Dieses zweite Gesicht ist natürlich wie das erste oder sinnliche und gewöhnliche Sehen; aber es kann nur durch Abstraktion der Sinne eintreten.

Die Somnambulen und Ekstatiker besitzen natürlich das zweite Gesicht; aber es ist um so klarer, je vollständiger die Abstraktion ist.

Die Abstraktion wird erzeugt durch die astrale Trunkenheit, d. h. durch eine Überfülle von Licht, die das Nervenwerkzeug völlig sättigt und infolgedessen untätig macht.

Die Sanguiniker neigen mehr zur Aeromantik, die Choleriker zur Pyromantik, die Phlegmatiker zur Hydromantik und die Melancholiker zur Geomantik.

Die Aeromantik wird durch die Oneiromantik oder die Wahrsagung durch die Träume bestätigt. Die Pyromantik ersetzt man durch den Magnetismus, die Hydromantik durch die Cristallomantik und die Geomantik durch die Kartomantik. Das sind die Umstellungen und Vervollkommnungen der Methode.

Aber die Wahrsagung, welcher Art sie auch immer sei, ist gefährlich oder im großen und ganzen wenigstens unnütz; denn sie entmutigt den Willen, hemmt infolgedessen die Freiheit und ermüdet das Nervensystem.

V. KAPITEL

DAS FLAMMENDE PENTAGRAMM.

Nun kommen wir zur Erklärung und Weihe des heiligen und geheimnisvollen Pentagramms.

Hier soll der Unwissende und der Fanatiker das Buch schließen: Sie werden nur in Finsternis tappen und entrüstet sein.

Das Pentagramm, das man in den gnostischen Schulen den flammenden Stern nennt, ist das Zeichen der Allmacht und der geistigen Selbstherrschaft.

Es ist der Stern der Magier, das Zeichen des fleischgewordenen Wortes, und je nach der Richtung seiner Strahlen stellt dieses Symbol in der Magie das Gute oder das Böse, die Ordnung oder die Unordnung, das heilige Lamm des Ormuts und des hl. Johannes oder den teuflischen Bock von Mendes dar.

Es ist Einweihung oder Gotteslästerung, ist Luzifer oder Vesper, Morgen- oder Abendstern.

Ist Maria oder Lilith, ist Sieg oder Untergang, Licht oder Nacht.

Zeigt das Pentagramm mit zwei seiner Strahlen nach oben, so stellt es Satan oder den Bock des Sabbat dar, ist nur einer seiner Strahlen nach oben gerichtet, so bezeichnet es den Erlöser.

Das Pentagramm ist die Figur des menschlichen Körpers mit vier Gliedern und einer einzigen Spitze, die den Kopf versinnbildlichen muß.

Eine menschliche Figur mit dem Kopf nach

unten stellt natürlich einen Dämon, d. h. den geistigen Umsturz, die Unordnung oder den Wahnsinn dar.

Wenn also die Magie eine Wirklichkeit ist, wenn diese verborgene Wissenschaft das wahre Gesetz der drei Welten ist, dann muß dieses absolute, wie die Geschichte alte, nein ältere Zeichen auf die ihrer stofflichen Hülle losen Geister einen unberechenbaren Einfluß ausüben und übt ihn aus.

Das Zeichen des Pentagramms wird auch Zeichen des Mikrokosmos genannt und stellt so den Mikroprosop des Kabbalisten des Buches Sohar dar.

Die vollkommene Intelligenz des Pentagramms ist der Schlüssel zu den zwei Welten, ist die Philosophie und das natürliche absolute Wissen.

Das Zeichen des Pentagramms muß aus den sieben Metallen gebildet oder mindestens in reinem Gold auf weißem Marmor gezogen werden.

Man kann es auch mit Zinnober auf ein fehler- und fleckenloses Lammpergament zeichnen als Symbol der Unbescholtenheit und des Lichtes.

Der Marmor muß jungfräulich sein, d. h. darf nie anderen Zwecken gedient haben. Das Lammfell muß unter den Auspizien der Sonne präpariert sein.

Das Lamm muß um Ostern mit einem neuen Messer geschlachtet worden sein, und das Fell muß mit Salz, das durch magische Operationen geweiht wurde, gesalzen werden.

Die Vernachlässigung einer einzigen dieser schwierigen und scheinbar willkürlichen Zeremonien läßt jeden Erfolg der großen Werke dieser Wissenschaft scheitern.

Man weiht das Pentagramm mit den vier

Elementen, bläst fünfmal über die magische Figur, besprengt sie mit geweihtem Wasser, trocknet sie im Rauch von fünf Räucherungen, welche sind: Weihrauch, Myrrhe, Aloe, Schwefel und Kampfer, denen man ein wenig Schellharz und graue Ampra hinzufügen kann. Man atmet fünfmal, indem man die Namen der fünf Genien: Gabriel, Raphael, Anael, Samael und Oriphiel ausruft. Dann legt man das Pantakel nacheinander nach Norden, Süden, Osten, Westen und in die Mitte des astronomischen Kreuzes auf die Erde und ruft darüber einen nach dem andern der Buchstaben des heiligen Tetragramms. Dann sagt man ganz tief die im kabbalistischen Namen AZOTH vereinigten gebenedeiten Namen des geheimnisvollen Aleph und Thau.

Das Pentagramm muß auf den Räucheraltar und unter den magischen Dreifuß gelegt werden. Der Ausübende muß die Figur mit jener des Makrokosmos, d. h. des aus zwei gekreuzten und übereinandergelegten Dreiecken gebildeten, sechsstrahligen Sternes zusammen auf sich tragen.

Wenn man einen Geist des Lichtes beschwört, muß man den Kopf des Sternes, d. h. einen seiner Winkel, gegen den magischen Dreifuß und die beiden unteren Spitzen nach dem Räucheraltar drehen, umgekehrt, handelt es sich um einen Geist der Finsternis. Aber der Ausübende muß dann darauf bedacht sein, die Spitze des Stabes oder des Schwertes auf dem Kopf des Pentagramms zu halten.

Wir haben schon gesagt, daß die Zeichen das aktive Wort des Willens sind. Der Wille muß also vollkommen ein Wort geben, um es in Tat umzusetzen, und eine einzige Nachlässigkeit, in einem unnützen Wort oder in einem Zweifel bestehend, schlägt die ganze Operation zu Lüge und Ohnmacht und kehrt alle vergeblich angewandten Kräfte gegen den Ausübenden.

Man muß sich also absolut der magischen Zeremonien enthalten oder sie in allem peinlich und genau erfüllen.

Das mittels der Elektrisiermaschine in leuchtenden Linien auf Glas gezogene Pentagramm übt auch einen großen Einfluß auf die Geister aus und schreckt die Phantome.

Die alten Magier zogen das Zeichen des Pentagramms auf ihre Türschwelle, um die bösen Geister am Eintreten, die guten am Verlassen zu verhindern. Diesen Zwang bewirkte die Richtung der Strahlen des Sternes. Zwei Strahlen nach außen wiesen die bösen Geister zurück, zwei Spitzen nach innen hielten sie als Gefangene zurück, ein Winkel nach innen nahm die guten Geister gefangen.

All die auf dem alleinigen Dogma des Hermes und den analogen Folgerungen der Wissenschaft beruhenden magischen Theorien sind immer durch die Visionen der Ekstatiker und durch die Krämpfe der Kataleptiker, die sich von Geistern Besessene nannten, bestätigt worden.

Das G, das die Freimaurer im Mittelpunkt des flammenden Sterns anbringen, bezeichnet Gnosis und Generatio, die zwei heiligen Worte der alten Kabbala. Es heißt auch der GROSSE ARCHITEKT; denn das Pentagramm, von welcher Seite man es auch betrachtet, stellt ein A dar.

Wenn man es derart legt, daß zwei seiner Spitzen in der Höhe und eine Spitze unten ist, kann man es auch als die Hörner, die Ohren und den Bart des hieratischen Bockes von Mendes ansehen, und so wird es zum Zeichen der höllischen Beschwörungen.

Der allegorische Stern der Magier ist nichts anderes als das geheimnisvolle Pentagramm, und diese drei von dem flammenden Stern zur Wiege des mikrokosmischen Gottes geführten Könige, Kinder des Zoroaster, genügten, um den ganzen kabbalistischen und wahrhaft magischen Ursprung des christlichen Dogmas zu bezeugen. Einer dieser Könige ist weiß, der andere schwarz und der dritte braun. Der weiße opfert Gold, das Symbol von Leben und Licht, der schwarze Myrrhe, das Sinnbild von Tod und Nacht, der braune bringt Weihrauch, das Zeichen der Göttlichkeit, das versöhnende Dogma der zwei Prinzipien. Dann kehren sie auf einem anderen Weg in ihre Länder zurück, um zu zeigen, daß ein neuer Kult, ein neuer Weg entstanden ist, um die Menschheit zur einzigen Religion, jener der heiligen Dreiheit und des strahlenden Tetragramms, dem einzigen, ewigen Katholizismus zu führen.

In der *Apokalypse* sieht der hl. Johannes denselben Stern vom Himmel zur Erde fallen. Er wird dann Absynth oder Bitterkeit genannt, und alle Gewässer werden bitter. Das ist ein ergreifendes Bild für die Materialisation des Dogmas, die den Fanatismus und die Bitternisse des Glaubensstreites hervorbringt. Auch an das Christentum kann man jene Worte des Isaias richten: Wie bist du vom Himmel gefallen, glänzender Stern, der du so leuchtend warst an deinem Morgen?

Aber das von den Menschen entweihte Pentagramm strahlt immer schattenlos in der rechten Hand des Wortes der Wahrheit, und die einweihende Stimme verspricht dem Sieger, es wieder an die Stelle des Morgensternes zu setzen: die dem Stern des Luzifer feierlich versprochene Wiedereinsetzung. Wie man sieht, werden alle Mysterien der Magie, alle Symbole der Gnosis, alle Figuren des Okkultismus, alle kabbalistischen Schlüssel der Weissagung in dem Zeichen des Pentagramms zusammengefaßt, das Paracelsus das größte und mächtigste aller Zeichen nennt.

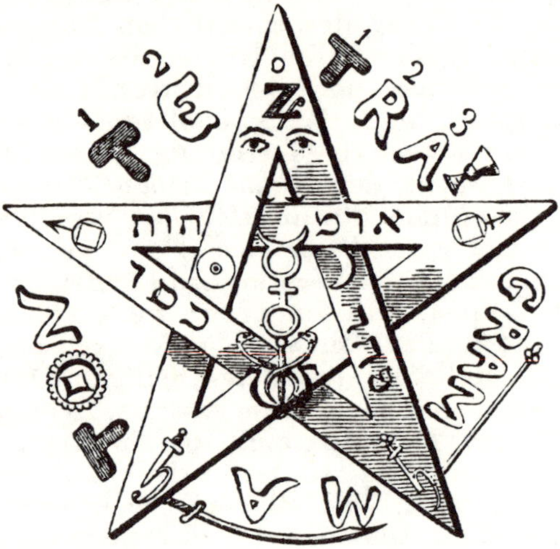

Muß man sich danach noch über das Vertrauen der Magier und den durch dieses Zeichen auf die Geister aller Hierarchien geübten, wirklichen Einfluß wundern? Die das Zeichen des Kreuzes nicht kennen, erzittern beim Anblick des Sternes des Mikrokosmos. Fühlt der Magier dagegen seinen Willen erlahmen, so wendet er seine Augen zu diesem Symbol, nimmt es in seine rechte Hand und fühlt sich mit geistiger Allmacht erfüllt, vorausgesetzt, daß er wahrhaft ein König ist, würdig zur Wiege der göttlichen Verwirklichung durch den Stern geführt zu werden, vorausgesetzt, daß er weiß, wagt, will und schweigt, vorausgesetzt, daß er die Anwendungen des Pantakels, der Schale, des Stabes und des Schwertes kennt, vorausgesetzt endlich, daß die beharrlichen Blicke seiner Seele mit jenen zwei Augen in Verbindung stehen, welche die obere Spitze unseres Pentagramms ihm immer geöffnet darbietet.

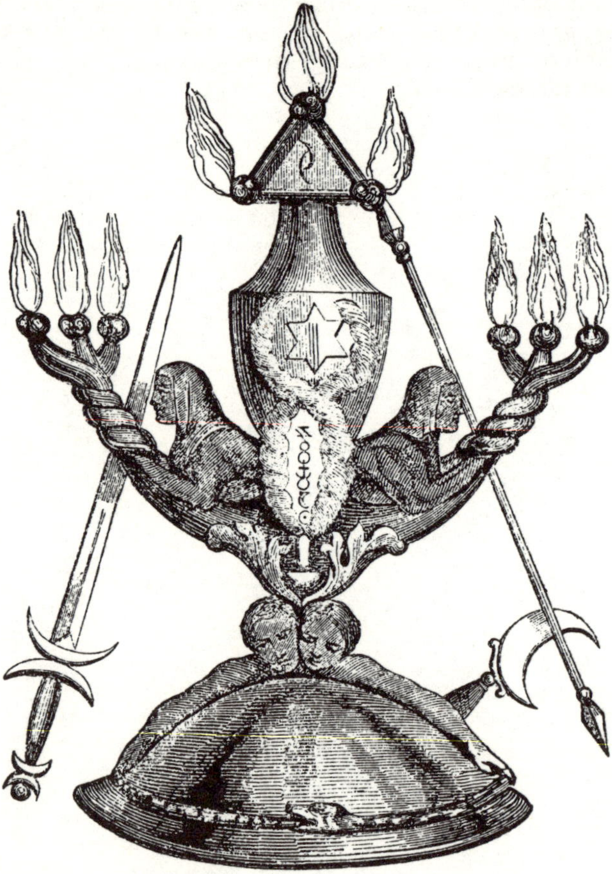

MAGISCHE WERKZEUGE
Lampe, Stab, Schwert und Messer

VI. KAPITEL

DAS MEDIUM UND DER VERMITTLER.

Wir haben schon gesagt, daß man zwei Dinge braucht, um die magische Macht zu erlangen: Die Loslösung des Willens von aller Knechtschaft und seine Übung zur Herrschaft.

Der überragende Wille ist in unseren Symbolen dargestellt durch die Frau, die der Schlange den Kopf zertritt, und durch den strahlenden Engel, der den Drachen unter seinen Fuß und seine Lanze zwingt.

Erklären wir hier unumwunden, daß das große magische Agens, der doppelte Strom des Lichtes, das lebendige und südliche Feuer der Erde in den alten Theogonien durch die Schlange am Kopf des Stiers, des Bocks oder Hundes versinnbildlicht wurde. Es ist die doppelte Schlange am geflügelten Stab, ist die alte Schlange der Genesis, aber es ist auch die um das Thau, d. h. den schöpferischen Lingam, gewundene kupferne Schlange des Moses, ist auch der Bock des Sabbat, der Baphomet der Templer, die Hyle der Gnostiker, ist der doppelte Stachel der Schlange, der die Beine des Sonnenhahnes der Abraxas bildet, ist endlich der Teufel des Eudes de Mirville und ist wirklich die blinde Kraft, welche die Seelen zum Siege haben, um sich von den Ketten der Erde zu befreien. Denn wenn ihr Wille sie nicht aus dieser schicksalhaften Magnetisierung löst, werden sie durch die Kraft, die sie hervorgebracht hat, in dem Strome aufgesogen und kehren in das zentrale und ewige Feuer zurück.

Jedes magische Werk besteht also darin, sich aus den Umschlingungen der alten Schlange zu befreien, dann ihr den Fuß auf den Kopf zu setzen und sie dahin zu führen, wo man will. Ich werde dir, sagte sie in der evangelistischen Mythe, alle Königreiche der Erde geben, wenn du niederfällst und mich anbetest. Der Eingeweihte wird ihr antworten: Ich werde nicht niederfallen, und du wirst zu meinen Füßen kriechen, du wirst mir nichts geben, aber ich werde mich deiner bedienen und mir das nehmen, was ich will; denn ich bin dein Herr und Meister! Die Antwort, die in jener, die ihr der Erlöser gegeben, verschleiert enthalten ist.

Wir haben schon gesagt, daß der Teufel keine Person ist. Er ist eine vom rechten Weg gebrachte Kraft, wie dies auch sein Name anzeigt. Ein odischer oder magnetischer, durch eine Kette von irregeleiteten Willen gebildeter Strom setzt den bösen Geist ein, den das Evangelium Legionen nennt und der die Schweine ins Meer treibt: Eine neue Allegorie der tieftriebhaften Verstrickung der Wesen durch die blinden Kräfte, die den bösen Willen und die Irrung in Bewegung setzen können.

Man kann dieses Symbol jenem der durch die Magierin Circe in Schweine verwandelten Gefährten des Odysseus vergleichen.

So schützte sich Odysseus selbst und befreite seine Gefährten: Er wies die Schale zurück und bedrohte sie mit dem Schwert. Circe ist die Natur mit allen Lüsten und Lockungen; um mit ihr zu spielen, muß man sie besiegen. Das ist der Sinn der Homerischen Fabel; denn die Gesänge Homers, wahrhaft heilige Bücher des alten Hellas, enthalten alle Mysterien der erhabenen Einweihung des Ostens.

Das natürliche *Medium* ist also die immer aktive und verführerische Schlange der untätigen Willen, der man immer widerstehen muß, indem man sie bändigt.

Ein verliebter, naschhafter, zorniger, lässiger Magier sind unmögliche Mißstaltungen. Der Magier denkt und will, nichts liebt er sehnlich, nichts stößt er mit Leidenschaft zurück; das *Wort* Leidenschaft stellt einen passiven Zustand dar, und der Magier ist immer aktiv und siegreich. Das Schwierigste in den erhabenen Wissenschaften ist, zu dieser Verwirklichung zu gelangen. Wenn der Magier sich selbst erschaffen hat, ist das große Werk vollbracht, wenigstens in seinem Werkzeug und in seiner Veranlassung.

Das große magische Agens oder der Vermittler der menschlichen Allmacht kann nur durch einen außer-natürlichen Vermittler, also einen befreiten Willen, gebraucht und gelenkt werden. Archimedes verlangte einen Punkt außerhalb der Welt, um die Welt darauf zu stützen. Der Stützpunkt des Magiers ist der kubische, geistige Stein, der philosophische Stein Azoth, d. h. das Dogma der absoluten Vernunft und der universellen Harmonien durch die Sympathien der Gegensätze.

Einer unserer fruchtbarsten und in seinen Ideen wenigst festgelegtesten Schriftsteller, Eugène Sue, hat eine ganze Romandichtung auf einer Individualität aufgebaut, die er sich hassenswert zu gestalten bemüht, und die trotzdem interessant wird, soviel Macht, Geduld, Mut, Geist und Genie er auch vereinigt. Es handelt sich um eine Art Sixtus V., arm, mäßig, ohne Zorn, der die ganze Welt in einem Netz seiner gelehrten Verbindungen gefesselt hält.

Dieser Mensch reizt mit seinem Willen die Leidenschaften seiner Widersacher, vernichtet die einen durch die andern, kommt immer dahin, wohin er will, und das ohne Lärm, ohne Aufsehen, ohne Charlatanismus. Sein Ziel ist, die Welt von einer Gesellschaft zu befreien, die der Verfasser des Buches für gefährlich und verderbend hält, und über die er sich leicht hinwegsetzt. Er wohnt schlecht, ist schlecht gekleidet, nährt sich wie der Ärmste der Armen, ist aber immer aufmerksam bei seinem Werk. Um bei seinem Vorhaben zu bleiben, stellt ihn der Verfasser dar als arm, schmutzig, häßlich, ekelhaft und schrecklich von Ansehen. Aber wenn dieses Äußere selbst ein Mittel ist, die Handlung zu bemänteln und am sichersten zum Ziel zu bringen, ist sie nicht auch der Beweis eines erhabenen Mutes?

Wenn Rodin Papst ist, glaubt ihr, er wäre noch schlecht gekleidet und schmierig? Eugène Sue hat sein Ziel verfehlt. Er will den Fanatismus und den Aberglauben entstellen und er wagt sich an den Geist, die Kraft, das Genie, an alle großen, menschlichen Tugenden! Gäbe es viele Rodins bei den Jesuiten, ja gäbe es nur einen einzigen, ich würde trotz der glänzenden und ungeschickten Verteidigungsreden ihrer berühmten Advokaten nicht viel für die Gegenpartei geben.

Recht wollen, lange wollen, immer wollen, aber nie lüstern sein, das ist das Geheimnis der Kraft und ist das magische Arkanum, das Tasso in Gestalt der beiden Ritter in die Handlung einführt, die Rinaldo befreien und den Zauber Armidens vernichten wollen. Sie widerstehen auch den reizendsten Nymphen und den wildesten Tieren, bleiben wunsch- und furchtlos und gelangen ans Ziel.

Hieraus ergibt sich, daß ein wahrer Magier eher furchtbar als liebenswert ist. Ich stelle nicht in Abrede und weiß wohl, wie süß die Lockungen des Lebens sind, und da ich dem liebenswürdigen Genie Anakreons und jedem jugendlichen Aufblühen liebender Poesie voll gerecht werde, fordere ich die guten Freunde des Vergnügens ernsthaft auf, die erhabenen Wissenschaften nicht anders als einen Gegenstand der Seltsamkeit anzusehen und sich nie dem magischen Dreifuß zu nahen: die großen Werke der Wissenschaft töten die Lust.

Der Mensch, der sich von der Kette der Triebe freigemacht hat, erfährt seine Allmacht zuerst an der Unterwerfung der Tiere. Die Geschichte von Daniel in der Löwengrube ist keine Fabel, und während der Verfolgungen des jungen Christentums wiederholte sich dieses Phänomen mehr als einmal in Gegenwart des ganzen römischen Volkes. Selten hat ein Mensch etwas von einem Tier zu fürchten, das er nicht fürchtet. Die Bälle Gérards, des Löwentöters, sind magisch und geistig. Ein einziges Mal lief er ernsthaft Gefahr: er hatte einen Freund mitgenommen, der Furcht hatte, und da er diesen Unvorsichtigen im voraus schon verloren glaubte, packte ihn die Angst, aber für seinen Freund.

Viele werden nun sagen, daß es schwierig, ja unmöglich ist, zu einem ähnlichen Entschluß zu gelangen, da ja Willenskraft und Characterstärke Geschenke der Natur seien usw. Ich stelle dies nicht in Abrede, weiß aber auch, daß die Gewohnheit die Natur verbessern kann. Der Wille kann durch Erziehung vervollkommnet werden, und, wie schon gesagt, jedes magische Zeremonial, hierin dem religiösen Zeremonial ähnlich, hat kein anderes Ziel, als den Willen, die Geduld und die Kraft zu prüfen, zu üben und zu gewöhnen. Je schwieriger und mühsamer die Ausführungen, um so größer ist ihre Wirkung. Jetzt muß man das verstehen.

Wenn es bis heute unmöglich war, die Phänomene des Magnetismus zu lenken, so nur, weil noch kein eingeweihter und wahrhaft freier Magnetiseur gefunden wurde. Wer kann sich denn tatsächlich einbilden es zu sein? Haben wir uns nicht immer selbst zu überwinden? Es ist jedenfalls sicher, daß die Natur dem Zeichen und Wort dessen gehorcht, der sich stark genug fühlt, nicht zu zweifeln. Ich sage, daß die Natur gehorchen wird, und nicht, daß sie sich widerspricht oder die Ordnung ihrer Möglichkeiten zerstört. Die Heilungen der nervösen Krankheiten durch ein Wort, einen Atemhauch oder eine Berührung, die Wiedererwekkungen in gewissen Fällen, der Widerstand, der fähig ist, die bösen Willenseinflüsse zu entwaffnen und seine Mörder zu vernichten, die Fähigkeit endlich, sich unsichtbar zu machen, indem man die Blicke derer verwirrt, denen zu entschlüpfen unmöglich ist: all das ist eine natürliche Wirkung der Ausstrahlung oder des Rückhalts des Astrallichtes. So wurde Valens beim Betreten des Tempels von Cäsaräa mit Angst und Schrecken geschlagen, wie der im Tempel von Jerusalem von einem plötzlichen Wahnsinn befallene Heliodor sich durch Engel geschlagen und niedergetreten glaubte. So flößte der Admiral de Coligny seinen Mördern Achtung ein, daß er nur durch einen Wahnsinnigen ermordet werden konnte, der sich auf ihn warf und ihm den Schädel zertrümmerte. Was die Jeanne d'Arc immer siegreich sein ließ, war der Zauber ihres Glaubens und das Wunderbare ihrer Kühnheit: sie lähmte die Arme, die sie schlagen wollten, und die Engländer konnten sie ernstlich für eine Magierin oder Zauberin halten. Sie war tatsächlich eine Magierin; denn sie glaubte selbst, übernatürlich zu handeln, und das so sehr, daß sie über eine verborgene, universelle und immer denselben Gesetzen unterworfene Kraft verfügte.

Der magnetisierende Magier muß dem natürlichen Medium und infolgedessen dem Astralkörper, der die Verbindung zwischen unserer Seele und unseren Organen herstellt, befehlen; er kann zum stofflichen Körper sagen: Schlafe! und zum Sideralleib: Denke! Die sichtbaren Dinge ändern dann das Aussehen wie in den Haschisch-Visionen. Cagliostro besaß diese Macht, sagt man, und unterstützte die Wirkung durch Räucherungen und starke Essenzen. Aber die wahre magnetische Macht muß sich dieser für die Vernunft mehr oder minder zerstörenden und der Gesundheit schädlichen Hilfsmittel begeben. Ragon gibt in seinem gelehrten Werk über die okkulte Freimaurerei das Rezept einer Reihe zur Steigerung des Somnambulismus geeigneter Medikamente. Diese Kenntnis ist sicher nicht einfach zu verwerfen, aber Einsichtige sollten sich vor ihrem Gebrauch wohl hüten. Das astrale Licht wird durch den Blick, die Stimme, die Daumen und die Handfläche ausgestrahlt. Die Musik ist eine mächtige Hilfskraft der Stimme und von ihr kommt das Wort *Zaubergesang*. Kein Musikinstrument ist zauberhafter als die menschliche Stimme, aber die fernen Töne der Violine oder der Harmonika können die Macht noch erhöhen. So bearbeitet man das Subjekt, das man unterwerfen will. Ist es dann halb betäubt und wie gefesselt von diesem Reiz, erhebt man die Hand gegen es und befiehlt ihm zu *schlafen* oder zu *sehen,* und es gehorcht. Leistet es aber Widerstand, so muß man ihm mit festem Blick einen Daumen auf die Stirn zwischen die Augen und den andern auf seine Brust legen, indem man es mit einer einzigen und raschen Bewegung leicht bestreicht, dann langsam einatmen, einen warmen Atem sanft aushauchen und ihm mit tiefer Stimme befehlen: *Schlafe* oder *Sehe!*

VII. KAPITEL

DIE SIEBENHEIT DER TALISMANE.

Die Zeremonien, Kleidungsstücke, Räucherungen, Charaktere und Figuren sind, wie schon gesagt, notwendig, um die Einbildung zur Erziehung des Willens zu erfüllen, und der Erfolg der magischen Werke hängt von der peinlichen Beobachtung aller Riten ab. Diese Riten haben, wie schon bemerkt, nichts Phantastisches noch Willkürliches. Sie sind uns vom Altertum überliefert worden und bestehen immer kraft der wesentlichen Gesetze der analogen Verwirklichung und Übereinstimmung, die notwendig zwischen Idee und Form vorhanden ist. Nach mehreren Jahren der Vergleichung und Prüfung aller Zauberbücher und aller echtesten magischen Rituale kamen wir nicht ohne Arbeit dazu, das Zeremonial der universellen und ursprünglichen Magie wiederherzustellen. Die einzigen ernsthaften Bücher, die wir über diesen Gegenstand gesehen haben, sind Manuskripte und in Geheim-Characteren geschrieben, die wir mit Hilfe der Polygraphia des Tritheim entziffert haben. Andere sind ganz mit Hieroglyphen und Symbolen geschmückt und verwerfen die Wahrheit ihrer Bilder unter den abergläubischsten Darlegungen eines irreführenden Textes. So verhält es sich z. B. mit dem Enchiridion Leos III., das niemals mit seinen wahren Figuren gedruckt wurde, und das wir zu unserem besonderen Gebrauch nach einem alten Manuskript wiederhergestellt haben.

Die unter dem Namen der *Claviculae Salo-*

monis bekannten Rituale sind in großer Zahl vorhanden. Mehrere sind gedruckt worden, andere sind Manuskripte geblieben und mit einer großen Sorgfalt abgeschrieben worden. Es gibt davon ein schönes, kalligraphisch äußerst feines Exemplar in der kaiserlichen Bibliothek. Es ist mit Pantakeln und Charakteren geschmückt, die zum größten Teil in den magischen Kalendern von Tycho de Braho und Duchenteau enthalten sind. Es gibt endlich gedruckte Schlüssel und Zauberbücher, Mystifikationen und schändliche Spekulationen dunkelster Literatur. Der unseren Vätern so bekannte und verschriene *„Kleine Albert“* gehört im Großteil seiner Fassung der letzten Art an. Er enthält nur einige von Paracelsus geborgte Berechnungen und Talismanfiguren, die ernst zu nehmen sind.

Was Verwirklichung und Ritual angeht, so ist Paracelsus ein gewichtiger Gewährsmann in der Magie. Niemand hat größere Werke als er vollbracht, und deshalb verbirgt er selbst die Macht der Zeremonien und beschreibt in der okkulten Philosophie allein das Vorhandensein des magnetischen Agens und die Allmacht des Willens. Er faßt die ganze Wissenschaft der Charactere in zwei Zeichen, die Sterne des Mikro und Makrokosmos zusammen. Für die Adepten war dies genug, und die große Masse wollte er nicht einweihen. Paracelsus lehrte also nicht das Ritual, aber er übte es aus, und seine Praxis war eine Folge von Wundern.

Wir haben die Bedeutung des Ternar und Quaternar in der Magie besprochen. Aus ihrer Vereinigung wird die große kabbalistische und religiöse Zahl gebildet, welche die universelle Synthese darstellt und den heiligen Septernar bildet.

Die Welt ist, so glaubten die Alten, von den sieben von Tritheim mit *„secundaei"* bezeichneten zweiten Ursachen beherrscht, die Moses als universelle Kräfte mit dem mehrfachen Namen Elohim, Götter, bezeichnet. Diese analogen und einander entgegengesetzten Kräfte bringen durch ihre Gegensätze das Gleichgewicht hervor und regeln die Bewegung der Sphären. Die Juden nennen sie die sieben großen Erzengel und geben ihnen die Namen: Michael, Gabriel, Raphael, Anael, Samael, Zadkiel und Oriphiel. Die christlichen Gnostiker nennen die vier letzteren Uriel, Barachiel, Sealtiel und Jehudiel. Die andern Völker haben diesen Geistern die Herrschaft über die sieben Hauptplaneten zugeteilt und die Namen ihrer großen Gottheiten gegeben. Alle haben an ihren relativen Einfluß geglaubt, die Astronomie hat den Himmel unter sie geteilt und hat ihnen aufeinanderfolgend die Herrschaft über die sieben Tage der Woche zugewiesen.

Das ist der Grund der verschiedenen Zeremonien der magischen Woche und des siebenfachen Kultes der Planeten.

Wir haben schon darauf aufmerksam gemacht, daß die Planeten hier Zeichen und nichts anderes sind. Sie haben den Einfluß, den ihnen der universelle Glaube zuteilt, weil sie wirklich noch mehr Sterne des menschlichen Geistes als solche des Himmels sind.

Die Sonne, welche die alte Magie immer als fest betrachtet hat, konnte nur für die breite Masse ein Planet sein. Auch stellt sie in der Woche den Tag der Ruhe dar, den wir wie die Alten Sonntag nennen.

Die sieben magischen Planeten entsprechen den sieben Farben des Prismas und den sieben Tönen der musikalischen Oktave. Sie stellen auch die sieben Tugenden und als Gegensätze die sieben Laster der christlichen Moral dar.

Die sieben Sakramente werden gleicherweise auf den großen universellen Deternar bezogen. Die Taufe, die das Element des Wassers heiligt, entspricht dem Mond; die strenge Buße steht unter dem Zeichen Samaels, dem Engel des Mars; die Firmung, die den Geist des Verstandes gibt und dem wahrhaft Gläubigen das Geschenk der Sprache mitteilt, steht unter Raphael, dem Engel des Merkur; die Eucharistie setzt die sakramentale Verwirklichung des Gottmenschen ein und gehört dem Jupiter; die Ehe ist durch den Engel Anael geweiht, den reinigenden Genius der Venus; die letzte Ölung ist der Geleitbrief für die der Sichel des Saturn verfallenen Kranken, und die Ordnung, die das Priestertum des Lichtes weiht, ist besonders bezeichnet durch die Charaktere der Sonne. Fast all diese Analogien wurden durch den Gelehrten Dupuis bemerkt, der daraus auf die Unwahrheit aller Religionen schloß, anstatt die Heiligkeit und Ewigkeit des einzigen, im universalen Symbolismus der aufeinander folgenden religiösen Formen hervorgebrachten Dogmas zu erkennen. Er hat die ununterbrochene, dem Geist des Menschen durch die Harmonien der Natur überlieferte Offenbarung nicht erkannt und hat nur eine Reihe von Irrtümern in dieser Kette sinnreicher Bilder und ewiger Wahrheiten gesehen.

Auch die magischen Werke sind an Zahl sieben; 1. Werke des Lichts und des Reichtums unter den Auspizien der Sonne, 2. Werke der Wahrsagung und Mysterien unter der Anrufung des Mondes, 3. Werke der Gewandtheit des Wissens und der Bewegsamkeit unter der Leitung des Merkur, 4. Werke des Zorns und der Züchtigung, dem Mars geweiht,

5. Werke der Liebe, von Venus begünstigt, 6. Werke des Eifers und der Politik unter den Auspizien Jupiters, 7. Werke der Verwünschung und des Todes unter dem Patronat des Saturn. Im theologischen Symbolismus stellt die Sonne das Wort der Wahrheit, der Mond die Religion an sich, Merkur die Lehre und das Wissen von den Mysterien, Mars die Gerechtigkeit, Venus die Barmherzigkeit und die Liebe, Jupiter den Wiederauferstandenen und glorreichen Erlöser, Saturn Gott den Vater oder den Jehova des Moses dar. Im menschlichen Körper entspricht die Sonne dem Herzen, der Mond dem Gehirn, Jupiter der rechten und Saturn der linken Hand, Mars dem linken und Venus dem rechten Fuß, Merkur den Sexualteilen, was den Genius diesen Planeten manchesmal unter einem Androgyn darstellen läßt.

Im menschlichen Gesicht herrscht Sonne über die Stirn, Jupiter über das rechte und Saturn über das linke Auge, der Mond über die Gegend zwischen den beiden Augen an der Nasenwurzel, Venus und Mars über die beiden Nasenflügel, Merkur endlich übt seinen Einfluß auf Mund und Kinn aus. Diese Kenntnisse bildeten bei den Alten die inzwischen durch Lavater unvollständig wiedergefundene okkulte Wissenschaft der Physionomie.

Will der Magier zu den Werken des Lichts schreiten, so muß er am Sonntag von Mitternacht bis acht Uhr morgens oder von drei Uhr nachmittags bis zehn Uhr abends arbeiten. Er muß ein purpurfarbenes Gewand, eine Priesterbinde und goldene Armbänder tragen. Der Räucheraltar und der im Feuer heilige Dreifuß werden mit Lorbeer-, Heliotrop- und Lackmuskraut-Kränzen umwunden. Die Räucherungen sind echter Zimt, männlicher Weihrauch, Safran und rotes Sandelholz. Der Ring muß von

Gold mit einem Chrysolit oder einem Rubin, die Teppiche müssen Löwenfelle, die Fächer aus Sperberfedern sein.

Am Montag muß man ein silberdurchwirktes weißes Gewand mit einer dreifachen Kette von Perlen, Kristallen und Seleniten tragen. Die Priesterbinde wird mit gelber Seide bedeckt sein und in Charakteren von Silber hebräisch das Monogramm von Gabriel enthalten, wie man es in der okkulten Philosophie des Agrippa findet. Die Räucherungen müssen aus weißem Sandelholz, Kampfer, Ambra, Aloe und gestoßenem Gurkensamen, die Kränze müssen aus Beifuß, Selenotrop und gelbem Hahnenfuß sein. Man muß Tapeten, Kleider oder Gegenstände von schwarzer Farbe meiden und darf kein anderes Metall als Silber auf sich tragen.

Der Dienstag, der Tag der Zornesoperationen, hat die Farbe des Feuers, Blutes oder des Rostes als Farbe des Gewandes mit einem Gürtel und Armreifen aus Stahl. Die Priesterbinde ist ein Eisenreif, und man bedient sich nicht des Stabes, sondern nur des magischen Dolches oder des Schwertes. Die Kränze sind aus Absynth und Raute, und am Finger trägt man einen Eisenring mit einem Amethyst als Edelstein.

Am Mittwoch, dem der hohen Wissenschaft günstigen Tag, wird das Gewand grün sein oder von einem schillernden und verschiedenfarbigen Stoff. Die Kette besteht aus hohlen Glasperlen, die Quecksilber enthalten. Zu den Räucherungen dienen: Benzoe, Muskat und Storax; die Blumen sind: Narzisse, Lilie, Bingelkraut, Erdrauch und Majoran. Als Edelstein gilt der Achat.

Am Donnerstag, dem Tag der großen religiösen und politischen Werke, ist das Gewand scharlachrot, und man trägt auf der Stirn einen

Zinnstreifen mit dem Charakter des Geistes des Jupiter und den drei Worten: GIARAR, BETHOR, SAMGABIEL. Räucherkräuter sind: Weihrauch, graue Ambra, Balsamkraut, Paradiessamen, Muskatblüte und Safran. Der Ring ist mit einem Smaragd oder einem Saphir geschmückt, Gewinde und Kränze sind aus Eiche, Pappel, Feige und Granatzweigen.

Am Freitag, dem Tag der Liebesoperationen, ist das Gewand azurblau, die Behänge grün und rosafarben, der Schmuck aus blankem Kupfer, die Kränze aus Veilchen, die Gewinde aus Rosen, Myrte und Oliven. Der Ring ist mit einem Türkis geschmückt. Lapislazuli und Beryll schmücken Priesterbinde und Spangen, die Fächer bestehen aus Schwanenfedern, und der Ausübende hat auf seiner Brust einen kupfernen Talisman mit dem Charakter des Anael und den Worten: AVEEVA VADELILITH.

Am Samstag, dem Tag der düsteren Werke, ist das Gewand schwarz oder braun mit in orangefarbener Seide gestickten Charakteren. Man trägt am Hals eine Bleimedaille mit dem Charakter des Saturn und den Worten ALMALEC, APHIEL, ZARAHIEL. Das Räucherwerk besteht aus Diagridium, Skammonienwinde, Alaun, Schwefel und Teufelsdreck. Der Ring trägt einen Onyx. Die Gewinde bestehen aus Eiche, Zypresse und Nieswurz. In den Onyx des Ringes gräbt man mit einem geweihten Stift und in den Stunden des Saturn einen Doppelkopf des Janus.

Dies sind die alten Herrlichkeiten des Kultes der Magier. Auf ähnliche Weise nahmen die großen Magier des Mittelalters die tägliche Weihe der den Genien entsprechenden Pantakel und Talismane vor. Wie schon gesagt, ist ein Pantakel ein synthetischer Character, der das ganze magische Dogma in einer dieser besonderen Fassungen zusammenfaßt. Es ist also der wahrhafte Ausdruck eines Gedankens und eines vollkommenen Willens, die Signatur eines Geistes. Die feierliche Weihe dieses Zeichens befestigt dabei noch stärker das Vorhaben des Ausübenden und errichtet zwischen ihm und dem Pantakel eine wahre, magnetische Kette. Die Pantakel können unterschiedlich auf Jungfernpergament, Papier oder Metalle gezogen sein. Talisman nennt man ein Metallstück, das entweder Pantakel oder Charactere trägt und eine für ein bestimmtes Vorhaben besondere Weihe erhalten hat. Gaffarel hat in einem gelehrten Werk wissenschaftlich die Macht der Talismane dargelegt, und das Vertrauen in ihre Kraft liegt außerdem so in der Natur, daß wir gern Andenken geliebter Menschen mit der Überzeugung bei uns tragen, daß diese Reliquien uns vor Gefahr beschützen und uns glücklicher machen. Die Talismane fertigt man aus den sieben kabbalistischen Metallen und gräbt in günstigen Tagen und Stunden die gewollten und bestimmten Zeichen hinein. Die Figuren der sieben Planeten mit ihren magischen Quadraten finden sich im „Kleinen Albert" nach Paracelsus, eine der wenigen wahren Seiten dieses Buches der gewöhnlichen Magie. Es ist zu bemerken, daß Paracelsus die Figur des Jupiter durch die eines Priesters ersetzt, eine Vertauschung, die nicht ohne eine geheimnisvolle, wohl bestimmte Absicht ist. Aber die allegorischen und mythologischen Figuren sind heute zu klassisch und allgemein geworden, als daß man sie noch mit Erfolg auf Talismane ziehen könnte; man muß zu weiseren und ausdrucksvolleren Zeichen seine Zuflucht nehmen. Das Pentagramm muß immer auf die eine Seite eines Talismans mit einem Kreis für die Sonne, einem Halbmond für den Mond, einem geflügelten Stab für Merkur, einem Schwert für Mars, einem G für Venus, einer Krone für Jupiter und einer Sichel für Saturn gezogen werden. Die andere Seite des Talismans muß das Zeichen Salomons, d. h. den sechsstrahligen, aus zwei übereinandergelegten Dreiecken gebildeten Stern tragen, und in die Mitte stellt man für die Talismane der Sonne eine menschliche Figur, für die des Mondes eine Schale, einen Hundekopf für die des Merkur, einen Adlerkopf für die des Jupiter, einen Löwenkopf für die des Mars, eine Taube für die der Venus, einen Stier- oder Bockskopf für die des Saturn. Man verbindet dabei die Namen der sieben Engel entweder in hebräischen, arabischen oder magischen Zügen, die denen der Alphabete Tritheims gleichen. Die beiden Dreiecke Salomons können durch das Doppelkreuz der Räder des Ezechiel ersetzt werden, das man auf einer großen Anzahl alter Pantakel findet, und das, wie wir im Dogma bemerkten, der Schlüssel zu den Trigrammen des Fohi ist.

Man kann auch Edelsteine zu Amuletten und Talismanen verwenden. Aber alle Gegenstände dieser Art, Metalle oder Edelsteine, müssen sorgfältig in Seidensäckchen von der dem Geist des Planeten entsprechenden Farbe gehüllt, mit dem Räucherwerk des entsprechenden Tages geräuchert und vor jedem Blick und jeder unreinen Berührung bewahrt sein. So dürfen die Pantakel und Talismane der Sonne von unförmigen oder mißgestalteten Menschen oder von sittenlosen Frauen weder gesehen noch berührt werden, die des Mondes sind durch die Blicke oder Hände wollüstiger Männer oder Frauen während ihrer Regel entweiht, die des Merkur verlieren ihre Kraft, wenn sie von bezahlten Priestern gesehen oder berührt wurden, die des Mars müssen Feiglingen verborgen bleiben, die der Venus Verderbten oder solchen, die das Gelübde des Zölibats abgelegt haben, die des Jupiter den Unfrommen, die des Saturn Jungfrauen und Kindern; nicht daß Blicke oder Berührungen dieser letzteren jemals unrein sein könnten, aber weil der Talisman ihnen Unglück bringen und so seine ganze Kraft verlieren würde.

Ehrenkreuze und Auszeichnungen dieser Art sind wahre Talismane, die den persönlichen Wert und das persönliche Verdienst erhöhen. Ihre feierlichen Verleihungen sind ihre Weihen. Die öffentliche Meinung kann ihnen eine außerordentliche Macht verleihen. Man hat den wechselweisen Einfluß der Zeichen auf die Ideen und der Ideen auf die Zeichen nicht genug beobachtet. Er ist nicht weniger wahr als das ganze revolutionäre Werk der modernen Zeiten, das z. B. durch die napoleonische Vertauschung des Sterns der Ehre mit dem St. Ludwigskreuz symbolisch gänzlich zusammengefaßt wurde. Das Pentagramm wurde mit dem Labarum vertauscht, die Wiedereinsetzung des Symbols des Lichtes, die freimaurerische Auferstehung des Adonhiram. Man sagt, daß Napoleon an seinen Stern glaubte, und könnte man ihn sagen lassen, was er durch seinen Stern hörte, man würde finden, daß er sein Genius war. Er mußte ihn sich also als Pentagramm zu eigen machen, diesem Symbol der menschlichen Herrschaft durch die geistige Initiative. Der große Soldat der Revolution wußte wenig, sagte aber fast alles vorher, auch war er der größte instinktmäßige und praktische Magier der modernen Zeiten. Die Welt ist noch voll seiner Wunder, und das Landvolk wird niemals glauben, daß er tot ist.

Die durch heilige Bilder oder verehrungswürdige Personen berührten gebenedeiten und gnadenreichen Gegenstände, die aus Palästina gekommenen Rosenkränze, die aus dem Wachs der Osterkerze gebildeten *agnus Dei,* die jährlichen Überreste des heiligen Chrisam, die Skapuliere und Medaillen sind wahrhafte Talismane. Eine dieser Medaillen ist heute volkstümlich geworden, und selbst diejenigen, die keine Religion haben, legen sie ihren Kindern um den Hals. Auch sind ihre Figuren so vollkommen kabbalistisch, daß diese Medaille wahrhaft ein doppeltes und wunderbares Pantakel ist. Auf der einen Seite sieht man die große Einweiherin, die himmlische Mutter des Sohar, die Isis Ägyptens, die Venus-Urania der Platoniker, die Maria des Christentums, auf dem Mond stehend und einen Fuß auf den Kopf der magischen Schlange setzend. Sie hält die beiden Hände derart, daß sie ein Dreieck bilden, dessen Spitze der Kopf der Frau ist. Ihre Hände sind offen und strahlend, woraus ein doppeltes Pentagramm entsteht, dessen Strahlen alle gegen die Erde gerichtet werden, was offenbar die Befreiung der Intelligenz durch die Arbeit darstellt. Auf der anderen Seite sieht man das doppelte Tau der Hierophanten, den im doppelten Kteis oder im dreifachen Phallus mit Verschlingung und doppelter Einfügung durch das kabbalistische und freimaurerische M, das den Winkel zwischen den beiden Säulen JAKIN und BOHAS darstellt, getragenen Lingam. Außerdem sind auf gleicher Höhe zwei liebende und leidende Herzen und darüber zwölf Pentagramme angebracht. Jedermann wird euch aber sagen, daß die Träger dieser Medaille ihr diesen Sinn nicht beilegen, und doch ist sie deshalb nicht weniger magisch, zumal sie einen doppelten Sinn und infolgedessen eine doppelte Bedeutung hat. Die Ekstatikerin, auf deren Offenbarungen hin der Talisman geprägt wurde, hatte ihn im Astrallicht schon vollkommen vorhanden gesehen, was einmal den tiefen Zusammenhang zwischen Ideen und Zeichen beweist und dem Symbolismus der universellen Magie eine neue Heiligung gibt.

Je mehr Bedeutung und Weihe man der Herstellung und Weihe der Talismane und Pantakel beimißt, um so mehr Kraft werden sie erlangen, wie man dies nach der Klarstellung der von uns festgestellten Prinzipien auch verstehen wird. Diese Einweihung muß an den von uns bezeichneten besonderen Tagen vorgenommen werden, und zwar mit der von uns angegebenen Vorbereitung. Nachdem man die Geister der Hölle durch die Beschwörung der Vier angerufen hat, weiht man sie durch die vier beschworenen Elemente; dann nimmt man das Pantakel in die Hand und sagt, indem man einige Tropfen magischen Wassers darauf sprengt:

In nomine Elohim et per spiritum aquarum viventium, sis mihi in signum lucis et sacramentum voluntatis.

Indem man es den Räucherungen aussetzt, sagt man:

Per serpentem aeneum sub quo cadunt serpentes ignei, sis mihi (etc.).

Indem man siebenmal über das Pantakel oder den Talisman haucht, sagt man:

Per firmamentum et spiritum vocis, sis mihi (etc.).

Endlich streut man im Dreieck einige Körner gereinigte Erde oder Salz darauf und spricht:

In sale terrae et per virtutem vitae eternae, sis mihi (etc.).

Dann beginnt man die Beschwörung der sieben auf folgende Weise:

Man wirft in das heilige Feuer nacheinander eines der sieben Räucherkügelchen und spricht dabei:

Im Namen Michaels, auf daß Jehovah dir befehle und du dich von hier entfernest, Chavajoth!

Im Namen Gabriels, auf daß Adonai dir befehle und du dich von hier entfernest, Belial!

Im Namen Raphaels, verschwinde vor Elchim, Sachabiel!

Durch Samael Zebaoth und im Namen des Elohim Gibor, entferne dich, Adrameleck!

Durch Zachariel und Sachiel-Meleck, sei untertan dem Elvah, Samgabiel!

Im göttlichen und menschlichen Namen des Schaddaï und durch das Zeichen des Pentagramms, das ich in meiner rechten Hand halte, im Namen des Engels Anael, durch die Macht Adams und Evas, die sind Jotchavah, weiche Lilith! laß uns in Frieden, Nahemah!

Durch die heiligen Elohim und die Namen der Geister Cashiel, Sehaltiel, Aphiel und Zarahiel, auf Befehl Orifiels, gehe weg von uns, Moloch! wir werden dir unsere Kinder nicht zu fressen geben!

Die hauptsächlichsten magischen Instrumente sind: Stab, Schwert, Lampe, Schale, Altar und Dreifuß. In den Operationen der hohen und göttlichen Magie bedient man sich der Lampe, des Stabes und der Schale. In den Werken der schwarzen Magie ersetzt man den Stab durch das Schwert und die Lampe durch die Cardanische Kerze. Wir werden diesen Unterschied in dem besonderen Kapitel über die schwarze Magie erklären.

Wir kommen nun zur Beschreibung und zur Weihe der Instrumente.

Der magische Stab darf weder mit dem einfachen Wahrsagerstab noch mit der Gabel der Nekromanten oder dem Dreizack des Paracelsus verwechselt werden. Der wahre und absolute magische Stab muß ein einziger, ganz gerader Mandel- oder Haselnußschößling sein und vor Sonnenaufgang oder im Augenblick des Erblühens des Baumes mit einem einzigen Schnitt mit dem magischen Messer oder der goldenen Sichel geschnitten werden. Man muß ihn in seiner ganzen Länge durchbohren, ohne ihn zu spalten oder zu brechen, und dann eine lange magnetische Eisennadel hindurchführen, die den ganzen Hohlraum ausfüllt. Dann paßt man an das eine seiner Enden ein dreieckig geschliffenes, vielflächiges Prisma und an das andere eine gleiche Figur aus schwarzem Harz. In der Mitte des Stabes bringt man zwei Ringe an, der eine aus Kupfer, der andere aus Zink; dann wird der Stab auf der Seite des Harzes vergoldet und auf der des Prismas versilbert bis zu den Ringen in der Mitte und bis ausschließlich der Enden mit Seide überzogen. Auf den Kupferring ritzt man die Charactere: ירושליםהקושח und auf den Zinkring: חםלרשמח

Die Weihe des Stabes muß sieben Tage dauern, bei Neumond begonnen, und von einem Eingeweihten vorgenommen werden, der die großen Arkana besitzt und selbst einen geweihten Stab hat. Das ist die Übertragung des magischen Priestertums, das seit den dunkelsten Anfängen der hohen Wissenschaft nicht aufhörte. Der Stab und die andern Instrumente, aber vor allem der Stab, müssen sorgfältig verborgen werden, und unter keinem Vorwand darf sie der Magier von Profanen berühren oder sie sehen lassen, andernfalls sie ihre ganze Kraft verlieren.

Die Art der Übertragung des Stabes ist eines

der Arkana der Wissenschaft, das niemals enthüllt werden darf.

Die Länge des magischen Stabes soll die des Armes des Ausübenden nicht überschreiten. Der Magier darf sich seiner nur bedienen, wenn er allein ist, und darf ihn ohne Notwendigkeit nie berühren. Mehrere alte Magier machten ihn nur so lang als den Unterarm und verbargen ihn in den langen Manschetten, indem sie öffentlich nur den einfachen Wahrsagerstab oder irgendein aus Elfenbein oder schwarzem Ebenholz, je nach der Natur der Werke, gefertigtes allegorisches Zepter zeigten.

Der Kardinal Richelieu, der sehnlichst all die Mächte erstrebte, suchte sein ganzes Leben nach der Übertragung des Stabes, ohne sie finden zu können. Sein Kabbalist Gaffarel konnte ihm nur das Schwert und die Talismane geben: das war vielleicht der geheime Grund seines Hasses auf Urbain Grandier, der etwas von den Schwächen des Kardinals wußte. Die geheimen und ausgedehnten Unterhaltungen Laubardemonts mit dem unglücklichen Priester noch wenige Stunden vor seinem Tod und die Worte eines Freundes und Vertrauten des letzteren bei seinem Todesgang: „Herr, ihr seid ein geschickter Mensch, verlieret nicht!", geben hierbei viel zu denken.

Der magische Stab ist das *Verendum* des Magiers, er darf darüber selbst nicht in einer klaren und eindeutigen Weise sprechen, niemand darf sich rühmen, ihn zu besitzen, und man darf die Weihe nur unter den Bedingungen absoluten Schweigens und Vertrauens übergeben.

Das Schwert ist weniger okkult und wird folgendermaßen hergestellt:

Es muß aus reinem Kupfer sein und einen kreuzförmigen Kupfergriff mit drei Degenknöpfen wie im *Enchiridion* Leos III. oder wie in unserer Figur zwei Halbmonde als Stichblatt haben. Auf den Mittelknopf des Griffes, der mit einer Goldplatte verkleidet sein muß, muß man auf der einen Seite das Zeichen des Makrokosmos, auf der andern das des Mikrokosmos einritzen. Auf den Knauf muß man das hebräische Monogramm, wie man es bei Agrippa sieht, auf die eine Seite der Klinge folgende Charaktere: יהוה מו במכה כאיליט und auf die andere das Labarum Constantins mit den Worten: *Vince in hoc, Deo duce, ferro comite* einritzen. (Für die Echtheit und Genauigkeit dieser Figuren die besseren alten Ausgaben des Enchiridion nachsehen.)

Die Weihe des Schwertes muß am Dienstag in den Sonnenstunden unter der Anrufung Michaels vorgenommen werden. Man legt die Klinge des Schwertes in ein Feuer von Lorbeer und Zypressen. Darauf trocknet man die Klinge und glättet sie mit der mit Maulwurfs- oder Schlangenblut benetzten Asche des heiligen Feuers und sagt: *Sis mihi gladius Michaelis, in virtute Eloim Sabaoth fugiant a te Spiritus tenebrarum et reptilia terrae,* dann räuchert man es mit den Räucherungen der Sonne und hüllt es mit Eisenkrautzweigen, die am siebenten Tage verbrannt werden müssen, in Seide.

Die magische Lampe muß aus vier Metallen hergestellt sein: Gold, Silber, Bronze und Eisen. Der Fuß ist aus Eisen, der Knoten aus Bronze, die Schale aus Silber, das Dreieck in der Mitte aus Gold. Sie hat zwei Arme, die aus drei Metallen legiert und so gebildet sind, daß sie für das Öl eine dreifache Röhre freilassen. Sie hat neun Flammen, drei in der Mitte und drei auf jedem Arm (siehe Figur). In den Fuß gräbt man das Siegel des

Hermes und darüber den Androgyn mit den zwei Köpfen nach Khunrath. Die untere Umrahmung des Fußes stellt eine Schlange dar, die sich in den Schwanz beißt.

Auf die Schale oder den Ölbehälter ritzt man das Zeichen Salomons. Zu dieser Lampe passen zwei Kugeln: die eine mit durchscheinenden Bildern der sieben Genien geschmückt, die andere, größere und doppelte kann in vier Feldern zwischen zwei Gläsern in verschiedenen Farben gefärbtes Wasser enthalten. Das Ganze wird von einer Holzsäule umschlossen, die sich um sich selbst dreht und so willkürlich einen der Strahlen der Lampe freigeben kann, den man im Augenblick der Anrufungen auf den Rauch des Altars richtet. Diese Lampe ist eine große Hilfe, um die anschaulichen Werke der langsamen Vorstellungen zu unterstützen und vor den magnetisierten Personen sofort Formen von täuschender Wirklichkeit zu erzeugen, die, durch Spiegel vervielfältigt, sich plötzlich ausdehnen und das Zimmer des Ausübenden in einen von sichtbaren Seelen erfüllten Saal verwandeln werden. Der Rausch der Räucherungen und die Steigerung der Anrufungen werden diese Phantasmagorie bald in einen wirklichen Traum verwandeln, man wird Personen erkennen, die man gekannt hat, die Phantome werden sprechen. Wenn man dann die Säule der Lampe schließt, indem man das Feuer der Räucherungen verstärkt, wird sich irgendeine außergewöhnliche und unerwartete Sache zeigen.

VIII. KAPITEL

WARNUNG FÜR DIE UNVORSICHTIGEN.

Die Operationen der Wissenschaft sind, wie schon wiederholt gesagt, nicht gefahrlos.

Sie können diejenigen, die nicht fest auf der Grundlage der erhabenen, absoluten und unfehlbaren Vernunft stehen, zum Wahnsinn bringen.

Sie können das Nervensystem überreizen und schreckliche und unheilbare Krankheiten hervorbringen.

Sie können, wenn die Einbildung getroffen und erschreckt wird, durch Blutandrang nach dem Gehirn zu Ohnmacht und selbst zum Tod führen.

Wir können nervöse und von Natur aus überspannte Menschen, Frauen, junge Leute und all jene, die nicht gewohnt sind, sich vollkommen zu meistern und der Furcht zu gebieten, nicht genug hiervor warnen.

Nichts ist gefährlicher, als die Magie zum Zeitvertreib zu machen, wie gewisse Leute, die darin eine Unterhaltung für ihre Abendgesellschaften suchen. Die unter den gleichen Bedingungen angestellten magnetischen Versuche können nur die Somnambulen ermüden, die Ansichten verwirren und die Wissenschaften irreführen. Man spielt nicht ungestraft mit den Mysterien des Lebens und des Todes, und die Dinge, die man ernst nehmen muß, müssen auch ernst und mit der größten Zurückhaltung behandelt werden.

Gebt niemals dem Wunsch, durch Effekte

zu überzeugen, nach. Die seltsamsten Wirkungen können nicht schon zuvor überzeugten Personen niemals zu Beweisen werden. Man wird sie immer natürlichem Blendwerk zuschreiben und den Magier als einen mehr oder weniger geschickten Konkurrenten von Robert Houdin oder Hamilton ansehen können. Wunder zu verlangen, um der Wissenschaft zu glauben, heißt sich unwürdig oder unfähig für die Wissenschaft zeigen. SANCTA SANCTIS.

Rühmt euch niemals der Werke, die ihr vollbracht, und hättet ihr Tote wiedererweckt. Fürchtet die Verfolgung. Der große Meister gebot den Kranken, die er heilte, immer zu schweigen, und wäre dieses Schweigen getreulich gewahrt worden, man hätte den Initiator nicht vor Vollendung seines Werkes gekreuzigt.

Versenkt euch in die zwölfte Figur der Schlüssel des Tarot, denkt über das große Problem des Prometheus nach und schweigt.

Alle Magier, die ihre Werke unter die Leute brachten, starben eines gewaltsamen Todes, und mehrere, wie Cardanus, Schröpffer, Cagliostro und so viele andere, sind zum Selbstmord gebracht worden.

Der Magier muß in der Zurückgezogenheit und fast unnahbar leben. Das stellt das Symbol des neunten Schlüssels des Tarot dar, wo der Eingeweihte durch einen ganz in seinen Mantel eingehüllten Einsiedler abgebildet ist.

Diese Zurückgezogenheit soll keine Absonderung sein. Er braucht Verehrer und Freunde, aber er muß sie sorgfältig wählen und um jeden Preis erhalten.

Er muß einen andern Beruf als den des Magiers haben. Die Magie ist kein Beruf.

Um sich der zeremoniellen Magie zu widmen, muß man ohne beunruhigende Vorurteile sein, muß sich alle Werkzeuge der Wissenschaft verschaffen können oder sie im Notfall selbst anzufertigen wissen. Endlich muß man sich eines schwer zugänglichen Laboratoriums versichern, in dem man nie zu fürchten braucht, überrascht oder gestört zu werden.

Dann, und das ist hier die wesentliche Bedingung, muß man die Kräfte auszugleichen und die Begeisterung der eigenen Initiative zu erhalten wissen. Das versinnbildlicht die achte Figur der Schlüssel des Hermes, auf der man eine zwischen zwei Säulen sitzende Frau sieht, die in einer Hand ein gerades Schwert und in der andern eine Wage hält.

Um die Kräfte auszugleichen, muß man die Hände gleichzeitig ausstrecken und sie nacheinander handeln lassen, eine doppelte Handlung, die durch den Brauch der Wage dargestellt wird.

Dieses Arkanum wird ebenso durch das Doppelkreuz der Pantakel des Pythagoras und des Ezechiel (siehe Figur auf Seite 244 des Dogmas), wo das eine durch das andere Kreuz ausgeglichen wird und die planetaren Zeichen immer in Opposition sind. So ist Venus das Gleichgewicht für die Werke des Mars, Merkur mäßigt und vervollständigt die Werke der Sonne und des Mondes, Saturn muß Jupiter die Wage halten. Durch dieses Gegenstreben der alten Götter gelingt es Prometheus, d. h. dem Genius der Wissenschaft, sich in den Olymp einzuschleichen und das Feuer vom Himmel zu rauben.

Muß man deutlicher sprechen? Je sanfter und ruhiger ihr seid, um so mächtiger wird euer Zorn sein, je kraftvoller, desto wertvoller wird eure Milde sein, je geschickter, desto mehr Gewinn werdet ihr von eurem Verstand und selbst von euern Tugenden haben, je gleichgültiger, desto leichter wird es euch sein, euch lieben zu lassen. Diese Erfahrung in der moralischen Ordnung wird unerbittlich in der Sphäre der Tat verwirklicht. Werden sie nicht geleitet, so erzeugen die menschlichen Leidenschaften verhängnisvoll die ihrem zügellosen Wunsch entgegengesetzten Wirkungen. Übertriebene Liebe zeugt Antipathie, blinder Haß hebt sich auf und straft sich selbst, Eitelkeit führt zu Herabsetzung und den grausamsten Demütigungen. Der große Meister offenbarte so ein Mysterium der positiven magischen Wissenschaften mit den Worten: Wollt ihr glühende Kohlen auf das Haupt dessen häufen, der euch Böses getan; verzeiht ihm und tut ihm Gutes. Man sagt vielleicht, eine ähnliche Verzeihung sei eine Heuchelei und gleiche stark einer abgefeimten Rache. Aber man muß sich erinnern, daß der Magier ein Herrscher ist. Und ein Herrscher rächt sich nie, da er das Recht zu strafen hat. Wenn er dieses Recht übt, erfüllt er seine Pflicht, und er ist unversöhnlich wie die Gerechtigkeit. Bemerken wir außerdem wohl, damit niemand am Sinn meiner Worte irre, daß es sich darum handelt, das Böse durch das Gute zu strafen und der Gewalt Milde entgegenzustellen. Wenn die Übung der Tugend eine Verspottung für das Gebrechen ist, so hat niemand das Recht zu verlangen, daß man sie ihm erspart oder daß man Mitleid hat mit seiner Schande oder mit seinen Schmerzen.

Wer sich den Werken der Wissenschaft widmet, muß täglich eine mäßige Übung vornehmen, sich allzulanger Nachtwachen enthalten und ein gesundes und regelmäßiges Leben führen. Er muß Ausstrahlungen von Verwesendem, die Nähe von verdorbenem Wasser, schwer verdauliche oder unreine Speisen meiden. Er muß sich überhaupt jeden Tag durch materielle Pflichten oder künstlerische, handwerkliche oder Berufsarbeiten von den magischen Vorurteilen zerstreuen. Das Mittel, gut zu sehen, ist, nicht immer zu betrachten, und wer sein ganzes Leben immer auf dasselbe Ziel richtet, endet damit, daß er es nie erreicht.

Eine Vorsicht, deren man sich ebenfalls nicht begeben darf, ist, niemals zu handeln, wenn man krank ist.

Die Zeremonien sind, wie schon gesagt, die künstlichen Mittel, die Gewohnheiten des Willens zu schaffen, und werden überflüssig, wenn diese Gewohnheiten ergriffen sind. Nur in diesem Sinn wendet sich Paracelsus an die vollkommenen Adepten, wenn er sie in seiner Philosophie ächtet. Man muß sie nach und nach vereinfachen, bevor man sie ganz und gar unterläßt, nach der Erfahrung, die man mit den erworbenen Kräften und der in der Übung des außernatürlichen Wollens erreichten Gewohnheit machen kann.

IX. KAPITEL

DAS ZEREMONIAL DER EINGEWEIHTEN.

Die Wissenschaft erhält sich durch das Schweigen und dauert durch die Einweihung fort. Das Gesetz des absoluten und unverbrüchlichen Schweigens gilt also vor allem in Bezug auf die nicht eingeweihte Menge. Die Wissenschaft kann nur durch die Sprache übermittelt werden. Die Weisen müssen also bisweilen reden.

Jawohl, sie müssen sprechen, aber nicht, um zu reden, sondern um zu den andern zu gelangen. *Noli ire, fac venire* war Rabelais' Wahlspruch, dem die Magie nicht unbekannt sein konnte, da er alles Wissen seiner Zeit besaß.

Hier haben wir nun die Mysterien der Einweihung zu enthüllen.

Wie schon gesagt, ist es die Bestimmung des Menschen, sich selbst zu gestalten oder sich selbst zu schaffen. Für Zeit und Ewigkeit ist und wird er der Sohn seiner Taten sein.

Alle Menschen sind zum Wettbewerb berufen, aber die Zahl der Auserwählten, der Erfolgreichen ist immer klein; mit anderen Worten, viele Menschen wünschen eine Sache, aber die sie erhalten, sind nur wenige.

So gehört also die Herrschaft über die Welt mit Recht den Auserwählten, und wenn eine Usurpation oder ein Mechanismus sich irgend etwas, was ihm in der Tat nicht gehört, widersetzt, so tritt ein politischer oder sozialer Umsturz ein.

Menschen, die sich selbst beherrschen, werden auch leicht zu Meistern über andere, aber sie können sich gegenseitig hindern, wenn sie nicht die Gesetze einer Zucht und einer universellen Hierarchie anerkennen.

Um sich der gleichen Lehre zu unterwerfen, muß man in Ideen- und Wunschgemeinschaft sein. Zu dieser Gemeinschaft kann man nur durch eine gemeinsame, auf die gleichen Grundlagen der Intelligenz und der Vernunft gegründete Religion gelangen.

Diese Religion war immer in der Welt, und nur sie allein kann unfehlbar, unvergänglich und wahrhaft katholisch, d. h. universell, genannt werden.

Diese Religion, deren Schleier und Schatten nacheinander all die andern waren, beweist das Wesen durch das Wesen, die Wahrheit durch die Vernunft, die Vernunft durch den Augenschein und den gesunden Menschenverstand.

Sie beweist durch die Tatsachen die Wesensvernunft der unabhängig und außer den Wirklichkeiten liegenden Hypothesen.

Sie hat als Grundlage das Dogma von den universellen Analogien, vermengt aber nie Dinge des Wissens mit jenen des Glaubens. Es kann nie Sache des Glaubens sein, ob zwei und eins mehr oder weniger als drei geben, ob in der Physik der Inhalt größer sei als das Beinhaltende, ob ein fester sich wie ein flüssiger oder gasförmiger Körper verhalten kann, oder ob der menschliche Körper durch eine verschlossene Tür ohne Öffnung und Schließung gehen kann. Sagen, man glaube eine solche Sache, heißt wie ein Kind oder ein Narr reden. Aber es ist nicht weniger unsinnig, das Unbekannte zu erklären und von Hypothese zu Hypothese zu beurteilen, bis man die Augenscheinlichkeit *a priori* verneint, um voreilige Vermutungen zu bekräftigen. Der Weise bekräftigt, was er weiß, und glaubt nicht, was er nach Maßgabe der vernünftigen und bekannten Notwendigkeiten der Hypothese nicht weiß.

Aber diese vernunftgemäße Religion wird nie die der Menge sein, die Fabeln, Mysterien, bestimmte Hoffnungen und materiell begründete Ängste braucht.

Deshalb wurde das Priestertum in der Welt eingesetzt, und das Priestertum wird durch die Einweihung ergänzt.

Die religiösen Formen gehen unter, wenn die Einweihung durch Verrat oder durch Nachlässigkeit und Vergessen der heiligen Mysterien im Heiligtum aufhört.

So haben z. B. die gnostischen Verallgemeinerungen die christliche Kirche von den erhabenen Wahrheiten der Kabbala entfernt, die alle Geheimnisse der transzendentalen Theologie enthält. Wenn Blinde Blindenführer werden, kommt es zu großen Verdunkelungen, Abstürzen und bedauerlichen Skandalen. Die heiligen Bücher, deren Schlüssel von der Genesis bis zur Apokalypse alle kabbalistisch sind, wurden den Christen so wenig verständlich, daß die Priester ihre Lektüre notwendigerweise den einfachen Gläubigen untersagten. Nach dem Buchstaben und materiell verstanden, werden diese Bücher nur zu einem unbegreiflichen Gewebe von Absonderlichkeiten und Skandalen, wie dies die Schule Voltaires nur allzusehr gezeigt hat.

Es ist das gleiche mit allen alten Dogmen, ihren glänzenden Theogonien und ihren poetischen Legenden. Zu sagen, daß die Alten in Griechenland an die Liebschaften des Zeus geglaubt oder in Ägypten den Hundskopf und den Sperber als lebende und wirkliche Götter angebetet hätten, heißt so unwissend und schlechtgläubig sein, wie wenn man behaupten wollte, die Christen beteten einen dreifachen Gott an, der sich aus einem Greis, einem Hingerichteten und einer Taube zusammensetzte. Der Unverstand der Symbole ist immer verleumderisch. Deshalb muß man sich sehr hüten, von vornherein Dinge zu verspotten, die man nicht kennt, wenn ihre Bedingungen irgendeine Absurdität oder Sonderlichkeit zu enthalten scheinen; aber ebenso wenig gedacht wäre es, würde man sie ohne Untersuchung und Prüfung annehmen.

Vor irgendeiner Sache, die uns gefällt oder mißfällt, gibt es eine Wahrheit, d. h. eine Vernunft, und nach dieser Vernunft müssen unsere Handlungen mehr geregelt werden als nach unserem Gefallen, wenn wir in uns die Intelligenz, die der Wesensgrund der Unsterblichkeit, und die Gerechtigkeit schaffen wollen, die das Gesetz ist.

Der wahrhafte Mensch kann nur das wollen, was er vernünftig und gerecht tun muß. Den Lüsternheiten und der Furcht befiehlt er Schweigen, um nur die Vernunft zu hören.

Ein solcher Mensch ist ein natürlicher König und freiwilliger Priester für die irrenden Massen. Deshalb wurde der Gegenstand der alten Einweihungen unterschiedlich priesterliche oder königliche Kunst genannt.

Die alten magischen Vereinigungen waren Bildungsstätten für Priester und Könige, und man gelangte nur durch wahrhaft königliche und priesterliche Taten, d. h. dadurch, daß man sich über alle Schwächen der Natur erhob, dort zur Aufnahme.

Wir wiederholen hier nicht, was sich überall über die fortdauernden ägyptischen Einweihungen findet, die in den Geheimgesellschaften des Mittelalters verflacht wurden. Der auf der falschen Auffassung des Wortes: Ihr habt nur einen Vater und einen Meister und seid alle Brüder, beruhende christliche Radikalismus hat der heiligen Hierarchie einen furchtbaren Schlag versetzt. Seitdem sind die priesterlichen Würden das Resultat von Intrigue oder Zufall geworden. Die tätige Mittelmäßigkeit verdrängte die bescheidene und infolgedessen verkannte Überlegenheit, und so bildete sich, da ja die Einweihung ein wesentliches Gesetz des religiösen Lebens ist, im Verfall der päpstlichen Macht eine instinktiv magische Gesellschaft und vereinigte bald in sich allein die ganze Macht des Christentums, weil sie die hierarchische Macht durch die Prüfungen der Einweihung und die Allmacht des Glaubens im passiven Gehorsam als einzige unbestimmt erkannte, aber positiv übte.

Was machte denn nun der Aufnahmesuchende in den alten Einweihungen? Er stellte Leben und Freiheit den Meistern der Tempel von Theben oder Memphis ganz anheim. Er ging entschlossen durch zahllose Schrecknisse, die ihm einen vorgefaßten Anschlag auf sich selbst auferlegen konnten, ging durch Scheiterhaufen, durchschwamm Ströme schwarzen, schäumenden Wassers, klammerte sich über grundlosen Abstürzen an unbekannten Halt.... War das nicht blinder Gehorsam in der letzten Bedeutung des Wortes? Der Freiheit vorübergehend entsagen, um dadurch zu einer Befreiung zu gelangen, ist das nicht die vollkommenste Übung der Freiheit? Und das müssen und mußten diejenigen immer tun, die auf das *sanctum regnum* der magischen Allmacht hofften. Die Schüler des Pythagoras verurteilten sich für mehrere Jahre zu einem strengen Schweigen. Die Anhänger Epikurs erkannten die Überlegenheit des Vergnügens nur unter der erworbenen Mäßigkeit und wohlerwogenen Enthaltsamkeit. Das Leben ist ein Kampf, in dem man seine Prüfungen bestehen muß, um schrittweise vorwärts zu kommen.

Die Einweihung durch Kampf und Prüfungen ist zur Erlangung des praktischen Wissens in der Magie unumgänglich notwendig. Wir haben schon gesagt, wie man die vier Elementarformen überwinden kann. Wir kommen nicht mehr darauf zurück und verweisen die Leser, welche die Zeremonien der alten Einweihungen kennen lernen wollen, auf die Werke des Barons von Tschudy, des Verfassers des *„Flammenden Sterns"*, über die adonhiramitische Freimaurerei und mehrerer anderer sehr beachtenswerter freimaurerischer Werke.

Wir müssen hier auf eine Überlegung hinweisen: das intellektuelle und soziale Chaos, in dem wir umkommen, hat die Vernachlässigung der Einweihung, ihrer Prüfungen und Mysterien als Ursache. Von den volkstümlichen Lehren des Evangeliums Beeinflußte, deren Eifer größer war als ihr Wissen, haben an die ursprüngliche und absolute Gleichheit der Menschen geglaubt. Rousseau, dieser bedeutende und unglückliche Halluzinierte hat mit der ganzen Magie seines Stils das Paradoxon vertreten: daß nur die Gesellschaft die Menschen verderbe, als würde man sagen, daß Wettstreit und Wettbewerb in der Arbeit schlechte Arbeiter bedinge. Das wesentliche Gesetz der Natur, das der Einweihung durch Taten und arbeitsamen und freiwilligen Fortschritt, ist schicksalhaft verkannt worden. Die Freimaurerei hat wie der Katholizismus ihre Verräter gehabt. Und was ist das Resultat davon? Das Maschinen-Niveau hat das intellektuelle und symbolreiche Zeitalter abgelöst.

Dem am Boden Liegenden Gleichheit predigen, ohne ihm zu sagen, wie man sich erhebt, heißt das nicht, sich selbst zum Hinabsteigen veranlassen? Man ist ja auch hinabgestiegen und hat der Jakobiner, der Sansculotten und Marats Herrschaft gehabt.

Zur Wiedererhebung der unbeständigen und zerfallenen Gesellschaft bedarf es der Wiedereinsetzung von Hierarchie und Einweihung. Die Arbeit ist schwer, aber jeder Einsichtige fühlt schon die Notwendigkeit, sie zu beginnen. Muß die Welt deshalb eine neue Sintflut bestehen? Wir wünschen es durchaus nicht, und dieses Buch, die größte vielleicht aber nicht die letzte unserer Kühnheiten, ist ein Aufruf an jeden noch Lebendigen, das Leben selbst inmitten von Zerfall und Tod wieder aufzurichten.

X. KAPITEL

DER SCHLÜSSEL ZUM OKKULTISMUS.

Untersuchen wir nun die Frage der Pantakel; denn da liegt die ganze magische Macht, weil das Geheimnis der Kraft in der sie leitenden Intelligenz liegt.

Wir kommen nicht auf die Pantakel des Pythagoras und des Ezechiel zurück, deren Figur und Erklärung wir ja schon gebracht haben. In einem anderen Kapitel werden wir beweisen, daß alle Werkzeuge des jüdischen Kultes Pantakel waren, und daß Moses das erste und das letzte Wort der Bibel in das Tabernakel und alle Hilfsgeräte in Gold und Bronze geschrieben hatte. Aber jeder Magier kann und muß sein besonderes Pantakel haben, denn ein kunstreich angeordnetes Pantakel ist die vollkommene Erfassung eines Geistes.

Deshalb findet man in den magischen Kalendern von Tycho de Brahe und Duchenteau die Pantakel von Adam, Hiob, Jeremias, Isaias und allen andern großen Propheten, die, jeder in seiner Zeit, die Könige der Kabbala und die großen Rabinen des Wissens waren.

Das durch ein einziges Zeichen ausgedrückte Pantakel dient als eine vollständige und vollkommene Synthese zur Zusammenfassung der ganzen intellektuellen Kraft in einem Blick, einem Erinnern, einer Berührung. Es ist gleichsam ein Stützpunkt zur starken Willensausstrahlung. Die Schwarzkünstler und Zauberer zogen ihre höllischen Pantakel auf das Pergament ihrer erwürgten Opfer. In mehreren

Schlüsseln und Zauberbüchern findet man die Zeremonien der Opferung, die Art der Ziegenabhäutung, des Salzens, Trocknens und Gerbens des Felles. Einige jüdische Kabbalisten sind in denselben Wahnsinn verfallen, ohne daß die in der Bibel gegen die auf erhöhten Plätzen oder in Erdhöhlen Opfernden angekündigten Verwünschungen vollzogen wurden. Jedes zeremoniell vorgenommene Blutvergießen ist scheußlich und gottlos, und seit dem Tod des Adonhiram schreckt die Gesellschaft wahrer Adepten vor Blut zurück, *Ecclesia abhorret a sanguine.*

Der im ganzen Orient angenommene Einweihungssymbolismus der Pantakel ist der Schlüssel zu allen alten und modernen Mythologien. Wenn man nicht sein hieroglyphisches Alphabet kennt, wird man sich in den Dunkelheiten der Veden, des Zend-Avesta und der Bibel verlieren. Der schöpferische Baum des Guten und des Bösen, die einzige Quelle der vier Ströme, deren einer die Erde des Goldes, d.h. des Lichtes, benetzt, und deren anderer in Äthiopien oder im Königreich der Nacht fließt; die magnetische Schlange, die die Frau, und die Frau, die den Mann verführt und so das Gesetz der Anziehung offenbart; dann der Cherub oder die Sphinx am Tor des paradiesischen Heiligtums mit dem flammenden Schwert der symbolischen Hüter; dann die Erneuerung durch Arbeit, die Geburt durch den Schmerz, Gesetz der Einweihungen und Prüfungen; der Streit von Kain und Abel gleich dem Symbol des Kampfes von Eros und Anteros; die auf den Wassern der Sintflut wie der Leib des Osiris getragene Arche, der schwarze Rabe, der nicht zurückkommt, und die weiße Taube, die zurückkehrt, eine neue Fassung des antagonistischen und ausgeglichenen Dogmas: all diese berühmten kabbalistischen Allegorien der *Genesis,* die, wörtlich und als wirkliche Begebenheiten genommen, noch mehr Spott und Verachtung verdienen, als Voltaire ihnen schon angetan, strahlen für den Eingeweihten, der dann die Ewigkeit des wahren Dogmas und die Allgemeingültigkeit derselben Einweihung in allen Heiligtümern der Welt mit Begeisterung und Liebe begrüßt.

Die fünf Bücher Moses, die Prophezeiung des Ezechiel und die *Apokalypse* des hl. Johannes sind die drei kabbalistischen Schlüssel des ganzen biblischen Prachtwerkes. Die mit denen des Heiligtums und der Arche identischen Sphinxe des Ezechiel sind eine vierfache Wiedergabe des ägyptischen Quaternar, seine ineinandergreifenden Räder sind die harmonischen Sphären des Pythagoras, der neue Tempel, dessen Plan er nach ganz kabbalistischen Maßen gibt, ist das Vorbild der Arbeiten der ursprünglichen Freimaurerei. Der hl. Johannes gibt in seiner *Apokalypse* dieselben Bilder und Zahlen wieder und rekonstruiert im neuen Jerusalem herrlich die paradiesische Welt; aber an Stelle der Vierflußquelle setzte das Sonnenlamm den geheimnisvollen Baum. Die Einweihung durch Arbeit und Blut ist beendet, und es gibt keinen Tempel mehr, weil das Licht der Wahrheit allgemein verbreitet und die Welt zum Tempel der Gerechtigkeit geworden ist.

Dieser schöne Schlußtraum der Hl. Schrift, diese göttliche Utopie, deren Verwirklichung die Kirche vernünftigerweise auf ein besseres Leben verwies, sind zur Klippe für alle alten Irrlehrer und eine große Zahl moderner Ideologen geworden. Die gleichzeitige Befreiung und absolute Gleichheit aller Menschen setzt das Aufhören des Fortschritts und damit des

Lebens voraus: auf der Erde der Gleichgemachten kann es weder Kinder noch Greise geben, Geburt und Tod sind da nicht zugelassen. Genug Beweis, daß das neue Jerusalem nicht mehr von dieser Welt ist als das ursprüngliche Paradies, in dem man weder gut noch böse, weder Freiheit, noch Zeugung, noch Tod kannte, es ist also in der Ewigkeit, die den Zyklus unseres religiösen Symbolismus beginnt und beschließt.

Dupuis und Volney haben eine große Gelehrsamkeit aufgewendet, um diese relative Gleichheit aller Symbole zu enthüllen, und haben auf die Verneinung aller Religionen geschlossen. Durch dieselbe Betrachtung kommen wir zu einer diametral entgegengesetzten Behauptung und erkennen staunend, daß es in der zivilisierten Welt niemals falsche Religionen gegeben hat, daß das göttliche Licht, dieser Glanz der höchsten Vernunft des Logos, des Wortes, der jeden zur Welt Kommenden erleuchtet, den Kindern Zoroasters nicht mehr gefehlt hat als den treuen Schäfchen des hl. Petrus, daß die fortdauernde, einzige und universelle Offenbarung in der sichtbaren Natur geschrieben ist, in der Vernunft erklärt und durch die weisen Analogien des Glaubens vervollständigt wird, daß es endlich nur eine wahre Religion, ein Dogma, einen rechtmäßigen Glauben wie auch nur einen Gott, eine Vernunft und ein Universum gibt, daß die Offenbarung für niemand dunkel ist, da jeder mehr oder weniger die Wahrheit und Gerechtigkeit begreift, und da alles, das sein kann, nur dem Seienden analog sein muß. DAS SEIN IST DAS SEIN! אהיה אשר אהיה

Die in ihrer Erscheinung so bizarren Figuren der *Apokalypse* des hl. Johannes sind wie die aller orientalischen Mythologien hieroglyphisch und können in eine Reihe von Pantakeln eingeschlossen werden. Der unter den sieben Goldleuchtern aufrechtstehende, weißgekleidete Initiator, der sieben Sterne in seiner Hand hält, stellt das einzige Dogma des Hermes und die universellen Analogien des Lichts dar.

Die sonnenbekleidete und mit zwölf Sternen gekrönte Frau ist die himmlische Isis, die Gnosis, deren Kind die Schlange des stofflichen Lebens verschlingen will; aber sie nimmt Adlerflügel und flieht, der Einspruch des prophetischen Geistes gegen den Materialismus der offiziellen Religion.

Der kolossale Engel, der eine Sonne als Antlitz, einen Himmelsbogen als Aureole, eine Wolke als Kleid und Feuersäulen als Beine hat, und mit dem einen Fuß auf der Erde, mit dem andern auf dem Meer steht, ist ein wahrhaft kabbalistischer Pantheus.

Seine Füße stellen das Gleichgewicht des Briah oder der Welt der Formen dar, seine Beine sind die zwei Säulen des Freimaurertempels JAKIN und BOHAS, sein Körper, von dem eine Hand ausgeht, die ein Buch hält, ist die Sphäre Jezirahs oder der Einweihungsprüfungen, sein mit dem leuchtenden Septernar gekröntes Sonnenhaupt ist die Welt des Aziluth oder der vollkommenen Offenbarung, und man wird darüber nicht allzu erstaunt sein, daß die jüdischen Kabbalisten diesen Symbolismus nicht erkannt und verbreitet haben, der die erhabensten Mysterien des Christentums so fest und unzertrennlich mit dem geheimen, aber unveränderlichen Dogma aller Meister in Israel verbindet.

Das siebenköpfige Tier im Symbolismus des hl. Johannes ist die materielle und antagonistische Verneinung des leuchtenden Septernar, die babylonische Hure entspricht gleicherweise der sonnenbekleideten Frau. Die vier Reiter sind den vier allegorischen Tieren analog, die sieben Engel mit ihren sieben Trompeten, Schalen und Schwertern bezeichnen das Absolute des Kampfes des Guten gegen das Böse durch Sprache, religiöse Verbindung und Kraft. So sind die sieben Siegel des geheimnisvollen Buches nacheinander gelöst, und die universelle Einweihung ist vollendet. Die Kommentatoren, die etwas anderes in diesem erhaben kabbalistischen Buch gesucht haben, haben Zeit und Mühe an ihre eigene Lächerlichkeit verloren. Napoleon im Engel Appolyon, Luther im fallenden Stern, Voltaire und Rousseau in den zum Kampf bewaffneten Ameisen zu sehen, o glänzende Phantasie. Ebenso verhält es sich mit all den Anstrengungen, Namen berühmter Personen in der schicksalhaften Zahl 666 zusammenzuschließen, die wir schon genugsam erklärt haben, und wenn man bedenkt, daß so berühmte Männer wie Bossuet und Newton sich an diesen Hirngespinsten ergötzt haben, begreift man, daß die Menschheit auch in ihrem Genie nicht so boshaft ist, wie man in Anbetracht ihrer Laster annehmen könnte.

XI. KAPITEL

DIE DREIFACHE KETTE.

Das große Werk in der praktischen Magie ist nach der Erziehung des Willens und der persönlichen Neugeburt des Magiers die Bildung der magnetischen Kette, und dies Geheimnis ist wahrlich das des Priester- und Königtums.

Die magnetische Kette bilden, heißt einen Ideenstrom erzeugen, der den Glauben hervorbringt und eine große Anzahl von Willensäußerungen in einen durch Handlungen gegebenen Offenbarungskreis mit sich zieht. Eine gut gebildete Kette ist wie ein Wirbel, der alles aufsaugt und an sich reißt.

Man kann die Kette auf drei Arten bilden: durch Zeichen, Sprache und Berührung. Durch Zeichen bildet man sie, indem man durch die eine Kraft verkörpernde Meinung ein Zeichen annehmen läßt. So stehen alle Christen durch das Kreuzeszeichen, die Freimaurer durch den Winkel unter der Sonne, die Magier durch das aus den fünf ausgespreizten Fingern gebildete Zeichen des Mikrokosmos (usw.) miteinander in Verbindung.

Die einmal festgestellten und ausgebreiteten Zeichen erlangen durch sich selbst Kraft. Der Anblick und die Nachahmung des Kreuzzeichens reichten in den ersten Jahrhunderten hin, um dem Christentum Neubekehrte zuzuführen. Die wunderbare Medaille hat noch bis heute durch dasselbe magnetische Gesetz eine große Zahl Konversionen hervorgebracht. Die

Erscheinung und Erleuchtung des jungen Juden Alphons von Regensburg waren das Wunderbarste dieser Art. Die Einbildung ist nicht nur in uns, sondern durch die fluidalen Projektionen auch außer uns schöpferisch, und die Phänomene des Labarum von Constantin und des Kreuzes von Migné können keinen anderen Ursachen zugeschrieben werden.

Die magische Kette durch die Sprache war bei den Alten durch die aus dem Munde von Hermes kommenden goldenen Ketten dargestellt. Nichts gleicht der Elektrizität wie die Beredsamkeit. Das Wort bringt auch im Schoße der aus dem Dumpfsten gebildeten Massen die erhabenste Intelligenz hervor. Sogar die zu weit Entfernten verstehen durch die Bewegung und werden wie die Menge mitgerissen. Peter von Amiens hat mit dem Ruf: „Gott will es!" ganz Europa entflammt. Ein einziges Wort Napoleons elektrisierte die Armee und machte Frankreich unbesieglich. Proudhon tötete den Sozialismus durch sein berühmtes Paradoxon: Besitz ist Diebstahl. Oft genügt ein Wort, das sich verbreitet, um eine Macht zu bilden. Voltaire, der die Welt durch Sarkasmen außer Fassung brachte, wußte das sehr gut. Er, der weder Päpste noch Könige, weder Parlament noch Gefängnisse fürchtete, hatte vor einem Witz Angst.

Man ist sehr nahe daran, die Willensäußerungen des Menschen zu erfüllen, dessen Worte man wiederholt.

Durch Berührung bildet man die magische Kette auf die dritte Art. Zwischen Personen, die sich oft sehen, wird das Haupt des Stromes bald offenbar, und der stärkste Wille zögert nicht, die andern aufzusaugen. Die direkte und positive Berührung von Hand und Hand vervollständigt die Harmonie der Stimmungen und ist deshalb das Zeichen von Sympathie und Vertrautheit. — Die triebhaft von der Natur geführten Kinder bilden die magnetische Kette beim Kriegspiel sowohl wie beim Ringelreihn. Dann kreist die Lustigkeit und das Lachen blüht auf. Die runden Tische sind für frohe Festlichkeiten günstiger als jede andere Form. Die große Sabbatrunde, welche die geheimnisvollen Bünde der Adepten des Mittelalters abschloß, war eine magische Kette, die alle in demselben Willen und der gleichen Tat einte. In Nachahmung jener alten heiligen Tänze, deren Bilder man noch auf den Basreliefs der alten Tempel findet, bildeten sie sie, indem sie das Gesicht außerhalb des Kreises sich Rücken an Rücken niederließen und sich an den Händen hielten. Die elektrischen Felle von Lux, Panther, ja selbst der Hauskatze waren in Nachahmung der alten Bacchanalien auf ihre Kleider geheftet. Daher stammt jene Überlieferung, die Ungläubigen hätten am Sabbat eine Katze am Gürtel hängen und tanzten in diesem Aufzug.

Die Phänomene des Tischrückens waren eine zufällige Manifestation der fluidalen Verbindung mittels der Kreiskette. Dann wurde etwas Geheimnishaftes hineingetragen, und selbst gebildete und intelligente Menschen setzten sich für diese Neuheit so leidenschaftlich ein, daß sie sich selbst täuschten und zu Narren ihrer Eingenommenheit wurden. Die Tischorakel waren mehr oder weniger freiwillig suggerierte oder aus Zufall gegebene Antworten, die den im Traum gehaltenen oder gehörten Reden glichen. Andere, fremdartigere Phänomene konnten äußerliche Erzeugnisse der gemeinsamen Einbildung sein. Wir verneinen das zweifellos mögliche Dazwischentreten von Elementargeistern bei diesen Manifestationen wie bei jenen des Kartenlegens oder Traumdeutens nicht, halten es aber keineswegs für erwiesen und sehen uns nicht veranlaßt, es anzunehmen.

Eine der seltsamsten Möglichkeiten menschlicher Einbildung ist die Verwirklichung der Wünsche des Willens, der Ahnungen oder Befürchtungen. Man glaubt leicht, was man fürchtet oder wünscht, sagt das Sprichwort, und es hat recht, weil Angst und Wunsch der Einbildung eine verwirklichende Macht geben, deren Wirkungen unberechenbar sind.

Wie befällt einem z. B. die befürchtete Krankheit? Die Ansicht des Paracelsus hierüber haben wir schon erwähnt und haben in unserem Dogma die durch die Erfahrung festgestellten okkulten Gesetze angeführt; aber die Verwirklichungen in den magnetischen Strömen und durch Übernahme der Kette sind um so fremdartiger, als sie fast immer unerwartet sind, wenn die Kette nicht von einem intelligenten, sympathischen und starken Vorsitzenden gebildet ist. Sie zeigten tatsächlich nur dunkle und zufällige Zusammenhänge. Die allgemeine Angst der Tischgenossen, wenn sie dreizehn am Tisch sind, und die Überzeugung, daß nun dem Jüngsten und Schwächsten unter ihnen Gefahr drohe, ist wie der Großteil des Aberglaubens ein Rest magischen Wissens. Die Zwölf als eine vollkommene und zyklische Zahl in den universellen Analogien der Natur zieht die als unnütze und schwarze Zahl angesehene Dreizehn immer an sich und saugt sie auf. Wenn der Umfang eines Mühlsteins durch zwölf dargestellt ist, wird dreizehn die Zahl des Korns sein, das er mahlen muß. Die Alten hatten nach ähnlichen Überlegungen die Unterscheidung glücklicher und ungünstiger Zahlen angestellt, woraus die Beobachtung günstiger und unheilverkündender Tage folgte. Dieserart ist die Einbildung überhaupt schöpferisch, und Zahlen und Tage lassen es für die, die an ihren Einfluß glauben, nicht an ihrer Gunst und Ungunst fehlen. Das Christentum hat also mit Recht die Wahrsagekünste verdammt, denn durch die Herabminderung der schicksalhaften Wechselfälle hat es der Freiheit mehr Mittel und größere Macht eingeräumt.

Die Buchdruckerkunst ist ein wunderbares Werkzeug zur Bildung der magischen Kette durch die Verbreitung des Textes. In der Tat, kein Buch ist verloren gegangen; die Schriften kommen immer dahin, wohin sie gehen müssen, und das Sehnen des Gedankens zieht die Sprache an. Wir haben das im Verlauf unserer magischen Einweihung hundertmal bestätigt gefunden. Die seltensten Bücher wurden uns immer ohne unser Zutun angeboten, sobald sie uns unbedingt notwendig wurden. So haben wir unversehrt jenes universelle Wissen gefunden, das sehr Gelehrte unter mehreren Erdumwälzungen vergraben glaubten, sind so in die große magische Kette eingetreten, die bei Hermes oder Henoch beginnt und nur mit der Welt endet. Dann konnten wir die Geister von Apollonios, Plotin, Synesios, Paracelsus, Cardanus, Cornelius Agrippa und so vieler mehr oder weniger bekannter anderer, die aber in religiöser Hinsicht zu berühmt sind, als daß man sie leichthin nennte, anrufen und uns vergegenwärtigen. Wir werden ihr großes Werk fortsetzen, das andere nach uns wieder aufnehmen. Doch wer wird es beenden?

XII. KAPITEL

DAS GROSSE WERK.

Reich, immer jung sein und nie sterben, war jederzeit der Traum der Alchymisten.

Blei, Quecksilber und alle andern Metalle in Gold verwandeln, die Universalmedizin und das Lebenselixier besitzen, ist das zur Erfüllung dieses Wunsches und zur Verwirklichung dieses Traumes zu lösende Problem.

Wie alle magischen Mysterien, haben die Geheimnisse des großen Werkes eine dreifache Bedeutung: sie sind religiös, philosophisch und natürlich.

Das philosophische Gold ist in der Religion die absolute und höchste Vernunft, in der Philosophie die Wahrheit, in der sichtbaren Welt die Sonne, in der unterirdischen und mineralischen Welt das vollkommenste und reinste Gold.

Deshalb nennt man das Streben nach dem großen Werk das Streben nach dem Absoluten und bezeichnet dieses Werk selbst als Werk der Sonne.

Alle Meister des Wissens erkannten die Unmöglichkeit, zu materiellen Ergebnissen zu gelangen, hatte man nicht zuvor in den beiden höheren Graden alle Analogien der Universalmedizin und des lapis philosophorum gefunden.

Dann, sagen sie, ist die Arbeit einfach, leicht und wenig kostspielig; andernfalls verbraucht sie unfruchtbar Glück und Leben der Ofenbläser. Die Universalmedizin ist für die Seele die höchste Vernunft und die absolute Gerechtigkeit, für den Geist die mathematische und praktische Wahrheit, für den Körper die Quintessenz, d. h. eine Verbindung von Licht und Gold.

Die prima materia des großen Werkes ist in der oberen Welt die Begeisterung und die Tätigkeit, in der Zwischenwelt Intelligenz und Geschicklichkeit, in der unteren Welt Arbeit und in der Wissenschaft Schwefel, Quecksilber und Salz, die abwechselnd flüchtig und fest den Azoth der Weisen bilden.

Der Schwefel entspricht der Elementarform des Feuers, das Quecksilber der Luft und dem Wasser und das Salz der Erde.

Alle alchymistischen Meister, die über das große Werk geschrieben haben, gebrauchten symbolische und bildhafte Ausdrücke und mußten das tun, um Profane von einer für sie gefährlichen Arbeit fernzuhalten und um sich als Adepten unter sich besser verständlich zu machen, da sie die ganze Welt der Analogien offenbarten, die das einzige und höchste Dogma des Hermes regiert.

So ist Gold und Silber ihnen König und Königin, Sonne und Mond, Schwefel der fliegende Adler, Quecksilber der geflügelte und der auf einen Würfel gestiegene, flammengekrönte, bärtige Androgyn, die Materie oder das Salz ist ihnen der geflügelte Drache, die kochenden Metalle verschiedenfarbige Löwen, das ganze Werk endlich hat als Symbol den Pelikan oder Phönix.

Die hermetische Kunst ist also gleichzeitig eine Religion, eine Philosophie und eine natürliche Wissenschaft. Als Religion ist sie die der alten Magier und Eingeweihten aller Zeiten, als Philosophie kann man Grundsätze von ihr in der alexandrinischen Schule und den Lehren des Pythagoras wiederfinden, als Wissenschaft muß man nach den Verfahren von Paracelsus, Nicolas Flamel und Raymundus Lullus fragen.

Die Wissenschaft ist nur für die wirklich, die die Philosophie und Religion annehmen und verstehen, und ihre Verfahren können nur dem zu höchstem Willen gelangten und so zum König der Elementarwelt gewordenen Adepten Erfolg bringen; denn das große Agens des Sonnenwerkes ist die im Symbol der tabula smaragdina des Hermes beschriebene Kraft, die universelle magische Macht, der geistige, feurige Motor, das Od der Hebräer und das Astrallicht, wie wir es in diesem Werk nannten.

Es ist das geheime, lebendige und philosophische Feuer, von dem alle hermetischen Philosophen nur mit der geheimnisvollsten Zurückhaltung sprechen, es ist der Universalsamen, dessen Geheimnis sie alle hüteten, den sie nur im Hermesstab darstellen.

Das also ist das große hermetische Arkanum, und wir wollen es hier zum erstenmal klar und ohne mystische Figuren offenbaren: was die Adepten tote Stoffe nennen, sind solche Körper, die in der Natur gefunden werden, lebende Stoffe sind angeglichene und durch die Wissenschaft und den Willen des Ausübenden *magnetisierte* Substanzen.

So ist das große Werk mehr eine Sache als eine chymische Operation, ist eine wahrhafte Schöpfung des in die Macht des göttlichen Wortes selbst eingeweihten menschlichen Wortes.

הדאבד:
הנתיב חל א נקרי שבל תמידי
בי הוא חמנחינ חשמש וחירח
ושאר הבובבים וחצורות בל
אהד מחם בנלו ונותז לבל
הנבראים ממערבתם אל
המזלות וחצורות:

Dieser hebräische Text, den wir als Beweis für die Echtheit und Wirklichkeit unserer Entdeckung abschreiben, ist von dem jüdischen Rabbin Abraham, dem Lehrer von Nikolas Flamel, und findet sich in seinem okkulten Kommentar zum Sepher Jezirah, dem heiligen Buch der Kabbala. Dieser Kommentar ist sehr selten, aber die sympathischen Mächte unserer Kette haben uns ein Exemplar, das bis 1643 in der Bibliothek der protestantischen Kirche von Rouen aufbewahrt wurde, finden lassen. Auf der ersten Seite steht: *Ex dono,* dann ein unleserlicher Name: *Dei magni.*

Die Schöpfung des Goldes wird im großen Werk durch Verwandlung und Vervielfältigung vollbracht.

Raymundus Lullus sagt, man brauche Gold und Quecksilber, um Gold zu machen, Silber und Quecksilber sei zur Gewinnung von Silber nötig. Dann fügt er hinzu: „Ich höre von Merkur, diesem so feinen und reinen Mineralgeist, daß er sogar den Goldsamen vergoldet und den des Silbers versilbert." Zweifellos spricht er hier vom Od oder Astrallicht.

Salz und Schwefel dienen bei dem Werk nur der Bereitung des Quecksilbers, und das Quecksilber muß das magnetische Agens angleichen und einverleiben. Paracelsus, Raymundus Lullus und Nikolas Flamel scheinen allein dieses Geheimnis gekannt zu haben. Basilius Valentinus und Bernhard von Treviso deuten es in einer unvollkommenen Weise an, die anders ausgelegt werden kann. Aber die merkwürdigsten Dinge, die wir hierüber gefunden haben, sind in den mystischen Figuren und magischen Legenden im *„Amphitheatrum sapientiae aeternae“* des Heinrich Khunrath angegeben.

Khunrath faßt die weisesten gnostischen Schulen zusammen und schließt sich in der Symbolik dem Mystizismus des Synesios an. Er berührt das Christentum in den Ausdrücken und Zeichen, aber es ist leicht zu erkennen, daß sein Christus derjenige der Abraxas ist, das leuchtende, strahlende Pentagramm über dem astronomischen Kreuz, die Fleischwerdung des durch Kaiser Julian berühmten Sonnenkönigs in der Menschheit, die leuchtende und lebendige Manifestation jenes Ruach-Elohim, der nach Moses die Oberfläche der Wasser bei der Schaffung der Welt bedeckte und gestaltete, der Sonnenmensch, der Lichtkönig, der erhabene Magier, Meister und Besieger der Schlange, und er findet in der vierfachen Legende der Evangelisten den allegorischen Schlüssel zum großen Werk. In einem der Pantakel seines magischen Buches stellt er den Stein der Weisen aufrecht inmitten einer von einer Ringmauer mit zwanzig ausgangslosen Toren umschlossenen Festung dar. Ein einziges führt zum Heiligtum des großen Werkes. Über dem Stein ist ein Dreieck auf einen geflügelten Drachen gestützt und auf dem Stein ist der Name Christi eingegraben, den er als symbolisches Bild der gesamten Natur erklärt. „Durch ihn allein“, setzt er hinzu, „können wir zur Universalmedizin für Menschen, Pflanzen und Mineralien gelangen.“

Der durch das Dreieck beherrschte, geflügelte Adler stellt also den Christus Khunraths dar, d. h. die höchste Intelligenz des Lichts und des Lebens, das Geheimnis des Pentagramms, das höchste dogmatische und praktische Mysterium der traditionellen Magie. Von hier zum großen und nie mitteilbaren Arkanum ist nur ein Schritt.

Die kabbalistischen Figuren des Juden Abraham, die Flamel die Anregung zur Wissenschaft gaben, sind nichts anderes als die zweiundzwanzig, in den zwölf Schlüsseln des Basilius Valentinus nachgebildeten und anders zusammengefaßten Schlüssel zum Tarot. Sonne und Mond erscheinen dort in den Figuren des Kaisers und der Kaiserin, Merkur ist der Gaukler, der große Hierophant ist der Adept oder Auszieher der Quintessenz, Tod, Gericht, Liebe, Drache oder Teufel, Einsiedler oder hinkender Greis finden sich dort wie alle andern Symbole mit ihren hauptsächlichen Attributen und fast in derselben Reihenfolge wieder. Es kann auch nicht anders sein, weil der Tarot das ursprüngliche Buch und der Schlüssel zum Gewölbe der Wissenschaften ist: er muß hermetisch sein, wie er kabbalistisch, magisch und theosophisch ist. Auch findet man in der Verbindung seines zwölften und zweiundzwanzigsten Schlüssels, legt man beide übereinander, die hieroglyphische Offenbarung unserer Auflösung der Mysterien des großen Werkes.

Der zwölfte Schlüssel stellt einen Menschen dar, der mit einem Fuß an einem aus drei Bäumen oder Balken bestehenden Galgen aufgehängt ist und die Figur des hebräischen Buchstabens ת bildet. Seine Arme bilden mit seinem Kopf ein Dreieck, und seine ganze allegorische Gestalt gleicht einem von einem Kreuz überhöhten, umgekehrten Dreieck, dem allen Magiern bekannten alchymistischen Symbol, das die Vollendung des großen Werkes darstellt.

Der einundzwanzigste Schlüssel, der die

Zahl 21 trägt, weil der in der kabbalistischen Reihenfolge vorhergehende Narr keine Zahl hat, stellt eine junge, leicht verschleierte Göttin dar, die in einem an seinen vier Ecken von den vier Tieren der Kabbala getragenen Blütenkranz geht. Diese Göttin hält im italienischen Tarot in jeder Hand einen Stab, im Tarot von Besançon hat sie in einer Hand zwei Stäbe und stützt die andere auf ihren Schenkel, gleich bemerkenswerte Symbole sowohl der in ihrer Polarisation abwechselnden als der durch Gegenüberstellung und Übertragung gleichzeitigen magnetischen Handlung.

Das große Werk des Hermes ist also eine wesentlich magische und die erhabenste aller Operationen; denn es setzt das Absolute in Wissen und Willen voraus. Es gibt Licht im Gold und Gold im Licht und Licht in allen Dingen. Der intelligente Wille, der sich das Licht aneignet, lenkt so die Operationen der substantiellen Form und bedient sich der Chemie nur als eines sehr nebensächlichen Werkzeuges. Der Einfluß des Willens und der menschlichen Intelligenz auf die Operationen der Natur, die teilweise von seiner Arbeit abhängen, ist überdies eine so wirkliche Tat, daß alle ernsthaften Alchymisten nach Maßgabe ihrer Kenntnisse und ihres Glaubens Erfolg hatten und ihren Gedanken in dem Phänomen der Schmelzung, Salzbildung und Verwandlung der Metalle hervorgebracht haben. Agrippa, ein Mensch mit ungeheurer Bildung und schönem, aber rein philosophischem und skeptischem Genie, konnte die Grenzen von Analyse und Synthese der Metalle nie überschreiten. Eteilla, dieser verworrene, unklare, phantastische, aber ausdauernde Kabbalist, trug in die Alchimie seinen schlecht verstandenen und mißstalteten Tarot. Die Metalle nahmen in seinen Schmelztiegeln eigentümliche Formen an, was die Neugier von ganz Paris reizte, ohne andern Gewinn für sein Glück als die Honorare, die er von seinen Besuchern forderte. Ein obskurer Blasbalgtreter unserer Zeit, der irrsinnig verstorbene, arme Louis Cambriel, heilte tatsächlich seine Nachbarn und rief nach Aussage seines ganzen Viertels einen Schmied seiner Freunde ins Leben zurück. Für ihn nahm das metallische Werk scheinbar die unbegreiflichsten und unlogischsten Formen an. Eines Tages sah er in seinem Schmelztiegel sogar die Gestalt Gottes, weißglühend wie die Sonne, durchsichtig wie ein Kristall und mit einem aus Dreieckverbänden gebildeten Körper, den Cambriel selbst kindlicherweise mit Häufchen kleiner Birnen vergleicht.

Ein gelehrter Kabbalist unter unseren Freunden, der aber einer uns irrig scheinenden Einweihung angehört, stellte jüngst chymische Operationen des großen Werkes an, gelangte aber durch die Weißglut des Athanors nur zur Schwächung seiner Augen und zu einem neuen, dem Gold ähnlichen Metall, das aber kein Gold und infolgedessen wertlos ist. Raymundus Lullus, Nikolas Flamel und sehr wahrscheinlich Heinrich Khunrath haben wirkliches Gold hergestellt und haben ihr Geheimnis nicht mit sich genommen, da sie es in ihren Symbolen niederlegten und die Quellen angaben, aus denen sie die Wirkungen zu entdecken und zu verwirklichen vermochten. Es ist dasselbe Geheimnis, das wir heute veröffentlichen.

XIII. KAPITEL

DIE NEKROMANTIE.

Wir haben unsere Ansicht oder vielmehr unsere Überzeugung über die Wiederauferstehung in gewissen Fällen offen ausgesprochen. Hier soll die Enthüllung dieses Arkanums vervollständigt und die Praxis erklärt werden.

Der Tod ist ein Hirngespinst der Unwissenheit, er existiert nicht: alles in der Natur lebt; und die Ursache alles Lebens ist die Bewegung und der unaufhörliche Formenwandel.

Das Alter ist der Beginn der Wiedergeburt; es ist die Arbeit des Lebens, das sich erneuert, und das Geheimnis dessen, was wir Tod nennen, war bei den Alten in jenem Jungbrunnen dargestellt, in dem man die Schwäche ablegt, um ihn als Kind zu verlassen.

Der Leib ist ein Kleid der Seele. Wenn dieses Kleid völlig verbraucht oder schwer und unheilbar zerschlagen ist, so verläßt sie es und bessert es nicht mehr aus. Wenn ihr dieses Kleid aber aus irgendeinem Zufall entwischt, ohne weder verbraucht noch zerstört zu sein, so kann sie es in gewissen Fällen entweder durch eigene Kraft oder mit Hilfe eines anderen, stärkeren und aktiveren Willens als der ihre wieder zurücknehmen.

Der Tod ist weder das Ende des Lebens noch der Beginn der Unsterblichkeit; er ist Fortsetzung und Umwandlung des Lebens.

Da nun eine Umbildung immer ein Fortschritt ist, gibt es wenig Scheintote, die wieder leben, d. h. das Kleid zurücknehmen wollen, das sie verlassen konnten. Das macht die Auferstehung zu einem der schwierigsten Werke der hohen Einweihung. Auch ist der Erfolg nie unfehlbar, er muß immer als zufällig und unvorhergesehen betrachtet werden. Um einen Toten wiederzuerwecken, muß man jäh und wirksam die stärkste der Anziehungsketten wieder schließen, die ihn an die Form, die er verlassen hat, fesseln kann. Es ist also zuvor nötig, diese Kette zu kennen, dann sich ihrer zu bemächtigen, dann eine genügend starke Willenswirkung hervorzubringen, um sie augenblicklich und mit unwiderstehlicher Macht zu schließen.

All das, sagen wir, ist äußerst schwierig, doch nichts, das unmöglich wäre. Da die Vorurteile der heutigen materialistischen Wissenschaft die Auferstehung in der natürlichen Ordnung nicht zugeben, ist man geneigt, alle Phänomene dieser Ordnung durch mehr oder weniger komplizierte Lethargien oder mehr oder weniger lange Symptome des Todes zu erklären. Würde Lazarus heute vor unseren Medizinern auferstehen, so würden sie in ihrem Bericht an die maßgebenden Akademien einfach den seltsamen Fall einer von einem scheinbaren Verwesungsbeginn und einem reichlich starken Leichengeruch begleiteten Lethargie feststellen. Man würde diesem außergewöhnlichen Zufall einen Namen geben, und alles wäre erledigt.

Wir wollen niemand kränken, und wenn wir aus Achtung vor jenen, die offiziell die Wissenschaft darstellen, unsere Auferstehungstheorien die Heilkunst außergewöhnlicher und verzweifelter Lethargien nennen müssen, so wird uns daran nichts hindern, und ich hoffe, von ihnen dieses Zugeständnis zu erlangen.

Wenn je eine Auferstehung in der Welt geschah, so ist ihre Möglichkeit unbestreitbar. Nun, die Behörden schützen die Religion; die Religion bestätigt positiv die Tatsache der Auferstehung: also sind Auferstehungen möglich. Es ist schwer, davon abzugehen.

Behaupten, sie seien außerhalb der Naturgesetze und durch einen der universellen Harmonie entgegengesetzten Einfluß möglich, heißt den Geist der Unordnung, der Hölle und des Todes als höchsten Richter des Lebens bestätigen. Wir streiten nicht mit Teufelsanbetern und gehen.

Aber nicht die Religion allein bestätigt die Tatsachen der Auferstehung: wir haben mehrere Beispiele. Eine Tatsache, die die Einbildungskraft des Malers Greuze angeregt hatte, führte ihn zu einem seiner bedeutendsten Gemälde: ein unwürdiger Sohn erlistet und zerstört am Totenbett seines Vaters ein ihm ungünstiges Testament. Der Vater lebt wieder auf, springt vom Lager, verflucht seinen Sohn, streckt sich dann wieder hin und stirbt ein zweites Mal. Ein ähnliches und jüngeres Begebnis ist uns durch Augenzeugen bestätigt: ein Mensch trügt das Vertrauen seines sterbenden Freundes, nimmt eine von diesem unterschriebene Legatsbeglaubigung weg und vernichtet sie. In diesem Augenblick erwacht der Tote zu neuem Leben, um die Rechte seiner erwählten Erben, die der ungetreue Freund hintergehen wollte, zu verteidigen. Der Täter wird wahnsinnig, und der wiedererwachte Tote ist mitleidig genug, ihm eine Pension auszusetzen.

Als der Heiland die Tochter des Jairus erweckte, betrat er nur mit drei vertrauten Jüngern das Haus, wies alle Klagenden und Jammernden mit den Worten hinaus: „Dieses Mädchen ist nicht tot, es schläft nur.“ Dann nahm er nur in Gegenwart des Vaters, der Mutter und der drei Jünger, d. h. in einem ganz von Vertrauen und Wunsch erfüllten Kreis, das Mädchen bei der Hand, richtete es rasch auf und rief: „Mädchen, stehe auf!" Das Mädchen, dessen willenlose Seele zweifellos noch um seinen Körper irrte, dessen äußere Jugend und Schönheit sie vielleicht beklagte, kehrt, durch den Ausdruck dieser Stimme und den Anblick der in Hoffnungsschauern knienden Eltern in seinen Leib zurück, öffnet die Augen, steht auf, und der Meister befiehlt alsbald ihm zu essen zu geben, damit die Lebensfunktionen einen neuen Zyklus des Aufsaugens und Erneuerns beginnen. Die Geschichte des Elias, der den Sohn der Samariterin, und die des hl. Paulus, der den Eutychus vom Tode erweckt, sind Tatsachen derselben Art. Die in der *Apostelgeschichte* mit soviel Schlichtheit erzählte Erweckung des Dorcas durch den hl. Petrus ist ebenfalls eine Geschichte, deren Wahrheit vernunftgemäß kaum geleugnet werden kann. Auch Apollonios von Thyana scheint ähnliche Wunder vollbracht zu haben. Wir selbst waren Zeugen ähnlicher Erlebnisse, doch legt uns der Geist unseres Jahrhunderts diesbezüglich größte Zurückhaltung auf. Die Wundertäter unserer Zeit sind beim guten Publikum schon lächerlich genug gemacht, was aber weder die Erde hindert, sich zu drehen, noch Galiläi, ein großer Mann zu sein.

Die Erweckung eines Toten ist das Meisterwerk des Magnetismus, da man, um es zu vollbringen, eine Art sympathischer Allgewalt ausüben muß. Sie ist in Fällen, bei denen der Tod durch Blutandrang, Erstickung, Mattigkeit, Hysterie eintrat, möglich.

Bei Eutychus, der, aus dem dritten Stock gefallen, vom hl. Paulus erweckt wurde, war innerlich zweifellos nichts verletzt, wahrscheinlich war er infolge der schnellen Bewegung beim Fallen einer Erstickung oder dem Schauer und Schreck erlegen. In ähnlichen Fällen, und wenn man sich im Besitz der notwendigen Kraft und des Glaubens fühlt, ein solches Werk zu vollbringen, muß man wie der Apostel Mund gegen Mund einatmen, um so mit der äußeren Berührung die Wärme wieder hervorzurufen. Wenn sich ganz einfach das ereignet, was die Unwissenden ein Wunder nennen, so haben Elias und Paulus, deren Vorgehen in solchem Fall das gleiche war, einfach im Namen Jehovahs oder Christi gesprochen.

Bisweilen kann es auch genügen, die Person an der Hand zu fassen, sie rasch aufzurichten und mit starker Stimme anzurufen. Dieses Vorgehen, das bei Ohnmachten gewöhnlich Erfolg hat, kann selbst beim Tod wirksam sein, wenn der Magnetiseur, der es übt, ein machtvoll sympathisches Wort und das, was man Beredsamkeit nennen könnte, besitzt. Auch muß er von der Person, auf die er einwirken will, sehr geliebt oder geachtet werden, und muß sein Werk mit einer großen und gläubigen Willensbegeisterung ergreifen, die man im ersten Aufbrechen eines großen Leids in sich selbst nicht immer findet.

Was man gemeinhin Geisterbeschwörung nennt, hat mit Totenerweckung nichts zu tun, und es ist zumindest sehr zweifelhaft, daß man sich bei Anwendung der magischen Kraft in den diesbezüglichen Operationen wirklich mit den Seelen der angerufenen Verstorbenen in Verbindung setzt. Es gibt zwei Arten von Geisterbeschwörung, die des Lichts und die der Finsternis, die Anrufung durch Gebet, Pantakel und Räucherungen und die Anrufung durch Blut, Verwünschungen und Schändungen. Wir haben nur die erste ausgeübt und raten niemandem, sich der zweiten hinzugeben.

Es ist sicher, daß die Bilder der Toten den sie anrufenden magnetisierten Personen erscheinen, sicher ist auch, daß sie ihnen niemals Geheimnisse des anderen Lebens offenbaren. Man sieht sie wieder, wie sie noch im Erinnern jener sein können, die sie gekannt haben, und wie ihre Spiegelbilder ohne Zweifel im Astrallicht eingeprägt sind. Wenn die angerufenen Gespenster auf die an sie gerichteten Fragen antworten, so geschieht dies immer durch Zeichen oder innere und eingebildete Eindrücke, doch nie mit einer Stimme, die das Ohr wirklich trifft. Wie würde wohl auch ein Schatten sprechen? mit welchem Instrument die Luft in Schwingung versetzen, auf welche Art Töne erzeugen können?

Zuweilen empfindet man elektrische Berührungen mit Erscheinungen, und diese Kontakte scheinen manchesmal durch die Hand des Phantoms selbst hervorgebracht und müssen als einzige Ursache die Macht der Einbildung und die örtlichen Einflüsse der okkulten Kraft haben, die wir Astrallicht nennen. Dies beweist, daß die Geister oder wenigstens die angeblichen Gespenster wohl uns hie und da berühren, daß wir sie aber nie berühren, und das ist einer der fürchterlichsten Umstände dieser Erscheinungen; denn die Visionen haben zuweilen ein so wirkliches Aussehen, daß man das Streichen der Hand eines uns der Berührung oder Betastung unfähig scheinenden Körpers zu fühlen glaubt.

In den kirchlichen Historien liest man von dem schon lange als Heiligen angerufenen Spiridion, Bischof von Tremithont, daß er den Geist seiner Tochter Irene anrief, um von ihr das Versteck des Silberschatzes, den sie von einem Reisenden erhalten, zu erfahren. Swedenborg verkehrte gewohnheitsmäßig mit den angeblichen Toten, deren Formen ihm im Astrallicht erschienen. Wir kannten mehrere glaubwürdige Personen, die uns versicherten, während ganzer Jahre ihnen teure Abgeschiedene gesehen zu haben. Der berühmte Atheist Sylvain Maréchal erschien seiner Witwe und einer ihrer Freundinnen, um ihnen eine Summe von 1500 Goldfranken zu zeigen, die er im Geheimfach eines Möbelstückes verborgen hatte. Diese Geschichte stammt von einer alten Freundin der Familie.

Die Anrufungen müssen immer begründet sein und einen löblichen Zweck haben, andernfalls sind es für Vernunft und Gesundheit sehr gefährliche Operationen der Finsternis und des Wahnsinns. Aus reiner Neugier oder nur um zu erfahren, ob man etwas sieht, zu beschwören, heißt sich von vornherein vergeblich ermüden. Die hohen Wissenschaften gestatten weder Zweifel noch Kindereien.

Der lobenswerte Beweggrund einer Beschwörung kann Liebe oder Vernunft sein. Die Beschwörungen aus Liebe erfordern weniger Vorbereitung und sind im ganzen leichter. Folgendermaßen muß man dabei verfahren:

Man muß zunächst sorgsam alle Erinnerungen an den oder die, die man zu sehen wünscht, sammeln, mit Gegenständen, die ihm dienten und sein Gepräge bewahrten, ein Zimmer möblieren, wie er es lebend benützte, oder einen ähnlichen Raum, in dem man sein Bild weiß verschleiert inmitten von täglich zu erneuernden Blumen, die er liebte, aufstellt.

Dann setzt man einen bestimmten Tag fest, sei es sein Namenstag oder der für seine und unsere Zuneigung glücklichste, einen Tag, von dem wir annehmen, daß ihn seine Seele, wie glücklich die auch immer sei, nicht aus dem Gedächtnis verloren hat: diesen Tag wählt man zur Beschwörung, auf die man sich vierzehn Tage vorbereitet.

Während dieser Zeit beachte man, daß man nicht auch anderen Personen außer dem Verstorbenen, der ein Recht darauf hatte, seine Zuneigungen zuwende; auch muß man besonders keusch und in der Einsamkeit leben, nur eine Mahlzeit und ganz leichte Zwischenmahlzeiten zu sich nehmen.

Jeden Abend muß man sich zur selben Stunde mit einem wenig hellen Licht, einer kleinen Öllampe oder einer Kerze, in dem dem Andenken des Verstorbenen geweihten Zimmer einschließen. Man stellt das Licht hinter sich und enthüllt das Bild, in dessen Gegenwart man eine Stunde schweigend verbringt. Dann räuchert man das Zimmer mit ein wenig gutem Weihrauch und geht rücklings heraus. An dem für die Beschwörung festgesetzten Tag muß man sich schon vom Morgen an wie für ein Fest vorbereiten, niemand zuerst grüßen, nur eine aus Brot, Wein, Wurzeln oder Früchten bestehende Mahlzeit nehmen, bei der das Tischtuch weiß sein muß. Man legt zwei Gedecke auf, bricht einen Teil von dem ganzen Brot und gießt auch einige Tropfen Wein in das Glas der Person, die man beschwören will. Diese Mahlzeit wird schweigend im Zimmer der Anrufungen und in Gegenwart des verhüllten Porträts genommen. Dann entfernt man alles, was dazu gebraucht wurde, mit Ausnahme des Glases für den Verstorbenen und seines Teiles Brot, das vor dem Bild liegen bleibt.

Am Abend geht man zur üblichen Besuchsstunde schweigend in das Zimmer, macht ein helles Feuer mit Zypressenholz und gibt siebenmal Weihrauch darauf, indem man den Namen der Person ausruft, die man sehen will, löscht dann die Lampe und läßt das Feuer ausgehen. An diesem Tag entschleiert man das Bild nicht.

Ist die Flamme verlöscht, so wirft man Weihrauch auf die Kohlen und ruft Gott in den Formen der Religion an, der die abgeschiedene Person angehörte, und in den Ideen, die sie selbst von Gott hatte.

Während dieses Gebetes muß man sich mit der angerufenen Person identifizieren, sprechen, wie sie sprechen würde, sich gleichsam für sie selbst halten. Nach einem viertelstündigen Schweigen spricht man dann mit Liebe und Glauben zu ihr, als sei sie gegenwärtig, indem man sie bittet, sich uns zu zeigen, erneuert geistig dies Gebet und verhüllt das Gesicht mit beiden Händen, dann ruft man die Person dreimal mit erhobener Stimme, sinkt in die Knie und spricht mit geschlossenen oder bedeckten Augen einige Minuten geistig mit ihr, ruft sie noch dreimal mit süßer und liebebewegter Stimme und öffnet langsam die Augen. Sieht man dann nichts, so muß man diesen Versuch im nächsten Jahr und so bis zu dreimal erneuern. Sicher ist, daß man wenigstens das dritte Mal die gewünschte Erscheinung haben wird, und je länger sie gezögert hat, um so sichtbarer und wirklichkeitsgetreuer wird sie sein.

Die Anrufungen des Wissens und des Verstandes werden mit feierlicheren Zeremonien ausgeführt. Handelt es sich um eine berühmte Person, so muß man während einundzwanzig Tagen sich in ihr Leben und ihre Schriften versenken, sich eine Vorstellung von ihrer Person, ihrer Größe und Stimme bilden, geistig mit ihr sprechen und sich ihre Antworten einbilden, ihr Bild oder wenigstens ihren Namen bei sich tragen, während einundzwanzig Tagen vegetarisch leben und sich während der letzten sieben Tage einem strengen Fasten unterwerfen. Hierauf stellt man das magische Oratorium zusammen, wie wir es im dreizehnten Kapitel des Dogma beschrieben haben. Das Oratorium muß ganz geschlossen sein; doch muß man am Tag operieren, so kann man eine enge Öffnung auf der Seite lassen, auf der zur Stunde der Beschwörung die Sonne stehen muß, vor die Öffnung stellt man ein dreieckiges Prisma und vor dieses eine mit Wasser gefüllte Kristallkugel. Muß man nachts experimentieren, so stellt man die magische Lampe so, daß ihr einziger Strahl auf den Räucheraltar fällt. Diese Vorbereitungen bezwecken, dem magisch Handelnden Bestandteile von körperhaftem Aussehen zu verschaffen und die Spannkraft unserer Einbildung zu unterstützen, da man diese nicht gefahrlos bis zur absoluten Illusion des Traumes steigern darf. Außerdem wird man hinreichend begreifen, daß ein verschieden gefärbter Sonnen- oder Lampenstrahl beim Fallen auf den beweglichen und unregelmäßigen Rauch keineswegs ein vollkommenes Bild hervorbringen kann. Das Becken des hl. Feuers muß in der Mitte des Oratoriums und der Räucheraltar in geringer Entfernung davon sein. Der Operateur muß sich zum Gebet nach Osten, zur Anrufung nach Westen wenden, er muß allein oder von zwei Personen, die das strengste Schweigen zu beobachten haben, begleitet sein, er muß solche magischen Gewänder haben, wie wir sie im siebenten Kapitel beschrieben, und mit Eisenkraut und Gold gekrönt sein. Vor der Operation muß er gebadet haben, und all seine

Unterkleider müssen von bester und peinlichster Sauberkeit sein.

Man beginnt mit einem dem Genius des Geistes, den man beschwören will, angepaßten Gebet, das er selbst sprechen könnte, wenn er noch lebte. Man wird z. B. Voltaire nie beschwören, wenn man Gebete im Stile jener der hl. Brigitte spricht. Bei den großen Menschen des Altertums wird man die Hymnen des Kleanthes oder Orpheus sprechen mit dem Schwur, der die „goldenen Verse“ des Pythagoras beschließt. Bei unserer Anrufung des Apollonios haben wir als Ritual die philosophische Magie des Patricius gebraucht, welche die Dogmen Zoroasters und die Werke des Hermes Trismegistos enthält. Wir lasen griechisch das *Nuctemeron* des Apollonios mit erhobener Stimme und fügten folgende Beschwörung daran:

Βουλῆς δ' ὁ πατὴρ πάντων, καὶ καθηγητὴς ὁ τρισμέγιστος Ἑρμῆς. Ἰατρικῆς δ' ὁ Ἀσκληπιος ὁ Ἡφαίσδου. Ἰσχύος τὲ καὶ ρωμῆς πάλιν Ὄσιρις μὲδ' ὧν ὤτέκνον αὐτόσσυ. Φιλο' σοφιας δὲ Ἀρνεβάσεπνις. Παητικῆς δὲ πάλιν ὁ Ἀσκληπιὸς, ὁ Ἰμούθης.

Οὗτοι τ' ἃ κρύπτα φῦσιν Ἑρμῆς, τῶν ἐμιῶν ἐπίγνοσον. Ταὶ γράμματον πάντων καὶ διακρινοῦσι, καὶ τῖνα μίνκντοι κατέσχοσιν ἃ δὲ καὶ πρὸς εὐεργέσιας θνήτων φθάνει, σήλαι καὶ ὀβελίσκοις χαρα ξῶσιν.

Μαγείαν, ὁ Ἀπολλωνίος, ὁ Ἀπολλωνίος, ὁ Ἀπολλωνίος διδάσκεις τοῦ Ζοροάστρον' Ὡρομαζον, ἔστι δὲ τοῦτο, θειῶν δεράπεικ.

Zur Beschwörung von Geistern, die der jüdischen Religion angehören, muß man die kabbalistische Anrufung Salomos hebräisch oder in einer ganz andern, dem Geist, den man beschwört, geläufigen Sprache sprechen:

Mächte des Reichs, seid unter meinem linken Fuß und in meiner rechten Hand. Ruhm und Ewigkeit, berührt meine beiden Schultern und führet mich die Wege des Sieges; Barmherzigkeit und Gerechtigkeit, seid Gleichgewicht und Glanz meines Lebens. Intelligenz und Weisheit, gebt mir die Krone. Geister des MALCHUTH, geleitet mich zwischen die beiden Säulen, auf die sich das ganze Gebäude des Tempels stützt. Engel des NETSAH und des HOD, bestärkt mich auf dem kubischen Stein des JESOD.

O GEDULAEL! O GEBURAEL! O TIPHERETH! BINAEL, sei meine Liebe. RUACH HOCHMAEL, sei mein Licht; sei, was du bist und sein wirst, o KETHERIEL!

Ischim, steh mir bei im Namen von SADDAI.
Cherubim, sei meine Stärke im Namen von ADONAI.
Beni-Elohim, sei mein Bruder im Namen des Sohnes und durch die Kräfte von ZEBAOTH.
Eloim, streite für mich im Namen von TETRAGRAMMATON.
Malachim, schütze mich im Namen von יהוה.
Seraphim, reinige meine Liebe im Namen von ELVOH.
Hasmalim, erleuchte mich mit den Lichtern von ELOI und SCHECHINAH.
Aralim, handle; *Ophanim,* kehre um und erleuchte neu.
Hajoth a Kadosh, rufet, sprecht, brüllet, lärmet: Kadosh, Kadosh, Kadosh, SADDAI, ADONAI, JOTCHAVAH, EIEAZEREIE.
Hallelu-jah, Hallelu-jah, Hallelu-jah. Amen. אמן.

Man muß sich bei den Beschwörungen besonders daran erinnern, daß die Namen von Satan, Beelzebub, Adramelek und die andern nicht geistige Einheiten, sondern Legionen unreiner Geister bezeichnen. Ich nenne mich Legion, sagt der Geist der Finsternis im Evangelium, denn wir sind in großer Zahl. In der Hölle, dem Reich der Anarchie, macht die Zahl das Gesetz und der Fortschritt vollzieht sich in entgegengesetztem Sinn, d. h. die in der satanischen Entwickelung Fortgeschrittensten und folglich Verworfensten sind die wenigst Intelligenten und Schwächsten. So stößt ein Schicksalsgesetz die Dämonen zurück, wenn sie glauben und steigen wollen. Auch sind jene, die sich die Häupter nennen, die Ohnmächtigsten und Verächtlichsten aller. Die Masse der perversen Geister zittert vor einem unbekannten, unsichtbaren, unbegreiflichen, launenhaften, unerbittlichen Oberhaupt, das seine Gesetze nie erklärt und immer nur den Arm erhoben hat, um diejenigen zu schlagen, die ihn nicht verstehen konnten. Diesem Phantom geben sie die Namen von Baal, Jupiter oder andere noch verehrungswürdigere Namen, die man in der Hölle nie ohne sie zu schänden ausspricht. Doch dieses Phantom ist nur der Schatten Gottes und die Erinnerung an ihn, entstellt durch ihre freiwillige Perversität und in ihrer Einbildung wie eine Rache der Gerechtigkeit und eine Gewissensqual der Wahrheit festgesetzt.

Wenn der Geist des Lichts, den man angerufen hat, sich mit einem traurigen oder verstörten Gesicht zeigt, so muß man ihm ein moralisches Opfer bringen, d. h. innerlich bereit sein, auf das zu verzichten, was ihn beleidigt. Dann muß man ihn vor dem Verlassen des Oratoriums mit den Worten verabschieden: Der Friede sei mit dir! Ich wollte dich nicht stören, beunruhige mich nicht; ich werde mich bemühen, mich in allem, was dich beleidigt, zu bessern; ich bete und werde mit dir und für dich beten, bete mit mir und für mich und kehre in deinen großen Schlaf zurück, erwarten wir den Tag, da wir gemeinsam erwachen werden. Schweigen und Lebewohl!

Wir wollen dieses Kapitel nicht schließen, ohne noch einige Einzelheiten über die Zeremonien der schwarzen Magie hinzuzufügen. Mehrere alte Autoren geben die Praktiken der thessalischen Zauberinnen und der Canidien Roms an. Man grub ein Grab und erdrosselte an dessen Rand ein schwarzes Lamm, dann entfernte man mit dem magischen Schwert die Psyllen und Larven, die angeblich zugegen und bereit waren, das Blut zu trinken. Man rief die dreifache Hekate und die höllischen Götter an und rief dreimal den Schatten dessen, der erscheinen sollte.

Im Mittelalter schändeten die Nekromanten die Gräber, bereiteten aus Fett und Blut der Leichen Zaubertränke und Salben, mischten Eisenkraut, Belladonna und giftige Schwämme damit, kochten und siedeten diese schrecklichen Mischungen auf einem aus Menschenknochen und gestohlenen Kirchenkreuzen gebildeten Feuer und mischten endlich noch Staub von getrockneten Kröten und geweihten Hostien darunter. Dann rieben sie sich Schläfen, Hände und Brust mit dieser höllischen Salbe ein, zogen das teuflische Pantakel und beschwörten die Toten unter dem Galgen oder in verlassenen Friedhöfen. Aus der Ferne hörte man ihr Gebrüll, und verspätete Reisende glaubten, Legionen von Phantomen aus der Erde steigen zu sehen, selbst die Bäume nahmen in ihren Augen ängstigende Gestalt an, feurige Augen sah man in den Sträuchern aufblitzen, und die Frösche der Sümpfe schienen mit heiserer Stimme geheimnishafte Worte des Sabbats zu wiederholen. Das war der Magnetismus der Halluzination und die Ansteckung des Wahnsinns.

Die Verfahren der schwarzen Magie haben die Trübung der Vernunft und die Erzeugung all jener fiebrigen Überreizungen zum Ziel, die den Mut geben zu den großen Verbrechen. Die Zauberbücher, welche die Autorität früher überall, wo sie sie antraf, einziehen und verbrennen ließ, waren sicher keine unschuldigen Bücher. Entweihung, Mord und Diebstahl sind in fast all diesen Werken unter stillschweigender Voraussetzung als Verwirklichungsmittel angezeigt. So liest man im „Großen Zauberbuch" und im „Roten Drachen", dem moderneren Gegenstück des „Großen Zauberbuches", ein *„die Bereitung des Todes oder des philosophischen Steines"* betiteltes Rezept. Das ist eine Art Kraftbrühe aus Scheidewasser, Kupfer, Arsenik und Grünspan. Man findet dort auch Prozesse der Totenbeschwörung, die darin bestehen, die Erde der Gräber mit den eigenen Fingernägeln aufzuwühlen, Knochen daraus zu holen, die man kreuzweise auf der Brust trägt, so der Christmette in einer Kirche beizuwohnen und im Augenblick der Wandlung sich zu erheben und beim Hinausgehen zu schreien: Die Toten verlassen ihre Gräber! Dann kehrt man zum Friedhof zurück, nimmt eine Handvoll Erde, die einem Sarg zunächst liegt, läuft zur Türe der Kirche zurück, in der man durch sein Schreien Schrecken genug hervorrief, legt dort die beiden Knochen in Kreuzform hin, indem man nochmal schreit: Die Toten verlassen ihre Gräber! Wenn man dann noch nicht verhaftet und ins Irrenhaus geschleppt wird, entfernt man sich langsam und zählt viertausendfünfhundert Schritte, ohne sich umzuwenden, was vermuten läßt, daß man eine große Straße verfolgt oder auf die Mauern steigt. Am Ende dieser viertausendfünfhundert Schritte legt man sich auf die

Erde, nachdem man vorher die Erde, die man in der Hand gehalten, in Kreuzform verstreut hat, legt sich wie in einem Sarg zurecht und wiederholt noch einmal mit dumpfer Stimme: Die Toten usw., und ruft dann dreimal denjenigen, dessen Erscheinen man wünscht. Zweifellos ist die so wahnsinnige und perverse Person, die sich solchen Werken hingibt, für alle Hirngespinste und Phantome genügend disponiert. Das Rezept des „Großen Zauberbuchs" ist also sicher sehr wirksam, aber wir raten keinem unserer Leser, davon Gebrauch zu machen.

XIV. KAPITEL

DIE TRANSMUTATIONEN.

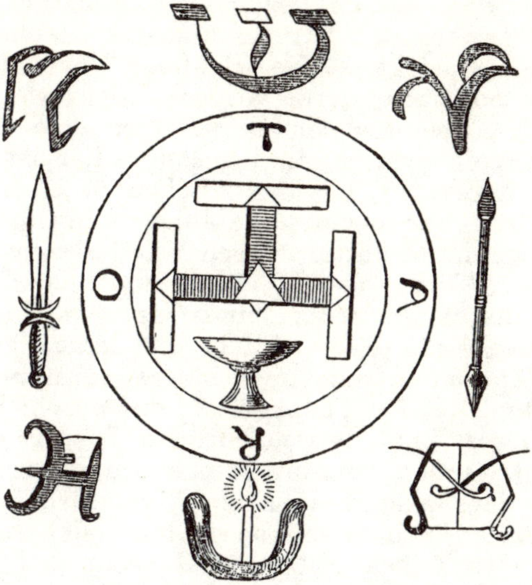

Wie schon erwähnt, fragt sich der hl. Augustinus, ob Apuleius in einen Esel und dann wieder in seine erste Form verwandelt werden konnte. Ebenso könnte sich derselbe Kirchenvater mit dem Abenteuer der in Schweine verwandelten Gefährten des Odysseus befassen. Transmutationen und Metamorphosen waren der Volksmeinung nach immer das eigentliche Wesen der Magie. Ja, die Allgemeinheit, dieses Echo der Meinung, der Königin der Welt, hat nie ganz recht, noch ganz unrecht.

Die Magie wandelt wirklich die Natur der

Dinge oder verändert vielmehr nach ihrem Belieben ihr Äußeres gemäß der Willenskraft des Operateurs und der Zauberkraft der Adeptaspiranten. Das Wort schafft seine Form, und wenn eine als unfehlbar angesehene Person einer Sache irgendeinen Namen gibt, so verwandelt sich diese Sache wirklich in die ihr durch den Namen bezeichnete Substanz. Das Meisterwerk des Wortes und des Glaubens in dieser Hinsicht ist die wirkliche Verwandlung einer Substanz, deren Äußeres nicht wechselt. Hätte Apolonios seinen Schülern eine Schale voll Wein gereicht und gesagt: Hier ist mein Blut, trinkt es, um mein Leben in euch fortzusetzen, und wenn seine Jünger Jahrhunderte lang geglaubt hätten, durch Wiederholung derselben Worte diese Verwandlung fortzuführen und den Wein trotz seines Geruchs und Geschmacks als das wirkliche und lebendige Blut des Apolonios genommen hätten, so müßte dieser Meister der Theurgie als der geschickteste Zauberer und der mächtigste Magier anerkannt werden. Uns bliebe nur, ihn zu verehren.

Es ist bekannt, daß die Magnetiseure dem Wasser für ihre Somnambulen jeden beliebigen Geschmack geben, und wenn man sich einen über das Astralfluidum genügend mächtigen Magier vorstellt, der gleichzeitig eine Versammlung von Menschen magnetisiert, die überdies durch eine genügende Überreizung im Magnetismus vorbereitet sind, so wird man nicht nur leicht das evangelische Wunder von Kana, sondern überhaupt derartige Werke erklären.

Sind die aus der universellen Magie der Natur stammenden Bezauberungen der Liebe nicht wahrhaft wunderbar und verwandeln sie nicht wirklich Menschen und Dinge? Die Liebe ist ein Zaubertraum, der die Welt umgestaltet: Alles wird Musik und Duft, wird Wonnerausch und Glück. Das geliebte Wesen ist schön, gut, erhaben, unfehlbar, strahlend, es glänzt in Gesundheit und Wohlsein... — und ist dann der Traum vorbei, glaubt man aus den Wolken zu fallen. Mit Abscheu sieht man die unreine Zauberin am Platze der schönen Melusine, Thersides, den man für Achill oder Nereus genommen. Was würde man dem geliebten Wesen nicht glauben? Doch welches Recht und welche Gerechtigkeit hält jene, die uns nicht mehr lieben? Mit der Magie beginnt die Liebe, als Zauberei endet sie. Schuf sie zuerst die Lüge vom Himmel auf Erden, so verwirklicht sie dann jene von der Hölle. Ihr Haß ist wie ihr Entzücken widersinnig, da sie leidenschaftlich, d. h. verhängnisvollen Einflüssen unterworfen ist. Darum ächteten sie die Weisen als Feindin der Vernunft. Waren die Weisen nun zu beneiden oder zu bedauern, da sie so selbstverständlich und ohne sie gehört zu haben die Bezauberndste der Schuldigen verdammten? Hierauf kann man nur sagen, daß sie nie geliebt haben oder nicht mehr lieben, wenn sie so sprechen.

Die Dinge sind für uns das, was unser inneres Wort sie sein läßt. Sich für glücklich halten, heißt glücklich sein. Was man schätzt, wird im Verhältnis der Wertschätzung kostbar. So kann man also sagen, daß die Magie die Natur der Dinge verwandelt. Die *Metamorphosen* des Ovid sind wahr, aber sie sind wie der goldene Esel des Apuleius Allegorien. Das Leben der Wesen ist eine fortgesetzte Umwandlung, deren Formen man bestimmen, erneuern, länger ausdehnen oder früher zerstören kann. Wenn die Idee der Metempsychose wahr wäre, könnte man dann nicht sagen, daß die in Circe versinnbildlichte Schlemmerei die Menschen wirklich und stofflich in Schweine verwandelt, da ja unter dieser Voraussetzung die Laster als Strafe den Rückfall in die ihnen entsprechenden tierischen Formen haben würden? Die so oft falsch verstandene Metempsychose hat wohl eine vollkommen wahre Seite: Die tierischen Formen teilen dem Astralkörper des Menschen ihre sympatischen Eindrücke mit und spiegeln sich bald gemäß der Kraft seiner Gewohnheiten auf seinen Zügen. Der Mensch von einer vernünftigen und duldsamen Sanftmut nimmt die Äußerungen und die träge Physiognomie eines Schafes an; aber im Somnambulismus ist dies nicht mehr ein Mensch mit Schafsphysiognomie, man sieht ein Schaf, wie dies der ekstatische und weise Swedenborg tausendmal erfahren hat. Dieses Mysterium ist in dem kabbalistischen Buch des Sehers Daniel durch die Legende des in ein Tier verwandelten Nabuchodonosor dargestellt, die man irrtümlich für eine wirkliche Begebenheit hielt, wie dies fast allen magischen Allegorien erging.

Also, man kann Menschen in Tiere und Tiere in Menschen verwandeln; man kann die Pflanzen verwandeln und dabei ihre Kraft ändern, kann den Metallen ideale Eigenschaften geben: es handelt sich nur um das Wollen.

Man kann sich willentlich gleicherweise sichtbar und unsichtbar machen, und hier wollen wir die Geheimnisse vom Ring des Gyges erklären.

Fern sei dem Geist unserer Leser jede Voraussetzung des Widersinnigen, d. h. einer Wirkung ohne Ursache oder eines Widerspruchs in derselben. Um sich unsichtbar zu machen, ist eines von drei Dingen notwendig: entweder irgendein undurchsichtiges Mittel zwischen das Licht und unseren Körper stellen, oder zwischen unseren Körper und die Augen der Zuschauer, oder die Augen der Zuschauer derart zu faszinieren, daß sie von ihrem Sehvermögen keinen Gebrauch machen können. Doch ist von diesen drei Arten des Unsichtbarmachens nur die dritte magisch.

Bemerkten wir nicht schon oft, daß wir unter der Macht einer starken Befangenheit sehen, ohne zu sehen, daß wir uns an Gegenständen stießen, die vor unseren Augen standen? „Macht, daß sie beim Sehen nicht sehen," hat der große Initiator gesagt, und die Geschichte dieses großen Meisters lehrt uns, daß er sich unsichtbar machte und wegging, da er sich eines Tages im Tempel fast gesteinigt sah.

Wir wollen hier nicht die Wundergeschichten der gewöhnlichen Zauberbücher über den Ring der Unsichtbarkeit wiederholen. Die einen bereiten ihn aus fixem Quecksilber und wollen ihn in einer Kapsel aus demselben Metall aufbewahrt wissen, der man einen kleinen Stein einfügte, der sich unfehlbar im Nest des Wiedehopfs findet (anstatt *Wiedehopf* sollte man *Narr* lesen!). Der Verfasser des „Kleinen Albert" gibt an, daß man diesen Ring mit den aus der Stirn einer wütenden Hyäne gerissenen Haaren fertigt. Die einzigen Autoren, die ernsthaft vom Ring des Gyges gesprochen haben, sind Jamblichus, Porphyrius und Peter von Apono.

Was sie darüber sagen, ist offenbar allegorisch, und das Bild, das sie davon geben, oder das man sich nach ihrer Beschreibung machen könnte, beweist, daß sie unter dem Ring des Gyges nichts anderes verstehen als das große magische Arkanum.

Die eine dieser Figuren stellt den Kreislauf der universalen harmonischen Bewegung und des Gleichgewichts im unerschütterlichen Sein dar; die andere, die aus der Verbindung der sieben Planeten hergestellt sein muß, verdient eine besondere Beschreibung.

Hierzu benötigt man eine doppelte Fassung und zwei Edelsteine, einen im Zeichen der Sonne stehenden Topas und einen im Zeichen des Mondes stehenden Smaragd. Innen muß er die okkulten Charaktere der Planeten und außen ihre bekannten Zeichen zweimal wiederholen und in kabbalistischer Gegenüberstellung tragen, d. h. fünf zur Rechten und fünf zur Linken, die Zeichen der Sonne und des Mondes zusammenfassend die vier verschiedenen Intelligenzen der sieben Planeten. Diese Zusammenstellung ist nichts anderes als ein alle Mysterien des magischen Dogmas darstellendes Pantakel, und der symbolische Sinn des Ringes ist der, daß man das ganze Wissen besitzen und seine Anwendung kennen muß, um die Allmacht auszuüben, für welche die Augenfaszination einer der schwierigsten Beweise ist.

Die Faszination wird durch den Magnetismus bewerkstelligt. Der Magier befiehlt innerlich einer ganzen Versammlung, ihn nirgends zu sehen, und die Versammlung sieht ihn nicht. So schreitet er durch bewachte Türen, verläßt Gefängnisse vor seinen bestürzten Wächtern. Man fühlt dann eine Art seltsamer Erstarrung und erinnert sich, den Magier wie im Traum gesehen zu haben, aber erst, wenn er schon gegangen ist. Das Geheimnis der Unsichtbarkeit liegt also vollständig in einer Macht, die man so definieren könnte: Die Kraft, die Aufmerksamkeit abzulenken oder derart zu lähmen, daß das Licht das Sehorgan trifft, ohne den Blick der Seele anzuregen.

Um diese Macht auszuüben, muß man einen an energische und überraschende Handlungen gewohnten Willen, eine große Geistesgegenwart und eine nicht weniger große Gewandtheit besitzen, Ablenkungen in der Menge zu erzeugen.

Wenn z. B. ein durch Mörder Verfolgter in eine Seitenstraße einbiegt, dann sofort umkehrt und mit ruhigem Gesicht seinen Verfolgern entgegenkommt, oder wenn er sich unter sie mischt und von der gleichen Verfolgung ergriffen erscheint, so wird er sich sicher unsichtbar machen. Ein Priester, den man im Jahre 1793 verfolgte, um ihn an der Laterne aufzuknüpfen, geht rasch in eine Straße, wirft dort sein dunkles Kleid ab und bückt sich in der Haltung eines beschäftigten Menschen über einen Prellstein, die Menge seiner Verfolger ist ihm auf den Fersen: nicht einer sieht ihn, oder vielmehr keiner erkennt ihn, so wenig scheint er es zu sein!

Wer gesehen sein will, macht sich immer bemerkbar, und wer unbeachtet sein will, tritt beiseite und ist unsichtbar. Der Wille ist der wahre Ring des Gyges, er ist auch der Stab der Transmutationen und schafft, wenn er lauter und stark gebildet wird, das magische Wort. Die allmächtigen Worte der Verzauberungen sind jene, die diese Schöpferkraft der Formen ausdrücken. Das Tetragramm ist das erhabene Wort der Magie und sagt aus: Es ist das, was sein wird. Und wenn man es mit voller Intelligenz in irgendeiner Umwandlung anwendet, so wird es alle Dinge erneuern und verändern, trotz Augenscheinlichkeit und gewöhnlicher Auffassung. Das *hoc est* des christlichen Opfers ist eine Übertragung und Anwendung des Tetragramms. Auch dies einfache Wort bewirkt die vollkommenste, unsichtbarste, unglaublichste und am reinsten bestätigte aller Verwandlungen. Ein noch stärker dogmatisches Wort als *transformatio* wurde als Ausdruck dieses Wunders für nötig erachtet: Es heißt *transsubstantiatio*.

Die hebräischen Worte יהוה, אגלא, אהיה, אמן, wurden von allen Kabbalisten als die Schlüssel der magischen Umwandlung angesehen. Die lateinischen Worte *est, sit, esto, fiat* haben dieselbe Kraft, wenn man sie mit einer vollkommenen Intelligenz ausspricht. Montalembert erzählt in seiner Legende der hl. Elisabeth von Ungarn ernsthaft, daß diese fromme Frau eines Tages von ihrem vornehmen Gemahl, dem sie ihre guten Werke verbergen wollte, im Augenblick, da sie den Armen in ihrer Schürze Brot bringt, überrascht wird und ihm sagt, daß sie darin Rosen habe, und nach getaner Aussage bestätigte es sich, daß sie nicht gelogen hatte: Die Brote waren in Rosen verwandelt. Diese Erzählung ist eines der reizendsten magischen Gleichnisse und zeigt, daß der wahrhaft Weise nicht lügen kann, daß das Wort der Weisheit die Form der Dinge, ja sogar ihre Substanz unabhängig von ihren Formen bestimmt. Warum sollte z. B. der vornehme Gemahl der hl. Elisabeth, ein guter und wahrer Christ wie sie, der fest an die wirkliche Gegenwart des Erlösers im wahrhaft menschlichen Körper auf einem Altar glaubte, wo er nichts als eine Hostie aus Mehl sah, nicht an die wirkliche Gegenwart von Rosen unter den Erscheinungsformen von Brot im Schurz seiner Frau geglaubt haben? Sie zeigte ihm zweifellos Brot, aber da sie gesagt hatte: Dies sind Rosen, und er sie auch der geringsten Lüge für unfähig hielt, sah und wollte er nichts als Rosen sehen. Dies das Geheimnis des Wunders.

Eine andere Geschichte erzählt, daß ein Heiliger, dessen Namen mir entfallen ist, an einem Fasttag oder Freitag nur ein Huhn zu essen fand, dem er befahl, ein Fisch zu sein — und es wurde ein Fisch daraus. Diese Parabel bedarf keines Kommentars und erinnert uns an einen schönen Zug des Heiligen Spiridion von Tremithont, desselben, der die Seele seiner Tochter Irene beschwor. Ein Reisender kam am Karfreitag zu diesem guten Bischof und, da die Bischöfe jener Zeit das Christentum ernst nahmen und infolgedessen arm waren, hatte Spiridion, der peinlich fastete, nur gesalzenen Speck zu Hause, den man schon im voraus für die Osterzeit zubereitet hatte. Da nun der Fremde jedenfalls müde und hungrig war, setzte ihm Spiridion von diesem Fleisch vor und setzte sich, um ihn zu ermuntern, mit ihm an den Tisch und teilte dieses Mahl der Nächstenliebe, verwandelte so das von den Juden als am unreinsten angesehene Fleisch in ein Bußmahl, indem er sich durch den Geist des Gesetzes über die Materie des Gesetzes stellte und sich so als ein wahrer und vernünftiger Schüler des Mensch-Gottes zeigte, der seine Auserwählten als König der Natur in drei Welten eingesetzt hat.

ZAUBERKREIS
der schwarzen Beschwörungen und Pakte.

XV. KAPITEL

DER HEXENSABBAT.

Wir kommen zur schrecklichen Zahl fünfzehn, die im Schlüssel des Tarot als Symbol ein Monstrum auf einem Altar zeigt, mit Hörnern und Mitra gekrönt, mit weiblicher Brust und männlichen Genitalien, ein Hirngespinst, eine mißstaltete Sphinx, eine Zusammensetzung von Scheußlichkeiten; und darüber ganz frei und ganz naiv die Inschrift: DER TEUFEL.

Wir nahen uns hier dem Phantom aller Schrecken, dem Drachen aller Theogonien, dem Arhiman der Perser, dem Typhon der Ägypter, dem Python der Griechen, der alten Schlange der Hebräer, dem großen Tier des Mittelalters, noch schlimmer als all das, dem Baphomet der Templer, dem bärtigen Idol der Alchimisten, dem schamlosen Gott von Mendes, dem Bock des Sabbats.

Am Anfang dieses Bandes steht das ganze Bild dieses schrecklichen Herrschers der Nacht mit all seinen Attributen und all seinen Characteren.

Und hier erklären wir zur Belehrung der Allgemeinheit, zur Genugtuung des Grafen de Mirville, zur Rechtfertigung des vom Teufel besessenen Bodin, zum größten Ruhm der Kirche, die die Templer verfolgt, die Magier auf den Scheiterhaufen geworfen, die Freimaurer exkommuniziert hat usw., erklären wir frei und offen, daß all die in die okkulten Wissenschaften Eingeweihten (ich spreche hier von den schwarzen Eingeweihten, den Verrätern am großen Arkanum) das angebetet haben, noch anbeten und immer anbeten werden, was durch dieses schreckliche Symbol bezeichnet ist. Ja, nach unserer festen Überzeugung beteten die Großmeister des Templerordens den Baphomet an und ließen ihn durch ihre Eingeweihten anbeten. Ja, es haben von dieser auf einem Thron sitzenden Figur geleitete Versammlungen stattgefunden und können noch stattfinden. Allein die Anbeter dieses Zeichens denken nicht wie wir, daß es sich um eine Darstellung des Teufels, sondern wohl eher um eine solche des Gottes Pan handelt, dem Gott unserer modernen Philosophieschulen, dem der Teurgisten der alexandrinischen Schule und der neuplatonischen Mystiker unserer Tage, dem Gott von Lamartine und Victor Cousin, dem Spinozas und Platos, dem der ursprünglichen gnostischen Schulen, ja selbst um den Christus des abtrünnigen Opfers. Diese letztere, dem Bocke der schwarzen Magie zuerkannte Gleichsetzung erstaunt den nicht, der die alten Religionen studiert und die Entwicklungsstufen des Symbolismus und des Dogmas in ihren verschiedenen Umwandlungen in Indien, Ägypten oder Judäa verfolgt hat.

Stier, Hund und Bock sind die drei symbolischen Tiere der hermetischen Magie, in der alle Traditionen Ägyptens und Indiens zusammengefaßt werden. Der Stier versinnbildlicht die Erde oder das Salz der Philosophen, der Hund, d. h. Hermanubis das Quecksilber der Weisen, das Flüchtige, Wasser und Luft; der Bock das Feuer und als Symbol gleichzeitig die Zeugung.

In Judäa opferte man zwei Böcke, einen reinen und einen unreinen. Der reine wurde zur Abbüßung der Sünden geopfert, der andere, mit dem Fluch dieser selben Sünden beladen, frei in die Wüste entlassen. Seltsam, aber von tiefer symbolischer Bedeutung! Wiederversöhnung durch Ergebung, und Abbüßung durch Freiheit! Nun, alle Kirchenväter, die sich mit der jüdischen Symbolik beschäftigten, erkannten nach ihrer Aussage in dem geopferten Bock die Figur dessen, der die Form der Sünde selbst auf sich genommen habe. So stellten sich also die Gnostiker nicht außerhalb der symbolischen Traditionen, wenn sie dem erlösenden Christus die mystische Gestalt des Bockes gaben.

Alle Kabbala und alle Magie teilt sich wirklich zwischen den Opfer- und den Sündenbock. Es gibt also eine Magie des Heiligtums und eine der Wüste, die weiße und die schwarze Kirche, ein Priestertum der öffentlichen Versammlungen und den hohen Rat des Sabbats.

Der Bock auf unserem Titelblatt trägt auf der Stirn das Zeichen des Pentagramms mit der Spitze nach oben, ein Symbol des Lichts, seine zwei Hände formen das Zeichen des Hermetismus, die eine zeigt oben den weißen Mond des Chesed, die andere unten den schwarzen der Geburah. Dies Zeichen drückt die vollkommene Übereinstimmung der Barmherzigkeit mit der Gerechtigkeit aus. Sein einer Arm ist weiblich, der andere männlich wie bei dem Androgyn des Khunrath, dessen Attribute wir mit denen unseres Bockes vereinigen mußten, weil er ein und dasselbe Symbol ist. Die zwischen seinen Hörnern strahlende Flamme der Intelligenz ist das magische Licht des universalen Gleichgewichts, das Bild der über das Stoffliche erhabenen Seele, wie auch die Flamme an die Materie gebunden über derselben erstrahlt. Der häßliche Tierkopf drückt den Schrecken des Sünders aus, dessen materiell handelnder, allein verantwortlicher Teil auch allein die Strafe zu tragen hat; denn die Seele ist ihrer Natur nach unempfindlich und kann nur leiden, wenn sie sich verstofflicht. Der an Stelle der Genitalien stehende Stab versinnbildlicht das ewige Leben, der schuppenbedeckte Leib das Wasser, der darüber stehende Halbkreis die Atmosphäre, die darauf folgenden Federn das Flüchtige. Die Menschheit ist in den beiden Brüsten und den Androgynarmen dieser Sphinx der okkulten Wissenschaften dargestellt.

Das sind die aufgelösten Finsternisse des höllischen Heiligtums, das die enträtselte und von ihrem Thron gestürzte Sphinx der mittelalterlichen Schrecken: *quomodo cecidisti, Lucifer?* Der schreckliche Baphomet ist wie alle scheußlichen Idole und Rätsel des alten Wissens und seiner Träume nicht mehr als eine unschuldige, ja fromme Hieroglyphe. Wie könnte der Mensch auch ein Tier anbeten, über das er doch herrscht? Zur Ehre der Menschheit wollen wir erklären, daß sie je ebensowenig Hunde und Böcke als Schafe und Tauben angebetet hat. Und wenn schon Hieroglyphe, warum dann nicht ebensogut ein Bock wie ein Lamm? Auf den heiligen Steinen der gnostischen Christen aus der Sekte des Basilides sieht man Darstellungen von Christus unter den verschiedenen Figuren der kabbalistischen Tiere: bald Stier, bald Löwe, bald eine Schlange mit Löwen- oder Stierkopf; gleichzeitig trägt er überall die Attribute des Lichts wie unser Bock, den sein Zeichen des Pentagramms vor der Annahme bewahrt, als sei er eines der Fabelbilder Satans.

Wir erklären zur Bekämpfung der manichäistischen Reststände, die sich bei unseren

Christen noch immer hervorkehren, daß Satan als höhere Persönlichkeit oder Macht nicht existiert. Satan ist die Personifizierung aller Irrtümer und Perversitäten und infolgedessen auch aller Schwächen. Wenn Gott als absolute Notwendigkeit erklärt werden kann, kann dann sein Widersacher und Feind nicht als das definiert werden, was notwendigerweise nicht existiert?

Die unbedingte Bejahung des Guten bedingt die absolute Verneinung des Bösen, auch ist im Licht selbst der Schatten leuchtend. So sind die irregeleiteten Geister durch all das, was sie an Sein und Wahrheit haben, gut. Es gibt weder Schatten ohne Spiegelungen, noch Nächte ohne Mond, phosphoreszierende Lichter und Sterne. Ist die Hölle eine Gerechtigkeit, dann ist sie ein Gut. Niemals hat jemand Gott gelästert. Die an seine verunstalteten Bilder gerichteten Flüche und Spöttereien erreichen ihn nicht.

Wir nannten eben den Manichäismus und werden durch diese ungeheuerliche Ketzerei die Verirrungen der schwarzen Magie erklären. Das falsch verstandene Dogma des Zoroaster, das magische Gesetz der zwei das universale Gleichgewicht herstellenden Kräfte schafften einigen unlogischen Geistern die Einbildung einer verneinenden, der aktiven Gottheit untergeordneten, aber feindlich gegenüberstehenden Gottheit. So bildete sich der unreine Binar. Man beging den Wahnsinn, Gott zu teilen, der Stern Salomos wurde in zwei Dreiecke zerrissen, und die Manichäer ersannen eine Dreiheit der Nacht. Dieser schlechte, der Einbildung der Sekten entsprungene Gott wurde der Einflüsterer allen Wahnsinns und aller Verbrechen. Ihm brachte man blutige Opfer, scheußliche Götzenverehrung trat an die Stelle wahrer Religion. Die schwarze Magie schuf die Verleumdung der hohen und lichten Magie der wahren Adepten, und in Höhlen und an verlassenen Orten fanden schreckliche Zusammenkünfte von Zauberern, Leichenfressern und Strygen statt; denn der Wahnsinn wandelte sich bald in Raserei, und von den Menschenopfern zur Menschenfresserei ist nur ein Schritt.

Die Mysterien des Sabbat sind verschiedentlich erzählt worden und bilden immer den Gegenstand der Zauberbücher und der Prozesse über die Magie. Alle über diesen Gegenstand gemachten Eröffnungen kann man in drei Arten einteilen: erstens solche, die von einem phantastischen und eingebildeten Sabbat berichten, zweitens jene, welche die Geheimnisse geheimer Versammlungen von wahren Adepten verrieten, und drittens die Eröffnungen über wahnsinnige und verbrecherische Versammlungen, die die Praktiken der schwarzen Magie zum Gegenstand haben.

Für eine große Zahl der diesen wahnsinnigen und scheußlichen Praktiken hingegebenen Unglücklichen war der Sabbat ein langer Alp, dessen Träume ihnen Wirklichkeiten schienen und die sie sich mittelst Tränken, Räucherungen und narkotischen Einreibungen verschafften. Porta, den wir schon als Verdunkler bezeichneten, gibt in seiner „Natürlichen Magie" das angebliche Rezept der Salbe, mittelst der die Hexen zum Sabbat ritten. Er setzt sie zusammen aus Kinderfett, aus mit den Blättern von Pappeln und einigen andern Drogen gekochtem Eisenhut, dann will er, daß man Kaminruß darunter mische, was die Nacktheit der Zauberinnen, die mit dieser Pomade eingerieben zum Sabbat kommen, wenig anziehend macht. Hier noch ein anderes, ernsthafteres, ebenfalls von

Porta angegebenes Rezept, das wir lateinisch hierher setzen, um ihm seinen ganzen Charakter des Zauberbuches zu lassen:

Recipe: suim, acorum vulgare, pentaphylon, verspertillionis sanguinem soeanum somniferum et oleum, das ganze gekocht und bis zur Festigkeit der Salbe untereinandergemengt.

Wir glauben, daß die betäubenden Zusammensetzungen aus dem Mark von grünem Hanf, Stechapfel und Mandellorbeer in ähnlichen Zusammensetzungen mit nicht weniger Erfolg eindringen würden. Das diesen Betäubungsmitteln mit den Zeremonien der schwarzen Magie beigemischte Fett oder Blut der Nachtvögel kann die Einbildung ebenso täuschen und die Leitung der Träume bestimmen. Auf solche Sabbatsträume muß man die Geschichten von Böcken zurückführen, die aus einem Krug steigen und nach der Zeremonie wieder in ihm verschwinden, von höllischen Pulvern, die hinter demselben, Meister Leonard genannten, Bock aufgesammelt werden, von Festen, wo man ohne Salz mit Schlangen und Kröten gekochte Frühgeburten aß, von Tänzen, bei denen scheußliche Tiere oder Männer und Frauen in unmöglichen Formen auftraten, von rasenden Ausschweifungen, in denen die Incuben einen kalten Samen auswerfen. Nur der Alp kann solche Dinge hervorbringen und erklären. Der unglückliche Pfarrer Gaufridy und sein wollüstiges Beichtkind, Madeleine de la Palud, wurden von solchen Träumereien wahnsinnig und ergaben sich ihrem Erinnern bis zum Scheiterhaufen. In ihren Prozeßakten muß man die Aussagen dieser armen Kranken lesen, um zu verstehen, bis zu welchen Verirrungen eine zerstörte Einbildung gebracht werden kann. Aber der Sabbat war nicht immer ein Traum, er hat wirklich existiert, ja er existiert noch in geheimen und nächtlichen Versammlungen, wo man die Riten der alten Welt geübt hat und übt, und deren eine Arten einen religiösen Charakter und ein soziales Ziel hat, während die andern Verschwörungen und Orgien sind. Unter diesem doppelten Gesichtspunkt wollen wir den wahren Sabbat der weißen und der schwarzen Magie betrachten und beschreiben.

Da das Christentum die öffentliche Ausübung der alten Kulte verbot, führte es die Anhänger der Religionen zur Feier ihrer Mysterien in geheimen Versammlungen zusammen. Diese Versammlungen leiteten Eingeweihte, die bald unter den verschiedenen Stufungen dieser verfolgten Kulte eine Rechtgläubigkeit einsetzten, die ihnen die magische Wirklichkeit um so leichter errichten half, als die Verfolgung die Willen einte und die Bande der Brüderlichkeit zwischen den Menschen enger verknüpfte. So vereinten sich die Mysterien der Isis, der eleusinischen Demeter, des Bacchos mit jenen der guten Göttin und des ursprünglichen Druidentums. Die Versammlungen wurden gewöhnlich zwischen den Tagen von Merkur oder Jupiter oder zwischen denen von Venus und Saturn abgehalten. Man bediente sich der Einweihungsriten, wechselte die geheimen Zeichen, sang symbolische Hymnen, vereinte sich zu Gastmählern und bildete die magische Kette aufeinanderfolgend bei Tisch und Tanz. Dann trennte man sich unter Erneuerung der Gelübde mit dem Handschlag der Vorsitzenden und empfing ihre Anordnungen. Der beim Sabbat Aufnahmesuchende mußte in die Versammlung mit einem ihn ganz umhüllenden Mantel und verbundenen Augen geführt oder vielmehr getragen werden. Man ließ ihn durch große Feuer gehen und machte um ihn erschreckenden Lärm. Gab man dann sein Gesicht frei, so sah er sich von höllischen Ungetümen umgeben und einem übergroßen und abscheulichen Bock gegenüber, den man ihn anzubeten zwang. All diese Zeremonien waren Proben seiner Charakterstärke und seines Vertrauens in seine Initiatoren. Die letzte Probe war über alles entscheidend, da sie dem Geist des Aufnahmesuchenden zunächst irgendeine erniedrigende und lächerliche Sache darbot: Es handelte sich darum, ehrfurchtsvoll das Hinterteil des Bockes zu küssen, und dieser Befehl wurde dem Neophyten schonungslos erteilt. Weigerte er sich, so verhüllte man ihm wieder den Kopf und brachte ihn mit einer solchen Schnelligkeit weit von dem Versammlungsorte hinweg, daß er glauben mußte, durch die Wolken geflogen zu sein; nahm er an, so ließ man ihn um das symbolische Idol herumgehen, und dort fand er nicht einen abstoßenden oder obszönen Gegenstand, sondern das jugendliche und anmutige Gesicht einer Isis- oder Maja-Priesterin, die ihm einen mütterlichen Kuß gab. Dann wurde er zum Mahl zugelassen.

Was nun die Orgien angeht, die in mehreren Versammlungen dieser Art dem Gastmahl folgten, so muß man sich sehr hüten zu glauben, daß sie allgemein bei diesen geheimen Liebesmahlen erlaubt gewesen wären; aber es ist bekannt, daß mehrere gnostische Sekten sie in ihren Zusammenkünften während der ersten Jahrhunderte des Christentums veranstalteten. Daß das Fleisch in den Zeiten des Asketentums und der Sinnenunterdrückung seine Gegner hatte, war selbstverständlich und ist nicht erstaunlich; deshalb darf man aber die hohe Magie der Gesetzwidrigkeit nicht anklagen, die sie nie gebilligt hat. Isis ist in ihrer Witwenschaft keusch, Diana ist Jungfrau, Hermanubis der Doppelgeschlechtliche, kann keines gebrauchen, der hermetische Hermaphrodit ist keusch. Apollonios von Tyana ergab sich nie den Lockungen des Vergnügens, der Kaiser Julian war von einer strengen Keuschheit, Parazelsus stand den Liebestorheiten so fremd gegenüber, daß man sein Geschlecht für zweifelhaft hielt, Raymundus Lullus wurde nicht früher in die letzten Geheimnisse des Wissens eingeweiht, bis er nach einer hoffnungslosen Liebe für immer keusch wurde.

Auch ist eine Überlieferung der hohen Magie, daß die Pantakel und Talismane ihre ganze Kraft verlieren, wenn ihr Träger ein Dirnenhaus betritt oder einen Ehebruch begeht. Der orgiastische Sabbat darf also niemals als ein solcher wahrhafter Adepten angesehen werden.

Man hat den Namen Sabbat auf den Namen Sabasius bezogen, andere haben wieder andere Wortableitungen gefunden. Wir halten jene für die einfachste, welche dieses Wort vom jüdischen Sabbat ableitet, da es sicher ist, daß die Juden als die treuesten Bewahrer der kabbalistischen Geheimnisse im Mittelalter fast immer die Großmeister der Magie waren.

Der Sabbat war also der Sonntag der Kabbalisten, der Tag ihrer religiösen Feier oder besser die Nacht ihrer regelmäßigen Versammlung. Dieses immer von Geheimnissen umgebene Fest hatte den allgemeinen Schrecken als Schutz und entging so der Verfolgung während der Schreckenszeit.

Der teuflische Sabbat der Nekromanten war ein Abklatsch jenes der Magier und eine Versammlung von Schandbuben, die Idioten und Wahnsinnige erzogen. Dort übte man grauenhafte Riten und stellte abscheuliche Mixturen zusammen. Zauberer und Zauberinnen führten dort die Aufsicht und belehrten sich untereinander, um ihren Ruf als Propheten und Wahrsager zu stützen, denn damals wurden die Wahrsager allgemein befragt und hatten einen ganz einträglichen Beruf, indem sie eine wahrhafte Macht ausübten.

Diese Versammlungen von Zauberern und Zauberinnen hatten und konnten jedoch keine rechtmäßigen Riten haben: alles hing von den Launen der Führer und dem Taumel der Versammlungen ab. Die Erzählungen jener, die ihnen beiwohnen konnten, dienten dann als Muster für alle Alpe dieser Träumer, und das Gemisch aus diesen unmöglichen Wirklichkeiten und diesen dämonischen Träumen sind die widerlichen Ergebnisse und dummen Geschichten vom Sabbat, die in den Magie-Prozessen und den Büchern eines Spranger, Delancre, Delrio und Bodin eine Rolle spielen.

Die Riten des gnostischen Sabbat wurden in Deutschland von einer Gesellschaft übernommen, die sich die Möpse nannte. Man ersetzte dort den kabbalistischen Bock durch den hermetischen Hund. Bei der Aufnahme eines Bewerbers oder einer Bewerberin (die Satzung ließ auch Frauen zu) führt man sie mit verbundenen Augen herein, macht um sie jenen Höllenlärm, der allen unerklärlichen Getösen den Namen eines Sabbat gab, fragt sie, ob sie den Teufel fürchten, und stellt sie unversehens vor die Wahl, das Hinterteil des Großmeisters oder das des Mopses zu küssen, der eine kleine, seidenüberzogene Hundefigur ist und das alte, große Idol des Bockes von Mendes ersetzt. Als Erkennungszeichen haben die Möpse eine lächerliche Fratze, die an das Blendwerk des alten Sabbat und die Masken der Anwesenden erinnert. Ihre Lehre läßt sich in dem Kult von Liebe und Freiheit zusammenfassen. Diese Vereinigung entstand, als die römische Kirche die Freimaurer verfolgte. Die Möpse setzten sich vornehmlich aus Katholiken zusammen. Den Aufnahmeschwur ersetzte das feierliche Ehrenwort, nichts von den Geheimnissen der Verbindung zu verraten. Das war mehr als ein Schwur, und die Religion hatte nichts mehr zu sagen.

Der Baphomet der Templer, dessen Name kabbalistisch in umgekehrtem Sinn gelesen werden muß, setzt sich aus den drei Abkürzungen zusammen: TEM OPH AB, *Templi emnium hominum pacis abbas,* der Vater des Tempels, allgemeiner Friede den Menschen. Nach den einen war der Baphomet ein ungeheuerlicher Kopf, nach den andern ein Dämon in Gestalt eines Bockes. Jüngst wurde eine geschnitzte Truhe in den Ruinen einer alten Templer-Komturei ausgegraben, und die Altertumskenner fanden darauf eine dem Baphomet ähnliche Figur mit den Attributen unseres Bockes von Mendes und des Androgyn des Khunrath. Diese Figur ist bärtig bei einem sonst vollständigen Frauenkörper und hält in der einen Hand die Sonne, in der andern den Mond, die mit Ketten angeschmiedet sind. Eine schöne Allegorie: dieser männliche Kopf, der dem Gedanken allein das Einweihungs- und Schöpfer-Prinzip zuteilt. Der Kopf steht hier für den Geist, der Frauenleib für die Materie. Die an die Menschenform geketteten und von dieser Natur, deren Intelligenz der Kopf ist, gelenkten Sterne bieten ebenso die schönste Allegorie. Das Zeichen wurde in seiner Gesamtheit von den Gelehrten, die es untersuchten, nicht im geringsten schamlos oder teuflisch empfunden. Hiernach ist es erstaunlich, heute den ganzen Aberglauben des Mittelalters wiederaufleben zu sehen! Doch überrascht mich, daß man bei dem Glauben an den Teufel und seine Helfershelfer die Scheiterhaufen nicht mehr anfacht. Veuillot wollte dies, was bei ihm nur logisch ist: Menschen mit dem Mut eigener Meinungen muß man immer achten.

Doch verfolgen wir unsere seltsamen Untersuchungen weiter und kommen wir zu den schrecklichsten Mysterien des Zauberbuches, jenen, die sich auf die Teufelsanrufung und das Höllenbündnis beziehen.

Nach dem Zugeständnis einer wirklichen Existenz an die unbedingte Verneinung des Guten, nach der feierlichen Einsetzung des Widersinns und der Schaffung eines Gottes der Lüge blieb dem menschlichen Wahn nur noch die Anbetung dieses unmöglichen Idols, und der gaben sich die Unsinnigen hin. Jüngst schrieb man uns, daß der sehr verehrungswürdige Pater Ventura, ehemaliger Superior der Theatiner, Examinator der Bischöfe usw. usw., nach der Lektüre unseres Dogmas erklärt habe, daß die Kabbala in seinen Augen eine Erfindung des Teufels sei, und daß der Stern Salomos nur eine andere Hinterlist desselben Teufels war, um die Welt zu überzeugen, daß er, der Teufel, nur eins ist mit Gott. Eben das lehren jene ganz ernsthaft, die Meister in Israel waren! Das Ideal der Verneinung und Finsternis erfand eine erhabene Philosophie, die die universelle Basis des Glaubens und der Schlüssel aller Tempel ist! Der Teufel sein Bild auf der Seite jenes von Gott unterzeichnend! Meine verehrten Theologielehrer, ihr seid größere Zauberer, als man denken und ihr annehmen könnt, und der gesagt hat: Der Teufel ist Lügner wie sein Vater, würde vielleicht einige Kleinigkeit an euren väterlichen Erkenntnissen abzustreichen haben.

Die Anrufer des Teufels müssen vor allem einer Religion angehören, die einen schöpferischen Teufel als Rivalen Gottes duldet. Um mich an eine Macht zu wenden, muß ich an sie glauben. Für Anhänger der Teufelsreligion folgt hier eine Anweisung für den Verkehr mit diesem Pseudo-Gott.

MAGISCHES AXIOM.

In seinem Wirkungsbereich schafft jedes Wort das, was es bestätigt.

DIREKTE FOLGERUNG.

Wer den Teufel bestätigt, zeugt oder schafft den Teufel.

Notwendige Voraussetzungen zum Erfolg bei höllischen Beschwörungen.

1. Ein unbesiegliches Voreingenommensein;
2. ein jedenfalls gegen das Verbrechen abgehärtetes und den Gewissensbissen und der Furcht sehr zugängliches Gewissen;
3. eine künstliche oder natürliche Unwissenheit;
4. ein blinder Glaube an alles Unglaubliche;
5. eine vollkommen falsche Vorstellung von Gott.

Außerdem muß man:

Erstens die Zeremonien des Kultes, an den man glaubt, entweihen und die heiligsten Zeichen mit Füßen treten;

zweitens ein Blutopfer bringen;

drittens sich die magische Gabel verschaffen. Sie ist ein Haselnuß- oder Mandelzweig und muß mit einem neuen Messer, das nur zum Opfer benützt worden sein darf, mit einem Schnitt abgeschnitten werden. Der Stab muß in einer Gabel enden, die man mit dem Eisen oder Stahl des Messerheftes, mit dem man sie geschnitten, beschlagen muß.

Man muß fünfzehn Tage fasten und darf nur eine salzlose Mahlzeit nach Sonnenuntergang nehmen, die aus schwarzem Brot und mit Gewürzen, ohne Salz gewürztem Blut, schwarzen Bohnen und milchigen und narkotischen Gräsern bestehen muß.

Alle fünf Tage soll man sich nach Sonnenuntergang mit Wein berauschen, in dem man fünf Stunden lang fünf Köpfe schwarzen Mohns und fünf Unzen gemahlenen Hanfsamen hat ziehen lassen: das Ganze durch eine Leinwand geben, die eine Dirne gesponnen hat (allenfalls kann dazu die nächstbeste Leinwand dienen, wenn sie von einer Frau gesponnen ist).

Die Beschwörung kann in der Nacht vom Montag auf Dienstag oder in der von Freitag auf Samstag vorgenommen werden.

Man muß einen einsamen und verschrienen Ort wählen, einen von bösen Geistern umspukten Friedhof, eine gefürchtete Ruine in der Ebene, den Keller eines verlassenen Klosters, den Platz, wo ein Mord begangen wurde, einen druidischen Altar oder einen alten Tempel für Idole.

Man muß sich mit einem schwarzen, ärmel- und nahtlosen Kleid, mit einer Bleikappe, die unter Venus, Mond und Saturn gefertigt wurde, zwei Kerzen aus Menschentalg in zwei halbmondförmigen Leuchtern aus schwarzem Holz, zwei Kränzen aus Eisenkraut, einem magischen Schwert mit schwarzem Heft, der magischen Gabel, einer Kupferschale mit dem Blut des Opfers und einem Weihrauchfaß versehen, dessen Räucherwerk aus Weihrauch, Kampher, Aloe, grauem Ambra, Storax besteht und mit Bocks-, Maulwurfs- und Fledermausblut gemischt ist. Auch sollte man vier aus dem Sarg eines Hingerichteten ausgerissene Nägel haben, den Kopf einer fünf Tage lang mit Menschenfleisch gefütterten schwarzen Katze, eine in Blut ertränkte Fledermaus, die Hörner eines Bockes, *cum quo puella concubuerit,* die Hirnschale eines Vatermörders. All diese schrecklichen und schwer genug zu beschaffenden Dinge werden wie folgt angewandt:

Mit dem Schwert zieht man einen vollkommenen Kreis, bei dem man jedenfalls ein Stück als Ausgang offenläßt, zieht in den Kreis ein Dreieck, färbt das von dem Schwert gezeichnete Pantakel mit Blut, stellt dann auf eine der Dreieckspitzen die dreifüßige Räucherpfanne, die wir auch noch unter die unentbehrlichen Gegenstände hätten zählen können, zieht dem Dreieck gegenüber drei kleine Kreise für den Beschwörer und seine beiden Gehilfen, zeichnet hinter dem Kreis des Beschwörers, aber nicht mit Opferblut, sondern dem des Beschwörenden selbst das Zeichen des Labarum oder das Monogramm Constantins. Der Beschwörende oder seine Helfershelfer müssen barfuß sein und den Kopf verhüllt haben.

Die Haut des erwürgten Opfers muß auch vorhanden sein und wird, in Streifen geschnitten, in den Kreis gelegt, wo sie einen zweiten inneren Kreis bildet, den man an vier Stellen mit den vier Nägeln des Hingerichteten befestigt, in deren Nähe man außerhalb des Kreises den Katzenkopf, die menschliche, oder besser unmenschliche Hirnschale, die Bockshörner und die Fledermaus legt, besprengt sie mit einem in das Blut des Opfers getauchten Birkenzweig, entfacht dann ein Feuer aus Ulmen- und Zypressenholz und stellt die magischen

Kerzen rechts und links von dem Beschwörenden in die Eisenkrautkränze. (Siehe Bild am Anfang dieses Kapitels.)

Dann spricht man die Beschwörungsformeln, die in den magischen Elementen des Peter von Apono oder in den geschriebenen oder gedruckten Zauberbüchern stehen. Jene des „Großen Zauberbuchs", wiederholt im gewöhnlichen „ROTBN Drachen", ist in ihrem Eindruck entstellt worden. Sie muß folgendermaßen gelesen werden:

„Per Adonai Eloim, Adonai Jehova, Adonai Sabaoth, Metatron On Agla Adonai Mathon, verbum pythonicum, mysterium salamandrae, conventus sylphorum, antra gnomorum, daemonia Coeli Gad, Almousin, Gibor, Jehosua, Evam, Zariatnatmik, veni, veni, veni."

Die große Anrufung des Agrippa besteht nur aus den Worten: DIES MIES JESCHET BOENEDOESEF DOUVEMA ENITHEMAUS. Wir bilden uns nicht ein, den Sinn dieser Worte zu verstehen, die vielleicht überhaupt keinen haben oder zumindest keinen vernünftigen, da sie die Macht haben, den Teufel, die höchste Unvernunft, zu beschwören.

Pico de la Mirandola versichert zweifellos aus demselben Grund, daß die barbarischsten und absolut unsinnigsten Worte in der schwarzen Magie die wirksamsten und besten sind.

Die Beschwörungen werden mit lauter Stimme unter Verwünschungen und Drohungen wiederholt, bis der Geist antwortet. Seinem Erscheinen pflegt ein heftiger Wind voranzugehen, der die ganze Natur erschauern zu lassen scheint. Die Haustiere zittern dann und verbergen sich, die Assistenten fühlen einen Hauch vor ihrem Gesicht, und ihre von kaltem Schweiß nassen Haare sträuben sich.

Die große und höchste Anrufung ist nach Peter von Apono folgende:

„Hemen-ETAN! Hemen-Etan! Hemen-Etan! EL, ATI, TITEIP, AZIA, HYN, TEU, MINOSEL, ACHADON vay vaa Eye Aaa Eie Exe A EL EL EL A HY! HAU! HAU! HAU! HAU! VA! VA! VA! CHAVAJOTH.

Aie Saraye, aie Saraye, aie Saraye! per Eloym. Archima, Rabur, Bathas super ABRAC ruens superveniens ABEOR SUPER ABERE *Chavajoth, Chavajoth, Chavajoth!* impero tibi per clavem Salomonis et nomen magnum SEMHAMPHORAS."

Hier die Zeichen und gewöhnlichen Signaturen der Dämonen:

Dies die Signaturen der einfachen Dämonen; gegenüber die offiziellen gerichtlich (gerichtlich! o lieber Graf de Mirville!) festgestellten und in den Gerichtsakten als Beweisstücke für den Prozeß des unglücklichen Urbain Grandier aufbewahrten Signaturen der Höllenfürsten.

Diese Signaturen sind am Schluß eines Paktes angefügt, dessen Faksimile Collin de Plancy in seinem *„Dictionnaire infernal"* gibt und das die Randglosse: „Die Minute ist in der Hölle, im Cabinet Luzifers“ trägt, ein ganz wertvoller Aufschluß über einen so wenig bekannten Ort und eine uns so naheliegende Zeit.

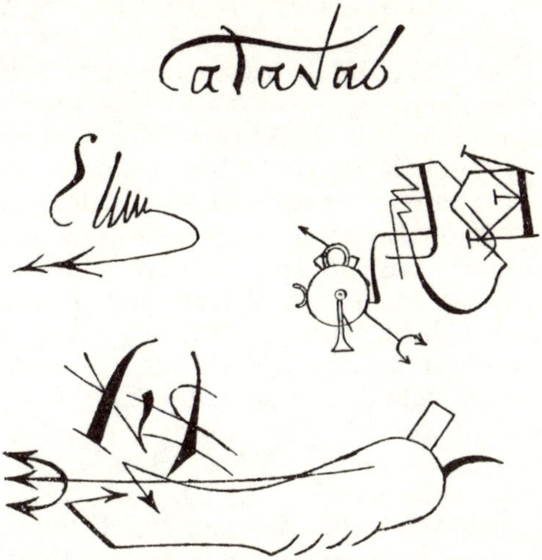

Den Beschwörungen folgten oft Bündnisse, die man mit einer Eisenfeder und einem dem linken Arm entzogenen Blutstropfen auf Bockspergament schrieb. Es gab zwei Ausfertigungen: die eine nahm der Böse mit sich, die andere verschluckte der freiwillig Verdammte. Die gegenseitigen Verpflichtungen bestanden: für den Dämon darin, dem Zauberer während einer bestimmten Zahl von Jahren zu dienen, für den Zauberer, nach abgelaufener Frist dem Dämon anheimzufallen. Die Kirche hat mit ihren Austreibungen den Glauben an all diese Dinge bestätigt, und man kann sagen, daß die schwarze Magie und ihr Höllenfürst eine wirkliche, lebendige und schreckliche Schöpfung des römischen Katholizismus ist, ja daß sie ihr besonderes und charakteristisches Werk sind, da ja die Priester Gott nicht erfanden.

Auch halten die wahren Katholiken an der Erhaltung und Wiederherstellung des großen Werkes, das der philosophische Stein des öffentlichen und positiven Kultes ist, im Grund ihres Herzens fest. Man sagt, daß die Verbrecher den Teufel in der Gaunersprache den *Bäcker* nennen: unser lebhafter Wunsch — und hier sprechen wir nicht als Magier, sondern als ergebenes Kind des Christentums und der Kirche, der wir unsere erste Erziehung und unsere ersten Begeisterungen verdanken — unser inniger Wunsch ist, daß das Phantom des Satan, nicht auch der *Bäcker* der Diener der Moral und der Vertreter der hohen Tugend genannt werden möchte. Wird man unseren Gedanken verstehen und uns die Kühnheit unserer Hoffnungen in Ansehung unserer ergebenen Absichten und der Aufrichtigkeit unseres Glaubens verzeihen?

Die schöpferische Magie des Dämon, jene Magie, die das Zauberbuch des Papstes Honorius, das Enchiridion Leos III., die Exorzismen des Rituals, die Urteile der Inquisitoren, die Anklagereden von Laubardemont, die Artikel der Brüder Veuillot, die Bücher eines Falloux, Montalembert, Mirville diktiert hat, diese Magie der Zauberer und Frommen, die es nicht sind, ist bei den einen eine wahrhaft verdammenswerte, bei den andern eine unendlich bedauerliche Angelegenheit. Wir veröffentlichen dieses Buch, um durch Entschleierung diese Verirrungen des menschlichen Geistes zu bekämpfen. Könnte es doch dieses heilige Werk erfolgreich unterstützen! Aber wir haben diese unheiligen Werke noch nicht in ihrer ganzen Schändlichkeit, noch nicht in ihrem ganzen, ungeheuerlichen Wahnsinn gezeigt. Man muß die blutige Gemeinheit des alten Aberglaubens aufwühlen, muß die *Annalen der Dämonomanie* nachlesen, um gewisse Freveltaten zu sehen, welche die Einbildung allein nicht erfinden würde. Der Kabbalist Bodin, Israelit aus Überzeugung und Katholik um der Notwendigkeit willen, hatte in seiner „*Démonomanie des sorciers*“ keine andere Absicht, als den Katholizismus in diesen Werken anzugreifen und ihn im größten aller Irrtümer seiner Lehre zu treffen. Das Bodinsche Werk ist zu tiefst machiavellistisch und trifft Einrichtungen und Menschen, die es im Innersten zu verteidigen scheint. Ohne seine Lektüre kann man sich schwer einen Begriff all dessen bilden, was man an blutigen und schrecklichen Dingen, empörendem Aberglauben, Einkerkerungen und Urteilsvollstreckungen einer blinden Wut zusammengetragen und aufgehäuft hat. Brennt alles zusammen! scheinen die Inquisitoren zu sagen, Gott wird die Seinen schon erkennen! Arme Irrsinnige, hysterische Frauen, Idioten: erbarmungslos wurden sie wegen des Verbrechens der Magie verbrannt, die großen Schuldigen aber entgingen dieser ungerechten und blutigen Justiz! Das läßt uns Bodin verstehen, wenn er uns Geschichten wie den Tod Karls IX. erzählt. Das ist eine wenig bekannte Schandtat, die, wie wir wissen, selbst in den Zeiten der fiebrigsten und trostlosesten Literatur nicht die Begeisterung eines Romanschriftstellers zu gewinnen vermochte.

Karl IX. starb, ohne daß ein Arzt die Ursache hätte finden oder die schrecklichen Symptome hätte erklären können. Die Königin-Mutter, die ihn ganz beherrschte und unter einer anderen Herrschaft alles verlieren konnte, die Königin-Mutter, die man selbst gegen ihre Interessen wegen dieser Krankheit beargwöhnte, weil man diese Frau zu allem, verborgenen Ränken und unbekannten Interessen fähig hielt, befragte zuerst die Astrologen wegen des Königs um Rat und nahm dann ihre Zuflucht zur abscheulichsten Magie. Von Tag zu Tag verschlechterte sich der Zustand des Kranken und wurde hoffnungslos, so wollte man das *Orakel des blutigen Hauptes* befragen. Diese teuflische Operation geht folgendermaßen vor sich:

Man nahm ein schönes und unschuldiges Kind, ließ es im geheimen von einem Hofgeistlichen auf seine erste hl. Kommunion vorbereiten; dann kam der Tag oder vielmehr die Nacht des Opfers. Ein Mönch, abgefallener Jakobiner und den geheimen Werken der schwarzen Magie ergeben, begann um Mitternacht im Zimmer des Kranken bei alleiniger Anwesenheit der Katharina von Medici und seiner Gehilfen das, was man damals die Teufelsmesse nannte.

Bei dieser vor dem Bild des Dämons, der unter seinen Füßen ein umgekehrtes Kreuz hatte, gefeierten Messe weihte der Zauberer eine weiße und eine schwarze Hostie. Die weiße gab man dem Kind, das man wie zur Taufe gekleidet hatte und sofort nach der Kommunion auf dem Weg vom Altar erwürgte. Sein mit einem Schlage vom Rumpf getrennter Kopf wurde noch ganz zuckend auf die große schwarze Hostie, die den Boden des Hostientellers bedeckte, gelegt und dann auf einen Tisch getragen, wo geheimnisvolle Lampen brannten. Dann begann die Beschwörung und der Teufel sollte ein Orakel verkünden und durch den Mund dieses Kopfes auf eine Frage antworten, die der König im geheimen stellte und niemandem anvertraute. Dann ließ sich in diesem kleinen Märtyrerkopf eine schwache, fremde und nicht mehr menschliche Stimme hören. „Ich bin dazu gezwungen," sagte die

Stimme lateinisch: *Vim patior*. Bei dieser Antwort, die dem Kranken zweifellos die Kündigung des Höllenschutzes anzeigte, befiel ihn ein schreckliches Zittern, seine Arme wurden steif... Er schrie mit entsetzlicher Stimme: „Nehmt diesen Kopf weg! nehmt diesen Kopf weg!" und bis zu seinem letzten Atemzug hörte man ihn nichts anderes mehr sagen. Die ihn bedienten und in das schreckliche Geheimnis eingeweiht waren, glaubten ihn von dem Schatten Colignys verfolgt, und daß er glaube, den Kopf dieses berühmten Admirals vor sich zu sehen; aber was diesen Sterbenden erregte, waren keine Gewissensbisse mehr, es war ein hoffnungsloses Entsetzen, eine vorweggenommene Hölle.

Diese schwarzmagische Legende von Bodin erinnert an die scheußlichen Praktiken und die wohlverdiente Strafe des Gilles de Laval, Herrn de Raiz, der vom Asketentum zur schwarzen Magie gelangte und sich den empörendsten Opfern hingab, um Satans Gunstbezeugungen zu erwerben. Dieser Irre erklärte in seinem Prozeß, daß ihm der Teufel mehrmals erschienen sei, ihn aber mit den Versprechungen von Schätzen, die er ihm nie gab, immer getäuscht habe. Aus den gerichtlichen Aufschlüssen geht hervor, daß mehrere Hundert unglückliche Kinder der Habgier und den wilden Einbildungen dieses Mörders zum Opfer gefallen waren.

XVI. KAPITEL

ZAUBER UND BEHEXUNG.

Was nun die Zauberer und Nekromanten in ihren Beschwörungen des unreinen Geistes überhaupt suchten, das war jene magnetische Macht, die das Erbteil des wahren Adepten ist, die sie an sich reißen wollten, um sie unwürdig zu mißbrauchen.

Da der Wahnsinn der Zauberer ein erbärmlicher Irrsinn war, so bestand eines ihrer Hauptziele in der Macht der Behexungen oder der tödlichen Influenzen.

Wir haben in unserem Dogma unsere Gedanken über die Behexung ausgedrückt und gesagt, inwieweit diese Macht uns gefährlich und wirklich erscheint. Der wahre Magier behext diejenigen, die er mißbilligt und die er zu strafen für notwendig erachtet, ohne Zeremonie und allein durch seinen Tadel; ja, die ihm Böses taten, behext er durch seine Verzeihung, und niemals tragen die Feinde der Eingeweihten die Straflosigkeit ihrer Ungerechtigkeiten weit. Wir haben an zahlreichen Beispielen dieses fatale Gesetz an uns selbst bestätigt gefunden. Die Henker der Märtyrer enden immer unglücklich, und die Adepten sind die Märtyrer der Erkenntnis; aber die Vorsehung scheint jene zu verachten, welche diese verachteten, und die sterben zu lassen, die sie am Leben zu hindern suchten. Die Legende vom ewigen Juden ist die Volksdichtung über dasselbe Geheimnis. Ein Volk hat einen Weisen zum Tode verurteilt, er aber sagte ihm: „Gehe hinweg!", da er sich einen Augenblick ausruhen wollte. Und nun erleidet dieses Volk eine ähnliche Verdammung, es ist gänzlich geächtet, und durch die Zeiten hindurch wird man ihm sagen: „Gehe hinweg! gehe hinweg!", ohne daß es weder Erbarmen noch Ruhe finden könnte.

Ein Gelehrter hatte eine Frau, die er in der Übersteigerung seiner Zuneigung leidenschaftlich und wahnsinnig liebte. Er ehrte diese Frau durch blindes Vertrauen und verließ sich in allem auf sie. Von ihrer Schönheit und ihrem Geist überzeugt, ward diese Frau neidisch auf die Überlegenheit ihres Mannes und haßte ihn. Wenig später verließ sie ihn und kompromitierte sich selbst mit einem alten, wüsten, geistlosen und unmoralischen Mann. Das war seine erste Züchtigung, doch die Strafe war damit noch nicht beendet. Der Gelehrte fällte über sie nur folgendes Urteil: „Ich nehme ihr ihren Geist und ihre Schönheit." Ein Jahr später erkannten sie die ihr Begegnenden schon nicht mehr. Die Fülle begann sie zu entstellen, ihr Gesicht spiegelte das Wüste ihrer neuen Leidenschaften. Drei Jahre später war sie häßlich..., nach sieben Jahren war sie verrückt. Das hat sich in unserer Zeit zugetragen, und wir haben beide Menschen gekannt.

Die Magier verurteilen nach Art geschickter Ärzte, und deshalb fordert man ihren Urteilsspruch nicht, wenn sie ihr Urteil gegen einen Schuldigen sprechen. Sie brauchen weder Zeremonien noch Beschwörungen, sie dürfen nur nicht an der gleichen Tafel wie der Verurteilte essen, und sollten sie doch gezwungen sein, mit ihm zusammenzusitzen, so dürfen sie weder Salz von ihm annehmen, noch es ihm anbieten.

Die Behexungen der Zauberer sind anderer

Art und können wahren Vergiftungen eines Stromes von Astrallicht verglichen werden. Sie übersteigern ihren Willen durch Zeremonien derart, daß sie ihn giftig aus der Entfernung von sich geben, aber wie wir schon in unserem Dogma zu beobachten gaben, fallen sie gewöhnlich selbst als erste ihren höllischen Machenschaften als Opfer anheim. Wir geben hier einige ihrer strafbaren Verfahren an. Sie verschaffen sich Haare oder Kleider der Person, die sie verwünschen wollen, wählen dann ein Tier, das in ihren Augen das Symbol dieser Person ist, setzen dieses Tier mittels der Haare oder der Kleider in magnetischen Rapport mit ihr, geben ihm ihren Namen, töten es dann mit einem einzigen Hieb des magischen Dolches, öffnen ihm die Brust, reißen ihm das Herz heraus, hüllen dieses zuckende Herz in die magnetisierten Gegenstände und stoßen während dreier Tage jede Stunde Nägel, im Feuer glühend gemachte Nadeln oder lange Stacheln in dieses Herz, während sie Verwünschungen über den Namen der behexten Person ausstoßen. Sie sind dann überzeugt (und oft mit Recht), daß das Opfer ihrer infamen Operation ebenso viele Qualen leidet, als wenn es wirklich all diese Stiche ins Herz bekommen hätte. Es beginnt hinzusiechen und stirbt nach einiger Zeit an einem unbekannten Übel.

Eine andere auf dem Land gebräuchliche Behexung besteht darin, Nägel durch die Werke des Hasses mit den stinkenden Dämpfen des Saturn und der Anrufung schlechter Genien zu weihen. Die Wege der Person, die man beunruhigen will, zu verfolgen und in Kreuzform alle Fußstapfen, die man auf der Erde oder im Sand von ihr finden kann, mit Nägeln zu beschlagen.

Eine andere noch abscheulichere Art als diese: Man nimmt eine dicke Kröte, tauft sie mit Namen und Vornamen der Person, die man verwünschen will, läßt sie dann eine geweihte Hostie schlucken, über die man Fluchformeln gesprochen hat, hüllt sie hierauf in die magnetisierten Gegenstände, bindet sie mit den Haaren des Opfers, auf die der Operateur zuerst gespieen hat, und gräbt das Ganze entweder unter die Türschwelle des Verwünschten oder an einen Ort, den sie täglich zu begehen genötigt ist. Der Elementargeist dieser Kröte wird für ihre Träume ein Alp und Vampir; es sei denn, daß sie verstünde, ihn dem Übeltäter zurückzuschicken.

Nun folgen die Behexungen durch Wachsbildchen. Die Nekromanten des Mittelalters mischten in ihrem eifrigen Bestreben, ihrem anerkannten Meister durch Sakrilege zu gefallen, in dieses Wachs Tauföl und Asche von verbrannten Hostien. Abtrünnige Priester fanden sich immer, die ihnen geweihte Gegenstände der Kirche lieferten. Man machte mit diesem verfluchten Wachs ein dem zu Behexenden möglichst ähnliches Bild, bekleidete es mit ähnlichen Kleidungsstücken, gab ihm die Sakramente, die er selbst empfangen hat, rief dann auf das Haupt des Bildes alle Verwünschungen herab, die den Haß des Zauberers ausdrückten, und quälte dieses verwünschte Bild täglich mit eingebildeten Qualen, um durch Sympathie den oder die zu treffen und zu quälen, den die Figur darstellt.

Die Behexung ist um so unfehlbarer, wenn man sich Haare, Blut und vor allem einen Zahn der behexten Person verschaffen kann. Daher auch das Sprichwort: Du hast einen Zahn gegen mich.

Außerdem behext man durch den Blick, was

man in Italien *Jettatura* oder den bösen Blick nennt. Während unserer Volksunruhen hatte ein Handelsmann das Unglück gehabt, einen seiner Nachbarn anzuzeigen. Nachdem dieser einige Zeit eingekerkert war, ließ man ihn wieder laufen, aber seine Stellung war verloren. Aus Rache ging er täglich zweimal an der Handlung seines Verräters vorbei, stierte ihn an, grüßte und ging weiter. Einige Zeit darauf konnte der Kaufmann diesen strafenden Blick nicht mehr ertragen, verkaufte sein Geschäft mit Verlust und wechselte das Viertel, ohne seine Adresse anzugeben, kurz, er war ruiniert.

Eine Drohung ist eine wirkliche Behexung, weil sie lebhaft auf die Einbildung einwirkt, besonders wenn diese Einbildung leicht an eine okkulte und unbegrenzte Kraft glaubt. Die schreckliche Drohung mit der Hölle, diese Menschheitsbehexung hat Jahrhunderte lang mehr Alpe, namenlose Krankheiten und zügellosen Wahnsinn heraufbeschworen als alle Laster und Ausschweifungen zusammen. Das wollten die hermetischen Künstler des Mittelalters mit ihren unglaublichen und seltsamen Ungetümen darstellen, die sie über dem Portal ihrer Basiliken ausmeißelten.

Aber die Behexung durch Drohung bringt eine den Absichten des Handelnden absolut entgegengesetzte Wirkung hervor, wenn die Drohung offensichtlich grundlos ist, wenn sie den berechtigten Trotz des Bedrohten weckt und damit seinen Widerstand wachruft, wenn sie schließlich kraft des abscheulichen Wesens lächerlich ist.

Die Höllenanhänger haben also den Himmel in Verruf gebracht. Sagt einem vernünftigen Menschen, daß das Gleichgewicht das Gesetz der Bewegung und des Lebens ist, und daß das moralische Gleichgewicht, die Freiheit, auf einer ewigen und unwandelbaren Unterscheidung zwischen wahr und falsch, gut und böse beruht, sagt ihm, daß er mit freiem Willen sich durch seine Werke im Reich des Guten und der Wahrheit einen Platz erobern oder wie der Felsen des Sysiphos ewig in den Abgrund der Lüge und des Bösen zurückfallen muß: er wird dieses Dogma verstehen. Nennt ihr ihm die Wahrheit und das Gute Himmel, die Lüge und das Schlechte Hölle, er wird an euren Himmel und an eure Hölle glauben. Darüber aber bleibt ihm das göttliche Ideal ruhig, vollkommen und unzugänglich für Zorn wie Beleidigung, weil er versteht, daß, wenn die Hölle wie die Freiheit ein ewiges Prinzip ist, sie als Sühnung nur eine vorübergehende Qual für die Seelen sein wird, und daß die Idee der Sühne notwendigerweise jene der Wiederherstellung und der Zerstörung des Übels voraussetzt.

Das ist nicht mit dogmatischen Absichten gesagt, die uns nicht zustehen würden; sondern um ein moralisches und vernünftiges Mittel der Gewissensbehexung durch die Schrekken des anderen Lebens zu zeigen, sprechen wir von den Mitteln, die uns von den dunklen Einflüssen des menschlichen Zornes abhalten.

Das Erste ist, vernünftig und gerecht zu sein und die Vernunft nie dem Zorn zu opfern. Ein gerechter Zorn ist sehr zu fürchten. Eilt deshalb, eure Ungerechtigkeiten zu erkennen und zu sühnen. Bleibt der Zorn danach bestehen, so erzeugt er sicher ein Laster: dieses sucht zu erfahren und eint euch eng den magnetischen Strömen der entgegengesetzten Tugend. Dann wird die Behexung keine Macht mehr über euch haben.

Wollt ihr Wäsche oder Kleider, die ihr im Gebrauch hattet, weggeben, so laßt sie vorher sorgfältig waschen, sonst verbrennt sie; nehmt nie Kleider, die ein anderer getragen hat, in Gebrauch, ohne sie vorher mit Wasser, Schwefel und Räucherungen von Kampher, Weihrauch, Ambra usw. gereinigt zu haben.

Wer die Behexung nicht fürchtet, wird ihr gut widerstehen: sie wirkt wie ansteckende Krankheiten. In Zeiten der Pest werden die Furchtsamen zuerst von ihr befallen. Das Mittel, das Böse nicht zu fürchten, heißt, sich nicht mit ihm abgeben, und als Verfasser eines Werkes über Magie gebe ich einen sehr uneigennützigen Rat, wenn ich nervösen, schwachen, leichtgläubigen, hysterischen, abergläubischen, frommen, dummen, energie- und willenlosen Leuten rate, nie ein Buch über Magie zu öffnen, oder es zu schließen, falls sie es geöffnet haben, jenen nie zuzuhören, die über okkulte Wissenschaften sprechen, darüber zu lächeln, nie daran zu glauben und frisch zu trinken, wie der große, genießerische Magier, der berühmte Pfarrer von Meudon, sagte.

Die Weisen haben ja außer der des Glücks kaum andere Behexungen zu befürchten. Sind sie aber Priester und Ärzte, so können sie berufen sein, die Behexungen zu heilen, was folgendermaßen geschieht:

Man muß die behexte Person vermögen, dem Zauberer irgend etwas Gutes zu tun, ihm einen Dienst zu erweisen, den er nicht verweigern kann, und zu trachten, ihn direkt oder indirekt zur Gemeinschaft des Salzes zu bringen. Wer sich durch den Krötenzauber behext glaubt, muß eine lebende Kröte in einer Hornkapsel auf sich tragen.

Gegen die Behexung durch das durchstochene Herz läßt man den Kranken ein mit Salbe und Eisenkraut gewürztes Schafsherz essen und einen Venus- oder Mondtalisman in einem Beutelchen voll Kampher und Salz tragen.

Gegen den Wachsfigurenzauber muß man ein besseres Bild machen, ihm von der Person selbst alles nur mögliche geben, die sieben Talismane um seinen Hals hängen, von denen das mittlere ein großes Pantakel mit dem Pentagramm sein soll, und es täglich nach dem Aufsagen der Beschwörung der Vier, mit der man den Einfluß der Elementargeister wendet, mit einer Mischung von Öl und Balsam leicht einreiben. Nach sieben Tagen muß man das Bild im geweihten Feuer verbrennen, und man kann sicher sein, daß das Figürchen des Zauberers im selben Augenblick seine ganze Kraft verlieren wird.

Wir haben bereits von dem Sympathieheilverfahren des Paracelsus gesprochen, der Wachsgliedern Heilmittel zusetzte und auf das aus der Wunde gewonnene Blut einwirkte, um die Wunde selbst zu heilen. Dieses System erlaubte ihm die Anwendung stärkster Heilmittel, wie er auch als Hauptspezifika Sublimat und Vitriol hatte. Unserer Ansicht nach ist die Homöopathie eine Erinnerung an die Theorien des Paracelsus und ein Rückweg zu seinen weisen Verfahren. Doch wir werden auf diesen Gegenstand in einer ganz besonderen Abhandlung zurückkommen, die ausschließlich der okkulten Medizin gewidmet sein wird.

Auf die Zukunft der Kinder von Eltern gemachte Gelübde sind Behexungen, die man nicht genug verurteilen kann. Die zu Ehren der hl. Jungfrau weißgekleideten Kinder gedeihen fast nie; jene, die man früher dem Zölibat gelobte, fielen fast immer in Ausschweifung oder Verzweiflung und Wahnsinn. Es ist dem Menschen nicht erlaubt, dem Schicksal

Gewalt anzutun oder dem rechtmäßigen Gebrauch der Freiheit Fesseln anzulegen.

Wir lassen diesem Kapitel hier gleichsam als Anhang und Ergänzung einige Worte über Alraunen und Androiden folgen, die mehrere Magier mit den Wachsfiguren verwechseln, die zu den Verfahren der Behexungen gehören.

Die natürliche Alraune ist eine haarige Wurzel, die als Ganzes mehr oder weniger die Figur eines Menschen oder jene der männlichen Genitalien darstellt. Diese Wurzel ist leicht narkotisch, und die Alten teilten ihr eine den Geschlechtstrieb erhöhende Wirkung zu, weshalb sie von den Zauberern Thessaliens zur Zusammensetzung der Zaubertränke gesucht wurde.

Ist diese Wurzel, wie dies eine gewisse magische Mystik annimmt, die Nabelschnur unseres erdenhaften Ursprungs? Wir wagen dies ernstlich nicht zu bestätigen. Sicher ist, daß der Mensch aus dem Erdschlamm gewonnen wurde; er mußte sich also im ersten Entwurf in der Form einer Wurzel bilden. Die Entsprechungen der Natur erfordern absolut, daß man diese Vorstellung wenigstens als eine Möglichkeit zuläßt. So wären also die ersten Menschen eine Familie riesenhafter, empfindender Alraune gewesen, welche die Sonne beseelt hätte, und die sich selbst von der Erde getrennt hätten, was nichts ausschließt und im Gegenteil in positiver Weise sogar den schöpferischen Willen und die voraussehende Mitwirkung der ersten Ursache annimmt, die wir mit VERNUNFT GOTT nennen.

Einige alte, von dieser Idee geblendete Alchimisten haben die Kultur der Alraune erträumt, versuchten künstlich einen genügend fruchtbaren Schlamm und eine genügend starke Sonne zu schaffen, um diese Wurzel aufs neue zu *vermenschlichen* und so Menschen ohne Mithilfe von Frauen zu schaffen.

Andere, die in der Menschheit die Synthese der Tiere zu sehen glaubten, haben die Hoffnung aufgegeben, die Alraune zu beseelen; aber sie haben ungeheuerliche Paarungen gekreuzt und haben den menschlichen Samen in tierische Erde geworfen, ohne etwas anderes als schändliche Verbrechen und Ungeheuer ohne Nachkommenschaft hervorzubringen.

Die dritte Art, den Androiden zu bilden, geschieht mit dem galvanischen Mechanismus. Man schreibt Albert dem Großen einen dieser fast intelligenten Automaten zu und fügt bei, der hl. Thomas habe ihn mit einem einzigen Stockschlag zerschlagen, weil er um seine Antworten verlegen war. Diese Erzählung ist eine Allegorie. Der Android Alberts des Großen ist die aristotelische Theologie der ursprünglichen Scholastik, die die „*Summa*" des hl. Thomas zerschlug, dieses kühnen Neuerers, der als erster das absolute Gesetz der Vernunft an Stelle der göttlichen Willkür setzte, indem er den Lehrsatz aufzustellen wagte, den wir nicht oft genug wiederholen können, zumal er von einem solchen Meister stammt: Eine Sache ist nicht gerecht, weil Gott sie will; sondern Gott will sie, weil sie gerecht ist.

Der wirkliche, ernsthafte Android der Alten war ein Geheimnis, das sie allen Blicken verbargen, und das Mesmer als erster in unseren Tagen zu verbreiten wagte: es war die durch einen Elementargeist geleitete und bediente Ausdehnung des Willens des Magiers auf einen anderen Körper; in anderen, moderneren und verständlicheren Worten: es war das magische Subjekt.

XVII. KAPITEL

DIE SCHRIFT DER STERNE.

Zu Ende mit der Hölle, atmen wir nach dem Durchqueren der schwarzmagischen Höhen mit voller Brust zum Licht. Weiche Satan! wir entsagen dir, deiner Pracht, deinen Werken, aber noch mehr deiner Schändlichkeit, deinem Elend, deiner Verneinung und Lüge. Der große Initiator hat dich wie einen Blitz vom Himmel stürzen sehen. Die christliche Legende verwandelt dich, indem sie den Kopf der Schlange leicht unter den Fuß der Gottesmutter legt. Für uns bist du das Bild der Dummheit und des Geheimnisses, die Unvernunft und der blinde Phanatismus, die Inquisition und ihre Hölle, du bist der Gott Torquemadas und Alexanders VI., bist zum Spielzeug unserer Kinder geworden, und dein letzter Platz ist neben dem Hanswurst; nichts mehr bist du jetzt als eine Groteskfigur unserer Jahrmarktsbuden und ein Aushängeschild für sogenannte religiöse Krämer.

Nach dem sechzehnten Schlüssel des Tarot, der die Ruine des Satanstempels darstellt, finden wir auf der siebzehnten Seite ein herrliches und entzückendes Emblem.

Eine nackte, unsterbliche Frau gießt aus zwei Gefäßen, einem goldenen und einem silbernen, den Geist des universellen Lebens über die Erde aus. Neben ihr ist ein Strauch in Blüte, auf dem der Schmetterling der Psyche ruht, über ihr erstrahlt ein achtstrahliger Stern, um den sieben andere Gestirne gestellt sind.

Ich glaube an das ewige Leben! So heißt der letzte christliche Glaubensartikel, der für sich ein ganzes Glaubensbekenntnis ist.

Die Alten glaubten, in ihrem Vergleich der Ruhe und friedlichen Unendlichkeit des ganz mit unveränderlichen Sternen besäten Himmels mit den Bewegungen und den Finsternissen dieser Welt in diesem schönen Buch mit seinen goldenen Lettern das letzte Wort des Schicksalsrätsels gefunden zu haben. Sie haben in der Vorstellung Verbindungslinien zwischen diesen leuchtenden Punkten der göttlichen Schrift gezogen, und man sagt, daß die ersten von den chaldäischen Priestern festgelegten Konstellationen auch die ersten Zeichen der kabbalistischen Schrift gewesen seien.

Diese ehedem durch Linien, später durch hieroglyphische Bilder ausgedrückten Charaktere sollen nach Moreau de Dammartin, dem Verfasser eines sehr merkwürdigen Traktates über den Ursprung der alphabetischen Zeichen, die alten Magier in der Wahl der hieroglyphischen Bilder des Tarot bestimmt haben, den dieser Gelehrte wie wir als ein wirklich hieratisches und ursprüngliches Buch erkannte.

So wurden nach der Ansicht dieses Gelehrten das chinesische Tseu, das Aleph der Juden und das Alpha der Griechen, also das Bild des Gauklers, der Konstellation des dem astralen Fisch der östlichen Sphäre benachbarten Kranich entnommen.

Das der Päpstin oder Juno entsprechende chinesische Tcheou, das hebräische Beth und das lateinische B waren dem Kopf des Widders nachgebildet. Das durch die Kaiserin ersetzte chinesische Yn, das hebräische Ghimel, das lateinische G wären der Konstellation des großen Bären entlehnt usw.

Der von uns schon mehrmals erwähnte Kabbalist Gaffarel hat eine Himmelskarte ausgearbeitet, in der alle Konstellationen hebräische Buchstaben bilden; wir gestehen jedoch, daß uns die Gestaltung oft mehr als willkürlich erscheint und wir nicht verstehen, warum Gaffarel aus dem Anzeichen eines Sternes öfter ein ד als ein ו oder ein ן zieht, wie auch vier Sterne in gleicher Weise ein ת oder ein ח oder ein ה geben wie ein א. Deshalb verzichteten wir darauf, hier eine Abbildung der Gaffarelschen Himmelskarte zu geben, dessen Werke außerdem nicht sehr selten sind. Diese Himmelskarte ist übrigens in dem Werk des Pater Montfaucon über die Religionen und den Aberglauben der Welt reproduziert worden, wie man auch in dem von dem Mystiker Eckartshausen veröffentlichten Werk über die Magie eine Kopie derselben findet.

Die Gelehrten sind sich übrigens über die Bildung der Buchstaben des ursprünglichen Alphabets nicht einig. Der italienische Tarot, dessen gotische Typen zu erhalten sehr erwünscht wäre, stimmt in der Anordnung seiner Bilder mit dem seit der babylonischen Gefangenschaft gebräuchlichen hebräischen — dem sogenannten assyrischen — Alphabet überein. Aber es gibt Fragmente anderer, älterer Tarots als diesen, bei denen die Anordnung nicht mehr die gleiche ist. Da man in den Stoffen der Wissenschaft nicht nach gut Glück verfahren soll, warten wir zur Festlegung unseres Standpunktes auf neue, aufschlußreichere Entdeckungen.

Wir halten das Alphabet der Sterne für willkürlich wie den Stand der Wolken, der uns jede, ihm von unserer Einbildung gegebene Form anzunehmen scheint. Ebenso verhält es sich bei den Sterngruppen wie bei den Punkten der Geomantie und dem Gemisch der Karten beim Kartenlegen. Sie sind ein Vorwand, sich selbst zu magnetisieren, und ein Werkzeug, das unsere natürliche Absicht festlegen und bestimmen kann. So wird ein in den mystischen Hieroglyphen bewanderter Kabbalist in den Sternen etwas sehen, was ein einfacher Hirte darin nicht finden kann, und dieser wird seinerseits Verbindungen entdecken, die dem Kabbalisten entgingen. Die Landleute sehen in Gürtel und Schwert des Orion einen Rechen. Ein hebräischer Kabbalist würde in dem gleichen Orion, als Ganzes betrachtet, alle Mysterien des Ezechiel, die in der Dreiheit angeordneten zehn Sephirot, ein aus vier Sternen gebildetes zentrales Dreieck, eine Linie aus drei Sternen als Jod sehen, dann die beiden Figuren zusammen, wobei sie alle Mysterien des Bereschit bilden, und vier Sterne als die Räder der Mercavah, wie sie das göttliche Gefährt vervollständigen. Betrachtet man ihn auf andere Art, zieht man andere ideale Linien, so sieht man ein über ein Jod י gestelltes und völlig ausgebildetes Ghimel ג in einem großen, umgekehrten ד Daleth, ein Bild, das den Kampf des Guten und Bösen mit dem endgültigen Sieg des Guten darstellt. Und wirklich, das auf das Jod gestützte ג ist die von der Einheit hervorgebrachte Dreiheit, ist die göttliche Manifestation des WORTES, während das umgekehrte Daleth die aus der mit sich selbst vervielfachten, bösen Zweiheit gebildete Dreiheit ist. Das so betrachtete Bild des Orion wird mit jenem des mit dem Drachen kämpfenden Erzengels Michael identisch, und die Erscheinung dieses sich unter dieser Form darstellenden Zeichens wird für den Kabbalisten zum Vorzeichen des Sieges und des Glückes.

Eine lange Betrachtung des Himmels steigert die Einbildung, die Sterne antworten dann unseren Gedanken. Die von den ersten Beobachtern geistig von einem zum andern gezogenen Linien mußten den Menschen die ersten Gedanken zur Geometrie geben. Je nachdem unsere Seele ruhig oder aufgeregt ist, scheinen die Sterne gelbrot vor Drohung oder strahlend vor Hoffnung. So ist der Himmel der Spiegel der menschlichen Seele, und da wir in den Sternen zu lesen glauben, lesen wir in uns selbst.

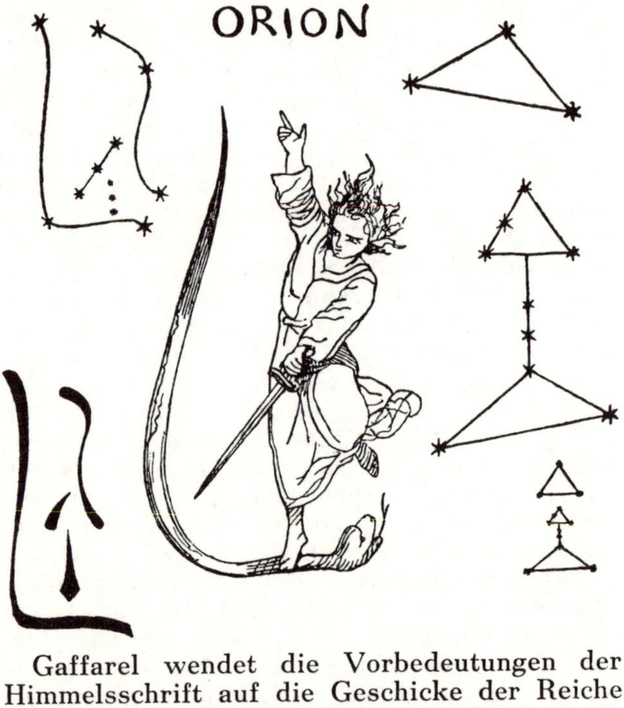

Gaffarel wendet die Vorbedeutungen der Himmelsschrift auf die Geschicke der Reiche an und sagt, die Alten hätten nicht umsonst alle unheilverkündenden Zeichen in den nördlichen Himmelsteil gelegt, und zu allen Zeiten seien die Unruhen als vom Norden kommend betrachtet worden, um sich über die Erde zu verbreiten, da sie nach dem Süden vorstießen.

„Deshalb“, sagt er, „haben die Alten in diesen nördlichen Himmelsteilen eine Schlange oder einen Drachen ganz nahe zu den beiden Bären gestellt, weil diese Tiere die wahren Hieroglyphen der Tyrannei, Plünderung und jeder Art Unterdrückung sind. Und in der Tat, blättert die Annalen durch, und ihr werdet sehen, daß alle großen Verheerungen, die je vorkamen, aus den Teilen des Nordens gekommen sind. Die von Nabuchodonosor und Salmanasar geführten Assyrer oder Chaldäer haben diese Wahrheit in der Feuersbrunst eines Tempels und einer Stadt, der prachtvollsten und heiligsten des Universums, wie in dem völligen Ruin eines Volkes bewiesen, dem Gott selbst seinen besonderen Schutz hatte angedeihen lassen, und dessen Vater er sich besonders nannte. Und das andere Jerusalem, das glückliche Rom, hat es nicht oft genug die Furien dieser schlechten Rasse des Nordens erfahren, als es durch die Grausamkeit der Alarich, Genserich, Attila und der übrigen Goten-, Hunnen- und Vandalenfürsten seine Altäre gestürzt und die Höhen seiner herrlichen Bauwerke dem Erdboden gleichgemacht sah . . . Sehr wohl liest man also in den Geheimnissen der Himmelsschrift von der Seite des Nordens Übel und Unglück, weil *a septentrione pandetur omne malum*. Doch bezeichnet das Wort הפתח, das wir mit *pandetur* übersetzen, ebensowohl *depingetur* oder *scribetur,* und die Prophezeiung heißt gleichbleibend: Alle Unglücksfälle der Welt sind in die Nordseite des Himmels geschrieben.“

Wir haben diese ganze Stelle des Gaffarel hierhergesetzt, weil sie nicht ohne Aktualität für unsere Zeit ist, da der Norden noch ganz

Europa zu bedrohen scheint; aber es gibt auch ein Schicksal, das von der Sonne besiegt wird, und die Finsternisse müssen sich beim Nahen der Sonne von selbst zerteilen. Und das ist unser letztes Wort zur Prophetie und das Geheimnis der Zukunft.

Gaffarel fügt noch einige aus den Sternen gewonnene Vorhersagen über die zunehmende Schwächung des türkischen Reiches hinzu, doch sind, wie schon gesagt, seine Sternbuchstabenbilder ziemlich willkürlich. Zum Schluß erklärt er, diese Vorhersagen einem hebräischen Kabbalisten namens Rabbi Chomer entlehnt zu haben, den gut zu verstehen er sich selbst schmeichelt.

Hier die Tafel der magischen Charaktere,

welche von den alten Astrologen nach den Tierkreiskonstellationen gezogen wurden. Jeder dieser Charaktere stellt den Namen eines guten oder bösen Genius dar. Man weiß, daß die Zeichen des Tierkreises mit verschiedenen himmlischen Einflüssen übereinstimmen und infolgedessen eine jährliche Wechselfolge von Gut und Böse ausdrücken.

Die Namen der durch diese Charaktere bezeichneten Genien sind:

für den Widder: SATAARAN und Sarahiel;
für den Stier: BAGDAL und Araziel;
für die Zwillinge: SAGRAS und Saraiel;
für den Krebs: RAHDAR und Phakiel;
für den Löwen: SAGHAM und Seratiel;
für die Jungfrau: IADARA und Schaltiel;
für die Wage: GRASGARBEN und Hadakiel;
für den Skorpion: R EHOL und Saissaiel;
für den Schützen: VHNORI und Saritaiel;
für den Steinbock: SAGDALON und Semakiel;
für den Wassermann: ARCHER und Ssakmakiel;
für die Fische: RASAMASA und Vacabiel.

Der Weise muß, will er im Himmel lesen, auch die Tage des Mondes beachten, dessen Einfluß in der Astrologie sehr groß ist. Der Mond zieht das magnetische Fluidum der Erde wechselweise an und wirft es zurück, wie er auch Ebbe und Flut des Meeres hervorbringt: man muß also die Phasen gut kennen und die Tage und Stunden zu unterscheiden wissen. Der Neumond ist zum Beginn jedes magischen Werkes günstig, vom ersten Viertel bis zum Vollmond ist sein Einfluß warm, vom Vollmond bis zum letzten Viertel ist er trocken, vom letzten Viertel bis zum Ende ist er kalt. So sind die durch die zweiundzwanzig Schlüssel des Tarot und die Zeichen der sieben Planeten bezeichneten Charaktere aller Tage des Mondes:

1. Der Gaukler oder der Magier.

Der erste Tag des Mondes ist jener der Schöpfung des Mondes selbst. Dieser Tag ist den Initiativen des Geistes geweiht und muß allen glücklichen Neuerungen günstig sein.

2. Die Päpstin oder die okkulte Wissenschaft.

Der zweite Tag, dessen Genius Enediel ist, war der fünfte Schöpfungstag, weil der Mond am vierten Tag geschaffen wurde. Vögel und Fische, die an diesem Tage erschaffen wurden, sind die lebendigen Hieroglyphen der magischen Analogien und des universellen Dogmas des Hermes. Wasser und Luft, die dann von den Formen des Wortes erfüllt wurden, sind die Elementarbilder des Quecksilbers der Weisen, d. h. der Intelligenz und der Sprache. Dieser Tag ist den Offenbarungen, Einweihungen und großen Entdeckungen der Wissenschaft günstig.

3. Die himmlische Mutter oder die Kaiserin.

Der dritte Tag war derjenige der Erschaffung des Menschen. Auch in der Kabbala wird der Mond MUTTER genannt, wenn man ihn von der Zahl 3 begleitet darstellt. Dieser Tag ist der Zeugung und vor allem allen körperlichen oder geistigen Erzeugnissen günstig.

4. Der Kaiser oder der Herrscher.

Der vierte Tag ist düster: es war der von Kains Geburt; doch ist er den ungerechten und tyrannischen Unternehmungen günstig.

5. Der Papst oder der Hierophant.

Der fünfte ist günstig: es war der von Abels Geburt.

6. Der Liebende oder die Freiheit.

Der sechste ist ein Tag des Hochmuts: es war der von Lameths Geburt, jenes, der seinen Frauen gesagt hatte: Ich habe einen Mann getötet, der mich geschlagen, und einen jungen Menschen, der mich verwundet hatte. Verflucht, der mich dafür strafen will! Dieser Tag ist Verschwörungen und Aufständen günstig.

7. Der Lastwagen.

Am siebenten Tag wurde Hebron geboren, der seinen Namen der ersten der heiligen Stätten Israels gab. Tag der Religion, der Gebete und des Erfolges.

8. Die Gerechtigkeit.

Abels Ermordung. Tag der Sühne.

9. Der Greis oder der Eremit.

Methusalems Geburt. Tag des Segens für die Kinder.

10. Das Glücksrad des Ezechiel.

Nebukadnezars Geburt. Herrschaft des Tieres. Düsterer Tag.

11. Die Kraft.

Noes Geburt. Die Gesichte dieses Tages sind trügerisch, aber es ist ein Tag der Gesundheit und Langlebigkeit für Kinder, die geboren werden.

12. Der Geopferte oder der Gehängte.

Samuels Geburt. Prophetischer und kabbalistischer Tag, der Vollendung des großen Werkes günstig.

13. Der Tod.

Tag der Geburt Chanaans, des schlechten

Sohnes von Cham. Düsterer Tag und Schicksalszahl.

14. Der Engel der Mäßigkeit.

Noes Segen, der vierzehnte Tag des Mondes. An diesem Tag herrscht der Engel Cassiel aus der Hierarchie des Uriel.

15. Typhon oder der Teufel.

Ismaels Geburt. Tag der Verdammnis und der Verbannung.

16. Der blitzende Turm.

Tag der Geburt Jakobs und Esaus und der Vorherbestimmung Jakobs zum Verderben Esaus.

17. Der gelbrote Stern.

Das Himmelsfeuer zerstört Sodoma und Gomorrha. Tag der Rettung für die Guten, des Untergangs für die Schlechten, gefährlich, wenn er auf einen Samstag fällt. Er steht unter der Herrschaft des Skorpion.

18. Der Mond.

Isaaks Geburt. Sieg der Gattin. Tag der ehelichen Liebe und der guten Hoffnung.

19. Die Sonne.

Pharaos Geburt, je nach dem Verdienst der Großen der Welt für sie günstiger oder ungünstiger Tag.

20. Das Gericht.

Jonas Geburt, das Organ der Gerichte Gottes. Günstiger Tag für göttliche Offenbarungen.

21. Die Welt.

Sauls Geburt, materielles Königreich. Gefahr für Geist und Vernunft.

22. Einfluß des Saturn.

Jobs Geburt, Tag der Prüfung und des Leidens.

23. Einfluß der Venus.

Benjamins Geburt, Tag des Vorzugs und der Zärtlichkeit.

24. Einfluß des Jupiter.

Japhets Geburt.

25. Einfluß des Merkur.

Zehnte Plage Ägyptens.

26. Einfluß des Mars.

Befreiung der Israeliten und Durchgang durch das Rote Meer.

27. Einfluß von Diana oder Hekate.

Glänzender, von Judas Maccabäus errungener Sieg.

28. Einfluß der Sonne.

Samson nimmt die Tore von Gaza im Sturm. Tag der Stärke und Befreiung.

29. Der Narr des Tarot.

Tag des Fehlschlagens und des Mißerfolges in allen Dingen.

Aus dieser rabbinischen Tafel, die Jean Belot und andere den hebräischen Kabbalisten entlehnt haben, kann man sehen, daß diese alten Meister aus den Tatsachen *a posteriori* auf die mutmaßlichen Einflüsse schlossen, was vollkommen in der Logik der okkulten Wissenschaften liegt. Man sieht auch, wie viele verschiedene Bedeutungen in diesen zweiundzwanzig Schlüsseln enthalten sind, die das universelle Alphabet des Tarot bilden, wie auch die Wahrheit unserer Versicherungen, wenn wir behaupten, daß alle Geheimnisse der Kabbala und der Magie, alle Mysterien der alten Welt, das ganze Wissen der Patriarchen, alle historischen Überlieferungen der früheren Zeiten in diesem hieroglyphischen Buch des Thot, Henoch oder Kadmos enthalten sind.

Ein sehr einfaches Mittel, die himmlischen Horoskope durch Traumdeutung zu finden, ist das hier angegebene, es versöhnt Gaffarel mit uns und kann an Genauigkeit und Tiefe sehr erstaunliche Ergebnisse geben.

Nehmt eine schwarze Karte, in die ihr den Namen der Person, für die ihr fragt, schneidet, legt diese Karte auf die Spitze eines auf der Blickseite des Beobachters engeren und auf der Kartenseite weiteren Rohres, seht dann wechselweise nach den vier Eckpunkten, indem ihr im Osten beginnt und im Norden endet. Merkt euch alle Sterne, die ihr durch die Buchstaben sehen werdet, verwandelt dann die Buchstaben in Zahlen und erneuert mit der auf dieselbe Art geschriebenen Summe der Addition die Operation, zählt, wieviel Sterne ihr habt, fügt diese Zahl zu jener der Namen, zählt sie zusammen und schreibt den Gesamtbetrag der beiden Zahlen in hebräischen Buchstaben. Erneuert dann die Operation und schreibt die Sterne besonders, denen ihr begegnet seid, sucht dann auf der Himmelskarte die Namen all dieser Sterne, macht dann die Einteilung nach ihrer Größe und ihrem Glanz und wählt den größten und glänzendsten Stern als Polstern eurer astrologischen Operation. Dann sucht ihr in der ägyptischen Planisphäre (sie befindet sich ziemlich vollständig und gut gedruckt in dem Atlas des großen Werkes von Dupuis) die Namen und das Bild der Genien, denen die Sterne zugehören. Ihr erkennt dann die glücklichen und unglücklichen Zeichen, welche in den Namen der Person eindringen und ihren Einfluß haben: in der Kindheit (der im Osten gezogene Name), in der Jugend (der Name vom Süden), im reifen Alter (der Name vom Westen) oder im Alter (der Name vom Norden) oder im ganzen Leben (das sind die Sterne, die in die ganze, aus der Addition der Buchstaben und Sterne gebildeten Zahl eindringen werden). Diese astrologische Operation ist einfach, leicht und erfordert wenig Berechnungen. Sie führt uns in das höchste Altertum zurück und gehört offensichtlich, wovon man sich beim Studium der Werke Gaffarels und seines Lehrers Rabbi Chomer überzeugen kann, der ursprünglichen Magie der Patriarchen an.

Diese onomantische Astrologie war die aller alten hebräischen Kabbalisten, wie es ihre durch Rabbi Chomer, Rabbi Kapol, Rabbi Abjudan und andere Meister der Kabbala erhaltenen Ergebnisse beweisen. Die Drohungen der Propheten gegen die verschiedenen Reiche der Welt stützten sich auf die Charaktere der Sterne, welche sich vertikal über denen in gewöhnlicher Verbindung der himmlischen mit der irdischen Sphäre fanden. Schrieben sie so an den Himmel Griechenlands seinen Namen hebräisch, יור oder יוג und verwandelten ihn in Zahlen, so hatten sie das Wort הרכ gefunden, das Zerstörung, Verheerung bedeutet.

הרכ

2 2 8

CHARAB

Zerstört, verwüstet.

Summe 12.

יוג

5 6 1

JAVAN

Griechenland

Summe 12.

Daraus schlossen sie, daß Griechenland nach einem Zyklus von zwölf Perioden verwüstet und zerstört würde.

Kurz vor der Einäscherung und Zerstörung des Tempels in Jerusalem durch Nabuzardan hatten die Kabbalisten vertikal über dem Tempel elf Sterne in folgender Stellung bemerkt:

* * * * * * * *

*

* *

die alle in das vom Norden nach Westen geschriebene Wort הבשיה Hibschich eindrangen, das Verwerfung und mitleidlose Verlassenheit bedeutet. Die Summe der Buchstabenzahl ist 423, genau die Zeit des Bestehens des Tempels.

Die Reiche von Persien und Assyrien waren durch vier vertikale Sterne vom Untergang bedroht, welche in die drei Buchstaben רוב, *Rob,* eindrangen, und die durch die Buchstaben angezeigte Schicksalszahl war 208 Jahre.

Vier Sterne kündigten den rabbinischen Kabbalisten jenes Tempels auch den Sturz und die Teilung des alexandrinischen Reiches an, da sie sich in das Wort פרד, *parad,* teilen, einfügten, dessen Zahl 284 die ganze Dauer dieses Königreiches in seiner Wurzel wie in seinen Bruchstücken anzeigt.

Nach Rabbi Chomer werden die Geschicke des Ottomanenreiches in Konstantinopel im voraus von vier Sternen festgelegt und angekündigt, die, in das Wort באה, *caah,* eingefügt, schwach, krank sein, auf sein Ende beziehen, bedeuten. Die Sterne, die in dem Buchstaben א strahlender waren, zeigen ein großes א an und geben diesem Buchstaben den Wert von tausend. Die drei vereinigten Buchstaben ergeben 1025, das man dem Jahre der Einnahme Konstantinopels durch Mohammed II. zuzählen muß, eine Berechnung, die dem geschwächten und jetzt durch das gesamte Europa unterstützten Reich der Sultane noch einige Jahrhunderte Bestand zugesteht.

Das MENE THEKEL PHARES, das Belsazar in seinem Rausch durch die Flammenstrahlen auf die Mauer seines Palastes geschrieben sah, war eine onomantische Eingebung nach Art der Rabbinen. Der von seinen hebräischen Wahrsagern zweifellos in die Sternenschrift eingeweihte Belsazar operierte mechanisch und instinktiv mit den Lichtern seines nächtlichen Festes, wie er es hätte mit den Sternen des Himmels tun können. Die drei Worte, die er in seiner Einbildung gebildet hatte, wurden in seinen Augen bald unauslöschbar und ließen alle Lichter seines Festes verblassen. Es war nicht schwer, einem in einer Stadt belagerten König, der sich Orgien hingab, ein jenem des Sardanapal ähnliches Ende vorauszusagen. Wir haben gesagt und wiederholen zum Schluß dieses Kapitels, daß die magnetischen Eingebungen allein den kabbalistischen und astrologischen Berechnungen Wert und Wirklichkeit geben, kindischen und vollkommen willkürlichen Berechnungen vielleicht, wenn man sie ohne Inspiration, aus kalter Neugier und ohne mächtigen Willen anstellte.

XVIII. KAPITEL.

ZAUBERTRÄNKE UND MAGNETISMUS.

Gehen wir jetzt nach Thessalien, dem Lande der Zauberei. Dort wurde Apuleios wie des Odysseus Gefährten getäuscht und erlitt eine schändliche Verwandlung. Alles ist dort magisch, vom Vogel in der Luft, den Insekten im Gras bis zu den Bäumen und Blüten; im Mondschein werden dort Gifte gebraut, die zur Liebe reizen. Dort erfinden Stryginnen Reize, die sie wie Charitinnen jung und schön machen. Hütet euch, ihr jungen Leute!

Die Kunst der Vernunftvergiftungen oder Zaubertränke scheint tatsächlich den Überlieferungen nach in Thessalien ihre giftige Blüte mit größerer Pracht als überall sonst entwickelt zu haben, doch hat dort die gewaltigste Rolle noch der Magnetismus gespielt, denn die aufreizenden oder narkotischen Pflanzen, die behexten und krankhaften tierischen Substanzen zogen all ihre Kraft aus den Zaubereien, d.h. aus den von den Zauberern dargebrachten Opfern und aus den Reden, die sie beim Bereiten ihrer Zaubertränke und Tränkchen ausstießen.

Die aufreizenden Substanzen und jene, die zumeist Phosphor enthalten, sind natürlich den Geschlechtstrieb reizende Mittel. Alles, was auf das Nervensystem einwirkt, kann die leidenschaftliche Überreizung herbeiführen, und wenn ein geübter und standhafter Wille diese natürlichen Anlagen zu benützen und zu bestimmen weiß, so wird er sich der Leidenschaft der andern zum Nutzen der eigenen bedienen und die stolzesten Personen bald dahin bringen, zu gegebener Zeit Werkzeuge seines Vergnügens zu werden.

Es handelt sich darum, sich eines solchen Einflusses zu erwehren, und um den Schwachen Waffen zu geben, schreiben wir dies Kapitel.

Hier zunächst die Praktiken des Feindes:

Wer geliebt werden will (all diese illegitimen Manöver nehmen wir nur vom Mann an, da wir vermuten, daß eine Frau diese niemals nötig hat), muß sich zunächst bemerkbar machen und irgendeinen Eindruck in der Einbildung der begehrten Person hervorrufen. Er erfüllt mit Bewunderung, Erstaunen, Schrekken, ja Entsetzen, wenn nichts anderes bleibt, jedenfalls muß er um jeden Preis für sie aus dem Rahmen gewöhnlicher Männer herausfallen und wohl oder übel einen Platz in ihren Gedanken, Vorstellungen und Träumen einnehmen. Lovelace ist sicher nicht das anerkannte Ideal der Clarissinnen; aber sie denken ohne Unterlaß, ihn zu verwerfen, zu verdammen und seine Opfer zu beklagen, seine Bekehrung und Reue zu wünschen; dann wollen sie ihn durch Hingebung und Verzeihung sittlich erneuern, dann sagt ihnen die geheime Eitelkeit, daß es doch schön wäre, die Liebe eines Lovelace an sich zu heften, ihn zu lieben und ihm zu widerstehen. Und siehe, meine Clarissin nimmt sich vor, Lovelace zu lieben; sie will von ihm geliebt werden, errötet, widersteht tausendmal und liebt ihn tausendmal mehr als vorher — und kommt dann der erhabene Moment, so vergißt sie, ihm zu widerstehen.

Wären die Engel auch Frauen, wie sie der moderne Mystizismus darstellt, so hätte Jehova als Vater sehr klug und weise gehandelt, da er Satan von der Himmelstür gewiesen hat.

Für die Eigenliebe gewisser Frauen ist es eine große Enttäuschung, den Mann im Grunde gut und untadelig zu finden, in den sie verliebt waren, da sie ihn für einen Schurken gehalten hatten. Der Engel verläßt dann den Ehrenmann verachtungsvoll mit den Worten: Du bist nicht der Teufel! Verkleidet euch also möglichst vollkommen als Teufel, wollt ihr Engel verführen.

Einem tugendhaften Mann erlaubt man nichts. Für was hält uns dieser Mann eigentlich? sagen die Frauen, glaubt er, man habe weniger Sitte als er? Doch einem Taugenichts verzeiht man alles: was wollt ihr von einem solchen Wesen Besseres erwarten.

Die Rolle des Mannes mit großen Grundsätzen und starkem Charakter kann nur bei Frauen, die man nie zu verführen braucht, eine Macht sein. Alle andern verehren ausnahmslos die schlechten Subjekte.

Bei den Männern ist es das genaue Gegenteil, und dieser Gegensatz hat aus der Schamhaftigkeit die Mitgift der Frauen geschaffen: ihre erste und natürlichste Koketterie.

Einer der berühmtesten Ärzte und liebenswürdigsten Gelehrten Londons, Doktor Ashburner, erzählte mir im vergangenen Jahr, daß einer seiner Patienten, der eben von einer großen Dame kam, eines Tages zu ihm gesagt habe: „Ich bekam soeben ein seltsames Kompliment. Die Marquise de . . . . hat mir eben, da sie mir ins Gesicht sah, gesagt: Mein Herr, Sie werden mir die Augen mit ihrem fürchterlichen Blick nicht zu schließen vermögen. Sie haben Satansaugen! — Na! antwortete ihm lächelnd der Doktor, und da haben Sie sich ihr gleich an den Hals geworfen und haben sie geküßt? — Aber nein: ich war ganz erstaunt über diesen plötzlichen Ausruf. — Dann gehen

Sie nie mehr zu ihr, mein Lieber, Sie haben ihre Gunst verloren.

Man sagt gewöhnlich das Amt des Scharfrichters übertrage sich vom Vater auf den Sohn. So haben die Scharfrichter Söhne? Zweifellos, da ihnen Frauen nie fehlen. Marat hatte eine Geliebte, die ihn, den schrecklichen Aussätzigen sehr liebte; doch ließ dieser furchtbare Marat auch die ganze Welt erzittern.

Man könnte sagen, die Liebe sei, überhaupt bei der Frau, eine wahrhafte Halluzination. Beim Fehlen eines andern unsinnigen Beweggrundes entschließt sie sich oft zur Albernheit. Joconda um eines Magog betrügen, welche Schandtat! — Nun gut, wenn schon Schandtat, warum sie nicht begehen? Es muß ja so angenehm sein, von Zeit zu Zeit so eine kleine Schamlosigkeit zu begehen.

Es gibt, da wir diese transzendentale Erkenntnis der Frau zugestehen, eine andere Art, ihre Aufmerksamkeit zu erregen: sich nicht oder auf eine Art mit ihr beschäftigen, die ihre Eigenliebe kränkt, indem man sie wie ein Kind behandelt und den Gedanken weit von sich weist, ihr den Hof zu machen. Dann wechseln die Rollen: sie wird alles tun, euch zu reizen, wird euch in die Geheimnisse einweihen, die Frauen für sich behalten, wird sich vor euch an- und ausziehen und euch so ungefähr sagen: —Unter Frauen — unter alten Freunden — ich fürchte Sie nicht — Sie sind für mich kein Mann, usw. Dann beobachtet sie eure Blicke, und findet sie sie ruhig und indifferent, wird sie außer sich sein. Sie wird sich euch unter irgendeinem Vorwand nähern, wird euch mit ihren Haaren streicheln, ihren Frisiermantel halb offen lassen.... Man sah sie in solchen Umständen sogar einen Sturmangriff unternehmen, doch nicht aus Zärtlichkeit, sondern aus Neugier, Ungeduld und weil sie gereizt sind.

Ein geistvoller Magier braucht keine anderen Zaubertränke, er hat auch Schmeichelworte, magnetischen Atem, leichte, aber sinnliche Berührungen, mit einer Art von Scheinheiligkeit zur Verfügung, so als ob man nicht daran dächte. Die Tränkchengeber müssen alt, dumm, wüst und unfähig sein; und wozu ist der Zaubertrank eigentlich gut? Jeder wahre Mann hat immer Mittel, um sich lieben zu lassen, sucht er nicht gerade einen schon besetzten Platz einzunehmen. Er wäre äußerst ungeschickt, wollte er eine eben Verheiratete, in den ersten Süßigkeiten ihrer Flitterwochen oder eine schon von einem Lovelace gestärkte Clarissin erobern, die jener sehr unglücklich gemacht oder dessen Liebe sie sich bitter vorwirft.

Wir reden hier nicht von dem Schmutz der schwarzen Magie im Hinblick auf die Zaubertränke; mit den Küchen der Canidia sind wir fertig. Man kann in den *Epoden* des Horaz lesen, wie diese scheußliche Hexe Roms ihre Gifte mischte, und über Opfer und Liebeszauberei kann man die *Eglogen* Theokrits und Virgils nachlesen, in denen diese Art magischer Werke aufs genaueste beschrieben sind. Wir vermissen hier weder die Rezepte der Zauberbücher, noch die des „Kleinen Albert", die jedermann nachschlagen kann. Alle diese verschiedenen Praktiken gehören zum Magnetismus oder der giftmischerischen Magie und sind entweder naiv oder verbrecherisch.

Getränke, die den Geist schwächen und die Vernunft trüben, können die von einem schlechten Willen schon erlangte Herrschaft befestigen, wie ja die Kaiserin Cesonia auf gleiche Weise die wilde Liebe Caligulas an sich gekettet haben soll. Die Blausäure ist das schrecklichste Mittel dieser Gedankenvergiftung. Deshalb soll man sich vor allen Destillaten mit Mandelgeschmack hüten, aus seinem Schlafzimmer Mandel und Stechapfel, Mandelseifen, Mandelmilch, im allgemeinen auch alle Parfümerien, in denen der Mandelduft vorherrscht, und überhaupt alles entfernen, wenn seine Wirkung auf das Gehirn durch jene von Ambra unterstützt wird.

Die Tätigkeit der Intelligenz herabsetzen heißt gleichzeitig die Kräfte einer unsinnigen Leidenschaft steigern. Jene Liebe, die diese Übeltäter, von denen wir hier sprechen, einflößen wollen, ist ein wirklicher Stumpfsinn und die schändlichste aller moralischen Knechtschaften. Je mehr man einen Sklaven entnervt, um so unfähiger wird er, sich zu befreien, und das ist in Wahrheit das Geheimnis der Magierin des Apuleios und der Tränke der Circe.

Der Tabak ist im Kauen oder Rauchen ein gefährliches Hilfsmittel der betäubenden Zaubertränke und der Vergiftungen der Vernunft. Das Nikotin ist bekanntlich ein nicht weniger heftiges Gift als die Blausäure und findet sich in größerer Menge im Tabak als die Säure in den Mandeln.

Das Aufsaugen eines Willens durch einen andern ändert oft ganze Schicksalsreihen, so daß wir nicht nur für uns selbst über unsere Verbindungen wachen und die reinen von den unreinen Atmosphären unterscheiden lernen müssen: denn die wirklichen, die gefährlichsten Zaubertränke sind unsichtbar; es sind die Ströme des lebendigen, strahlenden Lichtes, die, sich mischend und austauschend, Anziehungskräfte und Sympathien hervorrufen, wie die magnetischen Erfahrungen zweifellos beweisen.

In der Kirchengeschichte wird von einem Häretiker namens Markus erzählt, der alle Frauen in sich wahnsinnig machte, indem er über sie hinhauchte; aber seine Macht wurde von einer mutigen Christin zerstört, die als erste ihn anhauchte und dabei sprach: „Gott richte dich!"

Der Pfarrer Gaufridy, der wie ein Zauberer verbrannt wurde, gab an, alle Frauen, die sein Atem berührte, in sich verliebt zu machen.

Der berühmte Jesuitenpater Girard wurde von seinem Beichtkind Frl. Cadière angeklagt, ihr jede Urteilsfähigkeit durch seinen Atem genommen zu haben. Diese Entschuldigung gebrauchte sie wohl, um die Schande und Lächerlichkeit ihrer gegen diesen Pater erhobenen Anschuldigungen zu entkräften, dessen Schuld übrigens nie erwiesen wurde, der aber wohl oder übel in diesem erbärmlichen Mädchen eine schändliche Leidenschaft erregt hatte.

„Mlle. Ranfaing, seit 16 . . . Witwe", so erzählt Dom Calmet in seinem *„Traité sur les apparitions"*, „wurde von einem Arzt namens Poirot wieder geehelicht. Da seine Bemühungen erfolglos gewesen wären, gab er ihr zuvor Zaubertränke, um sie in sich verliebt zu machen, die dann in der Gesundheit der Ranfaing seltsame Störungen hervorriefen. Bald ereigneten sich mit ihr derart ungewöhnliche Dinge, daß man sie für besessen hielt. Die Ärzte, die sich ihren Zustand in keiner Weise erklären konnten, überantworteten sie den Exorzismen der Kirche.

„Hierauf ernannte man auf Befehl des Bischofs de Procelets von Toul den Doktor der Theologie und Staatsrat des Herzogs de Lorraine Viardin, einen Jesuiten und einen Kapuziner zu Exorzisten. Aber im Verlauf dieser Exorzismen haben fast alle Geistlichen Nancys, besagter Bischof, der Bischof de Tripoli, der Weihbischof von Straßburg, Herr de Sancy, ehemaliger Gesandter des christlichsten Königs in Konstantinopel und nachmaliger Priester des Oratoriums, Charles de Lorraine, der Bischof von Verdun, zwei zur Assistenz besonders befohlene Doktoren der Sorbonne, in hebräischer, griechischer und lateinischer Sprache exorziert; aber sie, die kaum lateinisch lesen konnte, antwortete ihnen immer richtig.

„Man berichtet von dem durch den in der hebräischen Sprache sehr bewanderten Nicolas de Harlay ausgestellten Zeugnis, der feststellt, die Ranfaing sei wirklich besessen, sie habe nur der Bewegung seiner Lippen geantwortet, ohne daß er nur ein Wort ausgesprochen habe, und habe ihm mehrere Beweise ihrer Besessenheit gegeben. Da ihr der Doktor der Sorbonne, Grandier, einige Befehle in hebräischer Sprache erteilte, antwortet sie ihm richtig, jedoch französisch, da ihr der Pakt, wie sie sagte, nur französisch zu sprechen erlaube. Der Dämon fügte hinzu: Ist es nicht genug, daß ich dir zeige, daß ich deine Worte verstehe? Derselbe Doktor Garnier nahm beim Griechischsprechen aus Unachtsamkeit einen falschen Fall. Die Besessene oder vielmehr der Teufel rief: *Falsch.* Darauf der Doktor in Griechisch: *Wo war der Fehler?* Und dann der Teufel: *Laß dir am Aufzeigen desselben genügen; mehr werde ich darüber nicht sagen.* Da ihm der Doktor nun auf Griechisch zu schweigen befahl, antwortete er ihm: *Du befiehlst mir zu schweigen, doch ich will nicht.*“

Dieses beachtenswerte Beispiel einer bis zur Ekstase und Dämonomanie gebrachten hysterischen Übersteigerung als Folge eines von einem Menschen, der sich für einen Zauberer hielt, beigebrachten Zaubertrankes beweist besser, als all unsere Worte es vermöchten, die Allmacht des Willens und der wechselseitig einwirkenden Einbildung wie auch die seltsame Hellsichtigkeit der Ekstatischen und Somnambulen, die ohne Kenntnis der Worte die Sprache im Lesen der Gedanken verstehen. Ich bezweifle nicht einen Augenblick die Lauterkeit der von Dom Calmet angeführten Zeugen, nur wundert mich, daß solch bedächtigen Männern die Schwierigkeit nicht auffiel, die es dem angeblichen Dämon bereitete, ihnen in einer der Kranken fremden Sprache zu antworten. Wäre der Zwischenredner, den sie hörten, ein Dämon gewesen, er hätte nicht nur Griechisch verstanden, er hätte es auch gesprochen: einem so weisen und boshaften Geist hätte das eine nicht mehr Mühe gemacht als das andere.

Dom Calmet legt dabei kein großes Gewicht auf die Geschichte dieses Fräuleins Ranfaing; er zählt eine ganze Reihe von verfänglichen Fragen und wenig ernsthafter Befehle von Seiten der Exorzisten und eine Reihe mehr oder weniger passender Antworten der armen, immer ekstatischen und somnambulen Kranken auf. Der gute Pater verfehlt nicht, ebensolch glanzvolle Schlüsse wie jener gute de Mirville zu ziehen. Aus diesen über den Verstand der Anwesenden hinausgehenden Dingen muß man auf ein Teufelswerk schließen. Ein schöner und weiser Schluß! Das Ernsthafteste dieser Geschichte ist, daß der Arzt Poirot als Magier dem Gericht übergeben und nach seinem erfolterten Geständnis verbrannt wurde. Hatte er wirklich durch irgendeinen Zaubertrank auf die Vernunft dieser Frau eingewirkt, dann verdiente er wie ein Giftmischer bestraft zu werden; das ist alles, was wir hierzu zu sagen haben.

Jedoch, die schrecklichsten Zaubergifte sind die mystischen Übersteiltheiten einer falsch verstandenen Frömmigkeit. Welche Unzüchtigkeiten kämen je den Alpträumen eines hl. Antonius und den Martern einer hl. Therese und einer hl. Angela von Foligny gleich? Letztere folterte ihr rebellisches Fleisch mit rotglühendem Eisen und empfand das materielle Feuer als eine Kühlung ihrer verborgenen Begierden. Mit welcher Heftigkeit verlangt die Natur nicht, was man ihr verweigert, indem man immer daran denkt, es zu verwünschen! Mit dem Mystizismus haben die angeblichen Bezauberungen einer Magdeleine Bavan, einer de la Palud und de la Cadière begonnen. Die übermäßige Furcht vor einer Sache macht sie fast unvermeidlich. Verfolgt man die beiden Kurven eines Kreises, so endet man und begegnet sich immer am selben Punkt. Nicolas Remigius, Kriminalrichter in Lorraine, der achthundert Frauen lebendig als Hexen verbrannte, sah überall Magie: sie war seine fixe Idee, sein Wahnsinn. Er wollte einen Kreuzzug gegen die Zauberer predigen, deren er Europa voll sah. Verzweifelt darüber, daß man seinen Versicherungen, fast die ganze Welt sei der Magie schuldig, keinen Glauben schenkte, endete er, indem er sich selbst als Zauberer erklärte und nach seinen eigenen Geständnissen verbrannt wurde.

Die erste Bedingung, sich vor schlechten Einflüssen zu bewahren, ist also, der Einbildung jede Übersteiltheit zu verbieten. Alle Exaltierten sind mehr oder minder wahnsinnig, und einen Irren beherrscht man immer, wenn man ihn bei seinem Wahn faßt. Erhebt euch also über kindische Furcht und leere Wünsche, glaubt an die höchste Weisheit und seid überzeugt, daß diese Weisheit, da sie euch die

Einsicht als einziges Mittel, sie zu erkennen, gegeben, eurem Verstand oder eurer Vernunft keine Falle stellen wollen kann. Überall um euch seht ihr den Ursachen entsprechende Wirkungen, seht die in der Herrschaft des Menschen durch die Intelligenz geleiteten und bestimmten Ursachen, seht, im Ganzen genommen, das Gute stärker und geachteter als das Schlechte: warum nehmt ihr im Unendlichen eine ungeheuerliche Unvernunft an, wenn ihr doch im Endlichen Vernunft seht? Die Wahrheit verbirgt sich niemand! Gott ist sichtbar in seinen Werken und verlangt von den Wesen nichts gegen die Gesetze ihrer Natur, deren Urheber er selbst ist. Der Glaube ist Vertrauen: habt Vertrauen, nicht in die Menschen, die schlecht von der Vernunft zu euch reden, denn sie sind Wahnsinnige oder Betrüger, sondern in die ewige Vernunft, das göttliche Wort, dieses wahrhafte, als Sonne der Intuition der ganzen menschlichen Kreatur dargebotene Licht.

Glaubt ihr an die absolute Vernunft und wünscht nichts als Wahrheit und Gerechtigkeit, so braucht ihr niemand zu fürchten und werdet nur jene lieben, die liebenswert sind. Euer natürliches Licht wird unwillkürlich jenes der Übelwollenden zurückweisen, das durch euren Willen beherrscht wird. Ja könnten euch sogar vergiftete Stoffe zugeführt werden, sie würden eurem Verstand nichts anhaben. Krank wird man euch machen können, doch wird man euch nie zum Verbrechen bringen.

Ihre weichliche und heuchlerische Erziehung trägt dazu bei, daß die Frauen hysterisch werden. Schafften sie sich mehr Bewegung, zeigte man ihnen offen und frei die Dinge der Welt, sie wären weniger launenhaft, weniger eitel, weniger leichtfertig und infolgedessen den schlechten Verlockungen weniger zugänglich. Die Schwäche liebäugelt immer mit dem Laster, weil das Laster eine Schwäche ist, die sich das Ansehen einer Kraft gibt. Der Wahnsinn setzt die Vernunft in Schrecken und gefällt sich in allen Dingen in den Übertreibungen der Lügen. Zuerst also heilt euern kranken Verstand. Er ist die Ursache aller Behexungen, das Gift aller Zaubertränke, die Macht aller Zauberer.

Narkotika oder andere Gifte, die euch beigebracht worden wären, gehen Medizin und Gericht an, doch halten wir derartige Ungeheuerlichkeiten in unserer Zeit für wenig möglich. Lovelace schläfern die Clarissinnen nicht anders als durch ihre Galanterien ein, und Gifttränke, Entführungen durch maskierte Männer und Gefangene in unterirdischen Gemächern kommen nicht einmal mehr in unseren modernen Romanen vor. All dies muß man in das Bekenntnis der schwarzen Büßer oder in die Ruinen des Château d'Udolph verweisen.

XIX. KAPITEL.

DAS MAGISTERIUM DER SONNE.

Nun kommen wir zu der Zahl, die im Tarot das Zeichen der Sonne trägt. Die Zehnheit des Pythagoras und die mit sich selbst vervielfachte Dreiheit stellen tatsächlich die dem Absoluten zukommende Weisheit dar. Hier haben wir also vom Absoluten zu sprechen.

Das Absolute im Unendlichen, Unbestimmbaren und im Endlichen zu finden, ist das große Werk der Weisen, das Hermes das Sonnenwerk nennt.

Die unerschütterlichen Grundlagen des wahren religiösen Glaubens, der philosophischen Wahrheit und der metallischen Transmutation zu finden, ist das ganze Geheimnis des Hermes, der philosophische Stein.

Dieser Stein ist ein- und vielfach; man zerlegt ihn durch die Analyse und setzt ihn durch die Synthese wieder zusammen. In der Analyse ist er ein Pulver, das Projektionspulver der Alchymisten, und in der Synthese ein Stein.

Der philosophische Stein, sagen die Meister, darf weder der Luft noch profanen Blicken ausgesetzt werden; im geheimsten Winkel seines Laboratoriums muß man ihn verborgen halten und sorgsam bewahren und den Schlüssel zu dem Ort, der ihn behütet, stets bei sich tragen.

Der Besitzer des großen Arkanums ist wahrhaft und mehr als ein König, denn unempfindlich ist er für alles Fürchten und leeres Hoffen. In allen körperlichen und seelischen Leiden ist ein einziges Stückchen des kostbaren

Steines, ein einziges Stäubchen des göttlichen Pulvers zur Heilung mehr als genügend. Wer Ohren hat zu hören, höre! sagte der Meister.

Salz, Schwefel und Quecksilber sind nur nebensächliche Elemente und passive Werkzeuge des großen Werkes. Wie schon gesagt, hängt alles von dem inneren *Magnes* des Paracelsus ab. Das ganze Werk liegt in der Projektion und diese wird durch die wirkliche und ausführbare Intelligenz eines einzigen Wortes vollkommen erfüllt.

In dem Werk gibt es nur eine einzige wichtige Operation: nach Geber besteht sie in nichts anderem als in der Erhöhung des trockenen Dinges mittels des Feuers mit der Adhäsion an seinem eigenen Gefäß. Wer zur Erkenntnis des großen Wortes und in den Besitz des großen Arkanums gelangen will, muß nach reiflicher Versenkung in die Grundlagen unseres Dogmas achtsam die hermetistischen Philosophen lesen, und er wird wie andere neben ihm zweifellos die Einweihung erreichen. Zum Schlüssel ihrer Allegorien muß er aber das in der *tabula smaragdina* enthaltene einzige Dogma des Hermes nehmen und muß zur Ordnung der Erkenntnisse und zur Leitung des Werkes der im kabbalistischen Alphabet des Tarot angegebenen Anordnung folgen, deren ganze und absolute Erklärung wir im letzten Kapitel dieses Werkes geben.

Unter den seltenen und kostbaren Büchern, welche die Mysterien des großen Werkes enthalten, steht an erster Stelle der *„Chymische Pfad“* oder das *„Manual des Paracelsus“*, in dem sich alle Mysterien der beweiskräftigen Physik und der geheimsten Kabbala finden. Dieses kostbare Originalmanuskript liegt nur in der Bibliothek des Vatikans. Sendivogius hat davon eine Kopie gefertigt, deren sich der

Baron von Tschoudy zur Ausarbeitung des in seinem „Der flammende Stern“ betitelten Werke enthaltenen hermetischen Katechismus bediente. Dieser Katechismus, auf den wir die gelehrten Kabbalisten fast wie auf den unschätzbaren Paracelsustraktat hinweisen, enthält die wahrhaften Grundlagen des großen Werkes in einer solch hinreichenden und klaren Weise, daß die besondere Einsicht für den Okkultismus schon absolut fehlen muß, wenn man bei Betrachtungen über ihn nicht zur absoluten Wahrheit gelangt. Wir geben davon mit einigen erklärenden Worten eine knappe Analyse.

Raimundus Lullus, einer der großen und erhabenen Meister des Wissens, hat gesagt, daß man vor dem Goldmachen Gold haben muß. Aus nichts wird nichts; man schafft nicht absolut Reichtum, man vermehrt und vervielfacht ihn. Daß doch die Anwärter des Wissens einsehen möchten, daß man vom Adepten keine Kunststückchen des Verschwindenlassens oder Wunder verlangen darf. Die hermetische Wissenschaft ist wie alle wirklichen Wissenschaften mathematisch beweisbar. Selbst ihre materiellen Ergebnisse sind ebenso genau wie das einer gut ausgeführten Gleichung.

Das hermetische Gold ist nicht nur ein wahres Dogma, eine schattenlose Sonne, eine von Lügen freie Wahrheit; es ist auch ein materielles, wirkliches, reines und das kostbarste Gold, das in den Minen der Erde gefunden werden kann.

Aber das lebendige Gold, der lebendige Schwefel oder das wahre Feuer der Philosophen muß im Hause des Merkur gesucht werden. Dieses Feuer wird genährt von der Luft; seine zusammenziehende und ausdehnende Kraft kann man nicht besser als mit jener des Blitzes vergleichen, der zunächst nur eine trockene und erdene, mit dem feuchten Dampf vermischte Ausdünstung ist, der aber kraft seiner Erhitzung zur feurigen Natur gelangt, auf die ihm anhaftende Feuchtigkeit einwirkt, sie anzieht und in seine Natur verwandelt; darnach stürzt er heftig zur Erde, wo er durch eine feste, der seinen ähnliche Natur angezogen wird.

Diese ihrer Form nach rätselhaften, im Grund aber klaren Worte drücken unzweideutig das aus, was die Philosophen unter ihrem durch den Schwefel befruchteten Merkur verstehen, der zum Herrn und Erneuerer des Salzes wird: der AZOTH, die universelle *Magnesia,* das durch die tierische Kraft und die intellektuelle Energie befruchtete Licht des Lebens gleichen dem Schwefel auf Grund ihrer Verwandtschaften mit dem göttlichen Feuer. Das Salz ist die absolute Materie. Aller Stoff enthält Salz, und alles Salz kann durch die vereinte Wirkung von Schwefel und Quecksilber in reines Gold verwandelt werden, die zuweilen so rasch wirken, daß die Transmutation in einem Augenblick, in einer Stunde, ohne Ermüdung für den Handelnden und fast ohne Kosten vollendet werden kann, andernfalls und nach den entgegengesetztesten Anordnungen der atmosphärischen Umstände erfordert das Werk mehrere Tage, Monate, ja sogar mehrere Jahre.

Wie bereits dargelegt, gibt es in der Natur zwei oberste und wesentlichste Gesetze, die in ihrer gegenseitigen Ausgleichung das universelle Gleichgewicht der Dinge hervorbringen: Die Festigkeit und die Bewegung, analog in der Philosophie der Wahrheit und der Erfindung und in der absoluten Vorstellung der Notwendigkeit und der Freiheit, die das Wesen Gottes ausmachen. Die hermetistischen Philosophen bezeichnen mit *fix* all das, was wägbar ist, alles, was seiner Natur gemäß in zentraler Ruhe und Unbeweglichkeit verharrt, nennen jenes *flüchtig,* was naturgemäßer und lieber dem Gesetz der Bewegung gehorcht, und bilden ihren Stein der Analyse, d. h. der Verflüchtigung des Festen, dann der Synthese, d. h. des Festmachens des Flüchtigen, und bringen im Behandeln des Fixen, das sie ihr Salz nennen, den schwefligen Merkur oder das geleitete und durch eine geheime Operation allmächtig gewordene Lebenslicht hervor. So bemächtigen sie sich der ganzen Natur und finden ihren Stein überall, wo es Salz gibt, was heißen soll, daß dem großen Werk keine Substanz fremd ist, und daß man selbst die verächtlichsten und ihrem Ansehen nach nichtigsten Stoffe in Gold verwandeln kann, was in dem Sinne wahr ist, daß sie alle, wie wir schon gesagt haben, enthalten das durch den kubischen Stein in unseren Emblemen dargestellte prinzipielle Salz. Den Stein kann man so in dem symbolischen und universellen Titelbild der Schlüssel des Basilius Valentinus sehen.

Das reine Salz aus jedem Stoff auszuziehen wissen, das in ihm verborgen ist, heißt das Geheimnis des Steines besitzen. Dieser Stein ist also ein salziger Stein, der das *Od* oder das universelle, astrale Licht zerlegt oder wieder zusammensetzt. Er ist ein- und mehrfach, denn er kann sich wie das gewöhnliche Salz auflösen und sich anderen Substanzen einverleiben. Durch Analyse erhalten, könnte man ihn das *universelle Sublimat* nennen; auf dem Weg der Synthese wiedergefunden, ist er die wahre *Panacee* der Alten, denn er heilt alle Krankheiten der Seele wie des Leibes und wurde vorzüglich die Medizin der ganzen Natur genannt. Wenn man durch die absolute Einweihung über die Kräfte des universellen Agens verfügt, findet man diesen Stein immer zu seiner Verfügung, denn die Gewinnung des Steines ist dann eine einfache und von der Projektion oder metallischen Verwirklichung sehr leicht unterschiedene Operation. In sublimiertem Zustand darf dieser Stein nicht mit der atmosphärischen Luft in Berührung gebracht werden, die ihn auflösen und seine Kraft verlieren lassen könnte. Überdies atmet man seine Ausdünstungen nicht gefahrlos ein. Der Weise bewahrt ihn lieber in seinen natürlichen Hüllen, sicher, daß er durch eine einzige Anstrengung seines Willens und eine einzige Anwendung des universellen Agens auf seine Hüllen auszuziehen ist, welche die Kabbalisten die Schalen nennen. Um dieses Gesetz der Klugheit hieroglyphisch auszudrücken, gaben sie ihrem in Ägypten durch Hermanubis personifizierten Merkur einen Hundekopf und ihrem durch den Baphomet des Tempels oder den Fürsten des Sabbat dargestellten Schwefel jenen Bockskopf, der die okkulten Verbindungen des Mittelalters so sehr in Verruf gebracht hat. (Der zweiten Auflage dieses Werkes fügt Eliphas Levi folgende bemerkenswerte Anmerkung bei:) Die prima materia ist für das mineralische Werk ausschließlich mineralisch, jedoch kein Metall, sondern ein metallisches Salz. Sie wird pflanzenhaft genannt, weil sie einer Frucht gleicht, und tierisch, weil sie eine Art Milch und Blut gibt. Sie allein enthält das Feuer, welches sie auflösen muß.

XX. KAPITEL

DIE WUNDERTÄTIGKEIT.

Wir haben die Wunder als natürliche Wirkungen außergewöhnlicher Ursachen erklärt.

Die unmittelbare Wirkung des menschlichen Willens auf die Körper oder zumindest diese ohne ein sichtbares Mittel geübte Wirkung schafft ein Wunder in physischer Hinsicht.

Der auf die Willen oder Intelligenzen plötzlich oder zu einer gegebenen Zeit ausgeübte Einfluß ist fähig, die Gedanken zu bezwingen, die bestgehüteten Entschlüsse zu ändern, die heftigsten Leidenschaften zu paralysieren, und schafft ein Wunder in der moralischen Ordnung.

Der bezüglich der Wunder gewöhnliche Irrtum ist der, sie als Wirkungen ohne Ursachen zu betrachten, als Widersprüche der Natur, als plötzliche Fiktionen der göttlichen Einbildung; und man bedenkt dabei nicht, daß ein einziges solches Wunder die universelle Harmonie zertrümmern und das Universum in das Chaos zurückwerfen würde.

Bei Gott selbst gibt es unmögliche Wunder, die absurden Wunder. Könnte Gott nur einen Augenblick absurd sein, weder er noch die Welt würden im nächsten Augenblick noch existieren. Von göttlicher Willkür eine Wirkung erwarten, deren Ursache man nicht mehr kennt oder deren Ursache überhaupt nicht vorhanden ist, hieße Gott versuchen, hieße sich in die Leere stürzen.

Gott handelt durch seine Werke: im Himmel durch die Engel und auf Erden durch die

Menschen. Also, im Wirkungsbereich der Engel vermögen die Engel alles, was Gott möglich ist, und im menschlichen Wirkungskreis verfügen die Menschen über die göttliche Allmacht.

Im Himmel der menschlichen Vorstellungen ist es die Menschheit, die Gott erschafft, und die Menschen denken, daß Gott sie nach seinem Ebenbilde geschaffen hat, weil sie ihn nach dem ihren bilden.

Das Herrschaftsgebiet des Menschen ist die ganze körperliche und sichtbare Natur auf Erden; und kann er weder die großen Gestirne noch die Sterne lenken, so kann er zumindest ihre Bewegung berechnen, ihre Entfernung messen und seinen Willen ihrem Einfluß einordnen. Er kann die Atmosphäre ändern, bis zu einem gewissen Punkt auf die Jahreszeiten einwirken, seine Mitmenschen heilen und krank machen, das Leben erhalten und den Tod bringen. Und durch die Erhaltung des Lebens erwarten wir selbst, wie schon erwähnt, in gewissen Fällen die Wiedererweckung.

Das Absolute in Vernunft und Willen ist die größte Macht, die dem Menschen zu erreichen gegeben ist; und mit dieser Macht bewirkt *er* das, was die Menge unter dem Namen Wunder bestaunt.

Die vollkommene Gedankenreinheit ist dem Wundertäter unerläßlich, da sie ihm einen günstigen Stromkreis und unbegrenztes Vertrauen schafft.

Der Mensch, der dahin gelangt ist, nichts zu begehren und nichts zu fürchten, ist Meister über alles. Das ist durch jene schöne Allegorie des Evangeliums ausgedrückt, in der man den Sohn Gottes dreimal über den unreinen Geist siegreich und in der Wüste von

Engeln bedient sieht. Nichts widersteht auf Erden einem vernünftigen und freien Willen. Wenn der Weise sagt: Ich will, so ist es Gott selbst, der will, und alles, was er befiehlt, erfüllt sich.

Wissen und Vertrauen des Arztes ergeben die Kraft der Mittel, und es gibt keine andere wirksame und wirkliche Medizin als die Wundertätigkeit. Auch ist die okkulte Therapeutik verschieden von jeder gewöhnlichen Arzneiung. Sie gebraucht hauptsächlich Worte und Einblasungen, und teilt den einfachsten Substanzen: Wasser, Öl, Wein, Kampfer, Salz durch den Willen eine verschiedene Kraft mit. Das Wasser der Homöopathen ist ein wahrhaft magnetisches und verzaubertes Wasser, das durch den Glauben wirkt. Die wirksamen Substanzen, die man ihm in sozusagen unendlich kleinen Quantitäten zusetzt, sind Weihen und gleichsam Zeichen des ärztlichen Willens.

Was man gemeinhin Charlatanismus nennt, ist in der Medizin ein großes Mittel wirklichen Erfolgs, wenn dieser Charlatanismus geschickt genug ist, ein großes Vertrauen einzuflößen und einen Glaubensring zu bilden. Es ist in der Medizin überhaupt der Glaube, der heilt.

Kaum ein Dorf, das nicht seine okkulten Gesundmacher oder -macherinnen hätte, und der Erfolg dieser Leute ist fast immer und überall unvergleichlich größer als jener der durch die Fakultät approbierten Ärzte. Die von ihnen verschriebenen Mittel sind oft lächerlich und bizarr und wirken nur deshalb besser, weil sie einen stärkeren Glauben von Seiten des Behandelten wie des Handelnden ausüben und verwirklichen.

Einer unserer Freunde, ein früherer Großkaufmann, ein Mensch von bizarrem Charakter und sehr übersteigertem religiösen Empfinden, übte, nachdem er sich vom Geschäft zurückgezogen hatte, unentgeltlich und aus christlicher Nächstenliebe die okkulte Medizin in einem Departement Frankreichs aus. Für alle Spezifika gebrauchte er nur Öl, Einreibungen und Gebete. Ein Prozeß, den man gegen ihn wegen unrechtmäßiger Ausübung der Medizin anstrengte, veranlaßte die Öffentlichkeit selbst festzustellen, daß man ihm in einem Zeitraum von ungefähr fünf Jahren zehntausend Heilungen zuschrieb, und daß die Zahl der Gläubigen unausgesetzt in solchem Umfang zunahm, daß sie ernsthaft die Ärzte des Landes beunruhigte.

Wir sahen in Mans eine arme Nonne, die man ein wenig für verrückt hielt, die alle Kranken ihrer ländlichen Nachbarschaft mit einem selbsterfundenen Elixier und Pflaster heilte. Das Elixier wurde innerlich, das Pflaster äußerlich angewendet, und so entkam diesem Universalheilmittel nichts. Das Pflaster heftete nur an Hautstellen, wo es notwendig war, überall sonst rollte es sich zusammen und fiel ab, wenigstens wurde das von der guten Schwester behauptet und von den Kranken versichert. Auch diese Wundertäterin hatte Konkurrenzprozesse, denn sie schwächte die Kundschaft aller Ärzte des Landes. Sie wurde streng im Kloster gehalten, doch bald mußte man sie wenigstens einmal wöchentlich dem Drängen und dem Glauben der Bevölkerung zurückgeben. Am Empfangstag der Schwester Jeanne-Françoise sahen wir die Landleute schon des Nachts kommen und vor der Klosterpforte schlafen, um dann auf das Elixier und das Pflaster der guten Schwester zu warten.

Da das Mittel für alle Krankheiten dasselbe

war, schien es die Schwester gar nicht nötig zu haben, die Leiden ihrer Kranken zu kennen. Sie hörte sie aber immer mit großer Aufmerksamkeit an und vertraute ihnen ihr Spezifikum nur nach Kenntnis der Ursache an. Das war das magische Geheimnis. Die Zweckleitung gab dem Mittel seine bestimmte Kraft. Das Mittel an sich war bedeutungslos. Das Elixier war aromatischer und mit bitteren Kräutersäften durchsetzter Weingeist. Das Pflaster war eine nach Farbe und Geruch dem Theriak sehr ähnliche Mischung, vielleicht war es opiumhaltiges Burgunderpech. Wie dem auch sei, das Spezifikum tat Wunder, und man wäre bei den Landleuten auf heftigsten Widerspruch gestoßen, hätte man die Wunder der guten Schwester angezweifelt.

Bei Paris kannten wir einen alten wundertätigen Gärtner, der wunderbare Kuren ausführte und in seine Phiolen den Saft aller Johanniskräuter gab. Er hatte einen spitzfindigen Bruder, der sich über den Zauberer lustig machte. Der durch die Sarkasmen dieses Ungläubigen arme, irregewordene Gärtner begann an sich selbst zu zweifeln, die Wunder hörten auf, die Kranken verloren ihr Vertrauen, und der verfallene und verzweifelte Wundertäter starb wahnsinnig.

Der Abbé Thiers, Pfarrer von Vibraie, erzählt in seinem merkwürdigen „*Traité des superstitions*“, daß eine dem Anschein nach von einem hoffnungslosen Augenleiden befallene und plötzlich und wunderbarerweise geheilte Frau einem Priester beichtete, sie habe zur Magie ihre Zuflucht genommen. Sie hatte lange einen Geistlichen, den sie für einen Magier hielt, belästigt, um von ihm ein Zeichen zu erhalten, das sie bei sich tragen könnte. Der Geistliche hatte ihr dann ein zusammengerolltes Pergament gegeben und ihr befohlen, sich dreimal täglich mit frischem Wasser zu waschen. Der Priester ließ sich das Pergament geben und fand darauf die Worte: *Eruat diabolus oculos tuos et repleat stercoribus loca vacantia.* Er übersetzte diese Worte der Frau, die wohl überrascht, doch nicht weniger geheilt war.

Das Anblasen ist eine der wichtigsten Praktiken der okkulten Medizin, weil sie ein vollkommenes Zeichen der Lebensübertragung ist. Wirklich über jemanden oder eine Sache hin atmen, d. h. mit seinem Atem anblasen; und wir wissen schon nach dem einzigen Dogma des Hermes, daß die Kraft der Dinge die Worte geschaffen hat, und daß es ein bestimmtes Verhältnis zwischen Ideen und Worten gibt, welche die ersten Formen und wörtlichen Verwirklichungen der Ideen sind.

Je nachdem der Atem kalt oder warm ist, ist er abstoßend oder anziehend. Der warme Atem entspricht der positiven, der kalte der negativen Elektrizität. Auch elektrisch empfindliche und nervöse Tiere fürchten den kalten Atem, wie man an einer Katze erfahren kann, deren Vertraulichkeiten einem lästig sind, wenn man über sie atmet. Blickt man einen Löwen oder Tiger starr an und haucht ihm ins Gesicht, so wird man ihn auf der Stelle derart überraschen, daß er sich von uns zurückzieht.

Der warme und andauernde Hauch erneuert die Blutzirkulation, heilt rheumatische und gichtische Schmerzen, stellt das Gleichgewicht in den Säften her und zerstreut die Müdigkeit. Von seiten einer sympathischen und guten Person ist er ein universales Heilmittel. Der kalte Hauch lindert Schmerzen, deren Ursachen Kongestionen und fluidische Ansammlungen sind. Man muß also mit diesen beiden Atmungen abwechseln, indem man die Polarität des menschlichen Organismus beobachtet und auf die Pole in entgegengesetzter Weise einwirkt und sie nacheinander einem entgegengesetzten Magnetismus unterwirft. So muß man zur Heilung eines entzündeten Auges das gesunde Auge warm und mild anhauchen, dann mit kalten Atmungen in Abständen und im genauen Verhältnis mit den warmen Atmungen auf das kranke Auge einwirken. Die magnetischen Striche wirken wie der Atem: sie sind durch Ausdünstung und Strahlung innerer, von vitalem Licht ganz phosphoreszierender Luft wirklicher Atem. Die langsamen Striche gleichen einem warmen Atem, der die Geister wieder sammelt und anreizt. Die schnellen Striche kommen dem kalten Atem gleich, der die Kräfte zerteilt und die Neigungen zur Kongestion neutralisiert. Der warme Hauch muß transversal oder von unten nach oben geführt werden, der kalte ist kräftiger und wird von oben nach unten geführt.

Wir atmen nicht nur durch Nase und Mund: die allgemeine Porosität unseres Körpers ist ein wirklicher, zwar ungenügender, doch für Leben und Gesundheit äußerst wichtiger Atmungsapparat. Die Fingerspitzen, bei denen alle Nerven auslaufen, strahlen das astrale Licht aus oder ziehen es nach unserem Willen an. Die berührungslosen magnetischen Striche gleichen einem einfachen und leichten Atem; die Berührung fügt diesem den sympathischen, gleichmäßigen Eindruck hinzu. Die Berührung ist gut und selbst notwendig, um beim Beginn des Somnambulismus den Halluzinationen vorzubeugen. Sie ist eine Gemeinschaft physischer Wirklichkeit, die das Gehirn warnt und die irregeleitete Einbildung zurückruft; aber man darf sie nicht sehr ausdehnen, wenn man nur magnetisieren will. Ist die absolute und anhaltende Berührung in gewisser Hinsicht auch nützlich, so wird die Wirkung auf das Subjekt eher einer Inkubation oder Massage als dem eigentlichen Magnetismus ähnlich sein.

Wir haben über Inkubationsbeispiele berichtet, die wir dem unter Christen am meisten geachteten Buche entnahmen. Diese Beispiele stimmen alle in der Heilung als unheilbar angesehener Lethargien überein, da wir ja übereinkamen, Wiedererweckungen so zu nennen. Die Massage ist bei den Orientalen noch sehr im Gebrauch, sie wenden sie in den öffentlichen Bädern an und fühlen sich dabei sehr wohl. Das Ganze ist ein System von Reiben, Ziehen und Drücken, das lange und langsam auf alle Glieder und Muskeln ausgedehnt wird, und dessen Wirkung ein neues Gleichgewicht in den Kräften, ein vollkommenes Gefühl von Ruhe und Wohlsein mit einer sehr fühlbaren Neubelebung der Gelenkigkeit und Lebenskraft ist.

Die ganze Kraft der okkulten Medizin liegt in der Bewußtheit des Willens und ihre ganze Kunst besteht darin, den Glauben in ihrem Kranken zu wecken. Wenn ihr glauben könnt, sagte der Herr, ist alles möglich. Man muß den zu Behandelnden durch den Gesichtsausdruck, den Ton, die Geste beherrschen, muß ihm durch väterliches Benehmen Vertrauen einflößen und ihn durch etwas Gutes und heitere Gespräche aufmuntern. Rabelais, der mehr Magier war, als er schien, hatte als besonderes Universalmittel den Genuß. Er brachte seine Kranken zum Lachen, und alle Mittel, die sie dann gebrauchten, hatten besseren Erfolg. Er stellte zwischen ihnen und sich eine magnetische Sympathie her, mittels deren er ihnen sein Vertrauen und seine gute Laune mitteilte. Er schmeichelte ihnen in seinen Ansprachen, da er sie seine berühmtesten und kostbarsten Kranken nannte und ihnen seine Werke widmete. So glauben wir, daß der Gargantua und der Pantagruel in jener Zeit religiösen Hasses und der Bürgerkriege mehr schwarze Flüsse, mehr Wahnsinnsanlagen und gallsüchtige Manien heilte, als die ganze medizinische Fakultät je feststellen und studieren könnte.

Die okkulte Medizin beruht vor allem auf Sympathie. Es muß ein wechselseitiges Verhältnis oder zum mindesten ein wirklich guter Wille zwischen Arzt und Kranken hergestellt werden. Sirupe und Tränkchen haben kaum Kraft an sich selbst, sie wirken nur die gemeinsame Überzeugung von Arzt und Patienten; auch läßt sie die homöopathische Medizin ohne große Nachteile beiseite. Mit Salz oder Kampfer durchsetztes Oel oder ein solcher Wein könnten zum Verbinden aller Wunden und zu allen äußerlichen Einreibungen oder schmerzstillenden Auflegungen genügen. Öl und Wein sind die vorzüglichsten Medikamente der evangelistischen Überlieferung. Denken wir an den Balsam des Samariters, und in der *Apokalypse* bittet der Prophet bei der Beschreibung der großen Verheerungen die rächenden Mächte, doch Öl und Wein zu schonen, d. h. eine Hoffnung zu lassen und ein Heilmittel für soviel Wunden. Was wir letzte Ölung nennen, war bei den ersten Christen und in der Absicht des hl. Apostels Jakobus, der diese Vorschrift für alle Gläubigen der ganzen Welt in seinem Brief aufgezeichnet hat, die reine und einfache Handhabung der überlieferten Medizin des Herrn. „Ist jemand unter euch krank," schreibt er, „der rufe zu sich die

Ältesten der Gemeine und lasse sie über sich beten und salben im Namen des Herrn." Diese göttliche Therapeutik ist allmählich verloren gegangen, und man gewöhnte sich daran, die letzte Ölung als eine notwendige religiöse Formsache vor dem Sterben zu betrachten. Die wundertätige Kraft des heiligen Öles wird jedoch durch das traditionelle Dogma nicht ganz in Vergessenheit geraten, und man erinnert sich jener Katechismusstelle, die sich auf die letzte Ölung bezieht.

Was überhaupt unter den ersten Christen heilte, war Glaube und Nächstenliebe. Die Wurzel der meisten Krankheiten liegt in moralischen Verwirrungen: man muß mit dem Heilungsprozeß bei der Seele beginnen, der Leib wird dann leicht gesunden.

XXI. KAPITEL

DAS WISSEN DER PROPHETEN.

Wir widmen dieses Kapitel der Wahrsagung.

Die Wahrsagung ist in ihrem weitesten Sinn und nach der grammatikalischen Bedeutung des Wortes, die Übung göttlicher Macht und die Verwirklichung göttlichen Wissens (divination).

Sie ist das Priestertum des Magiers.

Doch in der allgemeinen Ansicht bezieht sich die Wahrsagung mehr auf die Kenntnis verborgener Dinge.

Die geheimsten Gedanken der Menschen kennen, in die Mysterien der Vergangenheit und Zukunft eindringen, von Jahrhundert zu Jahrhundert die erbarmungslose Enthüllung der Ereignisse durch genaue Kenntnis der Ursachen heraufbeschwören, das nennt man allgemein Wahrsagung.

Von allen Mysterien der Natur ist das tiefste das des Menschenherzens, und doch erlaubt die Natur nicht, daß diese Tiefe unzugänglich sei. Trotz der tiefsten Verstellung, der geschicktesten Politik zieht sie selbst und läßt in den Formen des Körpers, im Leuchten des Blicks, in den Bewegungen, in der Stimme tausend enthüllende Zeichen beobachten.

Der vollkommen Eingeweihte bedarf selbst dieser Anzeichen nicht; er sieht die Wahrheit im Licht, empfängt einen Eindruck, der ihm den ganzen Menschen offenbart und muß sogar Nichtbeachtung heucheln, um so Furcht oder Haß der Bösen zu entwaffnen, die er nur zu gut kennt!

Der Mensch mit schlechtem Gewissen glaubt immer, daß man ihn anklagt oder beargwöhnt. Erkennt er sich im Zug einer allgemeinen Satire, er wird sie ganz auf sich beziehen und betonen, man verleumde ihn. Immer mißtrauisch, aber auch neugierig und ängstlich ist er vor dem Magier wie der Satan in der Parabel oder wie die Schriftgelehrten, die ihn immer ausfragten, um ihn zu versuchen. Immer halsstarrig und immer schwach fürchtet er über alles, seine Fehler einzugestehen. Die Vergangenheit beunruhigt, die Zukunft schreckt ihn. Er möchte sich mit sich selbst abfinden und sich für einen Menschen mit leichten Eigenschaften halten. Sein Leben ist ein fortwährendes Ringen zwischen guten Einfällen und schlechten Gewohnheiten. Er hält sich für einen Philosophen nach der Art des Aristipp oder Horaz, indem er die ganze Verderbtheit seiner Zeit wie eine Notwendigkeit hinnimmt, die man ertragen muß, zerstreut sich mit einigen philosophischen Spielereien und lächelt gerne das Protektorenlächeln des Mäzen, um sich zu überzeugen, daß er in seiner Verbindung mit Verres und seinem Gefallen an Trimalcion nicht einfach ein Ausbeuter des Hungers sei.

Solche Menschen sind immer, selbst in ihren guten Werken, Ausbeuter. Weisen sie der öffentlichen Armenpflege ein Almosen zu, so verschleppen sie ihre Wohltat, um ihren Diskont zurückzuhalten. Dieser Typ, über den ich mich hier verbreite, ist nicht der eines Einzelnen: es ist der einer ganzen Menschenklasse, denen der Magier zumal in unserer Zeit oft ausgesetzt ist. Er muß sich in das Mißtrauen hüllen, dessen Beispiel sie selbst ihm geben, denn in ihnen findet er immer seine kompromittierendsten Freunde und seine gefährlichsten Feinde.

Die öffentliche Ausübung der Wahrsagung kommt in unserer Zeit keinem wahren Eingeweihten zu, denn er wäre oft genötigt, seine Zuflucht zu Kunststückchen und Adressenwechsel zu nehmen, um seine Kundschaft zu behalten und sein Publikum in Erstaunen zu setzen. Die anerkannten Wahrsager und Wahrsagerinnen haben immer eine geheime Polizei, die sie über das intime Leben oder die Gewohnheiten ihrer Ratsuchenden unterrichtet. Eine Zeichentelegraphie ist zwischen Vor- und Sprechzimmer eingerichtet. Dem unbekannten oder zum ersten Male kommenden Klienten gibt man eine Nummer, gibt ihm einen Tag an und läßt ihn verfolgen, läßt Pförtnerinnen, Nachbarn und Dienerschaft plaudern und kommt so zu jenen Details, die den Geist der Einfältigen außer Fassung setzen und ihnen die Achtung für einen Charlatan geben, die man nur für die ernste Wissenschaft und die gewissenhafte Wahrsagung haben sollte.

Die Voraussagung künftiger Ereignisse ist nur für jene möglich, deren Verwirklichung bis zu einem gewissen Grade in ihrer Ursache enthalten ist. Die Seele kann, wenn sie durch den ganzen Nervenapparat in den Kreis des Astrallichts hineinsieht, das einen Menschen beeinflußt und einen Eindruck von ihm aufnimmt, so behaupten wir, in einem Augenblick alles überblicken, was dieser Mensch an Liebens- und Hassenswertem um sich aufgebaut hat, kann seine Absichten in seinem Denken lesen, die Hindernisse auf seinem Weg voraussehen, den gewaltsamen Tod vielleicht, der ihn erwartet; doch kann sie seine geheimen, freiwilligen, eigensinnigen Entschließungen auch des ersten der Beratung folgenden Augenblicks nur soweit voraussehen, als die List des Wahrsagers den Ablauf der Prophetie selbst vorbereitete. Beispiel: Ihr sagt einer Frau, die heiraten möchte: Sie werden heute oder morgen Abend zu irgend einem Vergnügen gehen und werden dort einen Mann sehen, der Ihnen gefallen wird. Dieser Mann wird nicht weggehen, ohne sie bemerkt zu haben, und durch eine seltsame Verkettung von Umständen wird daraus später eine Heirat zustande kommen. Ihr könnt sicher sein, so endet die Geschichte, die Frau wird zu dem bezeichneten Vergnügen gehen, wird dort einen Mann sehen, von dem sie sich beachtet glaubt, und wird auf eine baldige Heirat hoffen. Kommt die Heirat nicht zustande, so wird sie sich bei euch nicht beklagen, denn sie will die Hoffnung einer neuen Illusion nicht verlieren und wird im Gegenteil immer wiederkommen, um euch zu befragen.

Wir haben gesagt, daß das Astrallicht das große Buch der Wahrsagung ist. Wer die Fähigkeit hat, darin zu lesen, muß es natürlich haben oder erwerben. Es gibt also zwei Arten von Sehern, solche von Veranlagung und eingeweihte. Kinder, Ungebildete, Hirten, selbst Idioten haben mehr Anlagen zur natürlichen Wahrsagung als Gelehrte und Denker. David, der einfache Hirte, war Prophet wie keiner seit Salomo, dem König der Kabbalisten und Magier. Die Wahrnehmungen des Instinkts sind oft sicherer als jene des Wissens; die im Astrallicht weniger Hellsehenden sind die größeren Grübler.

Der Somnambulismus ist ein Zustand reiner Triebmäßigkeit: auch brauchen die Somnambulen einen Seher des Wissens zu ihrer Leitung; Skeptiker und Klügler können sie nur verwirren.

Die divinatorische Vision tritt nur im Zustand der Ekstase ein, und um diesen Zustand zu erreichen, muß man durch Festlegung oder Einschläferung des Gedankens Zweifel und Illusion unmöglich machen.

Die Werkzeuge der Wahrsagung sind also nur Mittel, sich selbst zu magnetisieren und sich dem äußeren Licht zu verschließen, um sich ganz dem inneren Licht hinzugeben. Deshalb hüllte sich Apollonios ganz in einen wollenen Mantel und starrte in der Dunkelheit auf seinen Nabel. Der magische Spiegel Du Potet's ist ein dem des Appollonios entsprechendes Mittel. Die Hydromantik und das Sehen im schwarz gefärbten Daumennagel sind Abwandlungen des magischen Spiegels. Räucherungen und Anrufungen schläfern das Denken ein, Wasser und die schwarze Farbe absorbieren die Gesichtsstrahlungen: es tritt dann eine Blendung, ein Schwindel ein, dem eine Hellsichtigkeit in jenen folgt, die dafür eine natürliche Anlage haben oder genügend vorbereitet sind.

Geomantik und Kartomantik sind andere Mittel zum gleichen Zweck: die Kombinationen der Symbole und Zahlen, die hierzu zufällig und notwendig sind, geben ein ziemlich wahres Bild der Glücksfälle des Schicksals, damit die Einbildung die Verwirklichung in der Lage der Symbole sehen kann. Je lebhafter das Interesse, je größer der Wunsch zu sehen, je vollkommener das Vertrauen in die Intuition, desto klarer auch die Vision. Auf gut Glück die Punkte der Geomantik werfen oder unbesonnen die Karten ziehen, heißt wie Kinder spielen, die den schönsten Buchstaben zeichnen. Die Entscheidungen sind nur dann Orakel, wenn sie durch die Intelligenz magnetisiert und von dem Glauben geleitet sind.

Von allen Orakeln ist der Tarot in seinen Antworten das überraschendste, weil alle möglichen Kombinationen dieses universellen Schlüssels der Kabbala als Lösungen der Orakel Wissen und Wahrheit geben. Der Tarot war das einzige Buch der alten Magier; er ist die ursprüngliche Bibel, wie wir im folgenden Kapitel beweisen werden, und die Alten befragten ihn, wie später die ersten Christen die *Geschicke der Heiligen,* d. h. die auf gut Glück gezogenen und durch das Denken einer Zahl bestimmten Bibelsprüche befragten.

Die Lenormand, die berühmteste unserer modernen Wahrsagerinnen, wußte nichts von der Wissenschaft des Tarot, den man damals nur durch Eteilla kannte, dessen Erklärungen vor das Licht geworfene Verdunkelungen sind. Weder kannte sie die hohe Magie noch die Kabbala und hatte den Kopf vollgepfropft mit einer schlecht verdauten Gelehrsamkeit; aber sie war durch Instinkt intuitiv, und dieser Instinkt täuschte sie selten. Die von ihr hinterlassenen Werke sind ein legitimistisch angehauchter Galimathias klassischer Zitate; doch hatten ihre durch die Gegenwart und den Magnetismus der sie um Rat Fragenden angeregten Orakel oft etwas Überraschendes. Sie war eine Frau, bei der Hochmut der Einbildung und die Wandelbarkeit des Geistes die Stelle der natürlichen Geschlechtsregungen einnahmen. Sie lebte und starb als Jungfrau wie die alten Druidinnen der Seineinsel.

Hätte sie die Natur mit einiger Schönheit begabt, sie hätte in früheren Zeiten bei den Galliern leicht die Rolle einer Melusine oder Velleda gespielt.

Je mehr Zeremonien man bei der Ausübung der Wahrsagung anwendet, um so mehr reizt man die Einbildung der um Rat Fragenden wie seine eigene. Die Beschwörung der Vier, das salomonische Gebet, das magische Schwert zum Zerstreuen der Phantome können dabei erfolgreich gebraucht werden, dann muß man auch den Genius des Tages und der Stunde, in der man handelt, anrufen und ihm seine Räucherung darbringen, dann setzt man sich mit der fragenden Person in magnetischen und intuitiven Rapport und fragt sie, welches Tier ihr sympathisch, welches ihr widerlich ist, welche Blume sie liebt und welche Farbe sie vorzieht. Die Blau lieben, sind Idealisten und Träumer, die Rot bevorzugen Materialisten und Zornmütige, Gelb lieben Phantasten und Eigensinnige, Grün zeigt oft Kaufleute oder Schlauköpfe, Schwarz lieben von Saturn Beeinflußte, Rosa ist der Venus Farbe usw. Die Pferde lieben, sind arbeitsame, vornehme Charactere, beweglich und empfänglich, Freunde der Hunde sind liebenswert und treu, die der Katzen unabhängig und leichtfertig. Freimütige fürchten vor allem die Spinnen, Stolze lieben die Schlangen nicht, rechtschaffene und gewissenhafte Menschen können Ratten und Mäuse nicht leiden, Wollüstige scheuen die Kröte, weil sie kalt, einsiedlerisch, häßlich und traurig ist. Die Blumen erfahren entsprechende Sympathien wie Tiere und Farben, und da die Magie das Wissen von den universellen Analogien ist, so läßt ein einziger Geschmack, eine einzige Anlage einer Person auf alle andern schließen. Das ist eine der Anatomie Cuviers analoge Anwendung auf die Phänomene der moralischen Ordnung.

Die Physiognomie von Gesicht und Körper, die Runzeln der Stirn, die Linien der Hand liefern den Magiern gleichfalls wertvolle Anzeichen. Metoposkopie und Chiromantie sind besondere Wissenschaften geworden, deren gewagte und rein mutmaßliche Beobachtungen von Goglenius, Belot, Romphile, Indagine und Taisnier verglichen, diskutiert und schließlich in einer Lehre zusammengefaßt wurden. Das Werk des letzteren ist das bedeutendste und vollständigste, er faßt darin die Beobachtungen und Mutmaßungen aller anderen zusammen und kommentiert sie.

Ein moderner Beobachter, der Chevalier d'Arpentigny hat durch seine Bemerkungen über die Analogien, die zwischen den Characteren der Menschen und der ganzen oder Teilform ihrer Hände wirklich vorhanden sind, der Chiromantie einen neuen Grad von Zuverlässigkeit gegeben. Diese neue Wissenschaft ist seither von einem Künstler, der gleichzeitig ein origineller und feiner Literat ist, ausgebaut und näher bestimmt worden. Der Schüler hat den Lehrer übertroffen, und man zitiert Desbarolles schon wie einen wirklichen Magier der Chiromantie.

Man muß den um Rat Fragenden auch über seine gewöhnlichen Träume fragen. Träume sind Spiegelungen des inneren wie des äußeren Lebens. Die alten Philosophen achteten sehr auf sie, die Patriarchen sahen in ihnen bestimmte Offenbarungen, und die meisten religiösen Offenbarungen sind im Traume geschehen. Die Ungeheuer der Hölle sind die Alpe des Christentums, und nie hätten Pinsel und Meißel solche Scheußlichkeiten hervorbringen können, wären sie nicht im Traume gesehen worden.

Man muß sich vor Menschen hüten, deren Einbildung gewöhnlich Häßliches spiegelt.

Ebenso äußert sich das Temperament in den Träumen, und da das Temperament einen anhaltenden Einfluß auf das Leben ausübt, ist seine Erkenntnis für die sichere Mutmaßung der Schicksale einer Person notwendig. Träume mit Blut, Vergnügen und Licht zeigen ein sanguinisches Temperament, solche mit Wasser, Schlamm, Regen, Tränen sind Zeichen einer mehr phlegmatischen Anlage, das nächtliche Feuer, Dunkelheit, Schrecken und Phantome entsprechen Gallsüchtigen und Melancholikern.

Synesios, einer der größten christlichen Bischöfe der ersten Jahrhunderte, der Schüler der schönen und reinen Hypathia, die nach ihrer glorreichen Lehrtätigkeit an jener schönen alexandrinischen Schule, deren Erbschaft das Christentum teilweise antreten mußte, von einigen Fanatikern ermordet wurde, Synesios, ein lyrischer Dichter wie Pindar und Kallimachos, ein Priester wie Orpheus, ein Christ wie Spiridion von Tremizont, hat einen Traktat über die Träume hinterlassen, der von Cardanus kommentiert worden ist. Man beschäftigt sich heute kaum noch mit diesen herrlichen Forschungen des Geistes, weil die ununterbrochenen Fanatismen die Welt zur Verzweiflung an dem wissenschaftlichen und religiösen Rationalismus getrieben haben. Der hl. Paulus hat Hermes Trismegistos verbrannt; Omar verbrannte die Schüler des Hermes wie des hl. Paulus. O ihr Verfolger, Brandstifter, ihr Spötter, wann endlich werdet ihr mit eurem Werk der Finsternisse und der Zerstörung zu Ende sein?

Tritheim, einer der größten Magier der christlichen Zeit, der prachtvolle Abt eines Benediktinerklosters, der weise Theologe und Lehrer des Cornelius Agrippa, hat unter seinen unzähligen und unschätzbaren Werken einen Traktat mit dem Titel: *De septem secundeis, id est intelligentiis sive spiritibus orbes post Deum moventibus* hinterlassen. Dieser Traktat ist ein Schlüssel aller alten und neuen Prophetien und ein mathematisches, historisches und einfaches Mittel, Isaias und Jeremias im Vorausschauen aller großen künftigen Ereignisse zu übertreffen. Der Verfasser zeichnet in großen Zügen die Philosophie der Geschichte und teilt das Bestehen der ganzen Welt unter die sieben Genien der Kabbala. Es ist die größte und weitestgehende Erklärung, die jemals über die sieben Engel der Apokalypse gegeben worden ist, die mit Trompeten und Kelchen nacheinander erscheinen, um das Wort und die Verwirklichung des Wortes auf Erden zu verbreiten. Die Herrschaft jedes Engels währt 354 Jahre und 4 Monate. Der erste ist Orifiel, der Engel des Saturn, der im ersten Jahre der Welt am 13. März seine Herrschaft begonnen hat (denn nach Tritheim wurde die Welt am 13. März erschaffen): sein Reich war das der Wildheit und der ursprünglichen Nacht. Dann kam das Reich Anaels, des Engels der Venus, dessen Reich im 354. Jahre der Welt am 24. Juni begann. Da wurde die Liebe der Erzieher der Menschen. Er schuf die Familie, und die Familie führte zum Zusammenschluß und dem ursprünglichen Staat. Die ersten Zivilisatoren wurden die durch Liebe inspirierten Dichter, dann schuf Übersteigerung der Poesie die Religion, den Fanatismus und die Wollust, die später zur Sintflut führten. Das dauerte bis zum 8. Monat, d. h. dem 25. Oktober des Jahres 708. Dann begann das Reich Zachariels, des Jupiterengels, unter dem die Menschen anfingen, das Eigentumsrecht an Land und Wohnsitz anzuerkennen und es sich streitig zu machen. Es war die Zeit der Städtegründungen und Abgrenzungen der Reiche, Zivilisation und Krieg waren seine Folgeerscheinungen. Die Notwendigkeit des Handels machte sich fühlbar, und so hob am 24. Februar des

Weltjahres 1063 das Reich Raphaels, des Engels des Merkur, der Wissenschaft und des Wortes, der Intelligenz und der Industrie an. Die Schrift wurde erfunden. Die erste Sprache war universell und hieroglyphisch, und das uns überkommene Denkmal ist das Buch des Henoch, des Kadmos, Thot oder Palamedes, die später von Salomo aufgenommene kabbalistische Clavicula, das mystische Buch der Theraphim, Urim und Thumim, die ursprüngliche Genesis des Sohar und des Guillaume Postel, das mystische Rad des Ezechiel, die Rota der Kabbalisten, der Tarot der Magier und Zigeuner. Dann wurden die Künste erfunden, der erste Versuch der Schiffahrt wurde gemacht, die Verbindungen erweiterten sich, die Bedürfnisse wurden größere, und bald, d. h. am 26. Juni des Weltjahres 1417, kam die Herrschaft Samaels, des Marsengels, die Zeit der Verderbnis aller Menschen und der allgemeinen Sintflut. Aus langer Ohnmacht erstarkte die Welt wieder unter Gabriel, dem Engel des Mondes, dessen Herrschaft am 28. März des Weltjahres 1771 begann: von da an vermehrte sich Noas Familie wieder und bevölkerte nach der Sprachverwirrung von Babel alle Erdteile bis zur Herrschaft Michaels, des Sonnenengels, der am 24. Februar des Weltjahres 2126 zu herrschen begann; auf diese Epoche muß man den Ursprung der ersten Herrschaften, das Reich der Nimrodkinder, die Entstehung der Wissenschaften und Religionen auf der Erde und die ersten Konflikte des Despotismus und der Freiheit zurückführen. Tritheim führt diese seltsame Studie durch die Zeitalter hindurch und zeigt in diesen Epochen die Wiederkehr der Ruinen, die durch Poesie und Liebe wiedererstarkende Zivilisation, die durch die Familie wieder aufgerichteten Reiche, die durch den Handel vermehrt, durch den Krieg zerstört, durch die universelle und fortschreitende Zivilisation wiederhergestellt, durch die großen Reiche, die Synthese der Geschichte aufgesogen wurden. Tritheims Arbeit ist in dieser Hinsicht universeller und unabhängiger als jene Bossuets und ist ein absoluter Schlüssel zur Philosophie der Geschichte. Seine klaren Berechnungen führen ihn bis zum November des Jahres 1879, einer Epoche des Michael und der Gründung eines neuen, universellen Reiches. Dieses Reich wird durch dreieinhalb Jahrhunderte der Angst und dreieinhalb Jahrhunderte der Hoffnung vorbereitet, Epochen, die genau mit dem sechzehnten, siebzehnten, achtzehnten und dem halben neunzehnten Jahrhundert als der lunaren Dämmerung und der Hoffnung, und mit dem vierzehnten, dreizehnten, zwölften und der Hälfte des elften als den Prüfungen, der Unwissenheit, der Ängste und Geißeln der ganzen Natur zusammenfallen. Nach dieser Berechnung sehen wir also, daß nach 24 Jahren, also um 1879 ein universelles Reich gegründet und der Welt der Friede gegeben wird. Es wird politisch und religiös sein, es wird allen erregenden Problemen unserer Tage eine Lösung geben und wird 354 Jahre und 4 Monate dauern. Dann wird die Herrschaft Orifiels, eine Epoche von Schweigen und Nacht wiederkommen. Das nächste universelle Reich unter der Sonnenzeit wird dem gehören, der die Schlüssel des Orients haben wird, um die sich gegenwärtig die Fürsten der vier Weltteile streiten. Aber in den oberen Reichen sind die Intelligenz und die Tätigkeit die Kräfte, die die Sonne beherrschen, und das Volk, das jetzt auf Erden die Initiative der Intelligenz und des Lebens hat, wird auch die Schlüssel des Orients haben und das universelle Reich gründen. Vielleicht wird es ein Kreuz und Martyrium ähnlich dem des Mensch-Gottes zu tragen haben; doch tot oder lebendig unter den Völkern, sein Geist wird triumphieren, und alle Erdenvölker werden in 24 Jahren die Fahne des immer siegreichen oder wunderbarerweise wieder erstarkten Frankreichs anerkennen und ihr folgen. Das ist die durch all unser Vorausschauen bestätigte und alle unsere Wünsche unterstützte Prophetie Tritheims.

DER WAGEN DES HERMES
Der siebente Schlüssel des Tarot

XXII. KAPITEL

DAS BUCH DES HERMES.

So kommen wir nun zum Schluß unserer Arbeit und wollen hier den universellen Schlüssel geben und das letzte Wort sagen.

Der universelle Schlüssel der magischen Künste ist der Schlüssel aller alten, religiösen Dogmen, der Kabbala und der Bibel und die Clavicula Salomonis.

Diese Clavicula oder den kleinen Schlüssel, den man seit Jahrhunderten verloren glaubte, haben wir wiedergefunden, konnten alle Gräber der alten Welt öffnen, die Toten sprechen lassen, in all ihrem Glanz die großen Denkmale der Vergangenheit wiedersehen, die Rätsel aller Sphinxen verstehen und in alle Heiligtümer eintreten.

Der Gebrauch dieses Schlüssels war bei den Alten nur einigen großen Priestern erlaubt, und man vertraute das Geheimnis selbst nicht dem Kern der Eingeweihten an. Und das war dieser Schlüssel:

Er war ein hieroglyphisches und Zahlenalphabet, das durch Zeichen und Zahlen eine Reihe universeller und absoluter Ideen ausdrückte, dann eine Skala von zehn mit vier Symbolen vervielfachten und durch zwölf Figuren miteinander verbundenen Zahlen, welche die zwölf Zeichen des Tierkreises und die vier Genien der Kardinalpunkte darstellte.

Die in den Mysterien von Memphis und Theben durch die vier Formen der Sphinx, Mensch, Adler, Löwe und Stier dargestellte symbolische Vierheit entsprach den vier Elementen der alten Welt: das Wasser, dargestellt durch die Schale, die der Mann oder Wassermann hält; die Luft durch den Reif oder Strahlenkranz, der den Kopf des Himmelsadlers umgibt; das Feuer durch das Holz, das es unterhält, durch den von der Erd- und Sonnenwärme fruchtbar gemachten Baum, durch das Herrscherszepter endlich, dessen Sinnbild der Löwe ist; die Erde durch das Schwert des Mithras, der jedes Jahr den heiligen Stier opfert und sein Blut fließen läßt als jene Kraft, die alle Früchte der Erde hervorbringt.

Diese vier Zeichen mit allen ihren Analogien sind in allen Heiligtümern die Erklärung des verborgenen eineinzigen Wortes, jenes Wortes, das die Bacchanten in ihrem Rausch zu erraten schienen, wenn sie bei der Feier der Jacchos-Feste bis zur Raserei für IO EVOHE in Begeisterung gerieten! Was bezeichnet dieses geheimnisvolle Wort? Es war der Name der vier ursprünglichen Buchstaben der Muttersprache: das JOD, Symbol des Rebstocks oder des väterlichen Szepters von Noe; das HE„ Bild der Trankopferschale, Zeichen der göttlichen Mütterlichkeit; das VAU, das die beiden vorhergehenden Zeichen miteinander verbindet und in Indien den großen und geheimnisvollen Lingam als Bild hatte. So war in dem göttlichen Wort das dreifache Zeichen der Dreiheit; dann erschien der mütterliche Buchstaben ein zweites Mal, um die Fruchtbarkeit der Frau und der Natur auszudrücken, und um das Dogma der universellen und fortschreitenden Analogien zu formulieren, das von den Ursachen zu den Wirkungen herab und von den Wirkungen zu den Ursachen zurückführte. Das heilige Wort wird nicht ausgesprochen. Es wird in vier Worten buchstabiert und gesprochen; diese vier Worte sind: JOD HE VAU HE.

Der gelehrte Gaffarel zweifelt nicht daran, daß die *Theraphim* der Hebräer, mit denen sie die Orakel des *Urim* und des *Thumim* befragten, die Bilder der vier Tiere der Kabbala waren, deren Symbole, wie wir bald darlegen werden, in den Sphinxen oder Cherubim der Arche zusammengefaßt waren. Doch zitiert er bezüglich der von Michas widerrechtlich angeeigneten Theraphim eine seltsame Stelle aus Philon dem Juden, die eine ganze Offenbarung über den alten und sacerdotalen Ursprung unseres Tarots ist. Gaffarel drückt sich folgendermaßen aus: „Er (Philon der Jude) sagt, da er über die verborgene Geschichte in obgemeldeten Kapitel der Richter spricht, daß Michas aus Feingold und Silber drei Figuren von jungen Knaben und jungen Kälbern, außerdem von einem Löwen, einem Adler, einem Drachen und einer Taube machte: und zwar derart, daß er, um irgend ein Geheimnis seiner Frau zu erfahren, die Taube fragte; handelte es sich um seine Kinder, ging er zu dem jungen Knaben; um Reichtum fragte er den Adler, um Stärke und Macht den Löwen, um Fruchtbarkeit den Cherub oder Stier, um Länge des Tages und der Jahre den Drachen." Diese Offenbarung des Philon ist für uns, so wenig Gebrauch auch Gaffarel von ihr macht, von größter Wichtigkeit. Unser Schlüssel der Vierheit, die Bilder der vier symbolischen Tiere also, die sich auf dem einundzwanzigsten Schlüssel des Tarot, d. h. auf der dritten Siebenheit befinden, wiederholen so drei und fassen den ganzen Symbolismus, den die drei übereinandergelegten Siebenheiten ausdrücken, zusammen, den Antagonismus der Farben durch die Taube und den Drachen, den Ring oder ROTA durch den Drachen oder die Schlange als Ausdruck der Länge der Tage, endlich die kabbalistische Wahrsagung des ganzen Tarot, wie sie später die ägyptischen Zigeuner übten, deren Geheimnisse Eteilla unvollständig erriet und wiederfand.

Man findet in der Bibel, daß die Hohenpriester den Herrn über dem goldenen Tisch der heiligen Bundeslade zwischen den Cherubim oder Sphinxen mit Stierleibern und Adlerflügeln und mit Hilfe der Theraphim durch Urim, Thumim und das Ephod befragten. Das Ephod war bekanntlich ein in Edelsteine gezogenes magisches Quadrat aus zwölf Zahlen und zwölf Worten. Das Wort *Theraphim* bezeichnet im Hebräischen Hieroglyphen oder figürliche Zeichen, Urim und Thumim war das Oben und das Unten, der Orient und der Occident, das Ja und das Nein, und diese Zeichen entsprachen den beiden Säulen des Tempels, JAKIN und BOHAS Wollte also der Hohepriester das Orakel sprechen lassen, so zog er dem Zufall nach die Theraphim oder Goldblättchen, welche die Bilder der vier geheiligten Namen trugen, und legte sie drei zu drei um das Brustschild oder Ephod, zwischen Urim und Thumim, d. h. zwischen die beiden Onyxsteine, die den Ketten des Ephod als Agraffen dienten. Der Onyx zur Rechten bezeichnete Gedulah oder Barmherzigkeit und Herrlichkeit; der Onyx zur Linken bezog sich auf Geburah und bezeichnete Gerechtigkeit und Zorn, und befand sich z. B. das Zeichen des Löwen bei dem Stein, in den der Name des Stammes Juda eingeritzt war, zur linken Seite, so las der Hohepriester das Orakel folgendermaßen: Die Geißel des Herrn ist gegen Juda erhoben. Zeigte der Theraphim den Menschen oder die Schale und befand sich gleichfalls zur Linken beim Steine Benjamins, so las der Hohepriester: Die Barmherzigkeit des Herrn ist überdrüssig der Beleidigungen Benjamins, der ihn in seiner Liebe kränkt. Deshalb wird er über ihn ausgießen die Schale seines Zorns usw. Als das souveräne Priestertum in Israel aufhörte, als alle Orakel der Welt vor dem Mensch gewordenen und aus dem Munde des volkstümlichsten und sanftesten aller Weisen sprechenden Wort schwiegen, als die Bundeslade verloren, das Allerheiligste profaniert und der Tempel zerstört war, da wurden die Mysterien des Ephod und der Teraphim, die nicht mehr in Gold und Edelsteine gezogen wurden, von einigen weisen Kabbalisten auf Elfenbein, Pergament, versilbertes und vergoldetes Leder, schließlich auf einfache Karten geschrieben oder besser nachgebildet, die der offiziellen Kirche immer verdächtig waren, als umschlössen sie einen gefährlichen Schlüssel zu ihren Mysterien. Daher sind jene Tarots gekommen, deren Alter, dem gelehrten Court de Gébelin durch dieselbe Wissenschaft der Hieroglyphen und der Zahlen offenbart, später den zweifelhaften Scharfblick und das zähe Forschen Etteilas auf eine so harte Probe stellte.

Court de Gébelin gibt im achten Band seines Werkes *„Monde primitif"* die Abbildung der einundzwanzig Schlüssel und der vier Aß des Tarot und beweist dabei die vollkommene Analogie mit allen Symbolen des höchsten Altertums; er versucht dann die Erklärung hierzu zu geben und irrt natürlich, weil er als Ausgangspunkt nicht das universelle und heilige Tetragramm, das JO EVOHE der Bacchanalien, das JOD HE VAU HE des Allerheiligsten, das יהוה der Kabbala nimmt.

Eteilla oder Aliette, ganz eingenommen von seinem Wahrsagesystem und von dem daraus zu ziehenden materiellen Gewinn, Alliette, ein alter Barbier, der weder je das Französische noch seine Orthographie lernte, behauptete, das Buch Thot wiederherzustellen und sich so anzueignen. Auf dem Tarot, den er stechen ließ und der sehr selten geworden ist, liest man auf der achtundzwanzigsten Karte (der achten der Stäbe) folgende kindische Reklame: „Eteilla, Professor der Algebra, Erneuerer der Kartomantik und Redakteur *(sic!)* der modernen *Unrichtigkeiten* dieses alten Buches des Thot, wohnt Rue de l'Oseille 48, Paris.“ Eteilla hätte sicher besser daran getan, die *Unrichtigkeiten,* von denen er spricht, nicht zu korrigieren: seine Arbeiten haben das alte, von Court de Gébelin wieder entdeckte Buch ins Bereich der gewöhnlichen Magie und der Kartenlegerei zurückfallen lassen. Wer zuviel beweisen will, beweist nichts, sagt ein altes Axiom der Logik; Eteilla lieferte hierfür ein Beispiel mehr, und doch hatten ihn seine Anstrengungen zu einer gewissen Kenntnis der Kabbala geführt, wie man dies aus einigen wenigen Stellen seiner unlesbaren Werke ersehen kann.

Die wahren zeitgenössischen Eingeweihten Eteillas, die Rosenkreuzer zum Beispiel und die Martinisten, besaßen den wahren Tarot, wie dies ein Buch von Saint Martin, dessen Einteilung die des Tarot ist, und folgende Stelle eines Feindes der Rosenkreuzer beweisen: „Sie behaupten, daß sie ein Buch besäßen, aus dem sie alles lernen könnten, was in anderen, vorhandenen oder überhaupt je vorhanden sein werdenden Büchern enthalten ist. Dieses Buch ist ihre Vernunft, mit der sie die Urform alles Existierenden durch die

Leichtigkeit zu analysieren, Abstraktionen zu machen, eine Art intellektueller Welt zu bilden und alle möglichen Wesen zu schaffen, finden. Seht die philosophischen, theosophistischen, mikrokosmischen Karten usw." aus dem Werk *„Conjuration contre la religion catholique et les souverains, par l'auteur du Voile levé pour les curieux. Paris, Crapard, 1792."* Die wahren Eingeweihten, die das Geheimnis des Tarot unter ihren größten Mysterien hielten, hüteten sich wohl, gegen die Irrtümer Eteillas zu protestieren, und ließen ihn das Arkanum der wahren Salomonischen Schlüssel nicht enthüllen, sondern wieder verschleiern. Auch ist es nicht grundlos erstaunlich, daß wir diesen Schlüssel aller Dogmen und aller Philosophien der Alten Welt unversehrt und noch unbekannt wiedergefunden haben. Ein Schlüssel, sage ich, und es ist wahrhaft einer, da er den Kreis der vier Dekaden als Ring und als Stil oder Körper die Leiter der zweiundzwanzig Charaktere, als Ecken endlich die drei Grade der Dreiheit hat, wie ihn Guillaume Postel in seinem *„Clef des choses chachées"* erwähnte und abbildete, ein Schlüssel, dessen verborgenen und nur den Eingeweihten bekannten Namen er folgendermaßen angibt:

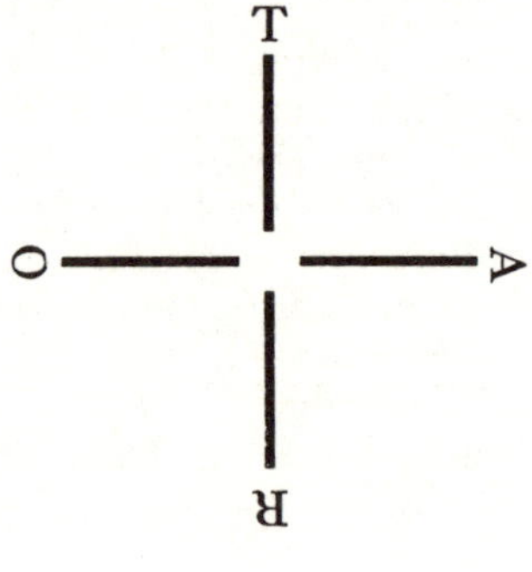

ein Wort, das ROTA gelesen werden kann, und welches das Rad des Ezechiel bezeichnet, oder TAROT, wonach es dann ein Synonym des AZOTH der hermetistischen Philosophen ist. Ein Wort, das kabbalistisch das dogmatische und natürliche Absolute ausdrückt. Es ist aus den Charakteren des Christusmonogramms der Griechen und Hebräer gebildet. Das lateinische R oder das griechische *P* befindet sich in der Mitte zwischen dem Alpha und Omega der *Apokalypse;* dann schließt das Tau, das Zeichen des Kreuzes, das ganze Wort zusammen, wie das unsere Abbildung auf Seite 78 zeigt.

Ohne den Tarot ist die Magie der Alten für uns ein verschlossenes Buch, und ohne ihn ist es unmöglich, in eines der großen Mysterien der Kabbala einzudringen. Nur der Tarot gibt die Erklärung der magischen Quadrate des Agrippa und Paracelsus, wie man sich überzeugen kann, wenn man diese magischen Quadrate mit den Schlüsseln des Tarot bildet und die Hieroglyphen liest, die sich dabei ergeben.

SATURN

2	9	4
7	5	3
6	1	8

JUPITER

4	14	15	1
9	7	6	12
5	11	10	8
16	2	3	13

MARS

11	24	7	20	3
4	12	25	8	16
17	5	13	21	9
10	18	1	14	22
23	6	19	2	15

SONNE

6	32	3	34	35	1
7	11	27	28	8	30
19	14	16	15	23	24
18	20	22	21	17	13
25	29	10	9	26	12
36	5	33	4	2	31

VENUS

22	47	16	41	10	35	4
5	23	48	17	42	11	29
30	6	24	49	18	36	12
13	31	7	25	43	19	37
38	14	32	1	26	44	20
21	39	8	33	2	27	45
46	15	40	9	34	3	28

MERKUR

8	58	59	5	4	62	63	1
49	15	14	52	53	11	10	56
41	23	22	44	45	19	18	48
32	34	35	29	28	38	39	25
40	26	27	37	36	30	31	33
17	47	46	20	21	43	42	24
9	55	54	12	13	51	50	16
64	2	3	61	60	6	7	57

MOND

37	78	29	70	21	62	13	54	5
6	38	79	30	71	22	63	14	46
47	7	39	80	31	72	23	55	15
16	48	8	40	81	32	64	24	56
57	17	49	9	41	73	33	65	25
26	58	18	50	1	42	74	34	66
67	27	59	10	51	2	43	75	35
36	68	19	60	11	52	3	44	76
77	28	69	20	61	12	53	4	45

Zählt jede Reihe dieser Quadrate zusammen, so erhaltet ihr unwandelbar die charakteristische Zahl des Planeten, und findet ihr die Erklärung dieser Zahl durch die Hieroglyphen des Tarot, so sucht den Sinn aller, sei es dreieckigen, quadratischen oder kreuzförmigen Figuren, die ihr von den Zahlen gebildet findet. Das Ergebnis dieser Arbeit wird eine vollständige und tiefe Kenntnis aller von den Alten unter dem Symbol jedes Planeten oder vielmehr jeder Personifikation der himmlischen wie menschlichen Einflüsse auf die Vorgänge des Lebens verborgenen Allegorien und Mysterien sein.

Wir haben gesagt, daß die 22 Schlüssel des Tarot die 22 Buchstaben des ursprünglichen kabbalistischen Alphabets sind. Hier nun eine Aufstellung der Abwandlungen dieses Alphabets nach den verschiedenen hebräischen Kabbalisten:

א *Sein, Geist, Mensch oder Gott; begreifliches Objekt; Muttereinheit der Zahlen, prima Materia.*

All diese Ideen sind hieroglyphisch durch das Bild des GAUKLERS ausgedrückt. Sein Körper und seine Arme bilden den Buchstaben א; um seinen Kopf trägt er einen Strahlenkranz in Form eines ∞, dem Symbol des Lebens und des universellen Geistes. Vor ihm liegen Schwerter, Schalen und Pantakel, zum Himmel erhebt er den Zauberstab. Er hat eine jugendliche Figur und gelockte Haare wie Apollo oder Merkur, auf den Lippen schwebt ihm das Lächeln der Gewißheit, und in seinen Augen leuchtet der Blick der Intelligenz.

ב *Das Haus Gottes und des Menschen, das Heiligtum, das Gesetz, die Gnosis, die Kabbala, die verborgene Kirche, die Zweiheit, die Frau, die Mutter.*

Als Hieroglyphe des Tarot DIE PÄPSTIN: eine Frau, die mit einer Tiara gekrönt ist, an der sich die Mond- oder Isishörner befinden, ihr Haupt ist in einen Schleier gehüllt, das Sonnenkreuz trägt sie auf der Brust, und auf ihren Knien hält sie ein Buch, das sie mit ihrem Mantel verbirgt.

Der protestantische Verfasser einer angeblichen Geschichte der Päpstin Johanna hat zwei merkwürdige alte Bilder der Päpstin oder Hohepriesterin des Tarot wiedergefunden, die er wohl oder übel für seine Behauptung verwendet. Auf beiden Bildern hat die Päpstin alle Attribute der Isis: auf dem einen hält und liebkost sie ihren Sohn Horus, auf dem andern hat sie lange, aufgelöste Haare. Sie sitzt zwischen den beiden Säulen der Zweiheit, trägt auf der Brust eine vierstrahlige Sonne, legt eine Hand auf ein Buch und macht mit der andern das Zeichen der priesterlichen Esoterik, d. h. sie öffnet nur drei Finger und hält die andern im Mysterienzeichen geschlossen. Hinter ihrem Kopf ist der Schleier und auf jeder Seite ihres Sitzes ein Meer, auf dem Lotosblüten sich dehnen. Ich bedauere den unglücklichen Gelehrten sehr, der in diesem alten Symbol nichts als ein Monumentalbild seiner angeblichen Päpstin Johanna sehen wollte.

ג *Das Wort, die Dreiheit, die Erfüllung, die Fruchtbarkeit, die Natur, die Zeugung in den drei Welten.*

Symbol: DIE KAISERIN eine Frau mit Flügeln und Krone hält am Ende ihres Zepters die Weltkugel; als Zeichen hat sie einen Adler, das Bild der Seele und des Lebens.

Diese Frau ist die Venus-Urania der Griechen und ist von dem hl. Johannes in seiner *Apokalypse* als eine mit der Sonne bekleidete und von zwölf Sternen gekrönte Frau, die den Mond unter ihren Füßen hält, dargestellt worden. Sie ist die mystische Quintessenz der Dreiheit, die Spiritualität, die Unsterblichkeit und Königin des Himmels.

ד *Die Pforte oder Herrschaft bei den Orientalen, die Einweihung, die Macht, das Tetragramm, die Vierheit, der kubische Stein oder seine Basis.*

Als Hieroglyphe DER KAISER ein Herrscher, dessen Körper ein rechtwinkliges Dreieck und dessen Unterschenkel ein Kreuz bilden, ein Bild des Athanor der Philosophen.

ה *Merkzeichen, Beweis, Lehre, Gesetz, Symbolismus, Philosophie, Religion.*

Als Hieroglyphe DER PAPST oder der große Hierophant. In den moderneren Tarots ist dieses Zeichen durch das Bild Jupiters ersetzt. Der zwischen den zwei Säulen des Hermes und Salomons sitzende große Hierophant macht das Zeichen der Esoterik und stützt sich auf das Kreuz mit den drei in Dreieckform angeordneten Querbalken. Vor ihm knien zwei niedere Ministranten, so daß er über sich die Kapitele der beiden Säulen und unter sich die beiden Köpfe der Ministranten hat. Er ist der Mittelpunkt dieser Fünfheit und stellt das göttliche Pentagramm dar, dessen vollkommenen Sinn er gibt. Die Säulen sind die Notwendigkeit und das Gesetz, die Köpfe die Freiheit oder Handlung. Von jeder Säule kann man zu jedem Kopf eine Linie ziehen und zwei Linien von jeder Säule zu jedem der beiden Köpfe. So erhält man ein durch ein Kreuz in vier Dreiecke zerlegtes Viereck, in dessen Mitte der große Hierophant steht, fast wie die Spinne der Gärten inmitten ihres Netzes, könnten wir sagen, ließe sich ein solches Bild auf Dinge der Wahrheit, der Glorie und des Lichts anwenden.

ו *Verkettung, Nagel, Lingam, Verwickelung, Verbindung, Umklammerung, Kampf, Antagonismus, Kombination, Gleichgewicht.*

Als Hieroglyphe der Mensch zwischen Laster und Tugend. Über ihm erstrahlt die Sonne der Wahrheit, und in dieser Sonne spannt die Liebe ihren Bogen und droht dem Laster mit ihrem Pfeil. In der Ordnung der zehn Sephiroth entspricht dieses Symbol dem TIPHERETH, d.h. dem Idealismus und der Schönheit. Die Zahl sechs versinnbildlicht den Antagonismus der beiden Dreiheiten, d.h. der absoluten Bejahung und der absoluten Verneinung. Sie ist also die Zahl der Arbeit und der Freiheit und bezieht sich deshalb auch auf die moralische Schönheit und die Glorie.

ז *Waffe, Gewalttat, flammendes Schwert des Cherub, heilige Siebenheit, Sieg, Königtum, Priestertum.*

Als Hieroglyphe ein kubischer Wagen auf vier Säulen mit einem azurblauen und gestirnten Behang. Zwischen den vier Säulen in dem Wagen ein Sieger, der mit einem Reifen gekrönt ist, über dem drei goldene Pentagramme strahlend sich erheben. Der Sieger hat über seinem Panzer drei übereinandergelegte Winkelmaße und auf seinen Schultern den Urim und Thumim des höchsten Opferpriesteramtes, die durch die beiden Halbmonde als Gedulah und Geburah dargestellt werden. In der Hand hält er ein von einem Globus, einem Viereck und einem Dreieck überragtes Zepter; seine Haltung ist stolz und ruhig. An die Wagen ist eine Doppelsphinx oder zwei Sphinxen gespannt, die sich durch den Unterleib halten. Sie ziehen je eine Seite, die eine aber wendet den Kopf, und sie blicken nach derselben Seite. Die Sphinx, die den Kopf dreht, ist schwarz, die andere weiß. Auf der Vorderwand des Wagens sieht man den indischen Lingam überragt von der fliegenden Himmelskugel der Ägypter. Diese Hieroglyphe, von der wir hier eine genaue Abbildung geben, ist vielleicht die schönste und vollkommenste aller, die den Schlüssel des Tarot bilden.

ח *Waage, Anziehung und Abstoßung, Leben, Schrecken, Versprechen und Drohung.*

Als Hieroglyphe DIE GERECHTIGKEIT mit Schwert und Wage.

ט *Das Gute, der Schrecken des Bösen, die Moral, die Weisheit.*

Als Hieroglyphe ein auf einen Stab gestützter und eine Lampe vor sich hertragender Weiser; er ist ganz in seinen Mantel gehüllt. Seine Überschrift ist DER EREMIT oder DER KAPUZINER, auf Grund der Kapuze an seinem orientalischen Mantel. Aber sein wahrer Name ist DIE KLUGHEIT, und so vervollständigt er die vier Haupttugenden, die Court de Gébelin und Eteilla unvollständig schienen.

י *Grundursache, Manifestation, Lob, männliche Ehre, Phallus, männliche Fruchtbarkeit, väterliches Zepter.*

Als Hieroglyphe DAS GLÜCKSRAD d.h. das kosmogonische Rad des Ezechiel mit einem rechts aufsteigenden Hermanubis und einem links untergehenden Typhon und darüber eine Sphinx im Gleichgewicht, die zwischen ihren Löwenpranken das Schwert hält. Ein wunderbares Symbol, das Eteilla verunstaltete, indem er Typhon durch einen Mann, Hermanubis durch eine Maus und die Sphinx durch einen Affen ersetzte, eine der Eteillaschen Kabbala würdige Allegorie.

כ *Die Hand im Akt des Nehmens und Haltens.*

Als Hieroglyphe DIE KRAFT eine mit lebendigem ∞ gekrönte Frau, die friedlich und ohne Anstrengung die Klaue eines wilden Löwen schließt.

ל *Beispiel, Lehre, öffentliche Lesung.*

Als Symbol ein Mensch, der an einem Fuß mit auf den Rücken gebundenen Händen derart aufgehängt ist, daß sein Körper ein mit der Spitze nach unten gerichtetes Dreieck und seine Beine ein Kreuz über dem Dreieck bilden. Der Galgen hat die Form eines hebräischen Tau. Jeder der beiden unterstützenden Bäume hat sechs beschnittene Äste. Wir haben anderwärts dieses Symbol des Opfers und des vollbrachten Werkes schon erklärt und können hier nicht darauf zurückkommen.

מ *Der Himmel von Jupiter und Mars, Herrschaft und Kraft, Wiederaufbau, Schöpfung und Zerstörung.*

Als Hieroglyphe DER TOD, der auf einer Ebene, wo man ihn Menschen stoßen sieht, gekrönte Häupter hinmäht.

נ *Der Himmel der Sonne, Witterungen, Jahreszeiten, Bewegung, Wechsel des immer neuen und immer gleichen Lebens.*

Als Hieroglyphe DIE MÄSSIGKEIT, ein Engel mit dem Zeichen der Sonne auf der Stirn und dem Quadrat und dem Dreieck der Siebenheit auf der Brust, schüttet aus einer Schale in die andere die beiden Essenzen, die das Lebenselixier bilden.

ס *Der Himmel des Merkur, okkultes Wissen, Magie, Handel, Beredsamkeit, Mysterium, moralische Kraft.*

Als Hieroglyphe DER TEUFEL, der Bock von Mendes oder der Baphomet des Tempels mit all seinen pantheistischen Attributen. Diese Hieroglyphe ist die einzige, die Eteilla vollkommen verstanden und anständig wiedergegeben hat.

ע *Der Himmel des Mondes, Zerrüttungen, Umwälzungen, Wechsel, Schwächen.*

Als Hieroglyphe ein vom Blitz zerschmetterter Turm, wahrscheinlich der von Babel. Zwei Menschen, zweifellos Nimrod und sein falscher

Prophet oder sein Diener, sind von der Höhe in die Tiefe der Ruinen gestürzt; der eine bildet im Fall vollkommen den Buchstaben ע Gnain.

פ *Der Himmel der Seele, Ausströmen des Gedankens, moralischer Einfluß der Idee auf die Formen, Unsterblichkeit.*

Als Hieroglyphe der strahlende Stern und die ewige Jugend. Wir haben anderwärts die Beschreibung dieser Figur gegeben.

צ *Die Elemente, die sichtbare Welt, das gespiegelte Licht, die stofflichen Formen, der Symbolismus.*

Als Hieroglyphe der Mond, der Tau, eine aus dem Wasser ans Land kriechende Krabbe, ein Hund und ein Wolf, die den Mond anbellen und an zwei Türmen angekettet sind, ein Pfad, der sich am Horizont verliert und mit Blutstropfen besät ist.

ק *Die Mixturen, der Kopf, der Gipfel, der Himmelsfürst.*

Als Hieroglyphe eine strahlende Sonne, zwei Kinder geben sich in einer befestigten Umzäunung die Hand. In andern Tarots ist es eine die Schicksalsfäden abwickelnde Spinnerin, wieder in andern ein nacktes Kind, das ein weißes Pferd besteigt und eine scharlachrote Fahne entfaltet.

ר *Das Pflanzenhafte, die Schöpferkraft der Erde, das ewige Leben.*

Als Hieroglyphe DAS GERICHT. Ein Genius bläst in die Trompete und die Toten verlassen ihre Gräber; diese lebend wiedergekehrten Toten sind ein Mann, eine Frau und ein Kind: die Dreiheit des menschlichen Lebens.

ש *Das Sinnliche, das Fleisch, das ewige Leben.*

Als Hieroglyphe DER NARR ein dem Zufall nachlaufender, als Narr gekleideter Mann mit einem Bettelsack auf dem Rücken, der zweifellos voll seiner Albernheiten und Laster ist; seine Kleider sind in Unordnung und lassen das unbedeckt, was sie verbergen müßten, und ein Tiger, der ihn verfolgt, beißt ihn, ohne daß er daran denkt, ihn zu vertreiben oder sich zu verteidigen.

ת *Der Mikrokosmos, die Zusammenfassung von allem.*

Als Hieroglyphe der Kether oder die kabbalistische Krone zwischen den vier geheimnisvollen Tieren; inmitten der Krone sieht man die Wahrheit in jeder Hand einen magischen Stab halten.

Das sind die zweiundzwanzig Schlüssel des Tarot, die alle Zahlen erklären. So erklärt der Zauberer oder Schlüssel der Einheiten die vier Aß mit ihrer vierfachen, fortschreitenden Bedeutung in den drei Welten und dem Urprinzip. So ist das Aß der Münzen oder Ringe die Seele der Welt, das Schwertaß die kämpfende Intelligenz, das Schalenaß die liebende Intelligenz und das Stabaß die schöpferische Intelligenz. Sie sind auch die Prinzipien der Bewegung, des Fortschritts, der Fruchtbarkeit und der Macht. Jede mit einem Schlüssel vervielfachte Zahl gibt eine andere Zahl, die, ihrerseits durch die Schlüssel erklärt, die philosophische und religiöse Offenbarung, die in jedem Zeichen enthalten ist, vervollständigt. Jede der sechsundfünfzig Karten kann nach und nach mit den zweiundzwanzig Schlüsseln vervielfacht werden, daraus ergibt sich eine Reihe von Verbindungen, die alle und die überraschendsten Resultate der Offenbarung und des Lichtes geben. Er ist eine wahrhaft philosophische Maschine, die den Geist am Abirren hindert und ihm dabei ganz seine Initiative und Freiheit läßt. Diese Karten sind die auf das Absolute angewandte Mathematik, sind die Verbindung des Positiven mit dem Idealen, eine Lotterie aller wie die Zahlen streng gerechten Gedanken, das endlich, was von allem der menschliche Genius als das Größte und Einfachste erkannt hat.

Die Kunst, die Hieroglyphen des Tarots zu lesen, besteht darin, daß man sie entweder in Vierecke oder Dreiecke anordnet, wobei man die geraden Zahlen gegeneinander legt und sie mit den Ungeraden in Übereinstimmung bringt. Vier Zeichen drücken immer das Absolute in irgend einer Ordnung aus und werden durch ein fünftes erklärt. So ist die Lösung aller magischen Fragen jene des Pentagramms, und alle Widersprüche werden durch die harmonische Einheit erklärt.

So angeordnet ist der Tarot ein wahrhaftes Orakel und antwortet allen möglichen Fragen mit größerer Genauigkeit und Unfehlbarkeit als der Androit Alberts des Großen; so daß ein Gefangener ohne Bücher allein mit dem Tarot, dessen er sich zu bedienen wüßte, in einigen Jahren sich ein universelles Wissen angeeignet hätte und über alles mit einer unvergleichlichen Gelehrsamkeit und einer unbestechlichen Beredsamkeit sprechen könnte. Dieses Rad ist tatsächlich der Schlüssel der Redekunst und der großen Kunst des Raimundus Lullus, ist das wahre Geheimnis der Verwandlung der Finsternisse in Licht, ist das erste und wichtigste von allen Arkanen des großen Werkes.

Mit diesem universellen Schlüssel des Symbolismus werden alle Allegorien Indiens, Ägyptens und Judäas klar. Die *Apokalypse* des hl. Johannes ist ein kabbalistisches Buch, dessen Sinn durch die Figuren und Zahlen des Urim und Thumim der Theraphim und des Ephod und dessen ganze Ergebnisse und Ergänzungen durch den Tarot genau bestimmt sind. Die alten Heiligtümer haben keine Geheimnisse mehr, und man versteht zum ersten Mal die Bezeichnung der Kultgegenstände der Juden. Wer sähe in dem goldenen, vom Cherubim getragenen und gekrönten Tisch, der die Bundeslade bedeckte und der Versöhnung diente, nicht die gleichen Symbole wie in den einundzwanzig Schlüsseln des Tarot? Die Arche war eine hieroglyphische Zusammenfassung des ganzen kabbalistischen Dogmas: sie enthielt das Jod oder den blühenden Stab Aarons, das He oder die Schale, den das Manna bewahrenden Gomor, die beiden Gesetzestafeln, ein dem Schwert der Gerechtigkeit entsprechendes Symbol, vier Dinge, die wunderbarerweise die Buchstaben des göttlichen Tetragramms wiedergeben.

Gaffarel hat gelehrt bewiesen, daß die Cherubim der Bundeslade Figuren von Kälbern waren; was er aber nicht gewußt hat, ist, daß es statt zwei vier solcher gab, zwei an jeder Seite, wie dies der in dieser Beziehung von den meisten Kommentatoren schlecht verstandene Text ausdrücklich sagt:

In Vers 18 und 19 des Exodus muß der hebräische Text folgendermaßen übersetzt werden:

„Du wirst zwei Kälber oder Sphinxe aus gehämmertem Gold an jede Seite des Orakels fertigen.

„Und du wirst sie, das eine zum einen und das andere zum andern gewendet aufstellen."

Die Cherubim oder Sphinxe der Bundeslade waren tatsächlich so paarweise an jeder Seite der Bundeslade angebracht, und ihre Köpfe kehrten sich den vier Ecken zu, die sie mit ihren rund gewölbten Flügeln bedeckten, wobei sie die Krone des goldenen Tisches beschatteten, den sie auf ihre Schultern trugen und wobei der eine den andern anblickte.

So hatte die Bundeslade also drei Teile oder Geschosse, die Aziluth, Jezirah und Briah, die drei Welten der Kabbala vergegenwärtigten: der Boden der Lade, an dem die vier Ringe der zwei den Säulen des Tempels JAKIN und BOHAS entsprechenden Träger angebracht waren, die eigentliche Lade, auf der die Sphinxleiber in Relief hervorragten, und der Deckel, der von den Flügeln der Sphinxe überschattet war. Der Boden versinnbildlichte das Salzreich, um in der Sprache der Adepten des Hermes zu reden, die Lade das Reich des Merkur oder Azoth und der Deckel das Reich des Schwefels oder des Feuers. Die übrigen Kultgegenstände waren nicht weniger allegorisch, zu ihrer Beschreibung bedürfte es jedoch eines Spezialwerkes.

Saint Martin hat in seinem „Natürlichen Bild der Verbindungen, die zwischen Gott, dem Menschen und der Natur bestehen", wie schon erwähnt die Einteilung des Tarot befolgt und gibt über die zweiundzwanzig Schlüssel einen sehr bemerkenswerten, mystischen

Kommentar; doch hütet er sich wohl, den Ursprung zum Plan seines Buches anzugeben und die erklärten Hieroglyphen kundzumachen. Postel bewahrt dieselbe Verschwiegenheit, und führt, nachdem er nur einmal den Tarot in der Figur seines Schlüssels der Arkane genannt hat, den Rest des Buches unter dem Namen einer *Genesis des Henoch*. Die Persönlichkeit des Henoch, des Verfassers des ersten heiligen Buches, ist tatsächlich mit der des Thot bei den Ägyptern, des Kadmos bei den Phöniziern und des Palamedes bei den Griechen identisch.

Wir haben auf sehr seltsame Weise eine Medaille des XVI. Jahrhunderts gefunden, die ein Schlüssel zum Tarot ist. Wir wissen nicht, ob wir sagen sollen, daß uns diese Medaille und ihr Aufbewahrungsort im Traum von dem göttlichen Paracelsus gezeigt wurden; doch wie immer dem auch sei, die Medaille befindet sich in unserem Besitz. Sie zeigt auf der einen Seite den Zauberer, der in der einen Hand seinen Gürtel und in der andern das Pentagramm hält, im deutschen Kostüm des XVI. Jahrhunderts. Auf seinem Tisch vor ihm liegen zwischen einem offenen Buch und einem geschlossenen Geldbeutel zehn in zwei Reihen zu je drei und einem Viereck von vier angeordnete Geldstücke oder Talismane. Die Füße des Tisches bilden zwei ה und die des Zauberers zwei auf diese Weise ⅃L umgekehrte ד. Die Rückseite der Medaille zeigt die im magischen Quadrat folgendermaßen angeordneten Buchstaben des Alphabets:

A	B	C	D	E
F	G	H	I	K
L	M	N	O	P
Q	R	S	T	V
X	V	Z	N	

Man kann beobachten, daß dieses Alphabet nur zweiundzwanzig Buchstaben hat, wobei das V und das N zweimal wiederholt sind, und daß es in vier Fünfern und einem Vierer als Schlüssel und Basis angeordnet ist. Die vier letzten Buchstaben sind zwei Verbindungen der Zweiheit und der Dreiheit und bilden, kabbalistisch gelesen das Wort AZOTH, indem man den Buchstabenbildungen ihren ursprünglichen hebräischen Wert gibt und das N als א, Z für das lateinische Z, V für das hebräische ו, das zwischen zwei Vokalen oder Buchstaben, die deren Wert haben, als O ausausgesprochen wird, und das X als das ursprüngliche Tau nimmt, das genau so gebildet war. Der ganze Tarot ist also in dieser wunderbaren, in der Tat dem Paracelsus würdigen Medaille erklärt, die wir für Wißbegierige zur Verfügung halten. Die in viermal fünf angeordneten Buchstaben ergeben zusammen das Wort תו Z א, entsprechend dem יהוה, dem INRI und enthalten alle Mysterien der Kabbala.

Es wäre sehr wünschenswert, daß man den Tarot in Anbetracht seiner so überragenden wissenschaftlichen Bedeutung nicht mehr verfälschte. Wir haben in der Kaiserlichen Bibliothek alle Sammlungen der alten Tarots geprüft und haben dort alle Hieroglyphen gefunden, deren Beschreibung wir geben. Ein wichtiges Werk bleibt zu tun: einen Tarot ganz vollständig und sorgfältig ausgeführt zu stechen und zu veröffentlichen. Vielleicht werden wir dies bald ausführen.

Überbleibsel des Tarot findet man bei allen Völkern der Erde. Der italienische Tarot ist der am besten und getreuesten erhaltene, doch könnte man ihn noch mit wertvollen, den spanischen Spielen entnommenen Aufschlüssen vervollständigen: Die Schalen-Zwei im *Naibi*

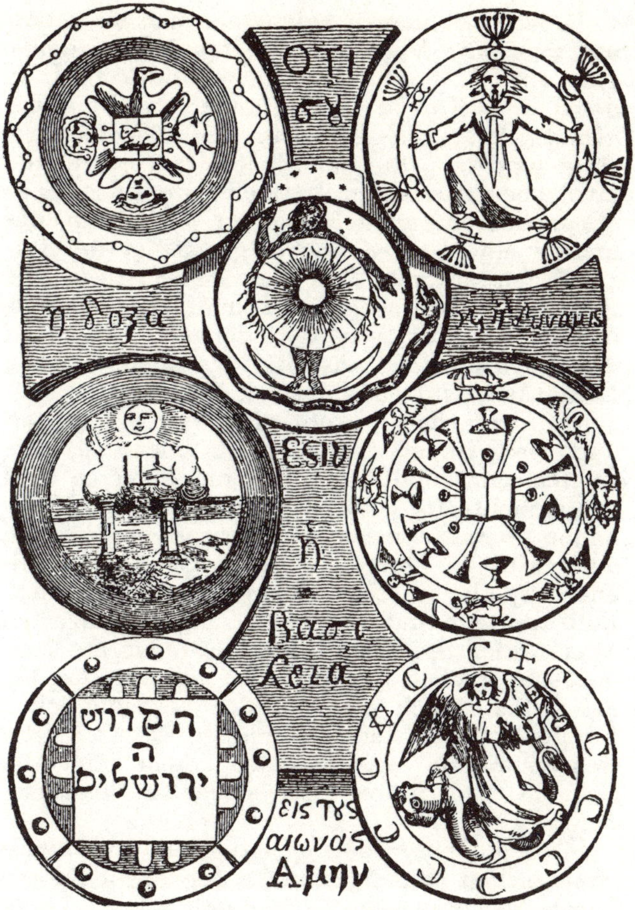

APOKALYPTISCHER SCHLÜSSEL
Die sieben Siegel des hl. Johannes.

z. B. ist vollkommen ägyptisch, man sieht darauf zwei alte Vasen, deren Henkel, auf denen eine Kuh liegt, Ibissen nachgebildet sind. In denselben Karten findet man inmitten der Münzen-Vier ein Einhorn. Die Schalen-Drei zeigt eine Isis, die aus einer Vase steigt, und zwei ebenfalls Vasen entsteigende Ibisse, von denen der eine eine Krone für die Göttin, der andere eine Lotosblume trägt, die er ihr darzureichen scheint. Die vier Asse tragen das Bild der hieratischen und heiligen Schlange, und in gewissen Spielen findet man mitten auf der Münzen-Vier anstelle des symbolischen Einhorns das Doppeldreieck Salomos.

Die deutschen Tarots sind viel entstellter, und man findet darauf kaum mehr als die Zahlen der Schlüssel, die mit bizarren und genußsüchtigen Bildern überladen sind. Wir haben einen chinesischen Tarot in Händen, auch gibt es einige Probestücke eines ähnlichen Spiels in der kaiserlichen Bibliothek. Paul Boiteau hat in seinem beachtenswerten Werk über Spielkarten hiervon sehr gut ausgeführte Proben gegeben. Der chinesische Tarot enthält noch mehrere der ursprünglichen Embleme; sehr leicht sind die Münzen und Schwerter zu unterscheiden, doch sind die Schalen und Stäbe schwieriger wiederzufinden.

In den Zeiten der gnostischen und manichäistischen Häresien mußte der Tarot für die Kirche verloren gehen, und damit wurde gleichzeitig auch der Sinn der göttlichen *Apokalypse* verloren. Man verstand nicht mehr, daß die sieben Schlüssel des kabbalistischen Buches sieben Pentakel sind (wir bilden sie hier ab), die durch die Analogien der Zahlen, Charaktere und Bilder des Tarots erklärt werden. So war die universelle Tradition der einzigen

Religion einen Augenblick unterbrochen, die Finsternisse des Zweifels haben sich auf der ganzen Erde verbreitet, und es schien der Unwissenheit, daß der wahre Katholizismus, die universelle Offenbarung einen Augenblick verschwunden sei. Die Erklärung des Buches des hl. Johannes durch die Charaktere der Kabbala wird eine ganz neue Offenbarung sein, die schon mehrere ausgezeichnete Magier geahnt haben. Einer unter diesen, Augustin Chaho drückt sich folgendermaßen aus:

„Das Gedicht der *Apokalypse* setzt in dem jungen Evangelisten ein vollständiges System und nur ihm bekannte Traditionen voraus.

„Sie ist in Visionform geschrieben und umschließt in einem von Poesie strahlenden Rahmen die ganze Weisheit und das ganze Denken des afrikanischen Civilisators.

„Als inspirierter Sänger streift ihr Verfasser eine Reihe beherrschender Tatsachen und zeichnet in großen Zügen die Geschichtte der Gesellschaft von einer Erdumwälzung zur andern und darüber hinaus.

„Die Wahrheiten, die er offenbart, sind ihm von oben gekommene Prophezeiungen, zu deren schallendem Echo er sich macht.

„Er ist die Stimme, die ruft, die Stimme, die die Harmonien der Wüste singt und die Wege für das Licht vorbereitet.

„Sein Wort erschallt mit Macht und heischt Glauben, denn er bringt den Barbaren die Orakel des *Iao* und der Anbetung künftiger Kulturen den Erstgeborenen der Sonnen.

„Die Theorie der vier Zeitalter findet sich in der *Apokalypse* wie in den Büchern des Zoroaster und der Bibel wieder.

„Die schrittweise Wiederherstellung der ursprünglichen Bündnisse und der Herrschaft Gottes unter den vom Joch der Tyrannen und den Banden des Schreckens befreiten Völkern ist offensichtlich für das Ende des vierten Zeitalters vorhergesagt und die Wiederholung der Erdumwälzung zunächst in weiter Ferne zur Erfüllung der Zeit gezeigt.

„Die Beschreibung der Sintflut und ihrer Dauer, die neue, von der Flut befreite und mit all ihren Schönheiten unter dem Himmel wieder erschienene Welt, die von einem Engel für eine Zeit zu tiefst unter den Wassern gebundene, große Schlange, endlich die von dem Wort, das dem Apostel schon zu Anfang seines Werkes erschien, vorhergesagte Morgenröte dieser künftigen Zeit.

„‚*Sein Haupt aber und sein Haar waren weiß, wie weiße Wolle, als der Schnee, und seine Augen wie eine Feuerflamme.*

Und seine Füße gleich wie Messing, das im Ofen glühet, und seine Stimme wie großes Wasserrauschen;

Und hatte sieben Sterne in seiner rechten Hand, und aus seinem Munde ging ein scharfes, zweischneidiges Schwert, und sein Angesicht leuchtete wie die Sonne.'

„Das ist Ormuts, Osiris, das Lamm, Christus, der Alte der Tage, der von David besungene Mensch der Zeiten und Fluten.

„Es ist der Erste und der Letzte, der war und sein wird, Alpha und Omega, Anfang und Ende.

„In seiner Hand hält er den Schlüssel zu den Mysterien, er öffnet den großen Abgrund des zentralen Feuers, wo der Tod unter dem Dach der Finsternisse ruht und die große Schlange in Erwartung des Erwachens der Zeiten schläft."

Der Verfasser vergleicht diese Allegorie des hl. Johannes mit jener Daniels, in der die vier Formen der Sphinx auf die großen Perioden der Geschichte bezogen werden und der Sonnen-Mensch, das Licht-Wort den Seher tröstet und aufklärt.

„Der Prophet Daniel sieht ein durch die vier Himmelswinde gegensätzlich aufgewühltes Meer.

„Und untereinander stark verschiedene Tiere verlassen die Tiefen des Ozeans.

„Die Herrschaft über alles, was auf Erden ist, wurde ihnen bis zu einem, zwei und der Hälfte des vierten Zeitalters gewährt.

„Und vier stiegen heraus.

„Das erste Tier, Symbol der sonnenhaften Rasse der Seher kommt von der Seite Afrikas; es glich einem Löwen und trug Adlerflügel: ein Menschenherz wurde ihm gegeben.

„Das zweite Tier, Sinnbild der nordischen Eroberer, die während des zweiten Zeitalters mit dem Eisen herrschten, glich einem Bären.

„In seinem Rachen hatte es drei Reihen spitzer Zähne, Bilder der drei großen Eroberfamilien, und ihm wurde gesagt: Erhebe dich und sättige dich am Fleisch.

„Nach dem Erscheinen des vierten Tieres wurden Throne erhöht, und der Alte der Tage, der Christus der Seher, das Lamm des ersten Zeitalters zeigte sich sitzend.

„Sein Kleid war von blendender Weiße, sein Haupt strahlte, sein Thron, aus dem lebendige Flammen hervorbrachen, wurde auf brennenden Rädern getragen; eine sehr lebhafte Flamme strahlte aus seinem Gesicht und Myriaden von Engeln oder Sternen erglänzten um ihn.

„Das Gericht wurde gehalten; die allegorischen Bücher wurden geöffnet.

„Der neue Christus kommt auf einer strahlenden Wolke und macht vor Gott Halt. Ihm wird die Macht, die Ehre und die Herrschaft über alle Völker, alle Stämme und Sprachen übertragen.

„Daniel nähert sich einem der beiden Anwesenden und fragt ihn nach der Wahrheit der Dinge.

„Und es wird ihm geantwortet, daß die vier Tiere vier Mächte sind, die nacheinander auf der Erde regieren werden."

Chaho erklärt dann mehrere Bilder, deren Allegorien überraschend sind und die sich fast in allen heiligen Büchern finden. Seine Ausführungen sind sehr bemerkenswert.

In jedem ursprünglichen Wort entsteht die Wechselbeziehung der physischen Verhältnisse und der moralischen Beziehungen auf den gleichen Linien.

„Jedes Wort trägt seine stoffliche und geistige Erklärung in sich, und diese lebendige Sprache ist ebenso vollkommen und wahr, wie sie im schöpferischen Menschen einfach und natürlich ist.

„Wie der Seher mit demselben, leicht geänderten Wort Sonne, Tag, Licht, Wahrheit ausdrückt und ein gleiches Beiwort wie weiß bei Sonne und Schaf anwendet, so sagt er *Lamm* oder *Christus* für *Sonne* und *Sonne* anstatt *Wahrheit, Licht, Kultur* und ist dabei kaum allegorisch, sondern gebraucht wahrhafte, ausgewählte und mit Inspiration ausgedrückte Beziehungen.

„Wenn aber die Kinder der Nacht in ihrem zusammenhanglosen und barbarischen Dialekt *Sonne, Tag, Licht, Wahrheit, Lamm* sagen, so wird die durch das ursprüngliche Wort so klar ausgedrückte, weise Beziehung vernichtet und verschwindet, und durch die einfache Übertragung werden Lamm und Sonne allegorische Wesen, Symbole.

„Man beachte, daß das Wort *Allegorie* in der keltischen Definition *Wechsel der Redeweise, Übertragung* heißt.

„Die hier von uns gemachte Beobachtung bezieht sich ebenso auf die ganze kosmogonische Ausdrucksweise der Barbaren.

„Die Seher bedienten sich zur Bezeichnung von Nahrung und Lehre desselben inspirierten Wurzelwortes. Und ist nicht das Wissen um die Wahrheit die Nahrung der Seele!

„So sind die Papyrus- oder Biblos-Rolle des Propheten Ezechiel, das kleine Buch, das ein Engel dem Verfasser der *Apokalypse* zu essen gab, die wunderbare Vermehrung der sieben kleinen Brote, die von den Evangelisten des Nazareners erzählt wird, das lebendige Brot, das Jesus-Sonne seine Jünger mit den Worten essen läßt: *Dies ist mein Leib,* und eine Menge anderer, ähnlicher Züge eine Wiederholung derselben Allegorie: das Leben der Seelen, die sich von der Wahrheit nähren, die Wahrheit, die sich vervielfacht, ohne je geringer zu werden, ja die im Gegenteil in dem Maße wächst, als man sie genießt.

„Überreizt durch ein edles Nationalitätsgefühl, geblendet von der Idee einer ungeheuerlichen Revolution, erhebt sich ein Enthüller verborgener Dinge und sucht die Entdeckungen der alten Wissenschaft bei den dummen, unwissenden, auch der einfachsten Vorstellungen baren Menschen zu verbreiten.

„Er sagt zum Beispiel: Die Erde dreht sich, die Erde ist rund wie ein Ei.

„Was kann der hörende Barbar damit anfangen, wenn es nicht zu *glauben* ist? Ist es nicht offensichtlich, daß jeder derartige Lehrsatz für ihn zu einem Dogma von oben, einem *Glaubensartikel* wird?

„Und genügt nicht der Schleier einer weisen Allegorie, um eine *Mythe* aus ihr zu machen?

„In den Schulen der Seher war die Erdkugel durch ein Ei aus Pappe oder bemaltem Holz dargestellt, und wenn man die kleinen Kinder fragte: Was ist dieses Ei? so antworteten sie: Das ist die Erde.

„Als die großen Kinder, die Barbaren, dies hörten, redeten sie den kleinen Kindern der Seher nach: Die Welt ist ein Ei.

„Aber sie verstanden darunter die physische, stoffliche Welt, während die Seher die geographische, ideelle, bildhafte, vom Geist und Wort erschaffene Welt meinten.

„Die Priester Ägyptens stellten den Geist, die Intelligenz, Kneph mit einem auf die Lippen gelegten Ei dar, um damit besser auszudrücken, daß das Ei nur ein Vergleich, ein Bild, eine Sprachform war.

„Shumuntu, der Philosoph des Ezur-Vedam, erklärt auf dieselbe Weise dem fanatischen Biach, was er unter dem goldenen Ei Brahmas zu verstehen habe."

Man muß an einer Zeit, die sich noch mit diesen ernsten und vernünftigen Forschungen abgibt, nicht ganz verzweifeln; auch geschieht diese Anführung der Seiten Chahos mit einer großen Erleichterung und tiefen Sympathie. Hier ist schon nicht mehr diese negative und verzweifelte Kritik eines Dupuis und Volney. Es ist ein Streben nach einem einzigen Glauben, einem einzigen Kult, der alles Zukünftige mit allem Vergangenen verbinden muß, ist eine Ehrenrettung aller großen Männer, die fälschlich des Aberglaubens und der Gotteslästerung angeklagt waren, ist endlich die Beweisführung Gottes selbst, dieser Sonne der Geister, die für aufrechte Seelen und reine Herzen niemals verschleiert ist.

„Er ist groß, der Seher, Eingeweihte und von der Natur und der erhabensten Vernunft Auserwählte", ruft der eben von uns angeführte Autor zusammenfassend noch aus.

„Ihm allein kommt das Recht der Nachahmung zu, die das Prinzip seiner Vervollkommnung ist, und deren wie der Blitz rasche Inspirationen seine Schöpfungen und Offenbarungen leiten.

„Ihm allein kommt ein vollkommenes Wort über Harmonie, Eigentum, Beweglichkeit, Reichtum zu, das durch eine harmonische, stoffliche Reaktion des Denkens geschaffen wurde; des Denkens, dessen von der Sprache noch unabhängige Ansichten immer die in seinen Eindrücken genau wiedergegebene und in seinen Aussagen gut durchdachte und gut ausgedrückte Natur spiegeln.

„Ihm allein Licht, Wissen und Wahrheit, weil die auf ihre passiv untergeordnete Rolle beschränkte Einbildung die Vernunft, die natürliche Logik niemals beherrscht, die sich aus dem Vergleich der Ideen ergibt, die im selben Verhältnis wie ihre Notwendigkeiten entstehen und sich ausbreiten, und die der Kreis seiner Erkenntnisse sich stufenweise, ohne Beimischung von falschen Urteilen und Irrtümern erweitert.

„Ihm allein ein unendlich fortschreitendes Licht, weil nach den irdischen Erneuerungen die Bevölkerungszunahme rasch in wenig Jahrhunderten die neue Gesellschaft in allen denkbaren moralischen wie politischen Beziehungen ihres Schicksals zusammenstellt.

Ja, wir könnten hinzufügen, ein absolutes Licht.

„Der Mensch unserer Zeit ist in sich unveränderlich, er ändert die Natur nicht mehr, in die er eingereiht ist.

„Die sozialen Bedingungen, in die er sich gestellt sieht, bestimmen allein den Grad seiner Vervollkommnung, die die Tugend, die Heiligkeit des Menschen und seine Glückseligkeit im Gesetz als Grenzen hat.“

Nach diesen Bemerkungen könnte man uns noch fragen, wozu dienen die okkulten Wissenschaften? Wird man diese lebendige Mathematik, diese Proportionen der Ideen und Zahlen, diese fortdauernde Offenbarung in der universellen Vernunft, diese Befreiung des Geistes, diese dem Glauben gegebene, unerschütterliche Grundlage, diese dem Willen geoffenbarte Allmacht, wird man sie in die Verachtung des Mystizismus und Illuminatentums hineinziehen? Ihr Kinder, die ihr Zauberei suchtet, seid ihr nun enttäuscht, weil wir euch Wunder geben! Es sagte uns eines Tages jemand: Laß den Teufel erscheinen, und ich werde glauben. Wir antworteten ihm: Du verlangst wenig; wir wollen den Teufel nicht erscheinen, sondern von der Welt gänzlich verschwinden lassen, wollen ihn aus euern Träumen jagen! Der Teufel ist die Dummheit, die Finsternis, die Zusammenhanglosigkeit der Gedanken, ist die Häßlichkeit! Wache doch endlich auf, Schläfer des Mittelalters! Siehst du nicht, daß es tagt? Siehst du nicht das Licht Gottes, das die ganze Natur erfüllt? Wo also wagt sich jetzt der abgesetzte Höllenfürst zu zeigen?

Nun bleibt uns nur noch, die Schlußfolgerungen zu geben und das Ziel und die Tragweite dieses Werkes in religiöser, philosophischer und der Hinsicht der materiellen und positiven Verwirklichungen zu bestimmen.

In religiöser Hinsicht haben wir zunächst bewiesen, daß die Praktiken der Kulte nicht indifferent seien, daß die Magie der Religionen in ihren Riten liege, daß ihre moralische Kraft in der dreifachen Hierarchie beruht, und daß die Hierarchie als Grundlage, Ursache und Synthese die Einheit hat.

Wir haben die universelle Einheit und Orthodoxie des Dogmas bewiesen, das aufeinanderfolgend mit mehreren allegorischen Schleiern umhüllt wurde, und wir haben die von Moses aus den Profanationen Ägyptens gerettete, in der Kabbala der Propheten aufbewahrte, von der christlichen Schule aus der Knechtschaft der Pharisäer befreite, die alle dichterischen und edlen Bemühungen der griechischen und römischen Kultur auf sich ziehende, gegen ein neues Pharisäertum mit den großen Heiligen des Mittelalters und den strengen Denkern der Renaissance protestierende Wahrheit verfolgt. Wir haben diese immer universelle, immer einzige, immer lebendige Wahrheit gezeigt, die allein die Vernunft und den Glauben in Übereinstimmung bringt, die durch das Sein bewiesene Wahrheit des Seins, die durch die Harmonie bewiesene Wahrheit der Harmonie, die durch die Vernunft manifestierte Wahrheit der Vernunft.

Da wir der Welt zum erstenmal die Mysterien der Magie offenbaren, wollten wir die unter den Ruinen der alten Kulturen begrabenen Praktiken nicht neu beleben, doch wollen wir der Menschheit unserer Tage sagen, daß sie ebenso dazu berufen ist, sich unsterblich und durch ihre Werke allmächtig zu machen. Die Freiheit wird nicht gegeben, sie wird genommen, hat ein moderner Schriftsteller gesagt. Genau so ist es mit dem Wissen. Deshalb ist die Verbreitung der absoluten Wahrheit der Allgemeinheit nie von Nutzen. Doch in einer Zeit, in der das Heiligtum verwüstet worden und in Trümmer zerfallen ist, weil man den Schlüssel ohne Nutzen für irgendjemand weggeworfen hat, glaubte ich, den Schlüssel wieder aufheben zu müssen und biete ihn dem an, der ihn nimmt; denn er wird seinerseits ein Arzt der Völker und ein Befreier der Welt werden. Es muß und wird für die Kinder immer Fabeln und Gängelbänder geben müssen; doch dürfen diejenigen, die die Gängelbänder halten, nicht auch Kinder und Fabelhörer sein.

Daß doch das absoluteste Wissen, die höchste Vernunft wieder die Volksführer zieren würden, daß doch die priesterliche und königliche Kunst das Doppelzepter der alten Einweihungen wiederergreifen und die Welt noch einmal das Chaos verlassen möchte!

Verbrennen wir doch nicht mehr die Bilder, zerstören wir doch die Tempel nicht mehr; die Menschen müssen Bilder und Tempel haben; doch jagen wir die Händler aus dem Haus der Gebete, lassen wir die Blinden nicht mehr Blindenführer sein, stellen wir doch die Hierarchie der Intelligenz und Heiligkeit wieder her, erkennen wir doch nur jene als Doktoren an, die wissen, was sie glauben.

Unser Buch ist katholisch; und wenn die Offenbarungen, die es enthält, ihrer Natur nach das Gewissen der Einfältigen beunruhigen sollten, so liegt unser Trost in dem Gedanken, daß sie es nicht lesen. Wir schreiben für vorurteilslose Menschen und wollen der Irreligion ebensowenig schmeicheln wie dem Fanatismus.

Doch wenn es auf der Welt eine dem Wesen nach freie und unantastbare Sache gibt, so ist es der Glaube. Durch Wissen und Überzeugung muß man die verirrten Einbildungen vom Widersinnigen abbringen, doch würde es ihren Irrtümern die ganze Würde und Wahrhaftigkeit des Martyriums geben, würde man ihnen drohen oder sie zwingen.

Der Glaube ist nur ein Aberglaube und Wahnsinn, fehlt ihm als Grundlage die Vernunft, und man kann das, was man nicht weiß, nur durch Analogie mit dem, was man weiß, voraussetzen. Definieren, was man nicht weiß, ist eine vermessene Dummheit; was man nicht weiß, positiv behaupten, ist eine Lüge.

Der Glaube ist auch eine Hoffnung und Wunsch. So sei es, ich wünsche, daß es so sei, ist das letzte Wort aller Glaubensbekenntnisse. Glaube, Hoffnung und Nächstenliebe sind drei derart unzertrennliche Schwestern, daß man die eine an Stelle der andern nehmen kann.

So ist in der Religion die universelle und hierarchische Orthodoxie, der Wiederaufbau der Tempel in all ihrem Glanz, die Wiedereinsetzung aller Zeremonien in ihrem ursprünglichen Gepränge, die hierarchische Lehre des Symbols, die Mysterien, Wunder, die Legenden für Kinder, das Licht für die Menschen, die sich wohl hüten, den Kleinen in der Einfalt ihres Glaubens Ärgernis zu geben. Unsere ganze Utopie in der Religion ist auch der Wunsch und die Pflicht der Menschheit.

Kommen wir zur Philosophie!

Die unsere ist jene des Realismus und des Positivismus.

Das Sein ist in der Vernunft des Seins, was niemand bezweifelt. Alles existiert für uns durch das Wissen. Wissen heißt sein. Das Wissen und sein Gegenstand identifizieren sich im intellektuellen Leben dessen, der weiß. Zweifeln heißt nicht wissen. Was wir also nicht wissen, existiert für uns noch nicht. Intellektuell leben heißt lernen.

Das Sein wird durch das Wissen entwickelt und vergrößert. Die erste Eroberung des Wissens ist das erste Ergebnis der exakten Wissenschaften, ist das Empfinden der Vernunft. Die Gesetze der Natur sind die der Algebra. Auch ist der einzig vernünftige Glaube die Zustimmung des Studierenden zu Theoremen, deren ganze Richtigkeit an sich er nicht kennt, deren Anwendungen und Ergebnisse ihm aber genügend bewiesen sind. So glaubt der wahre Philosoph an das, was ist, und läßt a posteriori nur das ganz Vernünftige gelten.

Kein Charlatanismus, kein Empirismus, kein System mehr in der Philosophie! Das Studium des Wesens und seiner vergleichenden Wirklichkeiten! eine Metaphysik der Natur! Keine Träume mehr in der Philosophie! die Philosophie ist keine Poesie, sie ist die reine Mathematik der physischen und moralischen Wirklichkeiten. Lassen wir der Religion die Freiheit ihres unendlichen Sehnens, wie sie der Wissenschaft die strengen Schlußfolgerungen des absoluten Experimentalismus lassen soll.

Der Mensch ist das Kind seiner Werke: er ist das, was er sein will; er ist das Bild Gottes, das er sich macht; er ist die Verwirklichung seines Ideals. Fehlt seinem Ideal die Grundlage, so bricht das ganze Gebäude seiner Unsterblichkeit zusammen. Die Philosophie ist nicht das Ideal, aber sie muß dem Ideal als Basis dienen. Das Bekannte ist für uns das Maß des Unbekannten. Das Sichtbare läßt uns das Unsichtbare schätzen. Die Empfindungen sind dem Denken das, was das Denken dem Sehnen ist. Das Wissen ist eine himmlische Trigonometrie: eine der Seiten des absoluten Dreiecks ist die unseren Forschungen unterworfene Natur, die andere ist unsere

Seele, die die Natur umfängt und spiegelt, die dritte ist das Absolute, in dem unsere Seele sich erhebt! Kein Atheismus ist künftighin mehr möglich; denn wir maßen uns nicht mehr an, Gott zu erklären. Gott ist für uns das vollkommenste und beste der intelligenten Wesen, und die aufsteigende Hierarchie der Wesen beweist uns seine Existenz zur Genüge. Wir fragen hierüber nicht mehr, doch wollen wir uns, um ihn besser zu begreifen, vervollkommnen und uns zu ihm erheben.

Keine Ideologie mehr! Das Sein ist das, was es ist, und vervollkommnet sich nur nach den wirklichen Gesetzen des Seins. Beobachten wir, und haben wir keine Vorurteile mehr; üben wir unsere Fähigkeiten, drängen wir sie nicht in falsche Richtung; vergrößern wir das Gebiet des Lebens im Leben; sehen wir die Wahrheit in der Wahrheit! Alles ist dem möglich, der nur das Wahre will. Bleibe in der Natur, lerne, wisse, dann wage; wage zu wollen, wage zu handeln und schweige!

Gegen niemanden mehr Haß! Jeder erntet, was er sät. Das Resultat der Werke ist schicksalhaft, und das Urteil und die Züchtigung der Schlechten steht nur der erhabensten Vernunft zu. Jeder, der einen ausganglosen Weg beschreitet, wird ihn zurückgehen oder zerschmettert werden. Warnt ihn zartfühlend, wenn er euch noch hören kann, dann laßt ihn gehen: die menschliche Freiheit braucht ihren Lauf.

Keiner ist Richter über den andern. Das Leben ist ein Schlachtfeld. Hören wir nicht auf zu kämpfen, weil wir andere fallen sehen, doch vermeiden wir, über sie hinwegzuschreiten. Dann kommt der Sieg, und die durch das Leiden und vor der Menschheit zu Brüdern gewordenen Verwundeten der beiden Parteien werden in den Lazaretten der Sieger vereint.

Das sind die Folgen des philosophischen Dogmas des Hermes, das war jederzeit die Moral der wahren Adepten, das die Philosophie der häretischen Rosenkreuzer und aller alten Weisen, die geheime Lehre jener Gesellschaften, die man des Umsturzes der öffentlichen Ordnung zieh und immer der Verschwörung gegen Thron und Altar anklagte.

Der wahre Adept, weit entfernt, die öffentliche Ordnung zu stören, ist ihre stärkste Stütze. Er schätzt die Freiheit zu sehr, um die Anarchie zu wollen. Als Kind des Lichts liebt er die Harmonie und weiß, daß die Finsternis Verwirrung hervorruft. Er nimmt das an, was ist, und verneint nur, was nicht ist. Er will die wahre, praktische, universelle, gläubige, handgreifliche, im ganzen Leben verwirklichte Religion; er will sie mit einem weisen, mächtigen und von allen Tugenden und allem Ansehen des Glaubens umgebenen Priestertum. Er will die universelle Orthodoxie, den absoluten, hierarchischen, apostolischen, sakramentalen, unbestreitbaren und unbestrittenen Katholizismus. Er will eine experimentelle, wirkliche, mathematische, in ihren Schlußfolgerungen bescheidene, in ihren Forschungen unermüdliche, in ihren Fortschritten wissenschaftliche Philosophie. Wer kann nun gegen uns sein, da Gott und die Vernunft mit uns sind? Was liegt daran, wenn man uns vorschnell beurteilt und uns verleumdet? Unsere ganze Rechtfertigung sind unsere Gedanken und unsere Werke. Wir wollen nicht wie Ödipos die Sphinx des Symbolismus töten, sondern wollen sie wiedererwecken. Die Sphinx verschlingt nur die blinden Interpreten, und wer sie tötet, verstand sie nicht zu enträtseln: man muß sie bezwingen, in Ketten legen und nötigen uns zu folgen. Die Sphinx ist das Palladium der Menschheit, die Eroberung des Königs von Theben; sie wäre die Rettung des Ödipos gewesen, hätte er ihr Rätsel ganz erraten!

Was muß man aus diesem Werk in positiver und materieller Hinsicht folgern? Ist die Magie eine Kraft, welche die Wissenschaft dem Waghalsigsten und Schlechtesten überlassen kann? Ist sie eine Schurkerei und Lüge des Spitzbuben, um den Dummen und Schwachen zu betölpeln? Ist der philosophische Merkur die Ausbeutung der Leichtgläubigkeit durch die Taschenspielerei? Wer uns verstanden hat, weiß auf diese Fragen zu antworten. Die Magie kann heute nicht mehr die Kunst der Faszinationen und Zaubereien sein: man täuscht nur noch den, der getäuscht sein will. Doch die blinde und vermessene Leichtgläubigkeit des letzten Jahrhunderts erhält alle Dementis von der Natur selbst. Wir leben umgeben von Prophezeiungen und Wundern. Der Zweifel verneinte sie früher, heute erklärt sie die Wissenschaft. Nein, Graf de Mirville, es ist einem gefallenen Geist nicht gestattet, das Reich Gottes zu verwirren! Das Unbekannte wird nicht durch das Unmögliche erklärt: Es ist dem unsichtbaren Wesen keineswegs gestattet, die an sich schon so unwissenden und schwachen Menschen, die Mühe genug haben, sich gegen ihre eigenen Einbildungen zu verteidigen, zu täuschen, zu quälen, zu verführen, ja selbst lebendige Gottesgeschöpfe zu töten. Die ihnen das in ihrer Kindheit sagten, haben sie getäuscht, bester Graf, und wenn sie Kind genug waren, auf jene zu hören, so seien sie jetzt Mann genug, ihnen nicht mehr zu glauben.

Der Mensch schafft sich selbst seinen Himmel und seine Hölle, und es gibt keine anderen Dämonen als unsere Wahnsinnsausgeburten. Die Geister, die die Wahrheit züchtigt, sind gebessert durch diese Züchtigung, und denken nicht mehr daran, die Welt zu verwirren. Wenn Satan existiert, so kann er nur das unglücklichste, dümmste, niedrigste und ohnmächtigste der Wesen sein.

Die Existenz eines universellen Agens des Lebens, eines lebendigen Feuers, eines astralen Lichtes haben wir durch Tatsachen bewiesen. Der Magnetismus läßt uns heute die Wunder der alten Magie begreifen: die Tatsachen des zweiten Gesichts, die plötzlichen Heilungen, die Gedankenübertragungen sind heute erwiesene und selbst für unsere Kinder alltägliche Dinge.

Aber man hatte die Traditionen der Alten verloren, glaubte an neue Entdeckungen, suchte das letzte Wort der beobachteten Phänomene, die Köpfe erhitzten sich über bedeutungslose Veröffentlichungen, man erlag Faszinationen, ohne sie zu verstehen. Den Tischrückern haben wir zu sagen: eure Wunder sind nicht neu; ihr selbst könnt Größeres vollbringen, wenn ihr die geheimen Gesetze der Natur studiert. Und was wird das Ergebnis der neuen Erkenntnis dieser Mächte sein? Eine neue, der Tatkraft und Intelligenz des Menschen eröffnete Möglichkeit, den Kampf des Lebens von neuem mit vollkommeneren Waffen zu organisieren, und die Möglichkeit für auserwählte Intelligenzen, wieder Herren über alle Geschicke zu werden, indem sie der Welt künftighin wahrhafte Priester und große Könige geben.

ANHANG ZUM RITUAL

DAS NUCTEMERON DES APOLLONIOS VON THYANA.

Nach einem alten Manuskript griechisch veröffentlicht von Gilbert Gautrinus, *De vita et morte Moysis.* Buch III. Seite 206, von Laurent Moshemius in seinen heiligen und historisch-kritischen Beobachtungen, Amsterdam MDCCXXI, wiedergegeben, zum erstenmal übersetzt und erklärt von Eliphas Levi.

Nuctemeron heißt der Tag der Nacht oder die vom Tag erhellte Nacht. Es ist ein Titel ähnlich dem: *„Das Licht der Finsternis entsteigend,"* der Titel eines hinreichend bekannten hermetischen Werkes; man könnte auch übersetzen:

DAS LICHT DES OKKULTISMUS.

Dieses Denkmal der hohen Magie der Assyrer ist seltsam genug, um uns der Darstellung seiner Bedeutung zu überheben. Wir haben Apollonios nicht nur beschworen, wir sind vielleicht dahin gekommen, ihn wiederzuerwecken.

DAS NUCTEMERON.

ERSTE STUNDE.

I. *'Εν ἡ αἰνοῦσιν δαίμονες ἀνοῦτευς* (lies *ὑμνουντες* oder *οἰνουντες) τὸν Θεὸν, οὔτε ἀδίκουσιν, οὔτε κολάζουσιν.*

In der Einheit lobsingen die Dämonen Gott, sie verlieren ihre Arglist und ihren Zorn.

ZWEITE STUNDE.

II. *'Εν ἡ αἰτοῦσιν οἱ ἴχθυες τὸν Θεὸν, καὶ τὸ τοῦ πυρὸς βάθος ἐν ἡ σφείλει ὀτοιχείονσθαι ἀποτελέσματα εἰς δράκοντας καὶ πῦρ.*

Durch die Zweiheit lobsingen die Fische des Zodiak Gott, die Feuerschlangen winden sich um den Merkurstab, und der Blitz wird harmonisch.

DRITTE STUNDE.

III. *'Εν ἡ αἰνοῦσιν ὄφεις καὶ κύνες καὶ πῦρ.*

Die Schlangen des Hermesstabes verschlingen sich dreimal, Cerberus öffnet seinen dreifachen Rachen und das Feuer singt in den drei Zungen des Blitzes Gottes Lob.

VIERTE STUNDE.

IV. *'Εν ἡ διέρχονται δαίμονες ἐν τοῖς μνήμκασιν, καὶ ὁ ἐρχόμενος, ὁ ἐκεῖσε βλαβήσεται, καὶ φόβον καὶ φρίκιν ἐκ τῆς δαιμόνων λήψεται φαντάσιος, ἐν ἡ ὄφειλει ἐνερεῖν ἐπὶ μαγίκου καὶ παντὸς γοητίκου πράγματος.*

In der vierten Stunde kehrt die Seele zum Besuch der Gräber zurück, es ist der Augenblick, in dem die magischen Lampen in den vier Ecken der Kreise sich entzünden, es ist die Stunde der Behexungen und Zaubereien.

FÜNFTE STUNDE.

V. *'Εν ἡ αἰνοῦσιν τὰ ἄνω ὕδατα τὸν Θεὸν τοῦ οὐράνου.*

(aquae supracoelestes, tabula marmoris mundi Hebraeorum).

Die Stimme der großen Wasser singt dem Gott der himmlischen Sphären.

SECHSTE STUNDE.

VI. *'Οτε δεὸν ἡσυχαξεῖν καὶ ἀναπαύεσθαι, διότι ἔχει φόβον.*

Der Geist bleibt standhaft, er sieht die höllischen Ungetüme gegen sich vorgehen und ist furchtlos.

SIEBENTE STUNDE.

VII. *'Εν ῇ ἀναπάυει πάντα τὰ ζῶα καὶ 'εὰν τὶς κάθαρος ἄνθρωπος ἁρπάσῃ καὶ βάλλῃ αὐτὸ ὁ ἱερεὺς, καὶ μιξεῖ 'Ελαίῳ καὶ ἁγιάσῃ αὐτὸ καὶ ἀλείψῃ ἐπὶ αὐτοῦ ἀσθένῃ, πὰρ ἔνθεν, τῆς νόσου ἀπαλλαγήσεται.*

Ein Feuer, das allen beseelten Wesen Leben gibt, ist von dem Willen der reinen Menschen geleitet. Der Eingeweihte erhebt die Hand, und die Leiden werden gelindert.

ACHTE STUNDE.

VIII. *'Εν ῇ ἀποτέλεσμα στοιχείων καὶ παντοιῶ φυτῶν.*

Die Sterne besprechen sich, die Seele der Sonnen stimmt mit dem Seufzen der Blumen überein, die Ketten der Harmonie lassen alle Wesen der Natur unter sich in Übereinstimmung sein.

NEUNTE STUNDE.

IX. *'Εν ῇ τέλειται οὐδὲν.*

Die Zahl, die nicht geoffenbart werden darf.

ZEHNTE STUNDE.

X. *'Εν ῇ ἀνοίγωνται αἱ πύλαι τοῦ οὐράνου καὶ ἄνθρωπος 'εν κατανύξει ἐρχόμενος εὐήκοος γενήσεται.*

Das ist der Schlüssel zum astronomischen Zyklus und der Kreisbewegung des Lebens der Menschen.

ELFTE STUNDE.

XI. *'Εν ῇ πέτονται ταῖς πτέρυξιν σὺν ἠχῶ οἱ ἄγγελοι καὶ χέρουβιμ καὶ σέραφιμ, καὶ ἔστιν χάρα ἐν οὐράνῳ, καὶ γῇ ἀνατέλλει δὲ καὶ ὁ ἥλιος ἐξ Ἀδαμ* (lies *'Εδεμ.*)

Die Flügel der Genien bewegen sich mit einem geheimnisvollen Lärm, sie fliegen von einer Sphäre zur andern und tragen Gottes Botschaften von Welt zu Welt.

ZWÖLFTE STUNDE.

XII. *'Εν ῇ ἀναπαύονται τὰ πύρινα τάγματα.*

Hier werden die Werke des ewigen Lichts vom Feuer erfüllt.

ERKLÄRUNG.

Diese zwölf symbolischen Stunden, die den Zeichen des magischen Tierkreises und den allegorischen Arbeiten des Herkules analog sind, stellen die Reihe der Werke bei der Einweihung dar.

Man muß also zunächst:

1. Die schlechten Eigenschaften bändigen und nach dem Ausspruch des weisen Hierophanten zwingen, aus sich selbst Gott zu loben.

2. Die Gleichgewichtskräfte der Natur studieren und wissen, wie aus der Analogie der Gegensätze die Harmonie zustandekommt. Das große magische Agens und die doppelte Polarität des universellen Lichtes erkennen.

3. Sich einweihen in den Symbolismus des dreifachen Ursprungs aller Theogonien und aller religiösen Symbole.

4. Alle Phantome der Einbildung zu bändigen und über alle Zaubereien zu triumphieren wissen.

5. Verstehen, wie die Harmonie im Zentrum der vier Elementarkräfte erzeugt wird.

6. Für Furcht unempfindlich werden.

7. Sich in der Leitung des magnetischen Lichtes üben.

8. Die Wirkungen durch die Gleichgewichtsberechnung der Ursachen voraussehen lernen.

9. Die Hierarchie der Lehre verstehen, die Mysterien des Dogmas ehren, vor den Profanen schweigen.

10. Die Astronomie von Grund auf studieren.

11. Durch die Analogie in die Gesetze des universellen Lebens und der universellen Intelligenz sich einweihen.

12. Die großen Werke der Natur durch das Lenken des Lichtes vollbringen.

Hier Namen und Befugnisse der Genien, die den zwölf Stunden des Nuctemeron vorstehen.

Unter diesen Genien verstanden die alten Philosophen weder Götter, noch Engel noch Dämonen, sondern moralische Kräfte oder personifizierte Tugenden.

GENIEN DER ERSTEN STUNDE.

PAPUS, Medizin.
SINBUCK, Richter.
RASPHULA, Nekromant.
ZAHUN, Genius des Streites.
HEIGLOT, Genius des Schnees.
MIZKUN, Genius der Amulette.
HAVEN, Genius der Würde.

ERKLÄRUNG.

Man muß *Arzt* und *Richter* seiner selbst werden, um die Hexereien des *Nekromanten* zu besiegen, *den Genius des Streites* bannen und mißachten, über die Meinung triumphieren, die allen Enthusiasmus zu Eis erstarrt und alle Dinge in dieselbe kalte Blässe versenkt wie der *Genius des Schnees,* die Kraft der Zeichen erkennen und den *Genius der Amulette* fesseln, um zur *Würde* des Magiers zu gelangen.

GENIEN DER ZWEITEN STUNDE.

SISERA, Genius des Wunsches.
TORVATUS, Genius der Uneinigkeit.
NITIBUS, Genius der Sterne.
HIZARBIN, Genius der Meere.
SACHLUPH, Genius der Pflanzen.
BAGLIS, Genius des Maßes und des Gleichgewichts.
LABEZERIN, Genius des Erfolgs.

ERKLÄRUNG.

Man muß lernen zu wollen und den *Genius des Wunsches* in Macht umzuwandeln, dabei fesselt man das Hindernis des Willens, den *Genius der Uneinigkeit* durch das Wissen um die Harmonie. Die Harmonie ist der *Genius der Sterne und der Meere*. Man muß die Kraft der *Pflanzen* studieren, die Gesetze *des Gleich-*

gewichts und des Maßes verstehen, um zum *Erfolg* zu gelangen.

GENIEN DER DRITTEN STUNDE.

HAHABI, Genius der Furcht.
PHLOGABITUS, Genius der Ornamente.
EIRNEUS, zerstörender Genius der Idole.
MASCARUN, Genius des Todes.
ZAROBI, Genius der Abgründe.
BUTATAR Genius der Berechnungen.
CAHOR, Genius des Truges.

ERKLÄRUNG.

Wenn du durch die erstarkende Kraft des Willens den *Genius der Furcht* besiegt hast, so wirst du wissen, daß die Dogmen die heiligen *Ornamente* der der Allgemeinheit unbekannten Wahrheit sind; aber in deiner Einsicht wirst du alle *Idole* niederreißen und den *Genius des Todes* bändigen, wirst alle *Abgründe* untersuchen und selbst das Unendliche im Verhältnis deiner *Berechnungen* unterwerfen und wirst so für immer den Fallstricken des *Genius des Truges* entgehen.

GENIEN DER VIERTEN STUNDE.

PHALGUS, Genius des Urteils.
THAGRINUS, Genius der Verwirrung.
EISTIBUS, Genius der Wahrsagung.
PHARZUPH, Genius der Unzucht.
SISLAU, Genius der Gifte.
SCHIEKRON, Genius der Liebe der Tiere.
ACLAHAYR, Genius des Spiels.

ERKLÄRUNG.

Die Kraft des Magiers liegt in seinem *Urteil*, das ihn der aus dem Widerspruch und der Gegensätzlichkeit entstehenden *Verwirrung* entgehen läßt, er übt die *Wahrsagung* der Weisen, aber er verachtet die Zauberei der zaubernden Sklaven der *Unzucht,* der Giftmischer, der Diener der *Tierliebe* und siegt so über die Schicksalhaftigkeit, den *Genius des Spiels.*

GENIEN DER FÜNFTEN STUNDE.

ZEIRNA, Genius der Schwächen.
TABLIBIK, Genius der Fascination.
TACRITAU, Genius der Goetie.
SUPHLATUS, Genius des Staubes.
SAIR, Genius des Antimons der Weisen.
BARCUS, Genius der Quintessenz.
CAMAYSAR, Genius der Verbindung der Gegensätze.

ERKLÄRUNG.

Obsiegt der Magier über die menschlichen *Schwächen,* so ist er nicht mehr das Spielzeug der *Faszination,* die leeren und gefährlichen Praktiken der *Goetie* tritt er dann mit Füßen, und ihre ganze Kraft liegt dann im *Staub,* den der Wind zerstreut; aber er besitzt das *Antimon der Weisen,* er bewaffnet sich dann mit allen schöpferischen Kräften der *Quintessenz* und bringt nach seinem Gefallen die Harmonie hervor, die aus der Analogie und der *Verbindung der Gegensätze* hervorbricht.

GENIEN DER SECHSTEN STUNDE.

TABRIS, Genius des freien Willens.
SUSABO, Genius der Reisen.
EIRNILUS, Genius der Früchte.
NITIKA, Genius der Edelsteine.
HAATAN, Genius der verborgenen Schätze.
HATIPHAS, Genius des Geschmeides.
ZAREN, Genius der Rache.

ERKLÄRUNG.

Der Magier ist frei, er ist der verborgene König der Erde und durchmißt sie als sein

Reich. Auf seinen *Reisen* lernt er die Säfte und *Früchte* der Pflanzen, die Kräfte der *Edelsteine* kennen, er zwingt den *Genius der verborgenen Schätze* der Natur ihm all seine Geheimnisse preiszugeben, so dringt er in die Mysterien der Form ein, versteht das *Geschmeide* der Erde und der Rede, und wenn er verkannt wird, wenn die Völker ihm ungastlich begegnen, wenn er für seine Wohltaten nur Hohn erntet, so wird er immer vom *Genius der Rache* verfolgt.

GENIEN DER SIEBENTEN STUNDE.

SIALUL, Genius des Gedeihens.
SABRUS, Genius der Unterstützung.
LIBRABIS, Genius des verborgenen Goldes.
MIZGITARI, Genius der Adler.
CAUSUB, Genius des Schlangenzaubers.
SALILUS, Genius, der die Tore öffnet.
JAZER, Genius, der liebenswert macht.

ERKLÄRUNG.

Die Siebenheit zeigt den Sieg des Magiers, er gibt den Menschen und Völkern das *Gedeihen* und *unterstützt* sie durch seine erhabenen Lehren; er schwebt wie der *Adler,* leitet die durch die *Schlangen* dargestellten Ströme des astralen Feuers, alle Tore des Heiligtums sind für ihn offen, und alle Seelen, die sich nach der Wahrheit sehnen, schenken ihm ihr Vertrauen; er ist schön in seiner moralischen Größe und trägt überall den Genius mit sich, durch dessen Macht man geliebt wird.

GENIEN DER ACHTEN STUNDE.

NANTUR, Genius der Schrift.
TOGLAS, Genius der Schätze.
ZALBURIS, Genius der Therapeutik.
ALPHUN, Genius der Tauben.

TUKIPHAT, Genius des Schamir.
ZIZUPH, Genius der Mysterien.
CUNIALI, Genius der Vereinigung.

ERKLÄRUNG.

Das sind die Genien, die dem wahren Magier gehorchen, die *Tauben* stellen die religiösen Ideen dar, der *Schamir* ist ein allegorischer Diamant, der in den magischen Überlieferungen den Stein der Weisen oder jene auf der Wahrheit beruhende Kraft, der nichts widersteht, darstellt. Die Arabar behaupten noch, daß der Schamir ursprünglich Adam gegeben und von ihm nach seinem Fall verloren worden sei, Hennoch habe ihn dann wiedergefunden und Zoroaster habe ihn besessen, dann habe ihn Salomo von einem Engel erhalten, als er von Gott die Weisheit erbeten hatte. Mit diesem magischen Diamanten teilt Salomo mühelos und ohne Hammer, nur durch Berührung mit dem *Schamir* alle Steine des Tempels.

GENIEN DER NEUNTEN STUNDE.

RISNUCH, Genius des Ackerbaues.
SUCLAGUS, Genius des Feuers.
KIRTABUS, Genius der Sprachen.
SABLIL, Genius der Entdeckung der Diebe.
SCHACHLIL, Genius der Sonnenpferde.
COLOPATIRON, Genius der Gefangenenbefreiung.
ZEFFAR, Genius der unwiderruflichen Wahl.

ERKLÄRUNG.

Diese Zahl muß schweigend übergangen werden, sagt Apollonios, weil sie die großen Geheimnisse des Eingeweihten umschließt, die Kraft, *welche die Erde fruchtbar macht,* die Mysterien des *verborgenen Feuers,* den universellen Schlüssel *der Sprachen,* das zweite Gesicht, vor dem die *Übeltäter* nicht verborgen bleiben können, die großen, in der Kabbala durch die vier symbolischen Tiere und in der Mythologie der Griechen durch die vier Sonnenpferde dargestellten Gesetze des Gleichgewichts und der leuchtenden Bewegung, der Schlüssel zur Befreiung der Leiber und der Seelen, der *alle Gefängnisse* öffnet, und jene Kraft der ewigen Wahl, welche die Schöpfung des Menschen vollendet und ihn in der Unsterblichkeit hält.

GENIEN DER ZEHNTEN STUNDE.

SEZARBIL, Teufel oder feindlicher Genius.
AZEUPH, Kindermörder.
ARMILUS, Genius der Begierde.
KATARIS, Genius der Hunde oder Profanen.
RAZANIL, Genius des Onyx.
BUCHAPHI, Genius der Strygen.
MASTHO, Genius der nichtigen Erscheinungen.

ERKLÄRUNG.

Die Zahlen enden mit der Neun und das trennende Zeichen der Zehn ist die wertlose Null, die lediglich der Eins hinzugefügt ist. Die Genien der zehnten Stunde stellen also all das dar, was aus sich selbst nichts ist, das aber eine große Kraft der Meinung erhält und infolgedessen die Allmacht des Weisen erdulden kann. Wir gehen hier auf brennendem Boden und man wird uns nicht erlauben, den Profanen weder den *Teufel,* der ihr Meister, noch den *Kindermörder,* der ihr Liebhaber, noch die *Begierde,* die ihr Gott ist, noch *die Hunde,* mit denen wir sie nicht vergleichen wollen, noch den *Onyx,* der ihnen entgeht, noch die *Strygen,* die ihre *Kurtisanen* sind, noch die *falschen Erscheinungen* zu erklären, die sie für Wahrheit halten.

GENIEN DER ELFTEN STUNDE.

AEGLUN, Genius des Blitzes.
ZUPHLAS, Genius der Wälder.
PHALDOR, Genius der Orakel.
ROSABIS, Genius der Metalle.
ADJUCHAS, Genius der Felsen.
ZOPHAS, Genius der Pantakel.
HALACHO, Genius der Sympathien.

ERKLÄRUNG.

Der Blitz gehorcht dem Menschen, er wird zum Fahrzeug seines Willens, zum Instrument seiner Kraft, zum Licht seiner Leuchten, die Eichen der *heiligen Wälder* geben *Orakel,* die *Metalle* ändern ihre Form und verwandeln sich in Gold oder werden Talismane, die *Felsen* reißen sich von ihrem Grund und verwandeln sich, hingerissen von der Lyra des großen Hierophanten und von dem geheimnisvollen Schamir berührt, in Tempel und Paläste, die durch die Pantakel dargestellten Symbole werden wirksam, die Geister sind durch mächtige *Sympathien* gebunden und folgen den Gesetzen der Familie und der Freundschaft.

GENIEN DER ZWÖLFTEN STUNDE.

TARAB, Genius der Veruntreuung.
MISRAN, Genius der Verfolgung.
LABUS, Genius der Inquisition.
KALAB, Genius der heiligen Gefäße.
HAHAB, Genius der königlichen Tafeln.
MARNES, Genius der Unterscheidung der Geister.
SELLEN, Genius der Gunst der Großen.

ERKLÄRUNG.

Hier nun, welches Los die Magier erwartet und wie ihr Opfer vollbracht wird; denn nach der Eroberung des Lebens muß man sich zu opfern wissen, um unsterblich wiedergeboren zu werden. Sie werden die *Veruntreuung* erleiden, man wird Gold, Vergnügungen, Racheerfüllungen von ihnen verlangen, und geben sie den Begierden der Menge kein Genüge, so werden sie der *Verfolgung,* der *Inquisition* ausgesetzt sein; doch man entweiht die heiligen Gefäße nicht, sie sind für *königliche Tafeln,* d. h. für die Gastmähler der Intelligenz gemacht. Durch die *Unterscheidung der Geister* werden sie sich vor der Gunst der Großen hüten und werden in ihrer Kraft und ihrer Freiheit unbesiegbar bleiben.

DAS NUCTEMERON

NACH DEN HEBRÄERN.

(Auszug aus dem alten, von den Juden *die Mischna* genannten Talmud.)

Das von Apollonios der Theurgie der Griechen entnommene und durch die assyrische Hierarchie der Genien vervollständigte und erklärte Nuctemeron entspricht so vollkommen der Philosophie der Zahlen, daß wir sie auf den merkwürdigsten Seiten des alten Talmud dargestellt finden.

So ragen die pythagoräischen Überlieferungen über Pythagoras hinaus, so ist die Genesis eine herrliche Allegorie, die in der Form einer Erzählung die Geheimnisse nicht allein einer früher abgeschlossenen, sondern der fortwährenden und universellen Schöpfung, der ewigen Erschaffung der Wesen verbirgt.

So liest man im Talmud:

„Gott hat ausgespannt den Himmel wie ein Tabernakel, er hat aufgerichtet die Welt wie eine reich bediente Tafel, und er hat den Menschen erschaffen, als lüde er ihn zu Gast."

So spricht der König Schlomoh:

„Die göttliche Chocmah, die Weisheit, Gottes Gemahlin, hat sich ein Haus gebaut, sie hat sieben Säulen behauen.

„Sie hat ihre Opfer geopfert.

„Sie hat ihren Wein gemischt, sie hat die Tafel errichtet, sie hat ihre Dienerinnen ausgesandt."

Diese Weisheit, die ihr Haus nach einer regelmäßigen und zahlenmäßigen Architektur baut, ist die exakte Wissenschaft, die bei den Werken Gottes vorwaltet.

Sie ist sein Kompaß und sein Winkelmaß. Die sieben Säulen sind die sieben typischen und uranfänglichen Tage.

Die Opfer sind die natürlichen Kräfte, die sich in einer Art Tod befruchten.

Der gemischte Wein ist das universelle Fluidum, der Tisch ist die Welt mit den fischreichen Meeren.

Chocmahs Dienerinnen sind die Seelen von Adam und Eva.

Die Erde, aus der Adam geformt wurde, ist von der ganzen Weltmasse genommen worden.

Sein Kopf ist Israel, sein Leib das Reich Babylon und seine Glieder die übrigen Nationen der Erde.

(Hier werden die Hoffnungen der Eingeweihten des Moses auf Errichtung eines universalen, orientalischen Reiches offenbar.)

Zwölf Stunden hat der Tag, an dem die Erschaffung des Menschen sich erfüllt.

ERSTE STUNDE.

Gott vereinigt die zerstreuten Bruchstücke der Erde, er knetet sie zusammen und bildet daraus eine einzige Masse, die er beseelen will.

ERKLÄRUNG.

Der Mensch ist die Synthese der erschaffenen Welt, in ihm beginnt die schöpferische Einheit von neuem, er ist nach dem Bild und Ebenbild Gottes gemacht.

ZWEITE STUNDE.

Gott entwirft die Form des Körpers, er teilt sie, damit die Organe doppelt seien, denn jede Kraft und alles Leben ergibt sich aus zwei, und deshalb haben die Elohim alle Dinge so gemacht.

ERKLÄRUNG.

Alles lebt durch die Bewegung, alles wird durch das Gleichgewicht erhalten, und die Harmonie entsteht aus der Analogie der Gegensätze; dieses Gesetz ist die Form der Formen, ist die erste Manifestation der Tatkraft und Fruchtbarkeit Gottes.

DRITTE STUNDE.

Da die Glieder des Menschen dem Gesetz des Lebens gehorchen, werden sie aus sich selbst hervorgebracht und werden durch das Zeugungsorgan vervollständigt, welches aus einem und zweien zusammengesetzt ist, ein Bild der Dreizahl.

ERKLÄRUNG.

Die Dreiheit geht von selbst aus der Zweiheit hervor; die Bewegung, die die Zwei erzeugt, bringt auch die Drei hervor. Die Drei ist der Schlüssel der Zahlen, denn sie ist die erste zahlenmäßige Synthese, in der Geometrie ist das Dreieck die erste vollständige und geschlossene Figur, die Schöpferin einer Unendlichkeit von verschiedenen und ähnlichen Dreiecken.

VIERTE STUNDE.

Gott haucht auf das Gesicht des Menschen und gibt ihm eine Seele.

ERKLÄRUNG.

Die Vier, die in der Geometrie das Kreuz und das Quadrat ergibt, ist die vollkommene Zahl, in der Vollendung der Form ist sie die Manifestation der intelligenten Seele; nach dieser Offenbarung der Mischna würde das Kind im Mutterschoße erst nach der vollkommenen Entwickelung all seiner Glieder beseelt.

FÜNFTE STUNDE.

Der Mensch hält sich auf seinen Beinen, er hebt sich von der Erde, er geht, geht, wohin er will.

ERKLÄRUNG.

Die Zahl fünf ist die der durch die Quintessenz, die sich aus dem Gleichgewicht der vier Elemente ergibt, dargestellten Seele. Im Tarot ist diese Zahl durch den Hohepriester oder den geistigen Selbstherrscher, das Bild des menschlichen Willens, ausgedrückt, jenen Hohepriester, der allein über unsere ewigen Geschicke beschließt.

SECHSTE STUNDE.

Die Tiere kommen zu Adam, und er gibt jedem von ihnen den Namen, der ihm zukommt.

ERKLÄRUNG.

Der Mensch unterwirft sich die Erde durch Arbeit und bezähmt die Tiere, und da er seine Freiheit kundgibt, erschafft er sein Wort oder seine Sprache, und die Schöpfung gehorcht ihm, hier wird die uranfängliche Schöpfung vollendet. Gott hat den Menschen am sechsten Tag erschaffen, aber in der sechsten Stunde dieses Tages beendet der Mensch das Werk Gottes und schafft sich selbst von neuem, und zwar derart, daß er sich zum König der Natur macht, indem er sie seiner Sprache unterwirft.

SIEBENTE STUNDE.

Gott gibt Adam eine Gefährtin, die aus der Substanz des Mannes selbst genommen ist.

ERKLÄRUNG.

Nachdem Gott den Menschen nach seinem Bild erschaffen hatte, ruhte er am siebenten

Tag, denn er hatte sich eine fruchtbare Gattin gegeben, die ohn' Unterlaß für ihn arbeitet; die Natur ist die Gemahlin Gottes, und Gott ruht auf ihr. Der seinerseits durch das Wort zum Schöpfer gewordene Mensch gibt sich eine ihm ähnliche Gefährtin und kann nun auf ihrer Liebe ausruhen. Die Frau ist das Werk des Mannes; er macht sie durch seine Liebe schön, macht sie zur Mutter. Die Frau ist die wahrhaft menschliche Natur, Tochter und Mutter des Mannes, Gottes Enkelin.

ACHTE STUNDE.

Adam und Eva gehen ins Ehebett, sie sind zwei, wenn sie sich niederlegen, vier, wenn sie aufstehen.

ERKLÄRUNG.

Die mit der Vier verbundene Vier stellt die Form, die die Form ins Gleichgewicht bringt, die aus der Schöpfung hervorgehende Schöpfung, die ewige Lebenswage dar. Sieben ist die Zahl der Ruhe Gottes, die darauffolgende Eins stellt den Menschen dar, der arbeitet und mit der Natur zum Werk der Schöpfung beiträgt.

NEUNTE STUNDE.

Gott gibt dem Menschen sein Gesetz.

ERKLÄRUNG.

Neun ist die Zahl der Einweihung, weil sie, aus drei mal drei gebildet, die göttliche Idee und die absolute Philosophie der Zahlen darstellt, weshalb Apollonios sagt, daß die Mysterien der Zahl neun nicht offenbart werden dürfen.

ZEHNTE STUNDE.

In der zehnten Stunde fällt Adam in Sünde.

ERKLÄRUNG.

Nach den Kabbalisten ist zehn die Zahl der Materie, deren besonderes Zeichen die Null ist, am Baume der zehn Sephirot ist die Zehn Malchut oder die äußere und stoffliche Substanz. Die Sünde Adams ist also der Materialismus, und die Frucht, die er vom Baum nimmt, stellt das vom Geist getrennte Fleisch dar, die von der Eins getrennte Null, die Spaltung der Zahl zehn, die auf der einen Seite die bloßgelegte Einheit, auf der anderen die Verneinung oder den Tod gibt.

ELFTE STUNDE.

Zur elften Stunde ist der Schuldige zur Arbeit verurteilt und muß die Sünde sühnen, indem er die Qual erleidet.

ERKLÄRUNG.

Die Elf stellt im Tarot die Kraft dar, und die Kraft kommt in den Prüfungen. Gott gibt dem Menschen das Leiden als Heilmittel, er muß also kämpfen und dulden, um die Intelligenz und das Leben zu erobern.

ZWÖLFTE STUNDE.

Mann und Frau ertragen ihre Pein, die Sühne beginnt, und der Erlöser ist versprochen.

ERKLÄRUNG.

Das ist die Vervollständigung der moralischen Geburt, der Mensch ist fertig, denn er ist dem Opfer geweiht, das ihn erneuert; Adams Verbannung ist der des Ödipos ähnlich, wie Ödipos ist auch Adam Vater zweier Feinde. Ödipos hat die fromme und jungfräuliche Antigone zur Tochter, aus Adams Wurzel geht Maria hervor.

Diese geheimnisvollen und erhabenen Offenbarungen der religiösen Einheit in den alten Mysterien befinden sich, wie schon erwähnt, im Talmud, aber ohne Zuhilfenahme dieses umfangreichen Sammelwerkes kann man sie auch in dem Kommentar des Paul Ricius über die Talmudisten in seinem *Epidome de talmudica Doctrina* auf Seite 280 des I. Bandes der Sammlung der Kabbalisten von Pistorius finden.

ÜBER DIE MAGIE DER BAUERN UND DIE ZAUBEREI DER HIRTEN.

In der Einsamkeit, im ewig sprießenden Wachstum gedeihen die triebhaften und magnetischen Kräfte des Menschen und übersteilen sich. Die starken Ausdünstungen des Saftes, der Duft des Heues, die Düfte gewisser Blüten erfüllen die Luft mit Taumel und Rausch. Dann fallen empfängliche Personen leicht in eine Art Ekstase, die sie in ganz wachem Zustand träumen läßt. Dann erscheinen die nächtlichen Waschfrauen, die Werwölfe, die Kobolde, welche die Reiter aus dem Sattel heben und auf die Pferde steigen, indem sie mit ihrem langen Schwanz auf sie einschlagen. Diese Visionen wacher Menschen sind wirklich und schrecklich, und man sollte über unsere alten bretonischen Bauern nicht lachen, wenn sie ihre Visionen erzählen.

Wenn diese vorübergehenden Rauschzustände sich häufen und ausdehnen, übertragen sie auf den Nervenapparat eine besondere Eindrucksfähigkeit und Empfindlichkeit. Man wird zum wachen Somnambulen, die Sinne erlangen zuweilen eine wunderbare, selbst unglaubliche Feinheit des Gefühls, über ungewöhnliche Entfernungen hin hört man warnende Schreie, der Menschen Denken sieht man auf ihrem Gesicht, man ist plötzlich vom Vorgefühl drohenden Unglücks befallen.

Nervöse Kinder, Schwachsinnige, alte und hauptsächlich freiwillig oder gezwungen unverheiratet lebende Frauen sind für diese Art Magnetismus am geeignetsten. So werden die krankhaften Phänomene, die man für die Mysterien der Kraft der Medien hält, hervorgebracht und entstellt. Um diese außergewöhnlichen Magneten bilden sich magnetische Wirbel und geschehen Wunder, die jenen der Elektrizität analog sind: Anziehung und Abstoßung ruhender Gegenstände, atmosphärische Ströme, stark ausgeprägte sympathische und antipathische Einflüsse. Der menschliche Magnet wirkt auf große Entfernungen und durch alle Körper hindurch, mit Ausnahme der Holzkohle, die das terrestrische Astrallicht in all seinen Umwandlungen absorbiert und neutralisiert.

Verbindet sich mit diesen natürlichen Eigenschaften ein perverser Wille, so kann der Kranke seiner Umgebung sehr gefährlich werden, vor allem wenn sein Organismus ausschließlich aufsaugende Eigenschaften besitzt. So werden die Behexungen und Zaubereien erklärt, und so wird dieser fremdartige Zustand eine Angelegenheit der ärztlichen Diagnose. Die Römer nannten ihn den bösen Blick, und in Neapel ist er noch unter dem Namen Jettatura gefürchtet.

In unserem *„Schlüssel zu den großen Mysterien“* haben wir erklärt, warum die Hirten besser als andere für die magnetischen Unregelmäßigkeiten geeignet sind. Als Herdenführer magnetisieren sie ihre Herden mit ihrem guten oder bösen Willen und erdulden den Einfluß der unter ihrer Leitung vereinigten tierischen Seelen, die zu Fortsätzen der ihrigen werden. Ihre moralischen Schwächen bringen bei ihren Schafen physische Krankheiten hervor, und sie erleiden umgekehrt die Wirkung der Unbändigkeit ihrer Böcke und der Launen ihrer Schafe. Hat der Hirte eine aufsaugende Natur, so wird auch die Herde aufsaugend und zieht bisweilen verhängnisvoll die ganze Kraft und Gesundheit einer Nachbarherde an. So fällt dann die Sterblichkeit in die Ställe, ohne daß man wüßte warum, und ohne daß Vorsichtsmaßnahmen und Hilfsmittel etwas nützten.

Diese ansteckende Krankheit der Herden ist mitunter durch die Feindschaft eines rivalisierenden Hirten hervorgerufen, der verstohlen in der Nacht einen Pakt unter der Stallschwelle vergrub. Nun flackert bei den Ungläubigen ein Lächeln auf; doch hier handelt es sich nicht mehr um Leichtgläubigkeit. Was der Aberglaube früher blind glaubte, bestätigt und erklärt jetzt die Wissenschaft.

Es ist sicher und durch zahlreiche Erfahrungen bewiesen, daß:

1. Der durch seinen Willen gelenkte magnetische Einfluß des Menschen sich an irgendwelche erwählten und durch diesen Willen beeinflußte Gegenstände heftet;

2. Der menschliche Magnetismus über Entfernungen hin wirkt und sich mit Kraft auf die magnetisierten Gegenstände zentralisiert;

3. Der Wille des Magnetiseurs um so mehr Kraft aufnimmt, als er die diesen Willen ausdrückenden Handlungen vervielfacht;

4. Wenn die Handlungen ihrer Natur gemäß die Einbildung stark beeindrucken, und wenn zu ihrer Erfüllung große äußere Hindernisse und große innere Widerstände zu überwinden sind, der Wille wie bei Wahnsinnigen fest, hartnäckig und unbezwingbar wird;

5. Allein die Menschen kraft ihres freien Willens dem menschlichen Willen widerstehen können, während die Tiere demselben nicht lange zu begegnen vermögen.

Sehen wir nun, wie die ländlichen Zauberer ihre Mittelchen zusammensetzen, diese wahrhaften Pakte mit dem Geist der Ruchlosigkeit, die bei ihrem bösen Willen die unselige Weihe vertreten.

Sie bereiten ein Gemisch von Substanzen, die man ohne Verbrechen nicht beschaffen und ohne Heiligtumsschändung nicht mischen kann. Über diese schrecklichen Gemengsel, die sie bisweilen mit ihrem eigenen Blut besprengen, sprechen sie Fluchformeln und vergraben diese unwiderruflich magnetisierten Zeichen eines höllischen Hasses im Feld ihres Feindes oder unter der Türschwelle seines Stalles.

Die Wirkung ist unfehlbar; von diesem Augenblick an beginnen die Herden hinzusiechen, und der ganze Stall wird bald leer sein, wenn anders nicht der Besitzer der Herde dem Magnetismus des Feindes einen energischen und erfolgsicheren Widerstand entgegensetzt.

Dieser Widerstand gelingt leicht, wenn man ihn durch Kreise und Ströme, d. h. durch Vereinigung von Willen und Kräften bewerkstelligt. Die Wirkung trifft jene Landwirte kaum, die sich bei ihren Nachbarn beliebt zu machen verstehen. Ihre Güter sind dann durch das Interesse aller geschützt, und die verbündeten guten Willen obsiegen bald über eine vereinzelte böswillige Gesinnung.

Wenn der Zauber abgewendet ist, wendet er sich gegen seinen Urheber. Der böswillige Magnetiseur erleidet dann solch unerträgliche Martern, die ihn bald zwingen, sein schlechtes Werk zu zerstören und seinen Pakt selbst auszugraben.

Im Mittelalter nahm man auch zu Beschwörungen und Gebeten seine Zuflucht. Man ließ Ställe und Tiere einsegnen, man ließ Messen lesen, um durch die Vereinigung christlicher

Willen in Glaube und Gebet die Gottlosigkeit des Zauberers zurückzuweisen.

Man lüftete die Ställe, gebrauchte Räucherungen und mischte unter die Nahrung der Tiere durch besondere Exorzismen magnetisiertes Salz.

Am Schluß unseres *„Schlüssels zu den großen Mysterien"* haben wir einige dieser Exorzismen wiedergegeben, deren ursprünglichen Text wir mit großer Sorgfalt wiederhergestellt haben.

Diese Formeln sind, von unkundigen Händen abgeschrieben und wieder abgeschrieben, dem gesunden Menschenverstand zum Trotz von den Ausbeutern ländlicher Leichtgläubigkeit gedruckt, nicht ohne seltsame Verstümmelungen bis auf uns erhalten geblieben.

Im Grunde entspringen diese Formeln einem glühenden und kindlichen Glauben: Im Namen des kleinen, in einem Stall geborenen Kindes, der Hirten, die es anzubeten kamen, des hl. Wüstenmannes Johannes, des Täufers, der immer von einem makellosen Lamm begleitet war, beschworen die alten christlichen Hirten die Zaubereien ihrer Feinde. Diese Gebete oder vielmehr Glaubensakte, über das Salz gesprochen, waren durch sich selbst heilsam und unerläßlich für die Gesundheit der Herden. Unsere falschen Gelehrten können jetzt über diese ländlichen Zauberer lachen; aber sie wußten sehr wohl, was sie taten, und ihr Instinkt, durch die Erfahrung gelenkt, führte sie viel sicherer, als dies die ärmliche Wissenschaft jener Zeit vermocht hätte.

Jetzt, da der Glaube auf dem Lande wie überall erlahmt, haben diese kindlichen Gebete kaum noch irgend eine Kraft. Man kann sie höchstens wie seltsame Denkmale des Glaubens unserer Ahnen erforschen. Man findet sie in den Zaubermanuskripten und im *Enchiridion* Leos III., einem kleinen, im Mittelalter sehr berühmten Buch, dessen mehr oder minder fehlerhafte Ausgaben sich bis in unsere Zeit vermehrten. Wir geben hier die Beschwörungen, die als die wirksamsten galten.

Hier beginnen die geheimnisvollen Gebete des Papstes Leo.

Gebete gegen alle Art Zaubermittel, Hexerei, Zauber, Charactere, Visionen, Trugbilder, Besessenheit, Quälereien, die Heirat hindernde Zauber, und alles, was durch die Hexerei der Zauberer oder durch das Eingreifen von Teufeln angerichtet werden kann; auch sehr vorteilhaft gegen alle Arten Unglück, das den Pferden, Füllen, Ochsen, Kühen, Lämmern und anderen Tierarten zustoßen kann. Gebet: *Qui Verbum caro factum ect, etc.*

Das Wort, das Fleisch geworden und ans Kreuz geschlagen worden ist und nun sitzet zur Rechten des Vaters, um die Gebete jener zu erhören, die an Ihn glauben, an Ihn, der durch seinen heiligen Namen jedes Knie beugt; und durch die Verdienste der allerseligsten Jungfrau Maria und durch die Fürbitten aller heiligen Männer und Frauen Gottes: Würdige dein Geschöpf N. N., es vor allem Schaden zu bewahren und vor allen Anfechtungen der Dämonen, der Du lebst und regierst in der vollkommenen Einheit. Denn siehe hier † das Kreuz unseres Herren Jesus Christus, in dem unser Heil, unser Leben und unsere Auferstehung und die Vernichtung unserer Widersacher und der bösen Geister ist. Flieht, ihr Widersacher, denn ich beschwöre euch, höllische Dämonen, und euch, üble Geister, weß Art ihr immer auch seid, gegenwärtige und abwesende, auf welche Art, unter welchem Vorwand ihr auch immer, gerufen oder berufen, gutwillig oder geschickt kommt, sei es durch Zauber oder die Kunst böser Männer oder

Frauen, getrieben zu verweilen oder zu belästigen. Bis ihr euren teuflischen Trug aufgebt, hebt euch sofort hinweg durch den † lebendigen, † wahrhaftigen, † heiligen † Gott-Vater † Sohn, † und Hl. Geist. Besonders durch ihn †, der † als Lamm geschlachtet und getötet, der † als Mensch ist gekreuzigt worden, durch dessen Blut wir gesiegt haben, da der hl. Michael an unserer Seite gekämpft, den Sieg errungen und euch eben soweit zu weichen gezwungen, als ihr vordringen wolltet, was euch doch unter keinerlei Vorwand, weder zur Kränkung noch zur Verkümmerung dieses Geschöpfes, weder durch Vision noch durch Schrecken, im Schlaf noch im Wachen, im Essen noch Beten, noch bei Verrichtung natürlicher oder geistiger Dinge gelang: wo nicht, so werde ich alle Verwünschungen, Bannstrahlen und Marterqualen durch die Hände eurer Feinde, auf Befehl der hl. Dreifaltigkeit, durch den hl. Erzengel Michael, der alles vollstreckt, über euch ausgießen. Solltest du auch vorher irgend ein Band der Anbetung, irgendeine Räucherung oder irgendeine böse Absicht welcher Art immer angewendet haben, sei es mit Kräutern, Worten, Steinen oder Elementen, und seien diese natürlich, einfach, gemischt, vergänglich, geistig, sakramental, im Namen des großen Gottes und der Engel, oder in den Stunden-, Minuten-, Tages-, Jahres-, Monatscharacteren, und hättest du sie mit ausgesprochenem oder stillschweigendem Pakt übertrieben genau beobachtet, ja selbst durch Schwur bekräftigt; alle diese Dinge zerschlage ich, erkläre sie für nichtig und vernichte sie durch die Macht des Vaters, der die ganze Welt erschaffen hat †, durch die Weisheit des Sohnes, des Erlösers †, durch die Güte des Heiligen Geistes †, durch ihn, der das ganze

Gesetz † erfüllt hat, das ist †, war †, und sein wird †: allmächtig, heilig †, unvergänglich †, erlösend †, aus vier Buchstaben zusammengesetzt †, Jehova †, Alpha und Omega †, Anfang und Ende. Vernichtet sei nun die ganze höllische Kraft in diesem Geschöpf und sei verjagt durch die Kraft des allerheiligsten Kreuzes, durch die Anrufung der Engel, Erzengel, Patriarchen, Propheten, Apostel, Märtyrer, Bekenner, Jungfrauen und auch der allerseligsten Jungfrau und aller, die mit dem Lamm seit Beginn der Welt im Himmel regieren, und derer, die selig leben in der heiligen Kirche Gottes. So hebt euch von hinnen, und wie der Rauch der Leber des verbrannten Fisches nach dem Rat Raphaels den Geist in die Flucht trieb, von dem Sarah gequält wurde, so sollen euch diese Lobpreisungen verjagen, auf daß ihr euch dieser Person nicht zu nahen wagt. Bezeichnet mit dem Zeichen des heiligen Kreuzes im Umkreis von hunderttausend Schritten, nicht weil es mein Befehl ist, sondern dessen, der, vom Herzen des Vaters zur Zerstörung eurer Werke, die er am Kreuzesstamm vernichtet hat, geschickt, und eine solche Macht zum Ruhm und Nutzen der Gläubigen gegeben hat, euch zu befehlen, wie wir euch gebieten und befehlen, durch Unseren Herrn Jesus Christus † wagt euch nicht zu nahen; seht das Kreuz des Herrn, flieht, Widersacher; gesiegt hat der Löwe aus dem Stamme Juda. Wurzel Davids, Halleluia, Amen, Amen, so sei es, so sei es.

Hier die sieben geheimnisvollen Gebete, die man während der Woche sprechen muß.

Für den Sonntag: *Libera me, Domine, etc.* Vater unser, usw.

Befreie mich, ich Dein Diener N. N. bitte Dich, Herr, von allen vergangenen, gegenwärtigen und zukünftigen Fehlern an Seel und Leib, und gib mir auf die Fürbitten der allerseligsten Jungfrau und Gottesmutter Maria, Deiner hl. Apostel Petrus, Paulus und Andreas und all Deiner Heiligen, gib mir, Deinem Diener N. N., gnädig den Frieden und die Gesundheit in allen Tagen meines Lebens, auf daß ich durch Deine Barmherzigkeit immer von der Sklaverei der Sünde und aller Furcht der Unruhe befreit sei. Durch Jesus Christus, Deinen Sohn, Unsern Herrn, der als gleicher Gott mit Dir lebt und regiert in der Einheit des Heiligen Geistes von Ewigkeit zu Ewigkeit. Amen. Der Friede des Herrn sei immer mit mir. Amen. Dein himmlischer Friede, den Du Deinen Jüngern zurückgelassen, wohne immerdar fest in meinem Herzen und sei immer zwischen mir und meinen sichtbaren wie unsichtbaren Feinden. Amen. Der Friede Unseres Herrn Jesus Christus, sein Antlitz, sein Leib und sein Blut seien meine Hilfe und dienen mir zum gnädigen Schutz und zur Verteidigung, mir Sünder N. N. und meiner Seele und meinem Leib zum Trost. Amen. Lamm Gottes, das Du wolltest geboren werden von Maria, der Jungfrau, und tragen am Stamm des Kreuzes die Sünden der ganzen Welt, hab Mitleid mit meinem Körper und meiner Seele. Lamm Gottes, durch das alle Gläubigen sind gerettet worden, gib mir jetzt und in Ewigkeit den ewigen Frieden. Amen.

Für Montag: *O Adonai, per quem, etc.*

O Adonai, o Erlöser, durch den alle Dinge befreit wurden, erlöse mich von allem Übel! O Adonai! O Erlöser, durch den alles Beistand erhielt, sei mir Hilfe in all meinen Nöten,

Ängsten, Anfällen und Gefahren und erlöse mich von den Anfechtungen meiner sichtbaren und unsichtbaren Feinde † im Namen des Vaters, der die ganze Welt erschaffen, des Sohnes, der † die ganze Welt erlöst, des Heiligen Geistes †, der das ganze Gesetz erfüllt hat, ich empfehle mich Dir ganz und gar. Amen. Der Segen Gottes des Vaters, des Allmächtigen, der mit einem Wort alle Dinge erschaffen hat, sei immer mit mir. Amen †. Der Segen Unseres Herrn Jesus Christus, des Sohnes des lebendigen Gottes, sei immer mit mir. Amen †. Der Segen des Heiligen Geistes mit seinen sieben Gaben sei immer mit mir. Amen †. Der Segen der allerseligsten Jungfrau Maria mit ihrem Sohne sei immer mit mir. Amen. Der Segen und die Konsekration des Brotes und Weines, die Unser Herr Jesus Christus eingesetzt, da er sie seinen Jüngern mit den Worten gereicht:

Für Dienstag: *Accipite et comedite, etc.*

Nehmet hin und esset; denn dies ist mein Leib, der für euch wird dahingegeben, zu meinem Andenken. Amen. Der Segen der Engel und Erzengel, der Kräfte, Fürsten, Throne und Herrschaften, der Cherubim und Seraphim sei immer mit mir. Amen. Der Segen der Patriarchen, Propheten, Apostel, Märtyrer, Bekenner, Jungfrauen, aller heiligen Männer und Frauen Gottes sei immer mit mir. Amen. Die Segnungen aller Himmel Gottes seien immerdar mit mir. Amen †. Die anbetungswürdige Majestät beschütze mich, seine ewige Güte lenke mich, seine unauslöschliche Liebe entzünde mich, seine unendliche Güte erhalte mich, die Macht des Vaters bewahre mich, die Weisheit des Sohnes belebe mich, die Kraft des Heiligen Geistes sei immer zwischen mir und meinen sichtbaren und unsichtbaren Feinden. Amen. Macht des Vaters stärke mich, Weisheit des Sohnes erlöse mich, Trost des Heiligen Geistes tröste mich. Der Vater ist Friede, der Sohn das Leben, der Heilige Geist das Heilmittel des Trostes und der Rettung. Amen. Die Göttlichkeit Gottes segne mich, seine Menschlichkeit stärke mich. Amen. Sein Erbarmen erwärme mich, seine Liebe erhalte mich: O Jesus Christus, Sohn des lebendigen Gottes, sei mir barmherzig.

Für Mittwoch: *O Emmanuel, ab hoste, etc.*

O Emmanuel! verteidige mich vor dem bösen Feind, vor allen meinen sichtbaren und unsichtbaren Feinden und vor allem Bösen. Christus, der König ist im Frieden gekommen. Gott ist Mensch geworden und hat mit Milde für uns gelitten. Jesus Christus, der friedliche König, sei immerdar zwischen mir und meinen Feinden. Amen †. Christus ist der Sieger, Christus regiert, Christus befiehlt †. Christus schütze mich immerdar vor allem Übel. Amen. Jesus Christus würdige mich, siegreich zu sein über alle meine Widersacher. Amen. Seht das Kreuz Unseres Herrn † Jesus Christus, flieht, ihr Widersacher! Der Löwe aus dem Stamme Juda hat gesiegt, Wurzel Davids, Halleluia, Halleluia, Halleluia. Erlöser der Welt, hilf und errette mich, Du, der durch Sein Kreuz und Sein kostbares Blut mich erlöst, hilf mir, ich bitte Dich, o Gott, o Agios, o Theos †, Agios ischyros †, Agios athanatos †, eleison hümas, heiliger Gott, starker Gott, barmherziger und unsterblicher Gott, erbarme Dich Deines Dieners N. N. Herr, sei mein Schirm, verlasse mich nicht, nicht wende Dich ab von mir, Gott, Du mein Heil; immerdar sei mein Schutz, Gott, mein Erlöser.

Für Donnerstag: *Illumina oculos meos, etc.*

Erleuchte meine Augen, o Herr, damit ich niemals schlafend in den Tod eingehe, daß mein Feind nicht sagen kann, er sei stärker gewesen als ich. Herr, sei mein Schutz, und nichts mehr fürchte ich von den Menschen. Mein liebster Jesus Christus, behüte mich, sei meine Hilfe, erlöse mich: im Namen Jesu beugen sich alle Kniee im Himmel, auf Erden und in der Hölle, und jede Zunge bekennt, daß Unser Herr Jesus Christus ist in der Glorie Gottes, des Vaters. Amen. Ich weiß wahrhaft, o Jesus, daß, wann immer ich Dich anrufe, ich werde gerettet sein. O mildester Herr Jesus Christus, Sohn des lebendigen Gottes, der Du uns in Deinem kostbarsten Namen, durch dessen Kraft Du so viele Wunder vollbracht hast, ein so überreiches Heilmittel gegeben, dessen wir so sehr bedürfen; durch die Kraft Deines Namens ergriffen die Dämonen die Flucht, die Blinden wurden sehend, die Tauben hörten, die Lahmen gingen, Stumme redeten, Aussätzige wurden geheilt, Kranke erhielten ihre Gesundheit und Tote standen wieder auf. Denn wenn man ausspricht den Namen Deines süßesten Sohnes Jesus, hört man im Ohr eine liebliche Melodie, süß wird einem der Geschmack des Mundes, der Dämon ist in die Flucht gejagt, jedes Knie beugt sich, die himmlischen Geister erfreuen sich, die schlechten Anschläge sind entwurzelt, alle Gebrechen sind geheilt, man erlangt mehrere Ablässe, die Streitigkeiten der Welt, das Fleisch und der Teufel sind tot und viel andere Wohltaten folgen. Ja, wenn irgend jemand den Namen Gottes anruft, wird er erlöst sein, diesen Namen, der schon vor seiner Empfängnis von dem Engel ausgesprochen wurde.

Für Freitag: *O nomen dulce, etc.*

O süßer Name, der Du stärkst das Herz des Menschen, Name des Lebens, des Glücks und der Freude, Du kostbarer, freudiger, glorreicher und lieblicher Name, der Du die Sünder belebst, Du Name, der uns erlöst und das ganze Universum leitet und lenkt! O mögest Du doch, o süßester Jesus! möchtest Du doch durch dieselbe Kraft Deines kostbarsten Namens die Dämonen von mir vertreiben. Erleuchte mich Blinden, mach hören mich Tauben, meine Schritte lenke, denn siehe, ich bin lahm, gib, daß ich spreche, da ich stumm bin, o heile meinen Aussatz, Gesundheit gib mir Gebrechlichem, vom Tod erwecke mich und erfülle mich ganz und gar, innen wie außen, auf daß ich, endlich vereint mit Deinem heiligsten Namen, könnte in Dir ewig leben, Dich lobend und ehrend, Dich, der Du der Lobpreisungen würdig bist, weil Du bist der glorreichste, ewige Herr, der ewige Sohn Gottes, in dem und durch den alle Dinge sich erfreuen und gelenkt werden. Dir gebührt das Lob, die Ehre und die Glorie in allen Zeiten. Amen. Jesus, sei immer in meinem Herzen. Er sei immer in meinem Mund und in meinem ganzen Innern. Amen. Gott, mein Herr Jesus Christus sei in mir, um mir die Gesundheit zurückzugeben. Er sei um mich, um mich zu führen, Er sei hinter mir, mich zu bewahren, vor mir, mich zu schützen, über mir, mich zu segnen, in mir, mich zu beleben, um mich, mich zu beherrschen, über mir, mich zu stärken, Er sei immer mit mir, um von mir zu nehmen die Qual des ewigen Todes, Er, der mit dem Vater und dem Heiligen Geist lebt und regiert von Ewigkeit zu Ewigkeit. Amen.

Für Samstag: *Jesus Mariae filius, etc.*

Jesus, Sohn Mariä, Herr und Erlöser der Welt, sei mir milde und gnädig, gib uns einen unverdorbenen und gehorsamen Geist, Gott zur Ehre, befreie uns von unseren Übeln: niemand hat Hand an Ihn gelegt, weil Seine Stunde noch nicht gekommen war, Er, der ist, war und sein wird Alpha und Omega, Gott und Mensch, Anfang und Ende. Daß mir doch diese Anrufung zum ewigen Heile gereiche, Name Jesus von Nazareth, König der Juden, Zeichen des Triumphes, Sohn der Jungfrau Maria, erbarme Dich mein, nach Deiner Milde, auf dem Wege des ewigen Heiles. Amen. Doch, da Jesus alles wußte, was ihn erwartete, trat er ihnen entgegen und fragte: „Wen sucht ihr? Sie antworteten ihm: Jesus von Nazareth. Und Jesus sagte zu ihnen: Der bin ich. Und Judas, der ihn verraten, war mit ihnen. Als nun Jesus ihnen sagte: der bin ich, wurden sie alle zurückgeschleudert und fielen zur Erde. Er fragte sie noch einmal: Wen suchet ihr? Sie sagten ihm: Jesus von Nazareth. Jesus antwortete ihnen: Ich habe euch schon gesagt, daß ich es bin; wenn ihr also mich suchet, so lasset diese da gehen." Jesus, für mich zum Opfer geworden, der Du für mich durch Dein Kreuz mein Verbrechen gesühnt, blicke wohlgefällig auf mich herab, damit meine vom Leib befreite, gereinigte Seele mit Dir regiere in Deinen Himmeln. Amen. Jesus ist der Weg †, Jesus ist das Leben †, Jesus ist die Wahrheit †, Jesus hat gelitten †, Jesus ist gekreuzigt worden †, Jesus Christus, Sohn des lebendigen Gottes, erbarme Dich meiner. Aber Jesus ging aufrecht mitten durch sie hindurch, und niemand erhob die Hand gegen ihn, weil seine Stunde noch nicht gekommen war.

Oremus, Dulcissime Domine, etc.

Süßester Herr Jesus Christus, Sohn des lebendigen Gottes, der Du den Juden, die Dich ergreifen wollten, geantwortet: Der bin ich, wenn ihr also mich suchet, so lasset diese da gehen; darauf prallten die Juden zurück und fielen zur Erde. So konnten sie Dir in dieser Stunde nicht schaden, wie es wahr ist, und ich es auch wahrhaft glaube und bekenne. So, mein gütigster Erlöser Jesus Christus, schütze mich jetzt und immer vor allen meinen Feinden, die mir zu schaden suchen, und schlage sie zurück, damit sie mir nicht irgendein Leid antun können, sondern daß ich mich aus ihren Händen in Sicherheit bringe auf dem Wege des Friedens und der Ruhe zur Lobpreisung und zum Ruhme Deines Namens, der gesegnet ist von Ewigkeit zu Ewigkeit. Amen.

Diese Gebete sind, wie man sieht, nur sehr fromm und sehr christlich, und können auch heute noch der Ausdruck des Glaubens und rechten Willens eines der Kirche gehorsamen Kindes sein.

Ein gemeinsames und von der Mehrzahl mit glühendem Glauben verrichtetes Gebet bringt wahrhaft einen magnetischen Strom und den von uns erwähnten, *in Zirkeln* geübten Magnetismus zustande.

Die Zaubereien sind nur für Einzelindividuen furchtbar. Es ist also empfehlenswert, und das vor allem für die Landleute, in Familien zu leben, Friede in seinem Hausstand zu haben und sich zahlreiche Freunde zu schaffen.

Die Ställe müssen zur Gesundheit der Herden gut angelegt und gut gelüftet, ihr Boden gut gereinigt werden. Diesen könnte man mit Holzkohlenpflaster versehen. Ungesunde Wasser muß man mit einem Kohlefilter reinigen, den Tieren nicht mehr exorzisiertes, sondern von dem Besitzer magnetisiertes Salz geben, ferner muß man den Herden eines Feindes oder Neiders möglichst ausweichen, kranke Tiere reibt man mit einer Mischung von fein zerstoßener Holzkohle und Schwefel ein, erneuert oft ihre Lagerstreu und gibt ihnen gute Kräuter.

Sorgsam muß man auch die Verbindung mit Personen meiden, die mit schwarzen oder chronischen Krankheiten behaftet sind. Nie darf man sich an die Dorfzauberer wenden, denn da man diese Leute um Rat fragt, gibt man sich gewissermaßen in ihre Hand; in Gott allein soll man sein Vertrauen setzen und die Natur walten lassen.

Die Priester gelten auf dem Lande oft als Zauberer, und hauptsächlich sie hält man für fähig, einen schlechten Einfluß auszuüben, was für die schlechten Priester unglückseligerweise auch zutrifft; aber der gute Priester, weit davon entfernt, jemandem Unglück zu bringen, ist der Segen der Familien und des Landes.

Es gibt auch gefährliche Wahnsinnige, die an den Einfluß des Höllengeistes glauben und die sich nicht fürchten, ihn anzurufen, um ihn zum Diener ihrer schlechten Wünsche zu machen. Auf diese muß man unsere Ausführungen über die teuflischen Beschwörungen anwenden und sich sehr hüten, ihnen zu glauben oder sie nachzuahmen.

Um den Elementarkräften zu befehlen, bedarf es einer großen Moral und einer großen Gerechtigkeit. Der Mensch, der seine Intelligenz und seine Freiheit würdig und vornehm anwendet, ist wahrhaft der König der Natur, doch jene Wesen in Menschengestalt, die sich durch tierische Instinkte beherrschen lassen, sind nicht wert, Tiere zu leiten. Die Wüstenväter wurden von Löwen und Bären bedient.

Daniel wurde in der Löwengrube nicht einmal von einem dieser ausgehungerten Tiere angefallen, und die Meister in der großen Kunst der Kabbala sagen, die wilden Tiere achteten von Natur aus den Menschen und würfen sich nur auf ihn, wenn sie ihn für ein anderes, feindliches und unter ihnen stehendes Tier hielten. Die Tiere stehen durch ihre physische Seele mit dem universellen Astrallicht in Verbindung und sind mit einer besonderen Intuition begabt, das plastische Medium der Menschen unter der Form zu sehen, die ihm der gewöhnliche Gebrauch des freien Willens gegeben hat.

Der wirklich Gerechte allein erscheint ihnen im Glanz der menschlichen Form, und sie sind gezwungen, seinem Blick und seiner Stimme zu gehorchen, die andern ziehen sie wie eine Beute an oder schrecken sie wie eine Gefahr. Deshalb sagt auch der Prophet Isaias: Wenn die Gerechtigkeit auf Erden herrschen wird, und die Menschen ihre Familie in wahrhafter Unschuld erziehen werden, kann ein Kind Tiger und Löwen führen und kann ungefährdet in ihrer Mitte spielen.

Gedeihen und Freude sollen das Erbteil der Gerechten sein, für sie wandelt sich selbst das Unglück in Segen, und die Prüfung des Leides ist wie die Aufforderung des göttlichen Hirten, immer rüstiger auszuschreiten auf den Wegen der Vollendung. Die Sonne grüßt sie am Morgen, und durch die Nacht lächelt ihnen der Mond. Ihnen vergeht der Schlaf ohne Ängste und die Träume ohne Schrecken, ihr Dasein segnet die Erde und bringt den Lebenden Glück. Glücklich, die ihnen gleichen! Glücklich, die sie zu Freunden haben!

Das physische Übel ist oft eine Folge des moralischen Übels, die Unordnung folgt notwendigerweise der Unvernunft. Unvernunft im Handeln ist Ungerechtigkeit. Das arbeitsame Leben der Landbewohner macht sie nur zu oft hart und habgierig. Hieraus entsteht eine Menge Verirrungen im Urteil und als Folge eine Unregelmäßigkeit im Handeln, der sich die Natur in Gegenwirkungen widersetzen muß. Hier liegt das Geheimnis jener bösen Geschicke, die sich bisweilen an eine Familie oder ein Haus zu heften scheinen. Die Alten sagten dann: man muß die beleidigten Götter versöhnen, und wir sagen noch: unrecht Gut gedeiht nicht, man muß das begangene Schlechte wieder gutmachen; man muß der Gerechtigkeit genügen oder die Gerechtigkeit rächt sich verhängnisvoll.

Um das Verhängnis zu besiegen, ist uns eine unbezwingbare Macht gegeben worden, wenn wir sie wollen: unsere moralische Freiheit. Mit Hilfe dieser Macht können wir unser Los verbessern und die Zukunft umgestalten. Deshalb will die Religion nicht, daß wir die Wahrsager über unsere Zukunft um Rat fragen; sie will nur, daß wir von unseren Seelsorgern lernen, was wir tun sollen. Was kann uns an Hindernissen liegen? Ein Tapferer darf vor der Schlacht seine Feinde nicht zählen. Das Übel voraussehen, heißt es irgendwie heraufbeschwören. Wir werden das erfahren, was wir wollten: das ist die universelle Prophetie.

Die Natur beobachten, ihren Gesetzen in unserer Arbeit folgen, immer und überall der Vernunft gehorchen, sein eigenes Interesse der Gerechtigkeit opfern, wenn es sein muß: das ist die wahre Magie, die denen Glück bringt, die danach handeln und weder die Arglist der Zauberer noch die Zauberei der Hirten fürchten.

ANTWORT
AUF EINIGE FRAGEN UND KRITIKEN.

ERSTE FRAGE.

Frage: — Hoffen Sie, daß ernste Katholiken ihre kabbalistischen Anschauungen, ihre philosophischen Darlegungen des Dogmas und ihre Definition des Katholizismus, d. h. der Universalität in religiöser Hinsicht annehmen werden?

Antwort: — Wenn Sie unter ernsten Katholiken solche verstehen, die Kultur und Fortschritt verneinen, so hoffe ich das bestimmt nicht.

Frage: — Dann sind Sie Protestant?

Antwort: — Ja, wenn man deshalb Protestant ist, daß man an Kultur und Fortschritt glaubt.

Frage: — Warum nennen Sie sich dann römisch-katholisch?

Antwort: — Weil ich nicht glaube, daß man die Römer aus der universellen Verbindung ausschließen kann.

Frage: — Was hoffen Sie dann, wenn Sie, der Sie sich doch ganz katholisch nennen, nicht hoffen, die Katholiken zu bekehren?

Antwort: — Zur hierarchischen Einheit, zur Unverletzlichkeit des Dogmas und zur Wirksamkeit des Kultes wollte ich die abgespaltenen christlichen Gemeinschaften zurückführen, und das ist für die durch die Reform befreiten Vereinigungen möglich, weil sie die Kultur und den Fortschritt zugeben.

ZWEITE FRAGE.

Frage: — Tun Sie Wunder oder lehren sie das Mittel, sie zu vollbringen?

Antwort: — Wenn Sie unter Wunder Werke gegen die Natur oder durch ihre Ursachen nicht gerechtfertigte Wirkungen verstehen, nein, weder tue ich noch lehre ich solche Wunder. Selbst Gott könnte das nicht.

DRITTE FRAGE.

Frage: — Was antworten Sie jenen, die Sie der Leichtgläubigkeit, des Aberglaubens oder des Charlatanismus zeihen?

Antwort: — Ich antworte, daß sie meine Werke nicht gelesen haben, oder wenn doch, daß sie sie nicht verstanden haben. So scheut sich ein Herr Tavernier nicht in einer angeblichen Kritik über den *„Schlüssel zu den großen Mysterien“* zu schreiben, ich würde den *Archeus, Azoth* und *Hyle* beschwören, ganz bekannte Teufel, wie er sagt. So weiß er also nicht, daß die Alten unter dem Archeus die Universalseele, unter Azoth die vermittelnde Substanz und unter Hyle die passive Materie verstanden?

VIERTE FRAGE.

Frage: — Was antworten Sie jenen, die wie Gougenot, Desmousseaux ihre Schriften scheußliche Bücher nennen?

Antwort: — Ich hüte mich wohl auf ihre Beleidigungen mit andern Beleidigungen zu antworten und bedaure, daß sie zu Anschauungen gezwungen sind, die sich mit voreiligem Urteil und Beleidigung übersetzen lassen.

ELIPHAS LEVI.

EINTEILUNG UND ERKLÄRUNG DER BILDER
ERSTER TEIL: DOGMA

schreibung dieses Propheten dargestellt. Seine vier Häupter sind die Vierheit des Mercavah; die sechs Flügel sind die Sechsheit des Bereschit. Die menschliche Gestalt in der Mitte stellt die Vernunft vor, der Adlerkopf den Glauben, der Stier Verzicht und Arbeit, der Löwe Kampf und Eroberung. Dieses Symbol ist demjenigen der ägyptischen Sphinx analog, nur ist es der Kabbala der Hebräer besser angepasst.

8. *Addha-Nari, das große indische Pantakel* 275

Dieses pantheistische Bild stellt die Religion oder die Wahrheit dar, und ist furchtbar für Profane und lieblich für Eingeweihte. Diese Gestalt ist dem Cherub Ezechiels mehrfach verwandt. Die menschliche Figur steht zwischen einem aufgezäumten Rind und einem Tiger, wodurch das Dreieck der Kether, Geburah und Gedulah oder Chesed gebildet wird. Im indischen Symbol findet man die vier magischen Zeichen des Tarok in den vier Händen der Addha-Nari; Zepter und Kelch auf der Seite des Eingeweihten oder der Barmherzigkeit, auf der durch den Tiger dargestellten Seite des Profanen Schwert und Kreis, welch letzterer sowohl der Ring einer Kette als ein eisernes Halsband werden kann. Die Göttin ist auf der Seite des Eingeweihten nur mit dem Fell des Tigers bekleidet, auf der Seite des Tigers hingegen trägt sie ein langes sternenbesätes Gewand und sogar ihr Haar ist mit einem Schleier bedeckt. Aus ihrer Stirn entspringt ein Quell von Milch, welcher auf der Seite des Eingeweihten herabfließt und um Addha-Nari und ihre beiden Tiere einen magischen Kreis bildet, der eine Insel umschließt, als Darstellung der Welt. Um den Hals trägt die Göttin eine magische Kette, welche auf der Seite der Profanen aus Eisenringen und auf der der Eingeweihten aus denkenden Häuptern gebildet ist; in der Mitte der Stirne trägt sie den Lingam und auf jeder Seite drei übereinander liegende Linien, welche das Gleichgewicht der Dreiheit vorstellen und an die Tetragramme des Fohi erinnern.

EINTEILUNG UND ERKLÄRUNG DER BILDER ZWEITER TEIL: RITUAL

Pantheistisches und magisches Bild des Absoluten. Die Fackel zwischen den beiden Hörnern stellt die gleichrichtende Intelligenz der Dreiheit dar; der Kopf des Bockes ist ein synthetischer Kopf und vereinigt Eigenschaften des Hundes, Stieres und Esels und bedeutet die Verantwortlichkeit der Materie allein, und in den Körpern die Sühne für körperliche Sünden. Die Hände sind menschlich, um die Heiligkeit der Arbeit zu zeigen. Sie machen nach oben wie nach unten das Zeichen der Esoterik, um die Eingeweihten auf Geheimhaltung hinzuweisen, und zeigen zwei Mondsicheln, oben eine weiße, unten eine schwarze, um die Beziehungen des Guten zum Bösen und der Barmherzigkeit zur Gerechtigkeit zu erklären. Der untere Teil des Körpers ist verschleiert, ein Bild des Mysteriums der universellen Zeugung, welche nur durch das Symbol des Hermesstabes angedeutet ist. Der Bauch des Bockes ist schuppig und muß grün gedacht werden; der oben befindliche Halbkreis muß blau sein; die Federn, die bis zur Brust reichen, sind verschieden gefärbt. Der Bock hat weibliche Brüste und trägt also von der Menschheit nur die Zeichen der Mutterschaft und Arbeit, d. h. die Zeichen der Erlösung. Auf seiner Stirn zwischen den Hörnern und unter der Fackel, sieht man das Zeichen des Makrokosmos oder das Pentagramm mit der Spitze nach oben als Symbol der menschlichen Intelligenz, das durch seine Stellung unter der Fackel, durch deren Flamme ein Bild der göttlichen Offenbarung gibt. Diese vieldeutige Figur hat als Sitz einen Würfel und als Sockel entweder eine Kugel allein oder eine

Kugel und einen Schemel. Auf unserer Zeichnung gaben wir ihr nur die Kugel, um das Bild nicht allzu kompliziert erscheinen zu lassen.

Dieser Dreizack, das Bild der Dreiheit, besteht aus drei pyramidenförmigen Zähnen über einem griechischen oder lateinischen Tau. Auf einem der Zähne gewahrt man ein Jod, welches einerseits einen Halbmond, andererseits eine Querlinie schneidet, eine Figur, welche hieroglyphisch an das Zodiakalzeichen des Krebses erinnert. Der gegenüberstehende Zahn trägt ein gemischtes Zeichen, das an jenes von Zwillinge und Löwen gemahnt. Zwischen den Scheren des Krebses gewahrt man die Sonne und neben dem Löwen das astronomische Kreuz. Auf dem Mittelzahn ist hieroglyphenartig das Bild der himmlischen Schlange eingezeichnet, deren Kopf aus dem Zeichen des Jupiter besteht. Auf der Seite des Krebses steht das Wort OBITO: hebe dich fort, weiche zurück; auf der Seite des Löwen IMO: trotzdem beharre. In der Mitte, neben der symbolischen Schlange liest man AP DO SEL, eine Inschrift, welche aus einer Abkürzung, einem auf kabbalistische und hebräische Art zusammengesetzten Wort und endlich aus einem vollständigen, volkstümlichen Wort zusammengesetzt ist: AP, was AR gelesen werden muß weil es die beiden ersten Buchstaben des Wortes Archäus sind; DO, was OD und SALZ gelesen werden muß. Dies sind die drei ersten Bestandteile und die okkulten Namen Archäus und OD bedeuten dasselbe wie Schwefel und Merkur der Philosophen. Auf dem Stiel, der als Handhabe dient, steht dreimal der Buchstabe P. P. P., die Hieroglyphe des Phallus und des Lingam; ferner die Worte VLI DOX FATO, was man lesen muß, indem man den ersten Buchstaben für die Zahl des Pentagramms, römisch geschrieben, setzt und folgendermaßen fortfährt: PENTAGRAMMATICA

LIBERTATE DOXA FATO, eine Inschrift, die gleichbedeutend ist mit den drei Buchstaben Cagliostros L. P. D., liberté (Freiheit), pouvoir (Macht), devoir (Pflicht). Auf der einen Seite die absolute Freiheit, auf der anderen Seite die Notwendigkeit oder das unbezwingliche Verhängnis, in der Mitte die VERNUNFT, das kabbalistische Absolute, welches das universelle Gleichgewicht bewirkt. Diese bewunderungswürdige magische Zusammenfassung des Parazelsus kann als Schlüssel zu den unklaren Werken des Kabbalisten Wronski dienen, eines bedeutenden Gelehrten, der sich aber mehr als einmal über seine ABSOLUTE VERNUNFT hinaus reißen ließ, bewegt von dem Mystizismus seiner Nation und geldlichen Spekulationen, die eines so ausgezeichneten Denkers unwürdig waren. Wir müssen zu seiner Ehre und seinem Ruhme immerhin zugeben, daß er noch vor uns das Geheimnis über den Dreizack des Parazelsus gelüftet hat. Parazelsus stellt also das Passive durch den Krebs, das Aktive durch den Löwen, die Intelligenz oder die gleichrichtende Vernunft durch Jupiter oder den die Schlange bezwingenden Mensch-Gott dar; dann bringt er die Kräfte ins Gleichgewicht, indem er dem Passiven die Fruchtbarkeit des Aktiven unter dem Sinnbild der Sonne verleiht und das Aktive unter dem Symbol des Kreuzes den Raum und die Nacht erobern und erleuchten läßt. Er spricht zum Passiven: Gehorche dem Einfluß des Aktiven und wandle mit ihm, getragen durch das Gleichgewicht des Widerstandes. Er spricht zum Aktiven: Widerstehe der Unbeweglichkeit des Widerstandes, sei beharrlich und dringe vor. Dann erklärt er unsere wechselnden Kräfte durch die große zentrale Dreiheit. FREIHEIT, NOTWENDIGKEIT, VERNUNFT. VERNUNFT in der Mitte, FREIHEIT und NOTWENDIGKEIT als Gegengewichte. Dies ist die Kraft des Dreizacks: er ist der Handgriff und das Fundament, das allumfassende Gesetz der Natur, das Wesen des Wortes, verwirklicht und erwiesen durch die Dreiheit des menschlichen Lebens, den Archäus oder den Geist, das Od oder den plastischen

Vermittler, und das Salz oder die sichtbare Materie.

Wir haben die Erklärung dieses Bildes besonders ausführlich gestaltet, weil es von höchster Bedeutung ist und die Größe des genialsten Gelehrten der okkulten Wissenschaften anzeigt. Nach dieser Erläuterung wird man begreifen, warum wir uns im Laufe unserer Arbeit stets wieder mit der überlieferten Verehrung des wahren Adepten vor dem göttlichen Parazelsus neigen.